国殇

国民党正面战场抗战纪实

第二卷

张洪涛 著

中国出版集团公司
华文出版社

图书在版编目（CIP）数据

国殇：国民党正面战场抗战纪实. 第二卷 / 张洪涛著. —— 北京：华文出版社，2021.9（2025.9重印）

ISBN 978-7-5075-5496-0

Ⅰ．①国… Ⅱ．①张… Ⅲ．①国民党军－抗日战争时期战役战斗－史料 Ⅳ．①E296.93

中国版本图书馆CIP数据核字(2021)第166125号

国殇：国民党正面战场抗战纪实（第二卷）

作　　者：	张洪涛
责任编辑：	雷　平
出版发行：	华文出版社
地　　址：	北京市丰台区右外西路2号院
邮政编码：	100069
电　　话：	总 编 室 010-59900723
	发 行 部 010-59900727
	责任编辑 010-59900728
经　　销：	新华书店
印　　刷：	三河市航远印刷有限公司
开　　本：	710×1000　1/16
印　　张：	29.25
字　　数：	450千字
版　　次：	2021年9月第1版
印　　次：	2025年9月第12次印刷
标准书号：	ISBN 978-7-5075-5496-0
定　　价：	78.00元

版权所有，侵权必究

前　言

飞机穿行在太平洋的上空，透过朵朵浮云，机身下的大海看上去蓝得有些发黑，在午后的阳光下波光粼粼，美丽、壮观，却显得不那么真实。这已是我第五次进出日本，岛国的美丽、秩序和彬彬有礼给我留下了深刻的印象，但心中总有一层无形的隔膜和一些说不清道不明的东西。同样的黄皮肤、黑头发，同样的文化和历史背景，几百年前甚至还是同样的官吏制度，但思维、文化、性格、气度却又是那样的不同。

曾经有媒体报道：日本人对中国持负面态度的比例超过了80%，而中国人对日本"不感冒"的比例也高达70%，这大概就是相互敌视吧！钓鱼岛"购岛"风波后，这一趋势更是急转直下，中日关系陷入冰点。看看中国的电视荧屏，打不完的鬼子、杀不完的汉奸；而日本国内的情况也好不到哪儿去，无论媒体还是书籍，丑化、敌视甚至攻击中国的气息弥漫在日本的各个角落。

一衣带水却形同陌路！

原因很多，但历史和之后双方对待那段历史的态度可能是问题的根源。

历史有时像五彩斑斓的画卷，使人明智，使人沉入美好和幸福的回忆中；但有时它也会像一面魔镜，扭曲人们的视线和灵魂，尤其当历史被一些人别有用心地加以利用时。

日本政客至今仍在参拜供奉着战犯的靖国神社，仍在篡改历史教科书，仍不能像德国那样真正反思自己的侵略罪行。甚至在世界公认的南京大屠杀一事上，日本也有人还在纠缠不休，这让以德报怨、甚至放弃了战争赔款的中国人做何感受?

日本人真该好好了解、反省自己的侵略史!

中国人同样不能忘记这段历史。抗日战争是中国自鸦片战争以来抵御外侮的第一次胜利,是中国由衰败转向强盛的分水岭,是中华民族的光辉与荣耀,如何讴歌都不为过。但由于这样那样的原因,在很长一段时间里,这段历史留在人们脑海中的印记是残缺而不够完整的,这不但使人迷茫、困惑,甚至遮盖了这段历史的光芒。

历史的面纱有时虽然会使"真容"显得朦胧,岁月的风尘也会淡化人们的记忆,但要相信它总有被揭开的那一刻,我深信这一点。所幸,我们今天生活在一个更加自信、开放的时代,了解这段历史也就成为可能。

抗日战争是中华民族的圣战。20世纪30年代,在贪得无厌的日本侵略者的步步紧逼下,在面对亡国灭种的危急关头,有着五千年历史的中国,虽然贫穷落后、内战不已,却顺应了"停止内战、一致对外"的历史大潮,各大政治派别捐弃前嫌,毅然走到了抗日民族统一战线的大旗下,用鲜血和牺牲捍卫了一个民族的独立和尊严。

兄弟阋于墙而外御其侮!这是一个民族的气节,也是民族之魂!

当气节得到倡举,民族之魂得以复生,历史则必然焕发出精彩和光芒。抗日战争是中国近代史上唯一取得彻底胜利的民族解放战争。自1840年以来,两次鸦片战争、抵抗日本侵略台湾、中法战争、中日甲午战争、抗击八国联军入侵……一次次战争,一场场屈辱,中国面对的全是失败,不但大量财富被列强瓜分,被迫签订了各种不平等条约,更使中国沦为半殖民地半封建的国家,一百多年的屈辱使中国人的自尊和自信受到了伤害。但抗战的胜利洗刷了古老民族的耻辱,中国迎来了期盼已久的胜利。

抗日战争唤醒了沉睡的民族意识,民族凝聚力空前高涨。面对亡国灭种的侵略,曾经一盘散沙的中国像是突然间猛醒过来,政府与民众之间,各党派各阶层之间,海外华侨和国人之间,似乎只有一个信念:抗日图存!为国家独立、民族尊严,有人出人,有钱出钱,有力出力,惊涛骇浪瞬间形成,巨人摇晃着终于站了起来。

抗日战争大大提升了中国的国际地位。作为世界反法西斯战争的重要一分子，中国是第一个投入武装抗争的国家，也是持续时间最长、牺牲最大的国家，中国为世界反法西斯战争的胜利做出了巨大的贡献。抗战胜利后，中国不仅摆脱了百余年来强加给我们的各种不平等条约，而且成为联合国五大常任理事国之一。虽然当时的中国还是一个弱国，但中国的国际地位从此有了质的改变。

在这场艰苦卓绝、付出重大牺牲的抗战中，尤其在前15个月的战略防御大血战中，担当正面战场作战的国民党军，浴血奋战在抗日疆场上，用自己的血泪、血汗、血肉，书写了一曲曲慷慨雄浑的悲歌，在他们的身上同样体现着一个民族威武不屈、同仇敌忾的气节，从这一点上说，他们也是民族的英雄。

毛泽东在总结抗战时曾客观地评价说："从1937年7月7日卢沟桥事变到1938年10月武汉失守这一时期内，国民政府的抗日作战是比较努力的……"（《毛泽东选集》第三卷《论联合政府》，人民出版社1991年7月版）

胡锦涛在纪念中国人民抗日战争暨世界反法西斯战争胜利60周年大会的讲话中说："在波澜壮阔的全民族抗战中……中国国民党和中国共产党领导的抗日军队，分别担负着正面战场和敌后战场的作战任务，形成了共同抗击日本侵略者的战略态势。以国民党军队为主体的正面战场，组织了一系列大仗，特别是全国抗战初期的淞沪、忻口、徐州、武汉等战役，给日军以沉重打击……"（《人民日报》2005年9月4日）

习近平在纪念抗日战争胜利70周年会见连战等人的一次专题会上指出："国共两党合作建立抗日民族统一战线，全体中华儿女不分党派、民族、阶级、地域，众志成城，同仇敌忾，用鲜血和生命捍卫国家主权和民族尊严。正面战场和敌后战场相互配合、协同作战，都为抗战胜利作出了重要贡献……"（《人民日报》2015年9月2日）

历史是公正的，无论是谁，凡是为中华民族的独立、自由做出过贡献，都将在历史上留下自己的一笔。这是历史的责任和使命。

前事不忘，后事之师。历史的昭示是一道镌刻在人们心中的印记，永远无法抹去。世界不会忘记：

中国是第一个投身反法西斯侵略的国家；

中国是抵抗时间最长的国家，即便在全世界绥靖逆流甚嚣尘上时也没有投降；

中国是世界反法西斯战争中牺牲最大的国家之一；

中国尽了自己最大的力量，中国抗战无愧于这个伟大的民族。

历史这部人类的传记，并不因岁月的流逝而为人们所遗忘，更不会因为时间的远去而改变。

英魂常驻，精神永生。14年的中国抗战，几百万中国将士血染沙场，含笑九泉。中国的大地是红的，天空是红的，江水是红的，太多的血水写就的故事，难免悲壮。

这是一幅饱蘸热血写就的瑰丽斑斓、雄浑悲壮的历史画卷。

张洪涛

2021年4月·北京

目 录

引 子

第一章 疯狂的岁月

  1939年新年前后，是20世纪人类最黑暗的时刻，人类走到了是生存还是毁灭的十字路口。

  欧洲，英、法、美绥靖逆流甚嚣尘上；亚洲，日本虽未对中国宣战，却将战火燃遍大半个中国。

  南岳整军，中国抗战实现了向战略相持阶段的转变。贫弱疲敝的中国仍然不屈不挠地独自支撑着抗击日本法西斯的大局。蒋介石像走夜路的独行者，前景迷茫，心情灰暗。

  武汉失守，中日战争进入战略相持阶段。

  1939年多雨的春季，中、日两军在南昌展开了两轮攻防大战，中国将军血染沙场，南昌沦陷。

004　　南岳整军，武汉会战后的大喘息

011　　蒋介石渴求一胜

017　　薛岳还罗卓英一个人情债

023　　战争背后的战争

031　　反攻变成了赌博

038　　反攻惜败，军长陈安宝战死在南昌城下

第二章 鄂北泥沼

  日军虽然拿下南昌，但中国军队仍可环伺四周，握有战略主动权。尤其从4月上旬开始的"四月攻势"，李宗仁率第五战区从东、西两面猛攻平汉线，令冈

村宁次芒刺在背。

为扭转战略上的被动，冈村宁次不惜违反战争律条，令11军七个师团兵分两路，在南昌、随枣两线作战。沉寂了半年的战火硝烟一时席卷鄂北大地。

一败一胜，蒋介石在南昌丢失的颜面再次靠第五战区的李宗仁找了回来；一胜一败，冈村宁次有失风度，千方百计遮掩失败……

048　东京乱局，日本定调"以战助和"

057　汤恩伯目中无人，李宗仁徒有叹息

062　随枣战败，撤职军长又获颁宝鼎勋章

069　李宗仁获胜，蒋介石内心五味杂陈

第三章　英雄的长沙城

长沙城，中国抗战的英雄城。"楚虽三户，亡秦必楚""无湘不成军"，这些耳熟能详的典故夸耀的都是三湘大地——湖南。

1939年秋，"二战"爆发。日军为顺应新形势，扫除南线中国第九战区对武汉的威胁，发动了第一次长沙会战。湘赣大地一时烽火连天。薛岳首次尝试"天炉战法"，保住了长沙。中国抗战首次被搬上银幕传遍世界。

078　莫名其妙的长沙大火

084　分化失败，冈村欲战湘北

090　薛岳抗命死守长沙

098　杂牌军打"国仗"也不含糊

106　冈村的10万大军承认败了

117　长沙，薛岳成了"岳武穆"

第四章　铁血碰撞

1939年底，第二次世界大战全面爆发，人类进入了历史上最黑暗、最恐怖的时期。

中国战场上，华南日军为逼住世界对中国的援助，切断越桂线，突然发起了桂南会战。中国第一支机械化精锐部队第5军与日本有"钢军"之称的第5师团迎面相撞，铁血四溅，战魂惊天。第5军血书"昆仑关大捷"，扬名天下。

一场会战打了一年，创下了世界战争史上的记录。日军无功而返，目标落空，已在中国战场上捉襟见肘，败象显现。

126　骑虎难下，东京再次下注"最后一战"

132　南宁陷落，骄狂的日军播下失败的种子

141　昆仑关大捷，"钢军"被熔化了

158　蒋介石意图桂林，却连昆仑关也丢了

168　柳州整肃，蒋介石一石二鸟

174　认贼作父，汪精卫踏上了不归路

182　扑朔迷离的和谈，不了了之的结局

198　美、英终于站在了中国抗战一边

第五章　小城因胜利而被铭记

深陷战争泥淖，日本急欲从中国战场脱身。但东京一冬天的争吵却议出个"有限扫荡"的方案。不退反进，日本民族矛盾、分裂大暴露。

江西上高，一个原本默默无闻的小县城，却因中国军队的一场大胜而名扬天下。上高会战，罗卓英一雪前耻，痛歼强敌。王耀武和他的74军打出了血性和尊严，74军从此有了"抗日铁军"的威名。

210　天皇裕仁的不满

217　上高之西无退路

231　74军的代号是"辉煌"

第六章　血水在湘北泛滥

1941年6月，德军进攻苏联，日军企图趁火打劫，实施"南北并进"。

当"花花公子"得意于日军将进攻长沙的情报时,第九战区长官部却不以为意,致长沙遭遇突袭。

衡山会议上蒋介石秋后算账,拿"替罪羊"开斩出气。

254　德、意、日签订"盟约",美国人感觉被涮了

263　"花花公子"牌桌上得到重要情报

275　日军突袭长沙,守军还蒙在鼓里

285　新墙河防线,精锐部队垮了

299　74军的"滑铁卢"

307　全线反击,日军又被赶回新墙河北岸

313　反攻宜昌,陈诚坐失良机

328　秋后算账,总有替罪羊

第七章　丰年好大雪

1941年12月,日军对珍珠港美国海军发动了一场空前成功的偷袭,但他们想不到换来的是战略上一塌糊涂的失败。日军细菌战大揭秘。当他们得意忘形地再次进攻长沙,这场美梦注定是一场惨痛的地狱之旅。

340　战争,从一场错误的胜利开始

357　武士并无道:大规模的细菌战

366　擅攻长沙,11军美梦变噩梦

376　初露锋芒的"泰山军"

395　蜂拥合围,湖南成日军的坟墓

403　进"世界四强"的底气

第八章　面子的代价

日本轰炸珍珠港,粉碎了美国人的和平幻想。他们对日本本土实施了第一次

大轰炸，对中国抗战给予援助，并派来了中国战区的参谋长。尽管中国军队第一次入缅作战失利，浙赣会战遭遇罕见的惨败，但也导致了日军"五号作战"计划的破产。

战略相持就是在比谁能熬过谁。

412　日本第一次挨炸

419　史迪威绰号"尖刻的乔"

424　兰溪，地雷战的噩梦

435　指挥混乱，浙赣会战的大败笔

447　失去了最后的机会

引　子

抗日战争，是中华民族一百多年来抵御外侮的第一次彻底胜利，是世界反法西斯战争的重要组成部分，在中国乃至世界历史进程中都占有重要地位。而担负正面战场作战任务的国民党军队，也在这历史画卷上留下了浓墨重彩的一笔。

《国殇》第一卷记述从"九一八"事变到武汉失守，在中国方面称作战略防御阶段。这一阶段是中国抗战最艰难、最复杂、影响也最深远的时期。这一时期，正是世界法西斯势力迅猛扩张、各国绥靖逆流甚嚣尘上的时候。而这一时期，全世界也只有古老贫弱的中国在孤独而顽强地抗击着法西斯日军的侵略。正如一个虚弱的老者，在一个一片混乱的世界里，艰难而无助地背负着世界正义和公理独自前行。

几年后，当太平洋战争爆发，日军所向披靡，横扫驻扎东南亚的美、英军队时，不可一世的西方豪强这才从自己的惨败中，认识到中国抗战的伟大和坚韧。毕竟中国独自抵抗着上百万精锐日军的疯狂进攻而没有屈服。还是那个坐在轮椅上、能影响世界的美国总统罗斯福说得好："想想吧！如果把在中国的上百万日本人放出来，那该是个什么样的灾难。"

中国没有令正义的世界失望。在紧接着到来的战略相持阶段，中国军队以同样寡劣的武器装备、同样宁死不屈的牺牲精神，顽强抗击着同样强悍的日本侵略军。南昌会战虽然让蒋介石丢尽颜面，平汉线作战却也让冈村宁次如芒刺在背；长沙会战以"天炉战法"打出英雄城的威名，桂南会战中中国机械化部队与日本"钢军"的生死交锋，碰撞出一个震惊中外的昆仑关大捷；上高战役让日军一个师团歼灭殆尽，浙赣会战虽然遭遇失败，导致日军"五号作战"计划破产，战略相持进入一个苦熬的阶段……

近百万日军最终深陷中国战场的泥沼而无力自拔，美、英军队终于获得了宝贵的喘息之机。

第一章

疯狂的岁月

1939年新年前后,是20世纪人类最黑暗的时刻,人类走到了是生存还是毁灭的十字路口。

欧洲,英、法、美绥靖逆流甚嚣尘上;亚洲,日本虽未对中国宣战,却将战火燃遍大半个中国。

南岳整军,中国抗战实现了向战略相持阶段的转变。贫弱疲敝的中国仍然不屈不挠地独自支撑着抗击日本法西斯的大局。蒋介石像走夜路的独行者,前景迷茫,心情灰暗。

武汉失守,中日战争进入战略相持阶段。

1939年多雨的春季,中、日两军在南昌展开了两轮攻防大战,中国将军血染沙场,南昌沦陷。

◎ 南岳整军，武汉会战后的大喘息

1938年10月底的湘北，暑热不知不觉间散去，草木日渐枯黄，浓浓的秋意降临了三湘大地。

武汉陷落后，从武汉撤出的部队和难民，汇成了一股浩浩荡荡的人流，昼夜不息地涌入湖南、江西。与一年前上海撤退时的溃乱不同，武汉的工厂、医院、学校早已转移一空，留给日本人的是一座空城。而大撤退也井然有序，近百个中国师、数十万军队按各自接到的命令，向湘北、赣北、鄂西地区转进。

轰轰烈烈的武汉大会战结束了。在这场历时四五个月的大战中，中、日两军倾尽全力，打得吐血。日本已把20多个师团投入中国，国内仅剩下一个近卫师团，就这么个师团也被征调过两三次中下级军官补充前线，整个师团也做好了准备，随时可能被派往中国战场。

更令日本内阁和军部担忧的是，仗才打了一年多，日本的战略储备就已耗尽。国库储备早已是负数，战略物资处处亮起了红灯。尤其前线急需的枪械弹药日益紧缺，各大财阀、工厂加班加点生产，就连民营中小企业也被征召，加入了军备物资的生产大军中，但仍不能解困。军部甚至将学校军训用的旧枪也收缴上来支援前线，却还是不敷战场需求。自明治维新日本强大起来后，这情形还从未有过。

日本天皇和骄狂的军部此时都明白了：日本真正陷入了中国的战争泥潭。想想当初军部"三个月征服中国"的狂言，简直就是一个让人哭笑不得的黑色幽默。

到底是哪儿出了问题？想当初，无论是鸦片战争还是甲午海战，只要一仗打败中国就能迫使中国割地赔款，而日本也正是靠着甲午战争获得的巨额赔款而快速强大起来。可如今胜了这么多仗，中国非但不屈服，抵抗意志却愈加旺盛。

不少人这时才明白："一击制胜论"过时了，今天的中国也绝非清代中国。日军中真正能称得上战略家的石原莞尔早就警告过"今日之中国已非昔日之中国"，但被好战激进将佐和狂热的民族情绪控制的东京，又有谁能听得进去呢？连提出"中国事变不能扩大"的石原莞尔也靠边站了，还有谁愿意站出来说真话？

疯狂的政府、疯狂的军国主义者诱发的是一个疯狂的年代、疯狂的民族，发动的显然是一场疯狂的战争。岛国日本就像是从高山上呼啸而下的战车，风驰电掣般难以阻挡，就是车上的人明知冲下去将粉身碎骨，却无人能令战车停下来。

侵略者的日子不好过，被侵略的中国更是遭殃。一年多的浴血抵抗，损兵折将数倍于敌，沿海各大城市及内陆的南京、太原、徐州、武汉等重镇尽陷敌手。而日军所占之地虽只占国土面积的23%，那却是中国的政治、经济、文化重镇，是国之精华。丢了它，中国就失去了91%的关税、97%的机器制造业、75%的面粉和纺织工业……

国土沦丧，海运通道尽失，中国似乎一夜间又退回到农耕社会。

中、日两国就像拳台上两个旗鼓相当的对手，在经过一年多你死我活的较量后，大口大口地喘着粗气，暂缓了攻防，都在寻找着新的机会。

11月11日，武汉会战之日军追击部队顺势占领了岳阳后，前线的枪炮声终于沉寂下来。一个新的战略阶段——战略相持，在不知不觉中降临了。

11月25日，湖南南岳。

山岭依然青翠，景色还是那么秀美，但宁静的空气中透出些许与这个美景胜地格格不入的战争味道。随着荷枪实弹的军警和大批军官的到来，尤其是中国最高军事统帅蒋介石的出现，预示着这里将有重大的事情发生。

的确，可载入中国抗战史册的南岳军事会议正在这里召开。

参加这次会议的不但有蒋介石、何应钦、白崇禧、陈诚等国民党军统帅级人物，还有第三战区、第九战区师长、军长、军团长、司令及各路军政要员200余人，就连中共方面也派出了周恩来、叶剑英等赴会。可以说南方战区中国军队的主将该来的都来了，一时将星云集，大员荟萃，规格之高十分罕见。

全国抗战爆发已16个月了，日本人够狠的，淞沪、南京、徐州、武汉，大会战一个接着一个，甚至一口气都不让中国人喘息，更别说把前线将领召集到一起开会了。今天能把这么多将领聚在一起，总结经验、检讨成败、整顿队伍、激励士气，实在是蒋介石梦寐以求的一件大事。

蒋介石选在这个时候、选在这个地点开这个重要会议是有讲究的。

11月11日，日军趁势拿下岳阳后，恰遇第二天长沙发生大火，日本人梦寐以求的长沙原本唾手可得，可这千载难逢的良机日军竟视而不见，轻易放过了。是情报的缺失、时间的仓促，还是日本人也陷入了困境？长久的思考和身边智囊的分析令蒋介石断定：日本人力衰而竭，已无力再组织大的进攻。

中国抗战度过了最艰难的防御阶段，新的一页已经翻开。蒋介石为这一时刻的到来格外欢欣。

但他将会址选在南岳还是有着更深的含意。武汉失守后，湖南就成了中国抗战的前哨阵地，按蒋介石当时的战略构想，应将战线稳定在平汉线东西两侧及长江南北两岸，湖南是无论如何不能再丢了。只要能守住湖南，控制了这天下的大粮仓不说，其军事上的价值也是无与伦比的：北上可直取武汉；东出江西、安徽、浙江，能确保东南半壁江山的联络线；背倚川黔，可守住战时首都重庆的大门；南可护两广，阻止日军打通大陆交通线，截断日军南北战场的联系。

此时的湖南已成了东西南北战场的纽带，重要地位无可匹敌。在湖南南岳开这次军事会议，第一层意思就是要守住湖南。

当然，一次涉及总结检讨、确立新的军事方针的重要会议，不可能只有守住湖南这一层目标。蒋介石放眼未来，对这次会议寄予厚望，甚至不辞辛劳，亲自做了五场重要报告。

首先，蒋介石修正了过去对抗战阶段的划分。新形势令他对中国抗战有了新的认识，他认为：全面抗战以来至武汉、岳阳失守应为第一期抗战，自今以后为第二期。"在第一期战斗过程中，从军事上说，我们虽然失去了许多土地，死伤了许多同胞，就一时的进退看，表面上是我们失败了；但从整个长期的战局上说，在精神上，我们不但没有失败而且是完全成功。"我军已经实现了"消耗敌人，疲困敌人，诱敌深入以有利我军作战"的目的。

这是蒋介石第一次正式提出抗日战争两个阶段的划分。时至今日，台湾有关抗战史论述仍然沿用这一理论。至于第二期抗战，蒋介石乐观地预期为"我们转守为攻，转败为胜的时期"。

今天看来，蒋对未来抗战的持久性和困难度仍估计不足。可以说直到1945年的上半年，国民党军真正能拿得出手的反攻也没几仗。但在南岳，这一发言还是统一了此前对中国抗战前途有些混乱的思想，激励了与会众将的士气和信心。

思想统一了，信心提振了，接下来就是分析总结抗战爆发以来的成败得失。从淞沪抗战到武汉失守，中国军队损兵百万、失地千里，艰难时刻是最能看出人心的。面对台下的这数百名高级将领，欣赏、认同、失望、厌恶，甚至愤懑，蒋介石心中五味杂陈，可他此刻只能抑制住自己的感情。他知道，总结过去更重要的是为了开创未来，现在还不是发泄情绪的时候，他甚至十分罕见地就日军杭州湾登陆、南京沦陷做了自我检讨。委员长如此，众将谁还不服？蒋介石"改造军队与社会"等三项提议自然得到大会的拥戴，即使过去一些总喜欢跳出来唱反调的地方将领，在眼下大环境的无形压力下，也只得举手赞成，不管内心是多么的不情愿。

如果说前两项是定方向、鼓信心的话，第三项"整训军队"则既是难点，也是南岳军事会议的核心。根据各军、师长的战斗报告，蒋介石代表军委会总结了国民党军存在的12大缺点，明确要求各将领本着"要雪耻必先知耻，知耻必须负责的原则，效法先哲前贤的精神，将自己失败至耻的缺点彻底改革，力图转弱为强，转败为胜"。

南岳曾是曾国藩反败为胜的中兴之地，作为曾国藩的崇拜者，蒋介石希望借先人之宝地和仙气，时来运转。

压缩指挥机构、减少指挥层级是南岳军事会议的又一个重要成果。中国军队指挥机构层次太多、传达指挥不灵便，问题已多次在战争中残酷地展现在中国高级将领面前。就战略单位而言，从师到最高统帅部就有7个层级，仅从战区到兵团、军团、集团军、军这拥挤的军队高层层级就经常令前线最高指挥官闹出乌龙，更别说指挥效率；而中下级指挥官也常常因找不到自己的直接上级，导致信息传递缓慢、战场指挥混乱，令好局痛失。这虽是军阀割据时期的历史遗留问题，但事关个人及军队利益，平时解决起来会令人头痛。但在南岳整军的历史大潮下，在争取抗战胜利的民族大义面前，该问题还是得到了大家的重视。

战略指挥层级从7级被压缩为4级，取消了兵团、军团两级，战略单位的起始级别为军，师不再是战略单位，且师之下不再设旅，而改为一师三团制。仅此改变，尤其涉及川、桂、粤等地方派系，以往想动谁都会跳脚阻拦，而今天虽有些杂音，但事情还是顺顺当当地办了下来。

中国军队在向着规范、精干、高效的正规化转变，蒋介石心情大好。

当然，南岳整训军队不仅仅是改革指挥机构。自抗战爆发以来，一仗接着一仗，日本人连喘口气的机会都不给。各野战部队战斗减员、装备损耗严重,来不及整补,而临时补进的新兵不少连枪都没打过几回,上了战场就是炮灰,只有送死的份儿,这也是我军伤亡数倍于敌人的一个重要原因。

整训,必须马上整训!

南岳军事会议决定:全国军队分三批,1/3的军队部署在正面前线对敌作战,1/3的军队进行敌后游击作战,1/3的部队抓紧整训。整训部队重点是训练和教育、调整指挥机构和编制。蒋介石希望中国军队四个月一轮换、一年内完成整训,然后以一个崭新的面貌出现在抗日战场上。

无论结果如何,蒋介石的愿望还是美好的,事后中国军队也确实打出了一些漂亮的翻身仗,这也不能不说是与南岳军事会议有着必然的联系。

南岳军事会议上,蒋介石最大的变化是首次公开承认:对中国抗战而言,唤起民众之重要甚至大于战场上的胜利。

尽管此时的蒋介石仍对中共怀有极大的敌视和戒心,但他不得不钦佩毛泽东的深谋远虑和战争智慧。半年前,毛泽东所著《论持久战》一书中的核心观点无一不在战争中得到淋漓尽致的展现。今天,他也不得不拿出1/3的兵力用于敌后作战,和用于正面战场的兵力是一样的。他明白,以中国军队现有的实力击败强大的日军是不现实的,持久消耗才是最后的取胜之道。周恩来在会上的发言虽然是中共的声音,但他基本赞同。为此,他甚至同意了即将开办的"南岳游击干部训练班",聘用周恩来、叶剑英等中共将领出任教官。

"政治大于军事",一年多的血火洗礼,蒋介石终于渐渐悟到了中国抗战的真谛。

成果斐然,心情愉悦,蒋介石对南岳军事会议的总结似乎可以画上句号了,但一件糟心的事不得不有个了断。长沙大火这起轰动全国的乌龙事件不但将长沙的精华付之一炬,还给了汪精卫之流反诘"焦土抗战"的口实。

此事必须处理,对国人有个交待,也好让首鼠两端的汪精卫之流闭上嘴。

湖南省主席张治中在会上悲痛陈情,自请处分。尽管张治中在国民党内人缘很好,但毕竟几万长沙人无辜死于这场大火,还是有人喊出杀张治中以谢天下。蒋介石既知道事情的原委,也很欣赏张的人品和才干,最终网开一面。张治中撤职查办,最后以枪毙长沙警备司令酆悌、警备第二团团长徐昆、警察局长文重孚三人草草了事。

南岳军事会议，因在最合适的时间点上，围绕抗战主题而进行了有效的战略调整，意义重大，本该在中国抗战史上留下浓墨重彩的一笔，成为经典之作。遗憾的是，两个月后的国民党五届五中全会上，会议的主题却陡然转向，蒋介石抛出了"防共、限共、溶共、反共"的方针，重心又瞄向了共产党和敌后抗日根据地。揣摩领袖意图从来都是国民党军高级将领的长项，这一下，抗战摇摆者、希图自保者、贪生怕死者，似乎都能从新旧两种抗战大计中找到适合自己的选项。

蒋介石自己搅了自己的局，南岳军事会议确定的二期抗战方针又变了味儿。

新设立的冀察、苏鲁敌后战区虽坐拥重兵，却很少去惹日本人，而专事与中共敌后抗日根据地的"摩擦"。这也不难理解，与中共摩擦，双方都未撕破脸，不可能大打，既没闲着也利于保存自己。于是，新设立的敌后战区党政委员会拼命与中共抢夺地方政权，整训部队渐渐成为保存实力、消极避战的代名词，有限度的反攻也日渐消极，能应付的就应付，这也为日后的南昌战败留下了隐患。

放眼全球，20世纪30年代后期，显然是人类历史上的多事之秋。

中、日两国出于各自的考虑虽未宣战，却早已在中国打得天翻地覆。世界各地也不太平。在欧洲，纳粹德国比日本更为疯狂，美、英、法退一步，德国进一步，"一战"丢失的颜面被彻底找回来不说，还接连吞并奥地利、肢解捷克、虎视波兰，大有一口气吞下整个欧洲的气势。一直对德国妥协退让的英、法被逼到了墙角。

绥靖政策彻底破产了。

退让换不来和平，眼前的欧洲不说，中国早就尝够了绥靖之苦。"九一八"事变，英国人任团长的国联调查团就没能遏制住日本人，结果才有了后来的华北事变直至今天的全面侵华。尤其是日本人在中国的土地上大动干戈时，美、英、法除了几句廉价的同情话和软弱无力的谴责外，继续他们与日本的贸易，把日本急需的飞机零部件、钢铁、橡胶等战略物资运往日本，变成屠杀中国人民的战争利器。更令中国人愤慨的是，日本人自己从西方进口武器及各类战略物资不说，却讹诈、胁迫西方国家，使许多援助物资不能进入中国，说贫弱的中国孤军奋战一点儿也不为过。

这世界哪还有公理和正义？

这就是当时号称维护世界秩序、没把"黄种日本人"放在眼里的西方大佬们的所作所为。直到日军拿下广州、威逼海南,直接威胁到美、英在东南亚的势力,美、英两国这才真正明白日本人的胃口并不止于中国。

美、英两国的口气才渐渐强硬起来,行动有所改变。

1938年11月武汉失守后,蒋介石发表声明:坚持抗战到底,绝不投降!中国驻美大使胡适及时将声明翻译后送给罗斯福总统,美国人这时似乎才意识到中国人正在帮他们抵抗着好战的日本人。

1938年12月,蒋介石第一次收到了来自美国的2500万美元桐油借款。钱虽不多,但来自美国的支持还是令蒋介石兴奋不已,这毕竟是西方大国第一次真正意义上对中国抗战的援助。

客观地说,日本的战略混乱也帮了中国的忙,尤其在1939年2月上旬日军攻占海南岛后,日军的"大东亚共荣圈"战略正式启动。

日军犯错,蒋介石绝不会错失这样的机会。2月11日,海南岛陷落的第二天,他就在中外记者面前说:日本进攻海南岛,无异造成南太平洋上的"九一八"事变,是在亚洲向西方列强宣战。

面对记者们惊诧的目光,蒋介石说得更加明确具体:攻占海南岛,仅仅是太平洋战争的开端。真正的战争开启,日军一定先切断英、美两国海军之间的联系,控制菲律宾;接下来将攻占关岛,阻断美国和菲律宾的联系,进而控制整个南洋,发动太平洋战争。

台下记者们吃惊地张大了嘴,面面相觑。也难怪,那时英、美国内能预见到两三年后局势的人是少之又少,而蒋介石想把西方国家拉入中日战争的意图却尽人皆知。所以,蒋介石的话当时并未引起人们足够的重视。但几年后太平洋战争爆发,日本人横扫南洋、痛击英美联军时,人们才惊讶地发现,战争的运行轨迹竟真如蒋介石几年前的预言一样。可惜悔之晚矣。

日军攻占海南岛还是引起了英、美的警觉,他们的目光这才更多地投向亚洲。开始将套在日本人脖子上的缰绳慢慢收紧,对中国的援助也开始增加。

3月,美国禁止对日信用贷款,禁止对日输出飞机零件,并通过了太平洋设防案;

同月,英国签约借给中国50万英镑用于购买卡车,通过滇缅公路运输中国战略物资;

7月，美国对日制裁进一步升级，宣布废除《美国通商航海条约》。这一招真正打中了日本人的痛处，日本急需的战略物资来源被彻底掐断了。

独自苦撑的蒋介石直到这时才似乎看到了坚持抗战的希望之光。

◎ 蒋介石渴求一胜

3月底的重庆，春意盎然。

雾气一向浓重的山城像是从冬眠中苏醒过来，花柳争妍，鸟声不绝，散发出巴山蜀水独特的魅力。早春固然美丽，可笼罩在人们心头的战争阴霾却令春意失了颜色。

年关过后，日本人的飞机便不时地对陪都进行狂轰滥炸，而且不分军事、民用目标，每天都有死伤，满眼都是血腥，弄得满城人心惶惶。要知道，重庆人可有些年没经历过炮火了。

可山城人生性倔强，有着一颗勇敢的心。自大批政府军政要员来到重庆，他们便知道战争也会随之到来，战争时期这是他们必须承受的，所以没人抱怨。天气晴好时，喜欢摆龙门阵的爷们照样时不时地聚在茶楼，天南海北地神聊：

"听说了吧？委员长和夫人都在山上住着呢！"

"我说呢！老子往黄山脚下靠一靠，就有几个丘八窜出来把大爷给赶了回来。"

"那地方就是好！有谷有洞，满山都是松树。小日本扔炸弹怎么着也不会把他老头子咋个的！"

"莫乱讲，小心脑壳！"

他们所说的，就是蒋介石夫妇在重庆的官邸黄山别墅。该处别墅不但警卫森严，且因势就形、构筑巧妙，从空中看下去，浩荡松涛之中，根本看不到任何建筑的存在。

不用说，生命的危险是蒋介石夫妇无须考虑的问题。

清晨的阳光暖暖的，倾泻在整个山头上。云岫楼里，蒋介石早已做完了他每天必修的早课：静坐，看报。此刻，他站在二楼宽大的玻璃窗前，望着窗外晃动的绿海，沐浴在柔和的日光中，陷入了沉思。

一个多月前，军令部第一厅厅长刘斐签呈军委会一份敌情通报，判明第九战区当面之敌即将进攻南昌，而且申明日军攻占南昌之后有西攻长沙的可能。面对质疑，刘斐言之凿凿，当下的形势与太原会战时十分相似。假如日军从武汉、南昌两个方向同时进攻长沙的话，后果将不堪设想。

刘斐恃才傲物，认准的事不管对谁都不会低头，即便是在蒋介石面前也是如此。一旦争执起来，从不肯退让，常常弄得蒋介石下不了台。不过，蒋介石还是欣赏刘斐是一个不可多得的将才，包容了他的固执，仍对他信任有加。

对于南昌，蒋介石很是看重。一来，南昌位于浙赣铁路的中间接点，是联络湖南第九战区与浙江第三战区的主要基地，并且靠近长江咽喉九江。从南昌机场起飞的为数不多的中国空军战机常给长江上的日军舰船以有力打击，南昌是日本人的眼中钉。而对于中国军队来说，南昌则成了中国空军为数不多的要害之地，其战略价值自不待言。二来，南岳军事会议所制定的第二期持久抗战的策略尚未得到检验，蒋介石急需一场胜利来坚定全国抗战的信心。更重要的是，中、日双方进入相持阶段后，这第一战的胜败是何等的重要。

胜利！只要是胜利就行！眼下，他比任何人都更渴求一场胜利。

令人沮丧的是，连日来第九战区电报频传，南昌战事很不顺利。修水防线一触即溃，敌人前锋已越过奉新，直逼南昌。而我军各部四面分散，防线宽大还无纵深，犹如蛋壳般一捅就破。更可怕的是，部队被调得支离破碎，南昌城内居然没多少像样的部队，南昌岌岌可危。

"薛伯陵（薛岳，字伯陵）拥兵自重，乱我大局，可耻至极！"蒋介石在心里狠狠地骂道。

本来，我军判明敌人进攻南昌的企图后，军委会早已制定作战部署，严令第九战区以强力野战兵团先发制人，向南浔线日军发起攻击，打乱日军部署。但薛岳以整训未毕、补给困难为由三次拒绝了军委会的指令。

3月8日，蒋介石亲自致电薛岳，指出："第九战区为确保南昌及其后方联络线，决即先发制敌，转取攻势，以摧破敌之企图，攻击准备应于三月十日前完毕，预定攻击日期为三月十五日。"可薛岳的回答一概是准备未周，要求推迟。

薛岳此刻并非故意抗命，他也有难言之隐。武汉会战后，薛岳从陈诚手中接过了第九战区司令长官一职，但这个长官前面却加了"代理"二字。而此刻南昌方面前敌总指挥却是陈诚的嫡系罗卓英，夹在陈、罗两人之间的薛岳更像是个看客。此外，他得到的情报显示，冈村宁次第11军的7个师团都在第九战区方向，这更加重了他的疑虑。面对如此强敌，如不充分准备何谈进攻？按他的想法，24日能发起攻击已经是最快的了。

可冈村宁次是不会给他这么长时间的。

20日，在飞机和重炮的掩护下，冈村宁次的第11军第106、101两师团分别在修水北岸虬津、涂家埠强渡修水，向中国军队发起了猛烈的进攻。原来准备自己发动进攻，现在突然受到敌人进攻，中国军队措手不及一时陷入混乱，第49、79两军不支而退。出乎意料的是，日军并未像我军预想的那样，沿南浔铁路直插南昌，而是以主力自武宁、奉新方向迂回至南昌西南，大有将我第19集团军合围于赣江西岸之意。

一年多来，日军在中国攻城略地，却很少能围歼中国军队主力，冈村宁次不愧为日军中的虎将，攻击凶狠，出手就是杀招。

"起个大早却赶个晚集。"对蒋介石而言岂止是沮丧，他甚至有几分愤怒。本来武汉大战之后，中国军队实力尚存，机动部队仍有不少，为第二期持久抗战保存了相当大的作战力量。进入1939年后，美、英诸强在外交上逐步倾向于中国，而日本军部也基于对陷入长期战争的恐惧，开始重新考虑结束战争的问题，甚至还拟定了从中国撤军的时间表，只要一仗再打疼在中国战场上的日军，结束战事也就为期不远了。可偏偏在这个节骨眼上，一盘好棋又被下成了烂棋。

"娘希匹！薛伯陵、罗尤青（罗卓英，字尤青）是怎么备战的？"

调整呼吸，闭目凝神，几分钟后，蒋介石激愤的情绪慢慢平复下来。有一点蒋介石还是十分清楚的，南昌一战打成什么样都有可能。

武汉新败之余，各军士气、兵力、装备尚未恢复，何况用在南昌前线的都是些地方杂牌部队。王陵基的30集团军，本是四川的保安部队，粗经整训即拉到前线，去年武汉会战时与敌一触即溃，眼下只能勉强将其安排在武宁一带山区，作为侧翼掩护。而前敌总指挥罗卓英直辖的第19集团军虽然声势甚大，可也多为杂牌军，屡经大战，残兵败将不堪重托。做出这样的部署，蒋介石虽然无奈，却也有另一层意思。"上海、武汉大战，国军精华已出力不少，这次你们各路诸侯也该显显神通了吧！"哪承想，他的这个小算盘还未扒拉响，日本人就给了他一记重击。

窗外的新绿、清晨的美景也没能打开他抑郁的心结。

对巴蜀之地的历史，他还多少有些了解，而且还有几分迷信。陪都重庆地处巴蜀，而历史上那些退据巴蜀的割据势力，公孙述、刘备、张献忠……无一不身死国灭，为天下后世耻笑。生性倔强的他从未想过失败，更不能面对国破身亡。只有保住西南、西北两条生命线，与日本人长期打下去，他才能在屡败之后，一击制胜。

侍从副官走了进来轻声通禀："何总长、陈部长请见！"

蒋介石这才回过神来，示意楼下会议室见。

楼下的何、陈二人应召而来，正在思索着如何应对当下战况。见蒋介石走了进来，二人赶紧起身相迎。相互寒暄后，蒋介石面无表情地开了口："南昌战事，你们有何见解？"

陈诚有些不自在，他觉得这话是冲他而来。罗卓英是他的臂膀，这在国民党军中是尽人皆知的事。此刻他身负南昌前敌总指挥重任，仗却打得一败涂地，相比上海、武汉的表现，他这个大哥的脸上确实无光。他深知罗卓英多谋寡断、御将宽纵的秉性，部下违令不遵，他也不加深究，不是个能独挑大梁的人。更何况这次南昌之战19集团军虽名为5个军，可各军均为地方部队，将领思想陈腐，装备寡劣，各部希图自保，谁肯用命？而日军战术先进，实力强大，我军哪有不败之理啊！可他深知蒋介石的秉性，更熟谙国民党军那些重重幕后之事，赔着小心却不先开口。

何应钦虽是军委会总参谋长，可罗卓英是陈诚的部下，他不担主要责任。扶了扶鼻梁上的眼镜，何应钦小心地说道："敌对南昌志在必得，其主力即将形成对南昌的合围，南昌已无坚守的价值。当务之急，应避免罗总司令所部被敌围歼之厄运。"

何应钦自"西安事变"有僭主之嫌后，已经畏蒋如虎，甚至轻易不敢得罪陈诚等人。这次南昌初战不利，原因自然是再明显不过：罗卓英指挥无方，各军保存实力，各自为战；敌情判断失误，将重兵集结在南浔线；防御战术陈旧，部队一字长蛇摆开，处处敷设兵力，既无纵深，又无重点；兵力分裂隔散，不知协同——淞沪会战所犯的错误几乎一样没落下。可说出这些，除了惹老头子生气、得罪陈诚的土木系外，还能改变什么呢？其实，他也明白，蒋介石并非愚昧无知，关于战术改进的问题已是三令五申。山河破碎之际,能够保持内部的凝聚力,不致驱众为敌就不错了。所以,点到为止。

"嗯。不过,听说王方舟(王陵基,字方舟)打得不错,在棺材山他们一个团打得只剩下5个人,扬我军威国威。由此看来,只要官兵用命,我军尚有挽回余地。"

蒋介石说着,眼光转向了陈诚。陈诚知道,校长是不会为罗卓英的事而真正难为他的。毕竟是弱兵疲将,并且也有借刀杀人、消耗异己之意,他甚至从蒋介石的话中听出了另外的意思。

"王陵基打得确实不错,"陈诚揣测着蒋介石的意思,小心翼翼地说道,"此次日军占据上风,原因很多:一是我军备战仓促,二是倭寇大量使用毒气。观王总司令在武宁山区的表现,我军士气未衰,敌军也非无弱点可击。"

说来也有趣,战前最不被看好的川军此刻却成了英雄。在国民党军中,王陵基本钱不多,常常避战自保。没想到此次在武宁一带,竟然大挫日军王牌第6师团的锐气,使其在武宁山区每前进一里就要耗费一天的工夫。要知道,第6师团可是日军公认的王牌师团、南京大屠杀的元凶,也是中国军人眼中的劲敌。该师团组建于九州,其民既穷且悍,以马革裹尸为荣,以全身归来为耻,打仗凶悍,不可一世。武汉会战时它独自沿长江北岸西进,疯狂进攻,所向披靡,尽管付出了伤亡过半的代价,却是第一个攻入武汉的日军师团。没想到却挫锋于小小的武宁城下,与中国的一个由保安部队改编的杂牌军打成了平手。究其原因,南岳军事会议对王陵基的一打一拉起到了重要作用。

几个月前的南岳军事会议上,军法执行总监陈调元在总结各部作战时,先是指责川军王缵绪部作战不力,随即又将矛头转向了王陵基,痛斥王部军纪败坏,一触即溃,动摇了江防前线。看当时的情势,似有整肃川军、杀鸡儆猴的意思。联想到实力甚大的韩复榘都被明正典刑,王陵基大为惶恐,会后寝食难安,急忙思谋对策。

王陵基绰号"王灵官",一向诡计多端,经过一番前思后想,有了主意。入夜后,他连忙召集部下,在厕所、过道中贴满了"川军回川保卫大四川"等标语。

一夜间形势大变,主客反转,轮到蒋介石等人惊慌了。

次日,会场气氛逆转。先是陈诚主动承担起江防失利的责任,接着蒋介石本人也对王陵基大加表扬,称他久历戎行,是宿将老帅,他人莫及。晚上,陈调元又大请其客，以表歉意。陈诚在席间作陪，极力安抚道："川军仍须继续保持声誉，抗战到底，以争取最后胜利。老将军整军经武，素为巴蜀第一，今日倭贼炽其毒焰，正是老将军再立威名的时候。各军当一视同仁，公平待遇。"

一番安抚，王陵基这才心满意足，连声说出几个"好"字。

不承想，当初的苦心却在南昌前线得到了回报。

听了陈诚的话，蒋介石的脸上慢慢有了笑容。原来蒋介石主意已定，只等下属点破。但他的行事风格历来是不在乎亲信怎么想，而在乎不是亲信的何应钦怎么看，于是盯着何应钦说道："此次战事不在南昌之得失，而在予敌最大之打击。敬之（何应钦，字敬之），你意下如何？"

"委座所见甚是！只是各部均在苦战中，如能调他军驰援，胜算更大。"

何应钦不是外行，知道这仗这么打下去别说南昌不保，部队能全身而退就不错了。但他不能、也不敢说出自己的心里话。

"汤恩伯的31集团军正在崇阳、通山一带休整，俞济时、卢汉两部还在湘赣路上，就调他们过去吧。"

"现罗总司令各部陷于进退两难之中，能否依据战场态势给予明确指示？"陈诚忍不住插了一句。

"那好，你们尽快拟定一个作战要领吧！"

……

25日，蒋介石再次致电桂林行营白崇禧，第九战区薛岳、罗卓英，第三战区顾祝同，指示道："（一）罗集团主力应保持重点于湘赣公路方面，攻击敌右侧，向赣江方面压迫之，切戒以主力背赣江作战。（二）南昌正面以必要一部固守之，必要时可在抚、赣两江间逐次抵抗，掩护赣南。（三）武宁及崇（阳）、通（山）方向应不顾南昌方面战况变化，断行反攻，并以有力部队向修江以北南浔线挺进，断敌退路。（四）第三战区需以有力部队（至少两师）及指挥官位置于东乡、进贤方面，与第九战区呼应作战。（五）俞济时、卢汉两部准向安义、奉新方向转用。"

从战略部署来看，蒋介石的安排不可谓不周密，但这只是他的一厢情愿。此前军委会几次三番要求各部队主动攻击却难以落实，如今各部已被日军拖住，更不可能抽兵反攻，而且前线情况瞬息万变，冈村宁次这个老对手是不会给他机会调整部署的。

果然,一天之后南昌就陷入敌手。羞愤,无情地写在了蒋介石以及前线中国将士的脸上。

◎ 薛岳还罗卓英一个人情债

江西德安,日军第11军司令部。

司令官冈村宁次中将静静地站在地图前,像是欣赏一幅令人赏心悦目的名画。图上每日变动的标线展示着日军惊人的推进速度,前线战事的顺利如他所料,甚至比他想象的还要完美。想到东京军部那帮喜欢指手画脚的官僚、想到中国战场上那几个前不久还对他冷嘲热讽的同行,当他们知道南昌速胜的消息时,将会是怎样的表情?!

笑意浮上了冈村宁次的嘴角。

在中国,冈村宁次的知名度很高。他的知名度来源于一个让中国人难以释怀的名词——"三光政策"。冈村宁次就像日本这个国家一样,充满了矛盾。

像很多日本军人一样,冈村宁次"骄人"的军旅生涯也是从中国开始的。早年的冈村初到中国时,西装革履,风度翩翩,一副文人做派。他熟谙中国经典,崇尚中国文化,甚至在与中国举人出身的士绅交谈时也不落下风。

神奇吧!但更神奇的是,这样一个人却几乎参与了日本军国化和日本侵华的每一个重大步骤。1921年,冈村宁次与永田铁山、小畑敏四郎结成巴登巴登"三羽乌"之盟,之后又网罗日本陆军士官学校、陆军大学各期的杰出人物结成一夕会,促成了日本昭和军阀的形成。后来,永田铁山和小畑敏四郎因为侵略方针的不同而发生分裂,分别成为"统制派""皇道派"的领袖,之后永田被"皇道派"军人刺杀,小畑也因"二·二六"兵变被迫退出现役。最终,3个昭和军阀的始作俑者中,只有他顺风顺水,扶摇直上,罪孽虽然深重,却能得到善终。就是1945年日本战败后,冈村在蒋介石的庇护下充当国民党的军事顾问,专门对付共产党,从而逃过了同盟国军事法庭的审判。冈村命好,与他处事低调、敏感谨慎的性格有关,再加上他的出众才能，甚至得到了日本天皇裕仁的宠信。

日本侵华14年战争期间，冈村宁次"一枝独秀"，创造了日本军史上的多个第一。

1932年上海"一·二八"事变期间，他出任上海派遣军副参谋长，这是日军设立的第一个军副参谋长。1933年，转任关东军副参谋长，这也是日本关东军设立的第一个军副参谋长。同年，他以关东军副参谋长的名义亲蒙裕仁的召见，当时也不过是一个新晋的少将。1936年冈村被晋升为中将，一年之内又被任命为甲种第2师团的师团长，这在日军将领的升迁履历里还是绝无仅有的。1938年，冈村宁次再次晋升，被日皇钦点为侵华日军最为重要的野战军第11军司令官，统帅精锐日军达二三十万。之后于1941年又晋升为大将，并就任方面军司令官、派遣军总司令官，成为与寺内寿一、畑俊六、杉山元并列的陆军大佬。

不仅如此，冈村宁次在日本军界，还以所谓的"中国通"著称。与板垣征四郎、土肥原贤二、松井石根这些谍报出身的"中国通"不同的是，他从青年时代就长期待在中国，先后任驻华武官青木宣纯的副官与驻华谍报武官，其间还做过直系军阀孙传芳的顾问，直接参与中国高层军政事务。此外，他年轻时曾担任过日本陆军士官学校队副，任清国学生队第四、第五、第六期区队长，当时的学生就有陈仪、阎锡山、孙传芳等人，所以他混迹于中国军界，中国将领则多以师礼待之，这就为他从事谍报活动和军政观察提供了不少便利。几十年间，他来到中国进行各种活动，竟达18次之多。就对中国各个阶层的熟悉状况来说，冈村确实是首屈一指的。

当然，他在日军中的荣耀、战功和才华，得益于中国这块风水宝地。但在中国人眼中，冈村宁次却是魔鬼的象征。在关东军副参谋长任内，他不遗余力剿杀抗联，威逼国民政府签订《塘沽协定》，甚至作为日皇裕仁的代理人，瞒过关东军司令官，支持建立了石井的731细菌部队。至于后来，毒气战、细菌战、"三光政策"，冈村的所作所为，其实要比制造南京大屠杀的那些刽子手还要凶残百倍。

儒雅有礼的外表下，有着一颗凶狠残暴的心。他甚至说过：与崇尚中华文明的中国作战，实在是一件令人无奈的事。可在战场上，他给中国造成的伤害却是灾难性的。

这，就是冈村宁次。

面前的这份华中1∶50000比例的地图，对他指挥眼下的作战起了大作用。可令人感到意外的是，这幅地图却是中国版的。此图为他专用，上面的许多中文地名就是军部的作战参谋也没几人能懂，这幅地图是他心中的一个秘密。

北伐战争时，他被军阀孙传芳以师礼聘为顾问。战事不顺，孙传芳兵败如山倒，不得已将视如珍宝的华中1∶50000地图交给冈村宁次，请他拟订新的作战计划。不料，北伐军攻势太猛，还未等冈村拟出计划，孙传芳的军队就在南昌一带土崩瓦解了。

冈村宁次知道计划用不上了，见身边无人，就揣起这份地图，甚至连行李也顾不上拿，慌忙逃向停泊在九江的日本军舰。当时化了装的冈村由于身着中国民服，哨兵看他形迹可疑，拦住不让他上舰。他百般解释甚至哀求，最终打动了一位海军参谋，才登上军舰，全身而归。多年后，那位昔日的救命恩人已升任海军少将。在一次宴会上两人相见，他手持酒杯，不无揶揄地对已经名噪军界的冈村说道："冈村君，当年你可是两手空空来投奔我的哦！"

能把宝贵的地图弄到手，被人调侃几句他是不会在意的。

不久前，还是站在这份偷来的地图前，冈村宁次语出惊人地宣布："主攻南昌，我决定使用106、101两师团。"

此言一出，参谋长沼田多稼藏、副参谋长青木诚一、作战课长宫崎周一及作战参谋天野正一，无不惊得目瞪口呆。

按照惯常的逻辑，攻坚用强兵，似乎很少有以弱兵来做主攻的先例。他们相互交换着眼色，那意思再明显不过：司令官违反常规是为了什么？

参谋长沼田稼藏第一个站出来表示反对："当面之敌有5个军，侧翼之敌有4个军，个个都是支那（中国）第一流的地方部队，而它们的背后，精锐的黄埔军第74军蠢蠢欲动，做战役预备队。以106、101师团两支新败之军作主攻，实在不妥当。"

冈村宁次笑了笑，平静地说道："此事我已上报帝国军部。诸位的担心我知道，支那军的兵力比我军多几倍或十几倍。但我了解中国，深知中国军队的素质。按照参谋本部的说法，我一个联队足抵蒋介石嫡系部队的一个师，我一个大队足抵非嫡系地方部队的一个师。南昌前线所布置的均为蒋军的非嫡系部队，我皇军10万精锐攻略南昌很可能是有征无战，所向披靡。"

副参谋长青木诚一刚刚由参谋本部调来，临行前作战部长特别告诫他，务必设法改变使用两个特设师团的主张。本来,他还想插嘴说上几句,但看到冈村宁次的态度如此坚决,说的也有道理,话到嘴边又咽了回去。

冈村宁次独断专行,大胆用兵,其实已是成竹在胸。早在1月底,他就拟订了攻占南昌的作战计划,他要以主力直接突破修水正面国军阵地,经安义、奉新渡过赣江,直取南昌,不在南浔线上与中国军队纠缠。几个月前的武汉会战,薛岳和南浔线留给他太多的痛苦回忆,尤其106和101师团令他颜面尽失。今天,他要祭出奇兵,避开南浔线中国军队主力,让两支弱旅分享夺占南昌的荣誉。但他的大胆用兵,确实引来了各方的担忧。

几天之后,南昌沦陷之际,裕仁的姑父朝香宫鸠彦王专程从广州飞到德安。一下飞机,劈头就问冈村宁次:"南昌怎么样了?"

在得知南昌已经攻占后,朝香宫如释重负地说道:"我从东京出发前,在拜会闲院宫参谋总长殿下时,殿下说这次南昌作战,由于冈村君使用了两个战斗力薄弱的师团,大家都非常担心。我从广东方面也是怀揣着不安而来的。"

冈村宁次使用两支败军,顶着巨大压力一意孤行,既有私心,也体现了他的用兵之道。

半年前的武汉会战期间,由于山地作战日军不占优势。尤其在万家岭地区,106师团险些全军覆没,101师团在南浔线也是损失惨重,在中国顺风顺水的他何时吃过这么大的亏?尤其日本国内的风言风语令他颜面尽失。带兵多年的他深知,洗刷耻辱的唯一办法就是夺取胜利,最好是一场大胜。

不仅如此,作为一名优秀的统帅,他还有另外的目的。

冈村宁次刚接手第11军时,部下难以驾驭,尤其第6、第27这些精锐师团骄横狂妄。武汉会战期间,各师团战报往往不见上报,身为军司令官的冈村竟然要从国内邮来的报纸上看到自己部队的具体情况,冈村虽然在日记中只是写道"甚觉奇怪",但内心的不满难以言表。

更为可恨的是,第6师团攻占黄梅后,只因军司令部的贺电未及时发出,第6师团主任作战参谋秋永中佐竟从飞机上投下信函,质问:"历尽艰辛,不惜牺牲,完成占领黄梅使命,军司令部竟无任何反应,是何道理!"

骄兵必败!对于如此骄狂自大的下属,一向以铁腕治军的冈村宁次是不能容忍的。南昌会战晾一晾他们，也可煞煞他们的气焰，让他们知道谁是军队的统帅。

事实上，冈村宁次之所以敢冒险用106、101两师团作主攻，更重要的是他心中已有成算。此次作战，步兵的作用已被人为降低，冈村祭出了前所未见的新战术。

冈村宁次将第6师团用在武宁方向，以阻遏中国军队自湘鄂赣边界突入赣北，切断后路，并以有力之一部渡修水南下，以袭扰中国军队的战略预备队第1集团军、74军等。同时以116师团担任鄱阳湖方面的警戒，监视并袭扰中国第三战区上官云相的部队。如此一来，106、101两师团便有了两个强有力的侧翼保障。

为确保胜利，为扶起106、101师团这两个阿斗，冈村宁次不惜血本，将1个坦克联队、5个重炮联队、2个加农炮大队都配属给了这两个师团，这几乎是第11军的家底。如此一来，101、106师团摇身一变，火力、突击力强大无比。更恶毒的是，冈村为前线部队配备了大量的毒气弹。

使用毒气并不新鲜，毒气战对于不讲道义的日军来说，是屡试不爽的办法。不过，冈村宁次这次在用法和数量上却大有不同。

20日下午4时30分，日军第11军野战重炮兵第6旅团集中200多门重炮对中国军队阵地进行长达两个小时的持续炮击，其中仅150毫米榴弹炮就达72门，这可是日军罕见的豪富之举。在炮击将要结束时，日军突然混合发射毒气弹5000发，紧接着日军野战毒气队在12公里长的国军防御正面阵地上施放了中型毒气筒15000个。

一时间炮声隆隆，红云滚滚，阴沉的天空被染得异常诡异。中国军队面对突然的毒气袭击，惊慌失措，部队伤亡惨重。担任正面防御的79军76师官兵自师长王凌云、旅长龚传文、团长唐际遇以下大部分非死即伤，完全丧失了战斗能力。日军协同紧凑，快速渡河，直插我79军友邻的49军背后，惊得49军各部也是不战而溃。

49军刚刚接手河防，又疏于阵地构筑，有的防地甚至连战壕都未挖。日军出现之后，阵地最前沿的49军630团团长于沚源临阵脱逃，为避免军法严惩，竟一直逃到了云南昆明，隐姓埋名做起了小生意，终身不再涉足军界。

一线守军溃败后，日军如入无人之境，几乎兵不血刃就攻占了中国军队的阵地。

日军施放毒气，过去多数都是在战役末期，战局胶着或即将战败的情况下，但是像冈村宁次这样一开始就大规模使用的，别说是在中国战场，恐怕在整个人类战争史上都是罕见的。更令人不可思议的是，在南昌会战中，他竟然使用了一种新的战术模式，以装甲集团独立作战为特色的小规模闪击战。

很多人都知道1939年9月德国闪击波兰，这一役中，德国名将古德里安的装甲攻势起到了至关重要的作用，公认是他开启了现代战争的装甲闪击战时代。但是早在半年前，冈村宁次就率先在中国使用了这种战法。

冈村宁次的灵感来源于战场态势和他多年沉淀的军事素养。南昌的地形西北为山地，东北为鄱阳湖，湖沼河汊纵横，山地丘陵遍布。山地作战的苦头在武汉会战中冈村已经尝过了，所以他不会重蹈覆辙，而是把主攻方向选在武宁一带。鄱阳湖水势浩大，湖畔的南浔线上中国布有重兵，登陆作战只能当活靶子。南浔铁路是直线距离，表面上看来，沿南浔线攻击最为便利，但中国军队在其沿线已布置了重兵，就等着他自投罗网。算来算去，唯一的选择就是强渡南浔线与武宁之间的修水，正面强攻。而渡河之后，自修水到南昌之间的250公里皆为坦途，十分有利于战车部队的快速突进。

更为致命的是，中国军队为了在必要的时机进行反击，在破路炸桥的同时，还给自己留了一条永修至安义的战略公路，而这条公路恰恰被心思缜密的冈村宁次发现了，从而成就了冈村的装甲集团战法。

战斗中，从修水到南昌，除了在奉新因燃料耗尽等待空投油品外，日军上百辆坦克和装甲战车基本是所向披靡，无人可挡，仅仅五六天的时间就打到了南昌城下，引导106、101这两个在后面捡便宜的师团迅速完成了对南昌的合围。而此时，罗卓英布置在南昌以北数百里纵深上的10来个师竟然还在防线上，不知何去何从。

遇到冈村宁次这样的对手，第九战区前敌总指挥罗卓英实在倒霉。

实际上，罗卓英并非庸才。淞沪会战、武汉会战，罗卓英率部打得相当出色，就是日后的上高会战、长沙会战，罗卓英也是出手不凡。但南昌之战，成了他的滑铁卢。

几个月前，薛岳升任第九战区代司令长官，赣北的指挥权统一移交给罗卓英。罗卓英既不熟悉赣北的地形，也不了解所属的这些杂牌军。部队调防间，日军已经发起了进攻，而此时，罗卓英还未判明日军的主攻方向。兵败如山倒，罗卓英第一反应并不是固守南昌，挽回局面，而是恰恰相反，主张放弃南昌，保留部队。

对此，第九战区长官部以参谋处长狄醒宇为首，群起反对，并把状告到长官部。薛岳却什么也没说就将众人打发回去了。

参谋长吴逸志明白，薛岳欠罗卓英的人情债，他不得不还。

早年间，薛岳和张发奎一道，追随汪精卫反蒋，后来竟落得无人收留。走投无路时，他通过同省老乡罗卓英的关系，搭上了陈诚这条线，这才被蒋介石重新收留并委以重任。中国社会一向是人情大于公理，薛岳受人之恩，只好处处迁就罗卓英。

除了人情债，薛岳还得考虑他的嫡系第4军。远在广东的张发奎和他都把第4军看作命根子，根本不愿让第4军坐守南昌孤城，招致重大伤亡。

客观说，就当时的战场态势而言，薛岳、罗卓英的方案是上策。自21日早晨，日军第11军石井广吉坦克联队135辆坦克、装甲战车通过先行部队搭设的浮桥，横冲直撞地长驱直入。23日攻占奉新，3天后突进至南昌城西赣江大桥。虽然守军及时将大桥炸毁，但是修水与南昌之间的数道防线已被破坏无余。敌106、101两师团主力已经通过被其战车联队撕开的口子，数路并进，自西、南、北三面逼近了南昌。

说实话，中国军队的绝大多数将领谁见过这场面。一百多辆坦克、装甲车集中突击，轰轰烈烈地掩杀过来。这阵势完全超出了中国军队将领的想象力，以至于几十年后，参战的中国军队将领在回忆此战时，多数仍心有余悸。也难怪，在中国战场上，真正称得上现代化战争的恐怕也没几场。

26日，日军第106师团主力自生米街附近强渡赣江，迂回至南昌城南，并切断了浙赣铁路。同日，日军第101师团主力进占生米街，当晚渡过赣江，向城区突击。其101旅团也几乎同时沿南浔铁路到达了南昌西北的赣江北岸。战事进展至此，已经无可挽回。

27日，南昌沦陷。日军的膏药旗刺眼地飘扬在南昌城头。

◎ 战争背后的战争

南昌会战，仅仅10天便以惨败收场，损兵失地，举国哗然。

重庆，蒋介石大为震怒。战争时期，如无严明的军纪和士气，如何守土、谁来保国？军事作战会议后，首先被拿来开刀的是原东北军49军。军长刘多荃由中将降为上校留任，开国军上校军长之先例，副军长高鹏云、参谋长秦靖宇调离原职，105师师长王铁汉撤职留任，戴罪立功。

整治之惨，甚至带有几分羞辱的味道。

说句公道话，49军虽然打了败仗，但应负首要责任的并不是他们。在19集团军同时参战的5个军中，阵地首先被突破的是79军的76师。当时，日军万炮齐轰，炮弹中又夹杂着大量的烟雾弹与毒气弹，一时间天昏地暗、地动山摇，我军官兵好似陷入了地狱一般，炸伤、中毒者不计其数，部队很快丧失了战斗力。蓄势待发的日军立刻渡河攻击，我军防线当即崩溃。而左翼的49军仅为拥有两师的乙种军，其中仅有105师尚有一定的战斗力，并且武汉大战之后元气还未恢复，以如此疲弱之师怎能挽救整个战线的崩溃？

刘多荃自然万分委屈，暗自感叹命运不济。想他在东北军时是何等的风光，做张少帅的卫队团长，亲身参与诱杀杨宇霆、常荫槐的行动。后晋升105师师长，全师装备、训练、官兵素质均为东北军之冠。1936年"西安事变"，他正是捉蒋行动的总指挥。没想到，这最后一次风光却给他埋下了无尽的祸根。

张少帅被软禁，纵横中国数十年的东北军刹那间灰飞烟灭。军队被整编的整编，移防的移防，换血的换血，几番下来，东北军只剩下了一个空架子。

而刘多荃一介武夫，在东北军失去主心骨后，一错再错。尤其是其至交王以哲被东北军少壮派暗杀后，他一味复仇，先是将促成张学良与中共联合的高福源旅长秘密枪杀，后又把枪杀王以哲的连长于文俊剖腹挖心给王祭灵，同时还扣押了许多左翼军官。此举既扩大了东北军的分裂，也招致东北军上下对他的怨恨。1937年4月29日，一个卫兵趁他洗脸时突然拔枪行刺，被他妻子发现，卫士被其妻拦腰抱住，他才逃过一劫。

毫无疑问，这件事对他打击很大。此后，众叛亲离的他只得向蒋介石靠拢，积极配合蒋介石实施对东北军的编遣方案。蒋介石开始时也很够意思，任命他为49军军长，下辖105、109两师。哪知道这不过是欲擒故纵的计策而已。恩归恩，怨归怨，可惜的是，他不了解蒋介石睚眦必报的个性。领袖熟知陆、王心学，服膺的是曾、胡诸公，专会在"忍耐"二字上下功夫。西安被囚是蒋介石一生的奇耻大辱，刘多荃是祸首之一，他怎会忘记？只不过内忧外患，正是用人之际，蒋介石暂时放过了他。

淞沪恶战之后，刘部伤亡惨重，其109师几乎伤亡殆尽，急需休整和补充。刘多荃和109师师长赶去武汉上下活动，走了不少门路，花了不少钱，总算调来全部徒手的预5师进行补充。补充归补充，但事情还留了个尾巴：预5师团以上主官全部留任。刘多荃虽然很不乐意，但是没有办法。之后，刘多荃又费了九牛二虎之力，把张学良当年遗留的一批武器搞到手。至此，109师补充完毕，全师满员，面貌一新。每连6挺捷克式轻机枪，营有重机枪连，团有迫击炮连，真是脱胎换骨一般，羡煞了周围的许多兄弟部队，心说："刘芳渡（刘多荃，字芳渡）真他娘的命好，他啥时候拜老蒋做了干爹啊！"

刘多荃当时也是志得意满，对蒋介石是心存感激，"都说老蒋心狠手辣，有仇必报，惯于排除异己，现在看来也不尽然"。心里时时盘算着如何效忠领袖，战场建功。

很快，他就知道自己大错特错了。1938年年初，第109师奉调徐州前线，可4个团长全部告假，部队无法开拔。蒋介石得报后，不仅不处理那几个违令不遵的团长，反而把师长赵毅撤了，改任中央军的李树德为师长，接着大批原东北军军官被撤换。不久，109师又被调往开封，划归第一战区刘峙的指挥序列。第49军被肢解，只剩下一个残缺的105师。

刘多荃又急又气，忙活几个月花光了家底，原来是为他人作嫁衣裳，老蒋这做法也太卑劣了吧！无奈东北军势力已经瓦解，新的靠山也无处寻觅。他第一次体味到丧家之犬的无奈和悲哀。

更没想到今天，蒋介石竟又拿他泄愤。军衔由中将降为上校是当众打他的脸，整高鹏云、王铁汉等原东北军将领是断其臂膀。所谓"爱之欲其生，恶之欲其死"，蒋介石的手段刘多荃算是彻底领教了。失望之余，刘多荃在日后的政治倾向上便与国民党渐行渐远。直到1949年8月，在香港联合黄绍竑等通电反蒋，与国民党彻底决裂，投入到新中国的怀抱中。

当然，这是后话。

重庆，蒋介石内心的苦闷、焦虑并不因处置了刘多荃而有多少缓解，借抗战剪除异已不过是既定政策的一环而已。可他心里明白,各路诸侯保存实力,临敌避战,照这样败下去,长沙不保,宜昌危险,士气、民心必受重创,重庆最终也将无法成为他的栖身之所!

更令他气馁的是,大的战略形势并未像他想象的那样发展,他在4月2日的日记中哀怨甚至愤恨地写道:"倭寇不欲参加欧洲战局,亦不敢与俄国开衅,计在妥协列强专事侵略我国,乃其最毒之政策。"

心绪烦乱,蒋介石离开屋子,步出了林园。

落日的余晖洒满整个山头,向阳的山林现出一片浑黄的亮色,背阳的山坡则已暗沉下来。蒋介石身着披风,缓步行走在山间小道上。他没让卫士们跟来,身边随行的只有侍从室二处主任陈布雷。侍从副官远远地跟着,几十名卫士立于远处,警戒外围。

冷风微起,松枝轻轻摇动。脚下的松针腐植日久年深,累积很厚,踩上去有些柔软。松涛林海,幽径绵延,在傍晚的余晖下,显得十分深远。

"杖策招隐士,荒涂横古今。"

蒋介石随口轻吟晋人左思的诗句,转向陈布雷:"彦及(陈布雷,字彦及),山城这夕照晚景如何?"

相处10余年,陈布雷太了解蒋介石了。当下正是蒋内心纠结无以排遣的时候,断无闲心谈风月胜景。借景言事,他知道当下最让蒋介石揪心的恐怕就是汪精卫和日本人。

"晚景甚好,怕是有些丧家之犬已受用不到这些了。"细声细语之中有几分尖刻,一反陈布雷谨言慎行的常态。他刚刚得到侍从室第六组组长唐纵的报告,汪兆铭自3月21日遭遇暗杀而侥幸逃过一劫后,已彻底放弃流亡法国的打算,就要赶赴上海与日本人合流了。

陈布雷揣知这才是蒋介石当下最关心的事,他深知蒋介石对汪精卫的叛逃一则以喜,一则以惧。喜的是汪精卫一向以孙总理的正统接班人自居,在声望、才情、风度上都超他蒋介石一筹,在政务、党务上也能与蒋介石抗衡。有他在,蒋介石时时感到芒刺在背,手脚不得自由施展,尤其令蒋不能容忍的是每次倒蒋行动他几乎都是主角。"一尺布尚可缝,一斗粟尚可舂,兄弟二人不相容",拿这句话来形容蒋汪关系怕是再合适不过了。如今，汪精卫即将沦为汉奸，蒋介石痛心之余，反倒也有几分释怀。一个身败名裂的汉奸哪还有什么资本再来和他争锋？

害怕的是，日本人如果不负前言，真的做出一些实质性的让步，汪精卫一旦得志，张发奎等地方诸侯必定会相率倒戈，叛他而去。到那时，树倒猢狲散，他就无力回天了。不过，以他对日本人的了解，器小易盈，贪婪无厌，是一个无法产生伟大战略家的民族，他们还没有魄力做出真正的让步，以实现其扶汪倒蒋、肢解中国的策略。

关于这些，他正要问策于陈布雷，没想到陈布雷却先他说起了。

"汪兆铭背叛总理，背叛革命，背叛党国，自甘堕落。当年他刺杀清人时，举国若狂，将他捧作英雄，那时他何其得意。看他今日所为，还有何面目苟活于人世！"

蒋介石给过汪精卫机会，劝其回来，不愿回来甚至出国留洋也行，可汪精卫最终还是选择了投靠日本人。每想到此，蒋介石的心中便忿忿然。

"汪兆铭诚然不齿于民族，不过任他扑腾，也翻不起多大的浪花。张发奎他们首鼠两端，事未见机，眼前如果没有切实的好处，他们也不敢轻举妄动。"陈布雷知道蒋介石最看重的就是枪杆子。

说话间，两人步入一座石亭。坐下后，蒋介石说道："张向华（张发奎，字向华）他们倒也不足为虑。只是日本人的底牌还无法摸清，彦及怎么看？"

陈布雷扬起干瘦的脸，缓缓说道："今年又是个好年景。据云、贵、川、湘诸省的报告，风调雨顺，人心稳定，支撑明、后两年的抗战是没有问题的。而日本方面，据戴雨农（戴笠，字雨农）他们的情报，其工业生产力已使用到最大潜力，战争能力正在下降。中日对比，日本的底气已经不足，而我愈战愈勇，士气不衰。如国际形势一有变化，转机就会到来。"

蒋介石似乎另有所思，轻声问道："和谈呢？"

事实上，他正要派出军统特务曾广冒名宋子良和日方接触。宋子良是宋子文的亲弟，日本方面一定会感兴趣的。

陈布雷略略思考后答道："日本方面底气不足，借和谈摸摸他们的底也好。军部的少壮派板垣征四郎、今井武夫好像对和谈很有意思。"

日本军部的少壮派认可的是手握实权的蒋介石，作为军人他们更为相信实力，很多人甚至对汪精卫不屑一顾，就是冈村宁次、土肥原贤二等高层对此也颇有微词。日本的舆论也不看好他，纷纷说他无用。日本驻香港总领事田尻爱义曾表示："汪精卫不足以把握支那（中国）四亿民心，此时组织中央政府甚为危险。"日本评论家吉冈文六在《日本评论》上说："汪精卫是一条伸缩多变的蚯蚓。""汪的性格实在柔弱，他的声音好像猫一样的柔嫩，写的字像女人的字。"

看来做汉奸不但要招致本国国民的唾骂，连日本主子都会瞧不起。想起在外交部部长王宠惠劝说无效后，自己又前赴河内劝汪回心转意，汪竟一口回绝，陈布雷真是感慨万千。

"慷慨歌燕市，从容作楚囚；引刀成一快，不负少年头。"曾有如此英雄气概的人怎么会一夜间变为汉奸呢！

卿本佳人，奈何做贼。

两人一时无语。此刻，正是晚霞最为浓重的时候，远处的山头被染成了绛红色，归林的鸟刚才还是一片叽叽喳喳，此刻却渐渐安静了下来。陈布雷像突然想起了什么，开口说道："据说，日本人正在运动北洋遗老徐菊人（徐世昌，号菊人）、吴子玉（吴佩孚，字子玉）等人。"

"哦……"蒋介石欠了欠身子，表现出了兴致。

"拿徐菊人来说，日本人看中他的声望，找了两个满族人来敦请他出山。没想到一言不合，徐菊人竟和他们对骂了起来。"陈布雷出身报界，向来对晚清、北洋的这些人物有所关注，因而说起他们来头头是道。

徐世昌，本是北洋系的客卿，历任尚书、总督、军机大臣、国务卿、大总统等晚清和民国的重要职务，为人圆滑，八面玲珑，门生故吏遍天下，声望甚高。在20世纪二三十年代的中国，有如此经历的恐怕只此一人。日本人正是看中了他的资望，拼命拉拢，请他出山。

"七七"事变后，日本人派出徐的老友曹汝霖见他，说："南京亲英美派当权，支持英、美来压制日本，使日本在中国的权利受到损失，日本被迫无奈才出兵和中国打仗。总统如能出山，和日本订立亲善条约，即可撤兵。"

徐世昌以年老婉拒。曹走后，徐世昌告诉门房："曹若再来，就说我不在家。"

此后，伪天津市长潘毓桂以徐世昌的亲侄徐一达与其秘书长柯昌泗是儿女亲家，便托柯由徐一达转告徐世昌，称："日本军方的意思，请徐世昌担任华北的领袖。如徐允出山，即以北京市长给一达。"

徐一达听后当即谢绝。

无奈做了汉奸的人，脸皮就是厚，潘毓桂仍是一再催促徐一达。被逼无奈，徐一达索性将前后经过都告诉了徐世昌，徐世昌嘱咐他躲开一阵，徐一达因此逃往上海。

次年，武汉会战前后，日本军方为了实现其由军事到政略的转变，急需扶植一批汉奸政权，他们又想到了徐世昌。

先是板垣征四郎和土肥原贤二约徐世昌见面，徐托病未见。

继而，徐世昌的两个满族门生金梁和章棪见徐，金梁说："板垣师团长和土肥原要来拜见老师，请老师先出任华北领袖，一俟部署就绪，再请宣统皇帝到北京正位。老师千万别失掉这个千载难逢的机会。"

徐世昌还是以年老体衰、不堪任事为由，全力推辞。

金梁见徐世昌不为所动，便露出了小人嘴脸，威胁道："我们来不是为了别的，是为了老师的晚盖，人人都有个晚盖，还请老师有以自见。"（"晚盖"一词出自《国语》，意思是早年作恶后来能够掩盖弥补。）

没想到金梁小人得志，竟然出言不逊，指责徐世昌背叛清朝、服侍民国。徐世昌听后，哪受得了这个，愤然斥责："你太浑。"

金梁索性撕下脸面，反唇相讥道："老师才浑哩！"

徐世昌听后，潸然泪下，叹道："想不到我这个年纪，又碰到这一场。"说罢，拂袖上楼。金、章两人自讨无趣，也不辞而别。

撇开徐世昌的历史功过不说，为了保持气节，80多岁了还能如此忍辱负重，实是难能可贵。

同时，日本人还拉拢过曹锟、吴佩孚、靳云鹏、袁克定等人，但都被一口回绝了。尤其是洪宪朝的"太子"袁克定，由于拒绝和日本人合作，在出入北平城门时，曾多次受到搜身的侮辱。

当时，袁克定住在颐和园排云殿牌楼西边的第一个院落清华轩。穷困潦倒时，单靠一个忠于他的老仆人，到街上捡白菜帮子，蒸窝窝头充饥。每次老仆人端上饭菜，他仍不改故态，戴好餐巾，用西洋刀叉把窝窝头切成片，就着咸菜进餐。

华北沦陷后，土肥原贤二笼络袁克定，要他加入华北伪政权，希望借助他的身份对北洋旧部施加影响。袁克定那时候生活已经很艰难了，但在民族大义面前，说再穷也不能做汉奸。据说，袁克定还登报声明，表示自己因病对任何事不闻不问，并拒见宾客，后来有人将刊登他声明的那张报纸装裱起来，并题诗表彰他的气节。

听了陈布雷关于徐世昌、袁克定等人的讲诉，蒋介石面色凝重地说："北洋诸老真是可敬，长我中华志气，比汪兆铭之流不知强上多少倍。"

说话间，薄暮已从四面围了上来，寒意渐生。这时，一个高大的身影已是昂然走近，来人正是刚刚由侍从室第一处主任调任桂林行营参谋长的林蔚中将。

"是蔚文（林蔚，字蔚文）啊！我正要回去，咱们边走边说吧！"

林蔚和陈布雷一样，是蒋介石内廷的左膀右臂，蒋介石对他们信任之重，一时无二。当时，除了宋美龄和两位侍从副官外，能够直接进入蒋介石内室的也只有他二人而已，即便是蒋经国、蒋纬国兄弟有何请托，也经常找"林叔""陈叔"代为帮忙传话，可算得上真正的帷幄近臣。

林蔚虽受倚重，但却能谨言慎行。在蒋介石面前，他表现得精明强干，任劳任怨，从不揽权结党，搞个人圈子，同时又工于心计，对蒋介石的重要意图常能预为窥测，所以遇机一拍即合，很得蒋介石的欢心。在众人面前，他态度温和，喜怒不形于色，显得深沉平和，不但与胡宗南、汤恩伯等浙江籍统兵大将关系融洽，同时又能取信于陈诚，正所谓八面玲珑，滴水不漏。

在派系林立的国民党统治体系内，一个人能做到这一步实属不易。他凭借做幕僚的丰富经验，不仅工于谋人，而且善于谋己，懂得见风使舵，预留退路，常能左右逢源。人们常说，蒋介石精于权术，无人可及，事实上林蔚和他相比，并不逊色。

一个月前，因长沙大火一案丢了湖南省主席的张治中回到重庆，蒋介石便有了个一石二鸟的安排：林蔚调任军令部次长兼桂林行营参谋长，腾出的侍从室第一处主任之职由张治中接任。

此次蒋介石调林蔚做桂林行营的参谋长，明眼人都知道有监视白崇禧的意思。桂林行营设立于1938年11月的南岳军事会议，由白崇禧任主任，统辖第三（顾祝同）、第四（张发奎）、第七（余汉谋）、第九（薛岳）战区，以拱卫重庆，保卫大西南。桂林行营配置了国民党军的大部分精华，时间一长，如果被白崇禧瓦解控制，那还了得！况且他也了解白崇禧的性格，一向是敢作敢为，让人十分忌惮。眼下只有调去他最为信赖的干将，蒋介石的心里才踏实些。

今晚匆匆过来，林蔚正是辞行的。

蒋介石打量着林蔚，穿戴整洁，精神饱满，根本没有50岁人的老态，不由得面露悦色。漫步间蒋介石问道："蔚文，准备得怎么样了？"

"已经和白主任、陈部长及各战区长官疏通过了。陈部长、顾长官、薛长官都很理解委座的安排。桂林行营那边大小官佐，我当尽力笼络，晓谕领袖之意图。"

虽然白崇禧、陈诚、顾祝同、薛岳等人并没有林蔚资历深、资格老，但是林蔚还是恭敬地称他们为主任、部长、长官，显然是早已体察到蒋介石不愿近臣官阶过重难以驾驭的用心。侍从室的参谋，调入时为上校中校的，必定要降一两个军阶使用。这种办法正是从明太祖那里学来的。明太祖设内阁学士，虽参与枢密，职权很重，但是只授四五品的官阶，使用起来在心里可不把他们看作大臣，召之即来，挥之即去，可省去许多心理上的障碍。林蔚深知此道，因而处处小心，不敢稍有差池。

蒋介石对林蔚的回答很是满意，却担心林蔚能否协调好与地方势力的关系。福建、广东的张发奎、余汉谋，广西的白崇禧、黄旭初，云南的龙云，湖南的薛岳，盘根错节，纷繁复杂，牵一发而动全身。林蔚虽然心思缜密，经验丰富，毕竟这样大的局面还是第一次经历。因而，他语重心长地告诫道："蔚文，须知桂林那边水也不浅哟。"

"委座放心。白健生（白崇禧，字健生）、张向华他们即便心生异志，也不敢轻举妄动。毕竟他们各有所图，部下又有地域之争，很难联合起来对抗中央。所谓逼之则吴越同舟，缓之则自相夷戮。只要中央操之不急，自然有水到渠成的时候。"

蒋介石听后，宽慰很多。心说林蔚的识度、能力确实不凡，却又能淡泊名利，甘为人下，真是难得。于是欣然说道："有你在，我就放心了。"

说完，回过头对陈布雷说："彦及，回去啦，今晚一起为蔚文送行。"

◎ 反攻变成了赌博

清江县（今樟树市）樟树镇，第19集团军司令部。

罗卓英不停地踱来踱去，显得心事重重。作为陈诚"土木系"的二号人物，罗卓英深知自己在集团里的重要作用。自从在保定陆军军官学校相识以来，罗卓英便和陈诚互相欣赏，渐成莫逆之交。在这个世上，有一种人甘心追随自己的朋友，鞍前马后、忠心耿耿，而这个朋友才华超众、知恩图报，两人一荣俱荣、平步青云。陈诚、罗卓英就是这样的搭档和朋友。

作为陈诚的副手，陈诚升迁一步，罗卓英也紧跟着升迁一步。在"土木系"中，两人可谓是二位一体，互为支撑，在国民党诸多派系中如鹤立鸡群，权倾一时。

但两人统兵风格迥异。陈诚御下甚严，对部属异常专断，颇有家长作风；而罗卓英则性情温和，善于和部下攀谈、沟通，让下属畅所欲言，从不给人难堪。甚至作战失利后，对个别不能严格执行命令的部下，也时有宽纵。老好人这个弱点虽不为陈诚认同，却深得下属人心。部下有事或犯错，一般都不敢直接报告陈诚，而是先找罗卓英，由罗从中缓解。

一刚一柔，陈诚、罗卓英成了绝配，这也许倒成了陈诚欣赏罗卓英的地方。但罗卓英也绝非庸人，他常常训诫部下，应以君、亲、师的态度教导部下，效法古人"扬善公庭、规劝私室"，给人知耻改过的机会。此外，他仿效并推崇岳飞的信条："文官不爱财，武官不惜死，则天下太平矣！"时常教导部下说："成功两句话，打仗不怕死，做事不贪财。"在他的一番努力之下，所属部队每每成为一支劲旅。

他这一套，很得部下的欢喜。在国军众多将领中，他也以练兵、御下见长。

他和陈诚，一个在中央培植势力，一个在外面掌控军队，一内一外，相得益彰，搞得风生水起。一向疑心甚重的蒋介石早已把这一切看在眼里，他用陈诚取代何应钦，却无论如何不会让陈诚一家独大，成为何应钦第二。因而，他又扶植胡宗南、汤恩伯，以与陈、罗相互制衡。胡、汤二部装备精良，却又养尊处优，处处得蒋介石袒护，陈诚自然知道其中缘由。

武汉会战后，罗卓英突然被调离王牌第18军，就任完全由杂牌军组成的第19集团军总司令。陈诚自然明白这是蒋的小动作，但他不便表示，罗卓英也平静地接受了，未向中央表示不满。但罗卓英心里也有自己的小九九，像他这样级别的高级将领，不能像薛岳那样获取一个省主席职位，他心有不甘。

而江西省主席熊式辉更是让他心里不服，这个位置也是他心仪已久的。

熊式辉治赣近10年，没多大本事，却能随时体会蒋介石的心思而地位稳固。几年前，蒋介石驻南昌"剿共"，熊陪蒋散步。一路上见蒋不时用手帕掩鼻，他意识到这是湖中散发的恶臭所致。回到省政府，他立即把建设厅长龚学遂找来，一同到蒋介石的驻地巡视，当即面谕龚迅速重修湖岸，清除浊水。不久，环境焕然一新。湖岸全部由红石砌成，沿岸植树，调整流水管道，还设立一个管理处。蒋介石再来时见湖面改观，心情大好，对熊式辉赞赏有加，传令嘉奖。

更让罗卓英鄙视的一件事是国民政府主席林森到江西视察。当时熊式辉闻讯后，立即派出几个高级官员到九江迎接，还特别指示一名亲信，注意林森的穿戴，得到消息迅速向他报告。见到林森后，那位亲信便以特快加急电报报告："林主席身着蓝色长袍，黑色马褂。"熊式辉立即下令，南昌市所有县、团级以上军政人员，一律身穿蓝长袍、黑马褂到车站迎接林主席驾临。林森一下火车，发现欢迎他的文武官员都和他一般长袍马褂，哭笑不得。

对于这一切，罗卓英看在眼里，极为不服，早欲取而代之。进入江西后，他多次请托于陈诚，欲谋江西省主席宝座。

无奈蒋介石不愿陈诚的势力膨胀太快，况且熊式辉精于为官之道，处处能为蒋介石着想，蒋经国现在正在江西，熊式辉照顾得很是不错。思前想后，蒋介石没有答应陈诚的请求。

这样一来，罗卓英不但没捞到好处，还狠狠地得罪了熊式辉。在地方事务上，熊式辉处处刁难，经常与他过不去。

南昌失守，熊式辉绝不会放过机会，写了一首打油诗："敌军未到牛行站，将军先退板湖圩。脓包饭袋何处去？最后胜利'妈的皮'。"

诗写得实在不怎么地，但熊式辉着实出了一口恶气。

罗卓英好歹也是一员儒将，整军经武，身经百战，也爱吟诗作赋，还从未见过如此下流的诗作。羞愤之余，也暗暗憋了一股劲要在战场上有所作为，洗刷耻辱。

机会很快就来了。

4月14日，军委会根据上海特工几天前发来的情报，判断日军第11军将联合海军第三舰队，进攻长沙、衡阳，一举贯通粤汉线。

这实际上是日军攻占南昌后根据战场形势在进行部队调动。日前，日军第三舰队司令官及川古志郎乘"出云"号战舰赶往武汉，并将驻上海的2110名海军陆战队队员调往武汉。同时，南昌方面，日军陆军航空队和海军第二航空队正在移驻南昌，一部分海军陆战队队员也正在开往南昌的途中，准备接手南昌101师团的守备任务。

冈村宁次虚晃一枪，以攻为守，根本目的是巩固防线，消化南昌战果，如果战机有利，也可适时攻略鄂北或长沙。冈村的第11军虽有7个师团加2个独立旅团，是侵华日军中兵力最为强大的军，但他面对的威胁也是最大的，他甚至不得不将手中的兵力一分为二，两线作战。南线攻打南昌，与薛岳的第九战区拉锯较量；北线还得应对李宗仁第五战区发动的"四月攻势"。

眼下的调动就是为了加强北线的力量，平衡全局。其进攻计划是：

第6师团自武宁出修水，以平江为进攻目标，配合在岳阳待机的海军部队，待海军进至湘阴后，即发起对平江一线的攻击。

在岳阳待机的第9师团，"扫荡"岳阳、通城一线，并协助海军在洞庭湖沿岸作战，逐次向南推进，待攻占湘阴、平江后，即迅速沿粤汉线南下，威胁长沙。

驻南昌和高安的101师团，在海军陆战队接防南昌后，迅速向丰城、清江、分宜进击，协助长沙方面的作战。

驻守安义、奉新、靖安一带三角地区的106师团，从高安、万载、萍乡、上高一线攻击，采取迂回策略，径向衡阳前进，与华南日军一道进攻衡阳。

日本陆军、海军航空队，利用南昌机场，协助日军对长沙、衡阳的进攻。

冈村宁次玩的就是心跳。大战刚刚结束，不待休整便又将眼光投向了粤汉线，而此时他的11军战线拉得太长了。

蒋介石正为如此窝囊地丢了南昌而心有不甘，得到这个情报，便马上有了相机夺回南昌的打算。他认为赣北日军处于分散状态，且大战之后十分疲敝，尚未整补，如果我军能抓住敌人弱点，奋力一击，收复南昌并非不可能。在与白崇禧、陈诚、薛岳几次协商后，蒋介石决定祭出围魏救赵的战法，集结30万重兵，先发制人，同时反攻南昌和广州，使日军首尾不能相顾，打破日军贯通粤汉铁路的图谋。并指令各战区发动"四月攻势"，以袭扰、牵制日军。

仗打到这个时候，蒋介石认为国军经过整军备战，有了"反攻"的筹码，不再一味地躲闪挨打，完全可以在局部战场发起攻击。

第九战区接到军委会的命令，积极整补、备战，准备夺回南昌，一雪前耻。尤其是身为前敌总指挥的罗卓英，更是憋足了劲。当晚，罗卓英站在司令部的院子里，回想起浴血大上海的日日夜夜，心潮起伏，不禁吟起了大战后他写下的《罗店》诗：

其一

穿街一水似鸿沟，铁血横飞战未休。

任尔穷凶来不得，丹心赤胆护神州。

其二

三来三往力争持，十荡十决扫虾夷。

淞沪风云罗店血，大书蔡李好男儿！

想当初，他率18军子弟兵血战罗店，声震中外，那是何等的威武悲壮。今日他作为败军之将，定要一雪前耻，打出辉煌。

4月17日，军委会正式下达对南昌的反攻命令。命令要求第三、第九两战区应先以主力进攻南浔路之敌，确实截断敌联络，再以一部直取南昌。此反攻计划怎么看都有点儿拣软柿子捏的意思，攻击重点是突出于九江以南、南昌一带的老冤家101、106师团。战役的具体部署是：

（一）第1集团军以一部监视奉新、安义、靖安之敌，相机攻略之，主力（至少两师）由奉新、安义向乐化、永修间南浔路挺进，彻底破坏交通，截断敌之后路及支持。

（二）俞济时第74军以一部监视高安之敌并相机攻略之，主力由大城、西山、万寿宫向牛行、乐化间南浔路推进，彻底破坏交通，断敌增援，并协力南昌之攻略战。

（三）刘多荃第49军逐次向高安方面推进，为总预备队。

（四）上官云相第32集团军应以一部固守现阵地，主力至少三个师与第九战区相策应击破南昌之敌,相机占领之。该集团军应编组袭击部队(约一团),务以奇袭手段袭取南昌。以上各部皆归第九战区前敌总司令罗卓英指挥。

(五)武宁方面第30集团军以有力之一部向永修以北南浔路挺进,主力攻击武宁之敌并相机占领之。

为达成奇袭效果,军委会还指示第九战区进行巧妙宣传,迷惑日军,以牵制敌人,促使敌人分兵。同时,组织便衣队潜入南昌,并设法策动南昌城内市民,配合攻城部队四处骚扰敌军,使敌军疲于奔命,我军攻击易于奏效。

计划看上去天衣无缝,但却不是出自前线指挥官之手。军委会尤其是蒋介石越权指挥,既没有顾及几路大军的协同攻击问题,又斤斤计较于"便衣队"这样的战术细节,让罗卓英如何控制,如何有效地实施?

日军的指挥方式,在战术方面起码胜中国军队一筹。日本军部、方面军一级不会过问战术细节,就连冈村宁次,作为军一级的指挥官,具体的战术细节也大多是由参谋及下属师团自己制定的。而蒋介石作为中国军队的最高指挥官,动辄过问这些细枝末节,实在不够明智。多年后的解放战争中,蒋介石插手辽沈战役丢了东北、插手徐州败了淮海战役,这一毛病几乎贯穿了他的整个军事生涯,不能不说是他的一大遗憾。

南昌反攻战仍由第九战区前敌总指挥罗卓英全权负责。罗卓英此时坐镇上高,指挥的兵力主要是第19集团军、第74军及第1集团军,主攻方向为高安、奉新、靖安一线与南浔线之间的地带。对左翼的第30集团军与南昌东面的第32集团军则仅有名义上的指挥权。

此次反攻,中国方面是以第74军为主力,全力正面进攻高安、锦河。全军在高安以西渡河后,用一个师的兵力占领石脑圩以东高地,经七里桥至后背山一线,向高安发起攻击,钳制敌军,且最好能攻占高安。同时,用两个师的兵力从米峰以南地区,向赤土街、虬岭一带发起攻击。余部分成两个支队,各约一团兵力,在次要方向上攻击以牵制日军,配合主力在高安、赤土街一带的进攻。在完成以上攻击任务后,74军还要全力向生米街(南昌西南门户)、牛行(南昌火车站)、乐化(南昌以北南浔线要地）一线进攻，配合第32集团军完成对南昌的包围。

说实话，74军的任务过于繁重。其正面之敌，高安一带为日军101师团的一部，赤土街、虬岭一带是日军106师团的主力。说起来106、101两师团也算是74军的老对手了，在万家岭大战中，74军曾经击溃106师团，并给101师团派出的援军以重创。

虽说是手下败将，不过对它们的战斗力，军长俞济时不敢小觑。万家岭大战，74军58师拼尽全力，伤亡殆尽，眼看阵地不守，师长冯圣法抱着电话机向军部哭诉，俞济时把警卫营最后的两个连拉过去增援，才算稳住阵地。每当回想起那一仗，俞济时仍然心有余悸，更何况日军这两个师团经过整补，火力得到了极大的加强，而且部队挟新胜之威。

而刘多荃的第49军，军委会已下令将其作总预备队使用。其中，战斗力较强的王铁汉105师划归74军指挥，接替罗仙坛、咽喉山、彭家铺一线74军的阵地，并以有力部队守备锦河南岸。预9师仍担任赣江至高安河南岸的守备，集结待命。

高荫槐的第1集团军则兵分两路，一路攻取马鞍岭，掩护攻击部队的侧翼，并牵制位于奉新的敌106师团主力；一路则牵制安义、靖安周围之敌，另以一个师切断靖安、安义敌后交通。任务达成后，以主力向乐化以北南浔线挺进，截断敌军增援。

第1集团军来自云南，战斗力不强，所以仅负责围困截击，使敌军不能相互支援，将第106师团绊在奉新、安义地区，解除第19集团军北面的压力。

罗卓英的最终目的不仅在攻取高安，而且要进出牛行、生米街、乐化，进击南昌北面，切断南浔线，配合第32集团军攻城。甚至准备必要时袭取涂家埠，断敌第101师团的归路，有可能则聚而歼之。

南昌失陷后，武宁虽然也随之沦陷，但第30集团军防线并未崩溃，只是阵线凹进一块而已。在攻势规划中，王陵基部主要的责任是将阵线恢复，并相机克复武宁，如能达成此目的，对于王凌基的川军来说就算是大功一件。但蒋介石随后又要求王部要切断修水以北的日军交通线，使日军无法抽调兵力驰援南昌，策应南昌方面的反攻。此时王陵基手中只有四个师。樊崧甫的第8军与第73军均已调出整补，王陵基压力陡增。

外围部署完了，再来说说反攻南昌的主力——上官云相的第32集团军。该集团军本身的攻击位置距南昌仅50公里，且沿路无敌重兵，态势非常有利。桂林行营主任、素有"小诸葛"之称的白崇禧建议以三个师为正面攻击部队夺占南昌，两个师编为第二线部队用以截断南浔路交通。

上官云相总司令据此决定以第79师、预5师及第102师组成南昌攻城部队，以全集团军中战斗力最强的第79师为攻城主力，单独突袭南昌东南角。预5师主力则以团（或营）为单位潜入南昌城厢袭击敌军，并抽出一个团装扮成平民，混入南昌城中，准备在第79师突袭时起而策应。第102师则作为攻击军的预备队，并负责在抚河及南昌城郊各支流上搭建浮桥。集团军以第26师为总预备队，随第79师之后向抚河推进。第16师及预10师则在抚河、赣江之间自南向北攻击，截断日军沿公路布置的各据点，切断铁路、公路交通。

这个进攻计划很有创意，灵活大胆，但忽视了一个致命的要素：大兵团作战，协同指挥是取胜的关键！计划环环相扣，要求各参战部队拼死也得完成各自任务，否则进攻将陷入混乱。可眼下反攻部队中杂牌居多，又是刚刚吃了败仗，他们有能力完成各自的任务吗？此外，蒋介石、白崇禧、薛岳随时都可能插手，一旦开打，俞济时、上官云相到底听谁的？只有天知道。

中国军队的第一个大反攻，又变成了一个充满投机与冒险的赌博。

战役总指挥罗卓英陷入了深深的忧虑之中。

◎ 反攻惜败，军长陈安宝战死在南昌城下

4月18日，军委会桂林行营。

白崇禧焦虑不安地来回踱步，等待着军委会的最新消息。对于军委会17日的训令，他马上看出了问题并提出异议：他认为此次反攻南昌，成功的关键就在一个"奇"字，在兵力、火力、战力都不占优的情况下，要想夺回南昌，只有出奇制胜。为达成奇袭效果，必须从速发动攻击，如果迟至24日再发起攻击，我军意图很容易被日军察觉，而一旦失去奇袭效果，不但南昌夺不回来，部队还将受到敌军压制，付出重大牺牲，故建议最迟在22日发起攻击，且第74军、第1集团军最好能提前发起攻击。

白崇禧绰号"小诸葛",其战术素养在国民党军中无人能出其右,蒋介石还是很重视白崇禧意见的,军委会照章核准。

4月21日,第九战区前线各部兵分数路,以排山倒海之势向南昌方向发起了攻击。

第1集团军以60军184师与58军新10师越过日军106、101两师团的空隙,直插奉新,并以58军新11师监视靖安方面日军,防止其向奉新增援。同时,74军以主力进攻高安,余部北渡锦江,进攻大城、生米街。

攻击一开始,突袭成效显著,日军没有料到中国军队竟然还有反击的力量和勇气。中日全面开战一年多来,中国军队拘泥于"以空间换时间",作战消极,丢失一地后忙着整补,应付日军的下一波进攻,从未组织过战役一级的反攻。时过境迁,随着双方力量的此消彼长,发起反击的变成了中国军队,日本人一时措手不及。

反击初期,中国军队攻击顺利,占到不少便宜,其中尤以74军表现抢眼。

第74军不愧为国民党军中的精锐,兵强马壮,装备精良且训练有素。日后的解放战争战场上,它能成为国民党五大主力之一的整编第74师、成为我山东解放军的眼中钉,成就孟良崮战役的经典,其实力绝非浪得虚名。

接到攻击命令时,天正下着小雨。74军军长俞济时顾不得吃饭,披起雨衣,率军指挥部连夜渡江,一口气前进到高安城南三四十里外的王庄。稍加休整,部队便立刻投入了进攻。

担任主攻的是74军王耀武的51师,这是主力中的主力、王牌中的王牌,战斗力最为强悍,尤其是师长王耀武更是不可多得的将才。在侧翼部队的配合下,51师以迅雷不及掩耳之势迅速攻入高安城内。与此同时,49军王铁汉的105师又在锦江南岸进行堵截,封锁了日军的退路。没多久,日军一个联队3000多人虽拼死抵抗,仍被全歼,高安城失而复得。

俞济时得报,大喜过望,立即向军委会通电报捷。他不住地晃着短小的身子,满面红光,两眼炯炯如炬,74军军部也是一片欢腾。

但是,中国军队的奇袭也就到此为止。从混乱中反应过来的日军,判明中国军队进攻南昌的意图后,迅速转入有序的阻击,并向11军司令部火速求援。

抗战前期,日军除火力强大外,另一个决定性优势就是机动快。当日军控制了交通线,汽车轮子和装甲履带就比两条腿不知快多少倍。中国军队苦心营造的突袭优势，在日军快速有序的调动中渐渐丧失。

一场奇袭又变成了艰苦卓绝的攻坚战。

南昌西面，第1集团军没能借到74军胜利的大好形势，反而久攻奉新不下，被日军缠住，陷入进退两难的困境；而74军在攻克高安、生米街后，因第1集团军等友军上不来，害怕孤军冒进，也失去了积极进攻的意愿，转而变成观望。两部均被阻在南昌外围，未能按计划进至南浔铁路一线。

南昌东面，第32集团军的攻击也未能奏效。

第32集团军的攻击开始于4月23日，首先出动的并非主力，预10师与第16师主要负责扫除日军第101师团在南浔路上的据点。但是，预10师首攻万家山即遭日军顽强抵抗，伤亡惨重，第16师的攻击也收效甚微。两个师损兵折将毫无进展，却被一些日军小据点绊住。罗卓英接获战报后，电告预10师与第16师：不要被这些日军据点束缚，要"勇往迈进，超越而前"，争取截断交通线。

士气没了，罗卓英的死命令也起不了多大作用，战斗虽未停止，但这两个师的进展毫无起色。罗卓英战前的担心不幸变成了现实。

中国军队反攻南昌的步调已被打乱，夺回南昌的胜算在急剧下降，但在蒋介石亲自督战的巨大压力下，上官云相还是硬着头皮按原计划发起了对南昌的攻击。

上官云相既非抗战猛将，也非蒋之嫡系。今天所以如此卖力，还是惧怕悬在头上的军法利剑。两天前，蒋介石已下达了死命令："凡留在第一线、第二线各部队，除诱敌部队以外，其正面主力部队，皆应积极抵抗死守，与阵地共存亡，非有该司令长官命令，不得擅自撤退，而该长官亦非有本委员长命令，不能擅自转移阵地。"

此令一出，前线将领都知道蒋介石动真格的了，哪个敢拿自己的脑袋冒险？只得拼死一战。

应该说，不少部队还是积极执行军令的，也创造了不少的战机。4月24日，预5师的便衣团顺利潜入南昌就位。作为内应，他们完成了自己的任务；第102师也按时到位，积极架设好浮桥，保证了79师分批渡过抚河；第79师于25日夜间先行渡过两个团，渡河后击退了少量日军前哨，绕开日军据点全速向南昌急行。4月26日拂晓，第79师主力悄悄抵达南昌近郊。同时，后续的26师第78旅也开到抚河岸边，待命渡河。

战机不错，日军第101师团对中国军队的渗透似乎并未察觉。

见79师已潜抵南昌城郊，上官云相深恐错失战机，立即命令段朗如的79师和曾戛初的预5师展开攻城。

26日拂晓，段朗如率领第235团及第237团向南昌城厢的日军阵地发起突然攻击。

突袭效果显著，在79师凶猛的攻击下，日军方寸大乱，79师一部趁乱攻进市郊的南昌新机场。而先前混入南昌城的预5师便衣团见外围攻城开始，也及时在市区内纵火，并突袭日军机关、兵营。一时间，南昌城内枪声大作，便衣团与日军来回拉锯，展开了激烈的巷战。

日军内外受攻，一时颇为慌乱。如果中国军队能快速打开突破口，攻入南昌城内，则不但南昌可以收复，日军101师团也有可能像106师团在万家岭一样，陷入绝境。遗憾的是，中国军队火力太弱，别说飞机、重炮，就是稍微像样点儿的炮火支援也少见，攻坚只能靠轻火力和人海战术。在重火力处于绝对劣势的情况下，像南昌这样的重镇一旦丢失，再想夺回就难了。

眼前的南昌城下，两个师攻城，兵力既不占优，又无强大的火力，第79师很快就被日军优势火力压制在城下，攻击部队虽全力苦战，伤亡惨重，仍未能突入城中。

日军第101师团站稳脚跟后，立即以一部在市区内清剿扫荡，主力则伺机出城向中国军队反攻。

第79师被压制在南昌城下，又遭到日军的反冲锋，进退失据。而预5师便衣团寡不敌众，也只好突围撤出市区。

南昌，胜利的天平慢慢开始向日军倾斜。

攻城虽失利，但如能将日军割裂，不让日军援兵过来，将101师团困在南昌城内，待我军增援部队上来，拿下南昌仍有希望。关键时刻，负责截断日军交通的第16师却让胜利的希望彻底破灭。

第16师原本应该绕过日军坚固设防的沙埠潭据点，坚决向南浔路及向塘公路挺进，阻敌援兵。但师长何平居然在沙埠潭前展开整个师，大张旗鼓地开始了攻坚战。即使有罗卓英不许为敌据点牵绊的电令在前，何平依然不顾截断交通线的核心任务而驻足不前。此时，沙潭埠的日军不过一个大队，但16师从4月24日打到5月1日，在这个小据点前耗了整整一个星期，居然还没攻下。16师这一仗的使命到底是拔据点还是阻援，恐怕何平早忘了！但有一点他很清楚：与阻击大规模日军相比，攻击一个大队的日军大概要安全得多。

16师消极避战直接影响了反攻南昌的战局。从武汉赶来的日本海军陆战队2000余人利用这个间隙，以水运横越鄱阳湖后在国军后方登陆，再由公路快速转运南昌。援军的到达，令日军士气大振，而中国军队则士气受挫，与日军相持在南昌城下。

5月1日，蒋介石严厉处分失职将官，并严令第32集团军强攻南昌。电令语气强硬、充满杀机："第七十九师师长段朗如谎报军情，贻误战机，着即军前正法，以昭炯戒。第十六师作战不力，应饬戴罪图功。并令上官总司令亲到前方督战。各军如作战不力，应共同负责，限五月五日前攻克南昌。"

蒋介石下达的这道军令，除表达了他深深的失望和愤懑外，其实有失公允。段朗如攻城失败擅自后撤如果该杀，那16师围着一个小据点徒耗一周致敌援兵入城更该杀。事实是何平捡了一条命。此外，这道命令并未充分考虑南昌城下中国军队战斗力的薄弱、攻城经验与重火力的缺乏，仍一意孤行限时拿下南昌，这也为反攻的最后失败埋下了伏笔。

5月2日，上官云相亲临抚河前线李家渡督战，调整攻击部署。

第79师因伤亡惨重、师长被枪毙而士气低落，该师被调往抚河防线，接替第26师的守备任务。南昌攻城改由29军陈安宝军长统一指挥已渡河的部队来完成。

再说第16师师长何平被上官云相严厉斥责后，令其统一指挥第16师、预10师与第102师第304团负责强攻沙埠潭，限期拿下。

此时截断南浔路的任务已告吹，日本援军与补给均已进入南昌，第101师团又得以巩固城郊阵地，并以主力开始反击国军。但上官云相仍坚持要何平攻下沙埠潭，用意颇有些惩罚的味道。何平在段朗如被枪决之后非常惶恐，哪还敢怠慢，立刻督促部队全力出击。这一会儿何平可是真打了，恨不能一口吞下对手，可对面日军偏偏不给他这个面子。此时，日军凭借通畅的公路，从容运来大量兵力支援沙埠潭。

何平自食恶果。第16师以第46团截击日军援军，第47团与第48团正面强攻，但进展很慢。何平为了激励军心，枪决了第46团进攻不利的前卫营长彭立衡。此时，侧翼的预10师遭到日军猛烈反击而陷入停顿。日军因援军到达，已能从容应付何平手下的两个团。

沙埠潭再次陷入胶着，打成烂仗。

南昌城下，攻城总指挥陈安宝军长在得知段朗如被执行枪决后，内心十分沉痛。两人交情深厚，以陈安宝对段朗如的了解，段朗如绝非贪生怕死之辈。只是当时79师伤亡惨重，而援军又迟迟不到，眼见攻城无望，又受到日军反击，顾忌79师是陈安宝的起家部队，段朗如想为老师长留点种子才不得已撤军，谁知却遭到最严厉的军法。

想当初武汉会战时，陈安宝率军在德安与日军血战，日军凭借鄱阳湖，有舰炮与陆、空军优势，昼夜不停地攻击，部队伤亡惨重。段朗如时任79师副师长，在代表陈安宝向军团长俞济时汇报战况时，含着热泪表示要与阵地共存亡，当时俞济时还大加赞赏。在陈安宝看来，段朗如也是个热血男儿，今天这样的结局实在是太可悲、可叹了。

既非嫡系，保不了下属，这笔账就只能算在日本人的头上了。新仇旧恨，陈安宝一腔悲愤，不等部队集结完毕，马上就率军部先行赶往南昌前线。命令预5师与79师237团迅速集合，从瑶湖渡过红门桥，约定5日突入南昌城。

5月4日，中国空军第一大队龚颖澄大队长亲率一大队的SB-2轰炸机由成都起飞轰炸南昌。但是第29军还来不及展开，陆、空也缺乏协调，所以并没有直接影响第101师团的抵抗。在空军返航之后，预5师才推进到南昌城下。

陈安宝军长计划以第26师与预5师并列展开，同时强攻。但是真正进攻之时却缺乏时间的协调，反而形成各自为战的孤立局面。

预5师在渡河后，避开正面日军坚固设防的一些小据点，并抢搭浮桥方便后续部队跟进。曾戛初师长亲自督队奋勇出击，日军第101师团城外扫荡的部队见来者不善，马上缩回南昌城中，预5师一直攻到南昌城防铁丝网前，才被日军炮火挡住。

第26师在完成渡河后，刘雨卿师长亲率第78旅击退日军一个大队，越过瑶湖据点，直扑南昌。第78旅王克俊旅长在越过瑶湖后，率部直指南昌老机场，一举突破日军阵地，攻占南昌车站，并冲入老机场内。机场内的日本军机纷纷紧急起飞，来不及起飞的三架军机被炸毁。

机场丢失令第101师团大为震动，马上组织部队向机场反扑。第78旅抵挡不住，后续部队也未能及时到达，全旅不得已退往莲塘市。

第26师76旅与第79师第237团由军长陈安宝亲自指挥，负责正面攻击。

5日下午2时许，部队通过公路、铁路到达沙窝章村，遭到日军突然袭击。不久，部队在桐树苗西北高地被日军火力封锁，而跟在军、师部后面的通信连、辎重排和王、谢两团也被高坊的敌人拦腰截断。

陈安宝急忙调整部署，以图击溃高坊日军，恢复被截断各部队的联络。直到下午4时30分，因日军盘踞的各个据点工事坚固，前方和后面的战斗都没有进展，部队与敌人胶着于高坊北端的夏庄、吴庄、沙窝章村和西北高地山里姚、龙里张一线。

蒋介石5日收复南昌的计划成为了泡影。

6日拂晓，日军向陈安宝所部发起攻击。炮火与昨天相比更加密集，投入兵力也增加了不少。头顶上，6架日机不断呼啸着、盘旋着，向中国军队的阵地倾泻着炸弹。此时南昌战场的制空权已完全被日军掌握，中国军队只有被动挨打的份儿。陈部所占地域狭小，部队密集，飞机加重炮，山呼海啸的炸弹伴随着横飞的血肉，中国军队伤亡惨重。

陈安宝在掩蔽部里通过望远镜看到了这一切，他心情沉重，极度迷茫。就目前的兵力、火力和战场态势而言，夺回南昌绝无可能，战区和统帅部知道前线的实际情况吗？明知不可为而为之，牺牲成千上万官兵的性命，不是他这个中将军长的秉性。可他是军人，必须要服从，只要能少牺牲点儿弟兄，多杀点儿鬼子，就算对得起自己身上的军装了。

陈安宝仔细察看周围地形后，知道白天难以突围，便督令将士隐蔽应战，准备在天黑后冲破敌人的包围圈，继续向南昌挺进。

傍晚，战斗越来越激烈，敌军一部已侵入桐树庙西北高地，直接威胁到整个部队的安全。陈安宝急率26师师长刘雨卿、参谋长徐志勖带着身边仅余的特务排向敌人反攻。军长、师长亲自上阵支援，军心大振，我军很快夺回了被敌占领的桐树庙西北高地。令人痛心的是，师长刘雨卿在战斗中身负重伤。

左翼龙里张方面，战斗已陷入敌我格斗的混战状态。此时，前线告急，陈安宝留下的预备队却已经用完。情急之下，他只能带着几个随从冒着猛烈的炮火前往督战。途中遭遇敌机的疯狂扫射，不幸中弹。两名卫兵架着他艰难后撤，孰料日军逼近，两名卫兵弃他而逃。日军为打击中国军队士气，不顾军人的气度，残忍地割下他的头颅，悬挂在南昌城头。

一代将星，就此陨落。

陈安宝，浙江黄岩人，保定军官学校第三期毕业，原浙军将领，北伐战争时归入国民革命军。淞沪会战时任第79师师长，因表现优异，被擢升为第29军军长。陈安宝生前好友郝梦龄，先他殉国于山西忻口前线。此时，两人泉下相逢，同为军人楷模，可谓相期不负此生。

军长阵亡，第29军在参谋长徐志勖的率领下撤出战场。此战，29军付出了前所未有的惨重伤亡。主攻部队被打残了，攻城最高长官也阵亡了，反攻南昌成了镜中月、水中花。

消息传到第九战区，正在策划组织反攻南昌的薛岳将军悲痛欲绝，流下了眼泪。

出师不利，又损大将，第九战区极为震动，已无心再战，纷纷向蒋介石请求停战。

5月7日中午，罗卓英得知南昌攻城战况后，明白南昌攻城已经没有成功的可能，为避免进一步的损失，只好准许第29军退往抚河占领阵地。但罗卓英在电令中仍负气严令第16师完成沙埠潭的攻击任务，何平此刻是哑巴吃黄莲，有苦说不出。

上官云相接到命令后，灰心至极，电令全集团军停止进攻，第29军、第102师与预10师封锁抚河各渡口，在抚河一线展开，第16师也停止沙埠潭方面攻势，原地待命。

其实，并非前线将领不知战场实情。早在5月5日，第九战区代司令长官薛岳曾致电陈诚，表明停止攻击之意："现迭奉委员长电令，我军作战之方略在消耗敌人而不被敌人消耗，避实击虚达成持久抗战的目的，故此次南昌之攻击，即在消耗敌人，避实击虚的原则下预行设伏，采用奇袭方式四面进攻侧翼，以最迅速敏活之手段夺回南昌。现时已持久，攻坚既不可能，击虚又不可得。敌势虽蹙，但欲求五月五日前攻克南昌，事实上恐难达成任务。除严令各军排除万难，不顾一切继续猛攻，拟恳与委员长通电话时，将上述情形，婉为陈明。"

薛岳在武汉会战时曾数次抗命蒋介石，方取得万家岭大捷，算得上是敢说敢干之人。但刚刚代理战区司令长官，前次又一拖再拖让日军先下了手，自知理亏，只能拐着弯向蒋介石陈情，由陈诚代为转达。

南岳的陈诚在接获薛岳电报之后，痛惜部队损失之重，致电蒋介石，请求停止南昌攻势:"今后之作战指导,似仍本持久战消耗战之方针,采以攻为守以进为退的原则,力求机动。或胜或败,或得或失,均应勿犯过去死守笨攻之覆辙。"

桂林行营主任白崇禧几乎同时向蒋介石电陈意见,婉转陈请撤退:"窃维我军对敌军之攻击,必需出其不意始能奏效。今南昌之敌既已有备,且我军兼旬攻击,亦已尽其努力,为顾虑士气与最高战略原则计,拟请此后于南昌方面以兵力1/3继续围攻,2/3分别整理,对外仍宣传积极攻掠,而实际则变换攻击目标。"

嫡系、非嫡系的都出来说话了,而且还都是军中一等一的人物,远在重庆的蒋介石自然得冷静考虑了。

5月9日,蒋介石致电桂林行营转知第三、第九战区停止攻势。

南昌反攻,是中国军队自抗战爆发以来,第一次主动以夺取大城市为目标的战役反攻。虽然协调不力而功败垂成,却积累了经验,也展现了中国军队越战越强、愈挫愈奋的一面,单纯消极防御的被动战法有了改观,这也为日后的几次长沙会战埋下了伏笔。

但中国军队也为此付出了血的代价。此战,阵亡陈安宝军长以下2万多人,仅将校军官伤亡就有10多人。

但中国已没有退路,中国军人只能以他们的血肉之躯来保卫锦绣河山、芸芸苍生,保住中华民族国脉的绵延永续。

第二章

鄂北泥沼

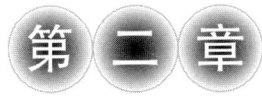

日军虽然拿下南昌，但中国军队仍可环伺四周，握有战略主动权。尤其从4月上旬开始的"四月攻势"，李宗仁率第五战区从东、西两面猛攻平汉线，令冈村宁次芒刺在背。

为扭转战略上的被动，冈村宁次不惜违反战争律条，令11军七个师团兵分两路，在南昌、随枣两线作战。沉寂了半年的战火硝烟一时席卷鄂北大地。

一败一胜，蒋介石在南昌丢失的颜面再次靠第五战区的李宗仁找了回来；一胜一败，冈村宁次有失风度，千方百计遮掩失败……

◎ 东京乱局，日本定调"以战助和"

1939年4月，东京陷入了一场艰难的抉择中。

从1月近卫内阁倒台，平沼骐一郎就任首相后，就德、意一再催促的军事结盟问题，五相会议已讨论过几次了，可意见始终无法统一。陆相板垣征四郎是极力主张签约的，在他看来，与德、意结成"轴心国"，可解除北面苏军的压力，南下、北进都有主动权。但海相及内阁多数人却担心一旦签约，日本则可能被拖入欧洲战场，这是日本目前国力根本就办不到的事。更可怕的是，一旦签约，就等于与美国撕破脸，所有战略物资都将被卡断，日本暂时还无法承受这一代价。

军方自己都无法统一，首相、外相、藏相也各怀心事，签约的事只能是一拖再拖。

东京的最大难题倒还不是签约与否，而是每天都必须面对的中国战场问题。中日全面战争已经进行到第三个年头，眼见得民穷财敝，解决"中国事变"的希望仍是遥遥无期。到了现在，即便是最强硬的好战分子如板垣征四郎之流，也不得不认真考虑停战的问题了。

说起来，板垣征四郎就任陆军大臣，上至天皇裕仁，下至军政各界，对他都寄予了很高的期望。毕竟，这场战争是他和石原莞尔挑起的，现在石原因为反对扩大战争，已被逐出陆军中央。驱逐一个石原容易，可怕的是石原关于陷入持久战的预言现在已变成现实。为此，主战的陆相杉山元、次官梅津美治郎双双被免去职务，转而任命更有手腕的板垣主持陆军，以期快速解决中国问题。

然而，出乎板垣征四郎意料的是，新任的陆军次官竟是东条英机，一个比他还要强硬的家伙。

日本军界都知道，东条英机是统制派领袖永田铁山的忠实追随者，曾被永田赞为"肩负陆军未来的人物"，东条英机也颇以此自负，大有"天下滔滔，舍我其谁"之气概。其实，东条一向是以愚笨著名，少年时代被人称为"打架王东条"，在军界崭露头角后，又被公认为天才的石原莞尔戏称为"上等兵"，就连一些陆军元老如宇垣一成等也不大看得起他。

说到底，东条英机在大家的眼里，不过就是个头脑简单、秉性暴戾的人罢了。但是，东条站有站相，坐有坐相，在外表上具备了一个标准军人的良好形象，这在一向呆板、注重仪表的日本军界赢得了部分人心。

更令人吃惊的是，"上等兵东条"也有一鸣惊人的时候。

"二·二六"兵变时，面对关东军内部群情汹汹、人心思乱的局面，时任关东军宪兵司令官的东条英机却当机立断，率先表示支持中央的平叛决定。同时命令部下即刻行动，在关东军内部进行大清洗，迅速处决了一批叛国乱军者，稳定了关东军的局面。结果，东条此举得到了陆军高层的一致喝彩，他的行动能力也在统制派内部凸显出来，赢得了更多的支持。

"卢沟桥事变"后，时任关东军参谋长的东条英机独断专行，组建了以四个旅团为基干的"东条兵团"，大举进攻张家口中国军队刘汝明部。刘汝明力战不支，部队溃败，正在南口苦战的汤恩伯13军失去侧翼，独木难支，也只得败退。之后，东条连同板垣征四郎第5师团，将战火烧向山西，造成了新的既成事实，完全违背了军部不扩大战争的方针，再次上演了一出"以下克上"的闹剧。

东条英机的激进和行动能力博得了军中大多数好战分子的好感，甚至在中、下层军官中也有广泛的影响，"来自地狱的使者"辻政信参谋就是他的狂热追随者之一。在统制派看来，东条有魄力、有声望，确实是一个可以推到前台的理想人物。于是，作为统制派新的代言人，东条被推上了陆军次官的宝座。

果然，这位陆军次官很快便显出了他的与众不同。

"张鼓峰事件"是他极力撺掇板垣征四郎做成的，结果板垣招来裕仁天皇的一阵痛责。接着，又进一步叫嚣"对苏（苏联）、中（中国）两国同时正面作战"。更有甚者，一次在军人会馆召开的"陆军管理事业主恳谈会"上，他大放厥词，宣称日本要"对苏、支两国同时作战，同时也准备同英、美、法开战"。

就是当时风头正劲、统帅数百万钢铁之师的希特勒也没有狂妄到敢向全世界宣战的地步。

此言一出，立即在日本国内引起巨大震动。不仅对日本经济界产生了强烈冲击，致使东京的股票市场狂泻，同时连战争狂人云集的日本军部都感到无法接受，纷纷指责其过于"轻率"。东条英机确实狂得没边，甚至可以说丧失了理智。且不说日本弹丸小国，人力、财力受限，更重要的是，连美国这样实力雄厚的大国在开战问题上都一再避免两线作战。但东条不计后果愿意这么说，说明有人就愿意听。

特定的昭和军阀时代，什么人都可能出现，什么事都可能发生。

但狂妄者必须为狂妄付出代价。不久，东条英机就丢掉了陆军次官的乌纱帽。

当时，陆相板垣征四郎亲登东条英机的府邸，促膝长谈，声称为了陆军的团结，期望东条辞职。

然而，东条英机竟断然拒绝，厚着脸皮回答说："只要多田骏参谋次长不调出，就绝不提出退职申请，如果有必要的话，请砍掉我这个军人的脑袋。"

真是请神容易送神难啊！由于陆军大臣和次官属于政府文官系统，军部碍于体面不能直接免去其职务，所以只能眼睁睁地受东条英机胁迫，答应了他与参谋次长多田骏共进退的无理要求。

多田骏谨言慎行、恪尽职守，曾站出来指责那些"以下克上"、擅自扩大战线的行为，因而成了东条英机的眼中钉。他虽为参谋次长，却在参谋本部负实际指挥之责，总长闲院宫载仁亲王更多地是挂个虚名。这种共进退无疑是陆军省得利，参谋本部吃了大亏。

东条英机近乎无赖的要求，使多田骏感到"像被疯狗咬了一口"，参谋本部上上下下也为他鸣不平。可事已至此，他不得不离开东京，前往中国战场任职。

离开陆军省，东条英机一度心情灰暗，但是他对未来抱有信心。他知道，军部的那些大小头子，哪个不是战争狂人？他不过是说出了他们内心的真实想法而已。一旦局势无法收拾，不用他自我推销，他们就会找上门来。

事实上，处于两难之中的日本军政高层也十分清楚，身为陆相的板垣征四郎和其副手东条英机也并非像外界传言的那样水火不容。板垣在秉性上，其实和东条并无太大差别。东条一意孤行，不达目的誓不罢休，打落牙和血吞，能够忍辱负重。板垣也是如此，当时华北驻屯军的参谋长酒井隆大佐就曾说他是"直刺战术"，讥讽他一味蛮干，不知变通。

好在有一点，板垣征四郎有容人之量，手下也有一批坚定的追随者。关键还在于，在培育昭和军阀的核心组织"一夕会"内部，在永田铁山的"统制派"和小畑敏四郎的"皇道派"之间，他和冈村宁次、矶谷廉介是少数的中间派之一。所以，在人事方面，他是团结陆军中上层的理想人物。

但是，好战的秉性还是让他时不时地露出獠牙，令人大吃一惊。

抛开支持"对苏、中两国同时正面作战"的提议不说，现在他竟要对苏联动武，并且倡议和德、意结盟。这下，就引起了日本高层的极大恐慌。

要知道，板垣征四郎中将可是"以下克上"的代表人物。"满洲事变"他是导演，"一·二八"事变也由他而起，"中国事变"造成全面战争的事实，他负有重大责任。而且，当他刚刚就任陆军大臣，在他的纵容下，7月底就爆发了"张鼓峰事件"。

张鼓峰不过是中、苏边境上靠近朝鲜的一个小丘陵，根本谈不上有任何战略价值。苏军为了进行试探，从1938年开始，就在那里构筑起阵地来。

苏军的这个举动很快就引起了日本关东军的强烈反应。作为"皇军之花"，关东军上下哪能坐视不理？他们当即上报东京，要求实施武力行动。

板垣征四郎起家于关东军，自然是护犊心切，当即下令关东军进行武力侦察，同时又联络新任的日军驻朝鲜军司令官中村孝太郎中将，命其所部在7月16日举行声援外交谈判的示威，并将所部集结于朝、苏边境，以应万一。

为了谨慎起见，东京下达的大陆令中，对前线部队还是做了严格限制：使用兵力最大限度为一个师团（第19师团），为使事态不致扩大，禁止使用空军等。

不过，照日军的说法，这仅仅是实行武力搜索的准备行动。而稍微有点常识的人都能看得出来，进行武力侦察哪能用得了一个师团，这不过是进行战争的一个借口而已。

7月20日，参谋总长闲院宫载仁亲王匆匆赶往皇宫，在奏请日皇批准使用武力之前，从日皇近臣的谈话中，听出了日皇避战求和的口风。于是，闲院宫总长为避免自讨无趣，主动取消了上奏。

要命的是，参谋本部并未将此事通报给板垣征四郎。不仅如此，外务大臣宇垣一成大将在上奏时，也奏请日皇不宜使用武力。

如此一来，蒙在鼓里的就只剩下板垣征四郎。在上奏时，当被问及参谋本部和外相的意见时，他信誓旦旦地说意见一致，坚持进行武力动员。

天皇当即勃然大怒，以为板垣征四郎又要以维护士气为由对苏动武，不由得严加斥责道："今后没有朕的命令，一兵一卒也不准动用！"

"满洲事变"以来，日皇的统帅权动辄被侵犯。尤其"二·二六"兵变时，叛乱军官甚至要拥戴御弟秩父宫雍仁为帝，因此，他才异乎寻常地下令镇压。所以，对他来说，其他都可容忍，唯独统帅权不可僭越。板垣征四郎不明就里，轻易犯下大错。受到斥责之后，便慌慌张张地退了出来。

接下来一连几天，板垣征四郎神情恍惚，有些大祸临头的感觉，甚至提出了辞呈。

天皇并没有让坂垣征四郎辞职的打算，当时痛斥板垣，一是反感军中好战分子不顾国家大局一味逞强；二来也担心统帅大权旁落，板垣征四郎不过是恰好撞在了枪口上。毕竟，对付陆军中的"统制派"和"皇道派"，只有起用板垣这样的中间派才能左右平衡，控制住局面。辞了板垣，弄不好军中还会闹出新的乱子来。因而，他又通过首相近卫再三劝解，说明他的本意是"大臣和总长都要继续留任"，板垣这才平静下来。

板垣征四郎明白，这是天皇对他的敲打，借机发挥而已，事情还可以补救。26日，他连夜发出指令：没有什么非打不可的战争，赶快采取新办法，控制住局面；同时，要不发生任何差错地将集结于国境地区的部队撤回原驻地。

然而，一切都晚了。正如板垣征四郎在1931年所做的那样，"以下克上"的闹剧再一次在前线上演了。

29日午前，几名苏军士兵越过张鼓峰以北沙草峰西南高地，开始修筑阵地。关东军认为苏军越境来犯，当即下令反击，并将已撤走的部队调了回来。

"张鼓峰事件"就此爆发。

天皇闻讯，只得承认既成事实，说道："既然已经干了，也没办法，要及时停下来。第一线将士一定辛苦了，要坚决确保国境线安全，但不许再出现超越国境的行动。就这样告诉他们！"

然而，战争是一台可以毁灭一切的机器，一旦轻率地发动起来，就不是发动者想停就能停得下来的。

8月2日，苏军携带大量重武器投入战斗。日军毫无还手之力，只能听凭苏军的钢铁洪流肆意逞威。

骄横的日军军官们知道自己犯了大错，纷纷聚在一起，商讨如何结束眼下的这个残局。

陆军省次官东条英机一反常态，第一个跳出来要求加紧撤兵。参谋本部的作战科长稻田正纯大佐则强烈反对："这种情况难道不是一开始就下决心做好思想准备的吗？在最困难的情况下，下令后退，不仅死伤者的收容工作无法进行，而且会使精锐的19师团产生战败感。该师团还有未受损伤的4个大队，仅仅依靠这个力量还能坚持一个星期。在外交谈判看不到一线希望的今天，没有什么可惊慌的。"

一席话说得东条英机哑口无言。板垣征四郎则正襟危坐，从开始到结束都没表态。

参谋次长多田骏知道这是将皮球踢给他看的，他也不好表态。只是在散会后，对自己的手下稻田狠狠叱责道："已经达到最初的目的，不要再说逞强的话，马马虎虎不行吗？"

于是，在军部的暧昧态度中，日、苏达成了停战协议。

由于这次失败的挑衅行动，日军大失颜面，军中上下充斥着报仇雪耻的呼声。身处少壮派军人包围之中的板垣征四郎，一时头脑发热，竟真打算对苏联备战。

事实上，板垣征四郎等"一夕会"成员有着十分浓厚的"北进"情结。这一方面是受石原莞尔构想的影响，认为最终还得解决日、苏在远东的控制权问题；另一方面，认为苏联的共产主义体制对日本具有潜在的巨大威胁，"北进"的一个重要理由就在于此。

当然，板垣征四郎的想法在文官系统内不可避免地遭到了抵制。其中，最为激烈的发难者就是青年首相近卫文麿。近卫世袭公爵，是藤原氏的正脉嫡子，地位之尊崇，一时无二，但却有轻率轻信、优柔寡断的毛病。一开始，石原莞尔向近卫大力举荐板垣，这位年轻的首相惑于石原莞尔的如簧巧舌，加上板垣的赫赫声威，就轻率地下了断言："现在，除板垣外，不想用任何人。"

哪承想，板垣征四郎上任不久，两人就闹出了矛盾。由行政能力到大政方针，近卫文麿对他都十分不满。板垣上任之后，军人干政的能力进一步增强，内阁的行动处处受到掣肘，近卫后悔自己的鲁莽任命是引狼入室。

当满铁理事十河信二前来拜访时，近卫文麿就连连抱怨道："板垣当了陆相，简直是不能胜任啊！"

十河信二是板垣征四郎的举荐者之一。他对板垣十分欣赏，他便利用自己和近卫文麿的好友关系举荐了板垣。听近卫这位公子哥一遇不快，就把人全盘否定。十河信二便反驳道:"你还不知道板垣的伟大之处。他是栋梁之才,需要好帮手,例如需要像石原莞尔那样的有识之士。像东条那样的次官,水火不相容的人事关系是用人不当啊!"

最终,近卫文麿也没有弥合他和板垣征四郎的分歧。1939年1月24日,近卫内阁倒台。不过解铃还须系铃人,板垣在接下来的平沼内阁中又被留了下来,继续进行着结束"中国事变"的使命。

但是,结束"中国事变"谈何容易。战争打到这种地步,日军朝野上下都已丧失了再战的信心。但在如何解决的策略问题上,日本朝野大致分成了两派。

一派计划以战促和,以蒋介石为对手,诱使蒋介石与日本和谈。这一派以相信实力的军人居多,而且熟知中国实情,其中的代表就是陆相板垣征四郎和第11军司令官冈村宁次。他们认为解决中国问题抛开手握军权的蒋介石是不可想象的,但同时也不放弃对各地方实力派的拉拢诱降工作,并且辅助以军事打击,以瓦解和孤立蒋介石,迫使其进行和谈。

另一派却要抛开蒋介石,扶植各地伪政权,以达到肢解中国、取代蒋介石和国民政府的效果。这一派人数居多,以精通外交和政治的文官为主,也有不少少壮军官。

一时间,日本军政各界纷纷出动,奔着各自的目标行动。

土肥原贤二跑到天津,极力要扶植吴佩孚。

冈村宁次对手下情报部门和各师团下达任务,分别对桂系、川军、原西北军、原东北军等抗日武装展开诱降活动。

民间人士如犬养毅之子犬养健也不甘示弱,联合朝野人士开展对汪精卫的诱降活动。

华中地区特务机关长和知鹰二大佐也和李宗仁等暗通款曲。尤其是和知鹰二,为了早日解决"中国事变",北进苏联,竟多次把前线日军的作战计划通过间谍交到李宗仁手中。

不可否认的是,不少日本人心中存在着一种强烈的大东亚情结。孙中山首先倡导大亚细亚主义,倡议东亚各民族团结起来,共同抵御西方文明的侵略。但孙中山似乎预感到了什么,提醒日本人要王道不要霸道。后来,亚细亚主义又被北一辉、石原莞尔等人发扬光大。但不幸的是,亚细亚主义进入真正实行的阶段,日本还是选择了"霸道","建立大东亚新秩序"就变成了侵略亚洲的借口。

在对中国的认识问题上,偏见蒙蔽了多数日本人的双眼。他们不知道,自辛亥革命以来,中国虽然乱象丛生,国不成国,但是作为亚洲第一个民主共和国,中国的民族主义已经蓬勃发展起来了。尤其是蒋介石掌权以后,在杨永泰、贺衷寒等一批干才的辅佐下,削平群雄,整训军队,收拢人心,虽然不太尽如人意,但是也形成了比较强势的中央政权。况且,在贺衷寒、康泽、戴笠等一批黄埔少壮派的努力下,建立了一套严密的军队政训系统和特务系统,在军中和社会上大力宣扬民族主义,树立蒋介石的绝对领袖形象。经过几年努力,虽然难以改变中国积贫积弱的状态,但是,蒋介石和国民党的专制独裁统治,建立起强大的军政系统和党国统治,一时风头无二。

武汉,日军第11军司令部。

冈村宁次面对着一份参谋本部发来的电报,惊讶的表情布满了他那张愁云密布的脸。

据参谋本部的情报显示,中国方面于1939年4月28日在重庆召开了军事委员会会议,邀请了周恩来、李济深、陈诚、何应钦、蒋鼎文、阎锡山等,会上蒋介石发表了如下意见:

(一)在抗战第二阶段,要排除万难,为把抗日战争进行到底而努力。

(二)派党政人员去战地,加强各县游击队及正规军的政治工作。目前,各县在训练方面虽不十分彻底,但应该承认对现在日军后方的扰乱已收到了60%的成效。

(三)打算把将来的反攻目标置于广州及江西。这个计划需要30万兵力,但万一陷入危机,战局出现不利怎么办?或者改变抗战计划,这些大家可以讨论。

(四)为配合广州及江西的反攻,拟以60架飞机的牺牲为代价,轰炸日本国内及散发传单,使日本国内发生动摇。

近来接连获得的几份情报大大出乎冈村宁次的意料。先前的3月22日夜,正在南昌作战的第11军就收到华中派遣军的相关情报。情报称:蒋介石企图以第一期整编部队为基干,决心自4月上旬转入反攻,做最后一战。特别是在选拔兵团上,要使用一贯倾向最高统帅意志的党军。调第31集团军(司令官汤恩伯)两个军六个师从江南向江北移动，自18日起正向枣阳以南地区集结。据判断在监督第一、第五战区各兵团反攻的同时，可能从枣阳附近向随县（随州）附近采取攻势。

对于反攻，冈村宁次倒也不怕，他相信自己部队的实力。只是他没有想到，中国军队的反击意识现在已变得如此强烈。此刻他坐镇武汉，外围遭到中国军队环伺，战略上没有什么主动权。

解决中国问题看来真是遥遥无期。所以，他每每听到国内扶植汪精卫政权的呼声，就十分反感。他深知，中国的事情一向是军队说了算的，扶植汪精卫只会更加激怒蒋介石，使蒋介石越发坚定抗日的决心。就这一点来说，他和"一夕会"的同仁板垣征四郎都是主张对蒋介石做工作的。但是，他也明白，军人出身的蒋介石只会相信实力，在他的黄埔系精华尚存的情况下，他是不会进行和谈的。因而，冈村宁次极力主张摧毁中国军队黄埔系的精华，以击垮蒋介石的心理防线，迫使蒋介石主动寻求和谈。为此，他以各种借口撤换了几名进攻精神不强的旅团长和联队长。

国内乱局他已不愿多想，他眼下关心的是如何对付北面李宗仁第五战区的几十万部队，以攻为守是他早已制定好的策略。作战室里，冈村宁次对第11军作战课长宫崎周一大佐说道："支那（中国）军队中，在兵力、素质、装备、团结等方面占绝对优势的是蒋介石嫡系黄埔系的部队，即使是东北系、四川系、西北系、广西系、广东系等地方部队都联合起来——当然这是根本不可能的，也敌不过蒋的嫡系部队。共产军虽然勇猛，团结巩固，其政策也博得青年人的好感，但其主要活动在皇军占领区，不是我们当面的威胁。"

将中国军队各实力派点评一番后，冈村宁次又对宫崎周一说道："吃掉汤恩伯，才能真正打痛重庆，宫崎君，有信心吗？"

宫崎周一深知冈村宁次司令官的个性，胆大心细，富于进攻精神。急于建功立业的宫崎自然是心领神会，急忙答道："汤恩伯不过是白生了一副好皮囊，名声虽大，却是莽夫一个。司令官阁下可以放心，此次襄东攻略，汤恩伯部一定是我11军囊中之物。"

"好，借你吉言，歼灭汤恩伯所部，在黄鹤楼上一起庆功！"冈村宁次露出难得的笑容，对宫崎周一朗声说道。

此时，身在鄂北的汤恩伯哪里能够想到，日军布置的进攻大网竟是为他而设。

大战的阴影开始弥漫在鄂北大地。

◎ 汤恩伯目中无人，李宗仁徒有叹息

冈村宁次的确是个狠角色，在日军中有"不败将军"的绰号。

4月25日，南昌那边中国军队反攻正酣，日军却在鄂北频频动作。第五战区前沿应山一带，连日来日军大举增兵，由广水调来三四千人，安陆调来近1000人。安陆方向，敌从花园调来第13师团一部2000多人。鄂中一带，日军骑兵第4旅团也频频异动，在其旅团长小岛吉藏少将的率领下，在朱家场、泗港一带，沿河进行武力侦察。并且，日军不顾第九战区对南昌的反攻，毅然从南昌调回2万多人。综合以上敌情，日军显然要在鄂北发动一场大的攻势。

重庆的蒋介石得报后，于28日立即做出回应。在给李宗仁的手令中，严令第五战区："敌军增兵，无论其为攻为守，我军仍照预订计划进行。正面各部队更应利用气候、地形与民众等有利条件，分路出击，只要应用无孔不入之要领，继续不断予以打击，以粉碎其进攻之企图。"并且致电第一战区卫立煌，嘱其对第五战区进行配合作战。

从南昌到武汉再到鄂北，冈村宁次的第11军分南、北两线作战，全然没把中国军队放在眼里。蒋介石恼归恼，却明白第五、第九战区是唇齿相依的关系。若想阻敌进攻鄂北，则首先寄希望于第九战区的反攻。蒋介石在手令中称："只要第九战区能努力反攻，向武汉方面挺进，则敌当不敢进犯襄、宜。"

可蒋介石的计划落空了。南昌的反攻毫无进展，而襄河一带，日军却于29日展开了猛烈进攻。

襄河，是汉江流经襄阳之后在下游的别称。以襄河为界，第五战区将所有机动兵力分为左、右两翼。

襄河以东为左翼集团，防御重心为三点一线，三点即大别山、桐柏山、大洪山，一线即平汉线。其中，大别山为桂系廖磊的第11集团军，武汉以北大洪山一带为李品仙第21集团军，桐柏山与枣阳随县之间为汤恩伯第31集团军，这三个精锐兵团互

为犄角，共同扼守武汉及鄂北、豫南之间的平汉线。左翼集团集中了中国军队在江北的精华，名将云集，实力强大。

襄河以西为张自忠的右翼集团，力量相对薄弱，主要由西北军张自忠的第33集团军、川军王缵绪的29集团军组成。其中，29集团军只有一个军和一个游击总队，战斗力不强。33集团军虽战斗力较强，但配属给33集团军的却是东北军曹福林的55军和川军陈鼎勋的45军，战斗力较弱，况且33集团军的基本部队第38师迭经大战，官兵仅剩4000多人，还未经过充分的补充。所以，整个右翼集团实力不足，但他们的任务却比较繁重。既要守备襄河西岸，保护第五战区的总部所在地襄阳、樊城，又要防御长江上游的宜昌，阻止日军西进。好在右翼集团总司令张自忠上将立志拼死报国，是一员难得的虎将，部下也较为用命。

日军鉴于中国军队排兵布阵的现状，制订了一个大迂回围歼汤恩伯部于枣阳、随县一带的计划。在这个计划中，日军利用第五战区左、右两翼的结合地带，即襄河东岸，布置了精锐的13、16师团与刚从华北调来的骑兵第4旅团，快速突击，超越前进，攻占襄阳、豫南，以切断第五战区左翼集团的退路。同时，11军还命令第3师团从国军左翼集团军的正面进行攻击，以将汤恩伯部牢牢牵制在随枣地区，从而收到围歼汤部的效果。

冈村宁次是认准了汤恩伯的黄埔嫡系31集团军，其计划充满了大胆进攻的精神。不过，仅凭这一点，他和其他的日军将领也并不会有太大区别。在这个计划中，非常值得一提的是，它体现了日军将领战争思维的转变。

中日战争初期，日军深受西方战争理论的影响，痴迷于攻城掠地。他们不明白，作为农耕文明代表的中国，统治的生命力源于农村，而非作为商业中心的城镇。带着这种误解，他们认为随着中国战略要地的接连沦陷，中国必定会失去抵抗意志。不料开战3年，中国军队越战越强，日军越战越弱。以弹药为例，1938年度日军第11军共消耗弹药39400吨。但是1939年上半年，军部限制供给，从上海、南京运抵武汉的弹药仅有2600吨，连去年同期的零头都不到。

因而，在国力日衰的情况下，转变战争思维，聚歼国军精锐、瓦解国军的抗战意志就进入了冈村宁次的思考范畴。

随枣会战之前，冈村宁次再三告诫部下："各兵团对意图须严加保密，竭尽虚实智谋。不考虑城镇的攻陷，立足于单纯作战，专心致志消灭敌军。望全军发挥传统的顽强精神。"

然而，人算不如天算。冈村宁次的计划虽然看起来是天衣无缝，但是他的意图却早已被第五战区获悉。

李宗仁的手里有一张王牌。

"卢沟桥事变"前，专门负责对桂系工作的和知鹰二大佐，不知是出于何种用心，在战争爆发后，曾多次将日军的作战计划提供给第五战区。中国军队在台儿庄会战、武汉会战的成功，某种程度上都是与和知鹰二有点关系。当然，这次也不例外。冈村宁次刚把作战计划上报给华中派遣军，和知大佐就通过秘密渠道把这个计划转给了李宗仁。

作为对华特务工作的高级负责人之一，和知鹰二的动作幅度之大，真是令人瞠目。李宗仁把他看作一个反战军人，事实上恐怕没那么简单。和知鹰二在战略认知上倾向于石原莞尔，作为一个顽固的北进论者，他强烈主张早日结束中日战争。为此，他不惜将情报泄露给中国，以求前线日军战败，击碎强硬派的迷梦，从而早日从中国撤兵。以和知鹰二个人来看，可谓是又一个"以下克上"的典型。和知鹰二的所作所为不能算作个人的异常行动，他代表了那个年代日军的集体疯狂。

4月29日，正当日军对张自忠部发起攻击时，樊城的李宗仁根据和知鹰二提供的情报，再结合当前的敌情，立即制订了对日军进行反包围的作战计划。4月30日，计划以命令的形式下达到第五战区各部：

> 战区决以主力行攻势防御，粉碎敌之企图，长久保持襄河东岸地区，一部渡河攻击，竭力牵制敌之兵力，俾我主力之作战容易。
>
> ……
>
> 右集团军应竭力增强襄河东岸部队，以纵深配备，阻止敌之北上，掩护我左翼兵团之右翼。河防部队除竭力防止敌由钟祥附近渡河外，应令其右翼军以有力之部队渡河攻击，向钟祥南方地区侧击，牵制敌之北进。
>
> 左集团军以一部守备现在之线，竭力阻止敌之西进，主力控置左翼，相机向敌侧背之广水、应山、马坪间攻击；同时其右翼军亦应向平林市、

马坪间攻击,与廖集团西进部队呼应夹击之。不得已时,可引敌深入,于唐县镇、环潭镇东方地区击破敌之主力,以挫折其企图。与桐柏方面友军,应径取联络,并以一部对该方面自行掩护其侧背。

李宗仁的意图是,让开大路,埋伏两厢,形成一个口袋,趁日军疲惫之际,依靠左集团军的有力攻击,一举切断襄花公路(襄阳到孝昌花园镇的公路),将日军围歼在襄河东岸。

螳螂捕蝉,黄雀在后。冈村宁次想一口吃掉汤恩伯的31集团军,而李宗仁则惦记上了整个进攻鄂北的日军。

与台儿庄大战前的情形一样,汤恩伯又成了战役成败的关键。

湖北樊城,第五战区长官部,李宗仁接待了风尘仆仆从重庆赶回来的汤恩伯。

汤恩伯眼下正红,骄横跋扈,其部下也多是精兵强将,装备精良,惯打恶仗,曾多次给日军以重创。特别是台儿庄会战,关键时刻汤恩伯奋力出击,才最终成就了那段辉煌。所以,这次随(州)枣(阳)会战,李宗仁又一次把希望寄托在了汤恩伯身上。

不过,他也知道汤恩伯脾气乖张,不好对付。因此,汤恩伯从重庆赶来述职时,李宗仁满脸堆笑,起身相迎道:"恩伯兄,别来无恙乎?"

汤恩伯虽然一向骄横自大,但在李宗仁面前稍有收敛,常常以晚辈自居。谁人不知,李宗仁一无背景,二不钻营,以一营长突然崛起于广西,没几年就纵横天下,兵锋直达山海关外,与蒋介石分庭抗礼十数年,完全靠的是自己的本事。而汤恩伯则不然,靠着元老陈仪的关系,逢迎取媚,四处钻营,利用"递手本"的伎俩获得了蒋介石的信任。六七年间,扶摇直上,由一个少将旅长一跃而成为与陈诚、胡宗南三足鼎立的三大实力派之一,其中有多少不可告人的手段,岂能和李宗仁同日而语?所以,汤恩伯一见李宗仁,便自觉矮了三分,口称"德公",倒也恭顺。

两人落座交谈,开始还有说有笑,气氛融洽。不料,渐渐说到正题,汤恩伯不干了,不客气地叫道:"不行,不行,你不能胡乱拿我的部队来牺牲!"

一句话噎得李宗仁张口结舌,他没想到汤恩伯竟然翻脸无情,给他这样一个下马威。他揣测，在重庆期间，蒋介石很可能面授机宜，给汤恩伯做了什么暗示。

其实，半个月前，当汤恩伯的军队由江南调来的时候，他心中就隐隐有些不安。他知道蒋介石一贯喜欢铲除异己，如今桂系在安徽、鄂北扎下根来，第五战区几乎成了桂系的天下，他蒋介石岂能坐视不理！调汤恩伯这支劲旅过来，焉知没有监视第五战区的意思？

又来了！徐州会战时，汤恩伯就与李宗仁来过这么一出，当时急了眼的李宗仁把电话打给了蒋介石，汤才老老实实地出了兵。但不能事事都由蒋出面，而且李宗仁更怕蒋介石插手进来。

蒋介石爱越级指挥是出了名的。照李宗仁的说法蒋介石既不长于将兵，亦不善于将将，但却喜欢坐在统帅部里，直接以电话指挥前方作战。抗战时，他常常直接指挥最前线的师长，后来，竟然连团长也指挥起来。他指挥的方法通常是直接挂电话、打电报，有时连战区司令长官，甚至集团军总司令和军长都蒙在鼓里。有时，一军一师忽然离开防地，而前线最高指挥官却还不知情。更糟糕的是，由于蒋介石的判断既不正确，主张又不坚定，往往军队调到半路，他又忽然改了主意，越发使前线混乱。蒋介石之所以如此，只因他从未做过中下级军官，缺乏战场上的实际经验，只是坐在高级指挥部里，揣测行事，结果指挥系统被搞得一塌糊涂。

凡是嫡系的将领都知道蒋介石的这个毛病。他们知道奉蒋命令，往往仗打不好，但是如果不听他的命令，出了乱子，便更不得了。所以，大家索性都不出主意，让蒋介石直接指挥，反正吃了败仗由最高统帅自己负责，大家落得没有责任。

李宗仁知道蒋介石的这个毛病，1937年10月当蒋介石任命他为第五战区司令长官时，他便笑着向蒋介石说："委员长，我很感激你这样看重我，使我担任这样重要的职务。不过古代战略家说：'将在外，君命有所不受。'我希望你不要打电话直接指挥五战区的部队啊！"

蒋介石也笑笑说："五战区我不打电话，对你我放心得过，放心得过。"

果然，蒋介石守此诺言，很少越级指挥。不过，李宗仁在徐州时，蒋介石还是和他通过两次电话。李宗仁借口听不懂他的宁波腔，在电话里故意纠缠不清，蒋介石也觉得无奈，以后几乎就没有什么电话指示了。老实说，在这件事上，李宗仁多少有些耍赖的意思。不过，由于可以放手指挥，没有蒋介石的掣肘，李宗仁的第五战区确也取得了不少辉煌战绩。

蒋介石对第五战区绝不进行越级指挥,虽说是个例外,但是眼看着桂系的势力越来越大,蒋介石的不安也就不难理解了。

汤恩伯的到来,不必多说,背后一定有蒋介石撑腰,难怪汤恩伯说起话来,底气是如此之足。

不过,李宗仁是个厚道人,也有大局观。汤恩伯出言不逊,他并不介意,只是耐心地解释道:"你以桐柏山为后方,有什么危险……"

可没等李宗仁说完,汤恩伯却牛性大发,扔下长官,拂袖而去。

李宗仁气得浑身战栗。没想到汤恩伯竟是如此有恃无恐,连表面上的尊重和服从都不顾了。李宗仁站起身来浩叹一声,却也无可奈何,只好由他去了。

◎ 随枣战败,撤职军长又获颁宝鼎勋章

5月1日,日军山胁正隆的第3师团从应山方向开始向随县猛烈进攻。首当其冲的就是桂系覃连芳的84军,以及汤恩伯部张轸的13军。

同日,襄河两岸张自忠方面的压力也在增加。37师吉星文部、180师刘振三部的当面之敌已增至5000多人,另有重炮20多门,坦克10余辆。

日军沿襄河北进的意图已十分明显,总司令张自忠判明日军即将进犯襄阳、宜昌,于是倾其所部,令59、77两军主力悉数渡河,增援河东,55、67两军严守河防,伺机侧击敌后。

大战伊始,冈村宁次为达成进攻的突然性,并未过早暴露主攻方向。只是先把压力集中到随县方向,意图声东击西,给中国军队一个假象。

进攻随县的正是11军的主力第3师团。第3师团组建于名古屋,是日军中资格最老的7个甲种师团之一。虽然没有第5、第6师团的名气大,但是作为唯一一个从未调离过中国战场的第一等师团,在中国14年抗战期间,该师团一直被侵华日军当作头号主力,其战斗力之强自不待言。

为了加强第3师团的攻击能力,冈村宁次还从其他师团抽调出精干部队配属给第

3师团。这些配属部队有13师团的一个不满员的步兵联队、一个机枪大队、一个战车大队、两个轻装甲车中队、一个山炮大队、一个气球中队及独立工兵一个联队等。全师团除留在信阳待命的一个半大队外，共计3万多人，装备精良，实力强大。

说实话，日军在战术上还是比较成功的。第3师团的攻击刚刚发起，中国军队左集团军总司令李品仙就中了冈村宁次之计，把主力摆在了这个方向上。

为了达成牵制我左集团军的目的，冈村宁次还严令第3师团，尽量避免过早展开全面进攻，不到万不得已，不得使用战车队与气球队。战役目标明确，山胁正隆师团初期的进攻并不算太过激烈，我军对于日军的进攻大体还能承受得住。尽管如此，有些局部战斗进行得还是非常惨烈。

随县东北有两个战略要地：塔儿湾和高城镇，两地的北面即是桐柏山。当时，驻防塔儿湾的是桂军84军173、174两师，驻防高城镇的是中央军13军89、110两师，这正是日军围歼的重点对象。为了不让中国军队一旦作战不利就撤入桐柏山，日军首先进攻的就是这两个要地。

5月2日，日军第3师团兵分两路，各以兵力3000多人向塔儿湾、高城镇发起猛攻。

桂军将士久经严训，战斗意志最为顽强。在日军的印象中，桂军是最具有武士精神的中国部队。173师师长钟毅、174师师长张光玮都是铁骨铮铮的热血男儿。日军猛攻塔儿湾，钟、张二师长与军长覃连芳一道，身临前线，严厉督战，连挫日军锋芒。

日军也是志在必得，在瓦斯毒气和重炮的配合下，几次突破中国军队的阵地。中国军队拼死反击，与日军展开肉搏血战，为了一个阵地，有时竟反复争夺。蒋家河畔，尸山血海，日军死伤叠枕，我军也伤亡惨重。

5月2日至4日间，塔儿湾阵地失而复得达六七次之多。终因日军大举增兵，中国军队伤亡过重，后援不继，于4日陷入敌手。84军遂转移到蒋家河西岸，阻挡日军向枣阳进犯。

塔儿湾失陷，高城镇13军的压力进一步加大。此时，13军的军长是北伐名将张轸，热血男儿。按理说，13军作为汤恩伯集团的基本部队，军长一职是不会落到张轸头上的。张轸并非蒋介石的嫡系，他作为程潜的得力干将，在几次倒蒋行动中都扮演了重要角色，蒋介石对他还颇有几分忌恨。但是，在台儿庄大战中，张轸以一师之力重创日军，为会战的最终胜利起到了重要作用。论功行赏，加上其资历、才能，就任13军军长谁也说不出什么。

但是，以13军起家、视13军为命根子的汤恩伯，岂能让他决定部队的生死。塔儿湾失陷后，高城镇也随之沦陷。5日凌晨，日军又集中一个联队的兵力，推进至天河口东南白庙一带，与13军展开激战。当汤恩伯听说89师伤亡已经超过2000人后，大为恼火。竟不顾全线动摇，也不管战局胜败，既不请示战区司令长官李宗仁，也不向张轸打招呼，直接令师长张雪中将89师撤离战场。

张轸接到报告，恼怒异常。他立即赶到汤恩伯的集团军指挥部，据理力争。可汤恩伯似乎铁了心要撤军，还冷言冷语暗指张轸败家。张轸火冒三丈，指着汤恩伯厉声说道："现在国难当头，日本鬼子步步紧逼，我们作为军人，为什么不去抗日？你这样做，就不怕老百姓骂我们的祖宗三代，背后戳我们的脊梁骨吗？"

汤恩伯被问得理屈词穷，恼羞成怒。他一向被蒋介石娇纵惯了，从来都是他指着鼻子骂别人，岂能容忍一个下属"傀儡"如此放肆，一拍桌子，大声吼道："老子撤了你的职，我看你还能蹦多高？从现在开始，13军军长由我本人兼任！"

似乎还不解气，汤恩伯当着张轸的面，让机要参谋记录撤销张轸军长职务的口述电报，并立即发给蒋介石。张轸冷眼看着，也想让上面断断到底谁占理，没想到，蒋介石竟批准了汤恩伯的报告。

事情到此并未结束。与此同时，李宗仁也打了一个报告给蒋介石，为张轸请功。

蒋介石不解，打电话问李宗仁："这是为什么？"

李宗仁说："委员长，古人尚懂得赏罚必信、无恶不惩、为善不显的道理。我李宗仁作为带兵打仗之将，亦应该懂啊！张翼三被撤职是汤在气头上而为，难以服众。部队上下都知道，张翼三在抗日战场上足智多谋，指挥若定，身先士卒，率先垂范。此仗也不例外，不予奖赏，将会影响官兵的情绪！"

蒋介石"嗯"了一声，放下电话，也批准了李宗仁的报告。

于是，怪事就这么发生了：张轸一边接受了象征着军人战功和荣誉的宝鼎勋章，一边受到了撤职13军军长的处分。

李宗仁得到的是虚意的安慰，而汤恩伯却收回了13军军长的实权。李宗仁不服，再三要求，稍后任命张轸为豫鄂边游击总指挥。两个月后，调赴重庆任军政部第二补充新兵训练处处长兼渝南警备司令。

汤恩伯骄纵不法、如此任性，很大的原因是他能揣测到蒋介石的内心。虽然他一向不修边幅，常常一只裤脚包着鞋跟，一只裤脚高高卷起，给人一副粗野少文的印象，但他还有胆大心细、不为人知的另一面。至少他能绝对服从蒋介石，处处迎合，从而荣宠不衰。

至于抗令不遵，他自己也是心如明镜。有人劝他收敛一下，他倒说得很清楚："这种做法，委员长一定同意。胡宗南同朱绍良冲突，并不影响胡宗南的地位。"

说起来，他在秉性上倒和蒋介石有几分相像，都是长于权谋，短于用人，以揣测人心，控制下属为能事。谁摊上这样的长官若还想有自己的想法，恐怕都不会有好果子吃。张轸有李宗仁罩着，这结局就算是不错了。

就在左集团军全线败退的同时，襄河沿岸的张自忠33集团军面对日军的强大压力，阵脚也开始乱了。

刚开始，进攻襄河河防的日军不过5000多人。但到了5月5日，中国军队随县防御正面被突破后，襄河东岸的日军便骤增至三四万人，并且还配属有伪军刘桂堂部5000多人。一时间，从大洪山西南麓至襄河之间，烟尘滚滚，枪炮震天，敌我双方杀得难解难分。

其实，我33集团军的正面才是日军真正的主力。其中，日军荻州立兵的第13师团、藤江惠辅的第6师团，以及刚从华北调来的骑兵第4旅团，都是日军第一流的野战部队。而我33集团军屡经大战，兵员消耗太大，根本没有来得及补充，整个33集团军能够投入作战的兵力也就3万来人，还不及日军兵力多。

按当时参谋总长白崇禧的推算，张自忠这样的杂牌军必须5倍于敌的兵力才能和日军打成平手。所以，摆在张自忠面前的任务之艰巨，前所未有。

不过，对于这位时刻想着杀身成仁的山东硬汉来说，没有什么困难是不可以克服的。

开战之前，张自忠认识到，只有自己的33集团军不惜牺牲，担当重任，才能带动整个右翼兵团奋起抗争，挽救危局。为此，他亲笔致书33集团军诸将领，晓以大义，力求鼓舞斗志，激发将士。信中说：

我与弟等受国家豢养数十年，无论如何艰难，我们还拼不得吗？幸而我们的拼，能挡住了敌人，则不仅少数几个人，就连我们全军也必然在中华民国享着无上的光荣，我们官兵也永远保持着光荣的地位。万一不幸而拼完了，我与弟等也对得起国家，对得起四万万同胞父老。我们没有亏负他们的豢养，我们亦不愧做一世军人。所以，这一条路是光明磊落的路，是我们唯一无二应该走的路。

我与弟等参加抗战以来，已经受了千辛万苦，现在到了最后的一个时期，为山九仞，何忍亏于一篑，故唯有盼望弟等打起精神，咬紧牙根，激励部下，拼这一战。我们在中国以后算人，抑算鬼，将于这一仗见之。

这既是一封勉励将士奋力杀敌的宣言，也是一封阵前遗书，言语质朴无华，苍凉悲壮，感人至深。

张自忠是中国抗战中少有的每战都抱着必死之心走向战场的高级将领，也是中国抗战中倒在战场上的唯一一个实衔上将。"七七"事变，他忍辱负重留在北平善后，却被国人怒斥成"汉奸"，他无法申辩，只想着在战场上用战功和鲜血来证明自己的清白。

徐州、武汉几次大战，他已证明了自己，连日军都惧怕他三分，称其"支那（中国）猛将"。张自忠的"猛"不仅体现在战场上，即便不打仗时也无时无刻不紧盯着部队，从未放松过，甚至亲自走到士兵中言传身教。

一次，伤愈归队的官兵前来听他训话。他先亲自点名，然后逐个问道："伤在何处？"如果是前身受伤的，他就把他们喊到前排，抚摸着他们的伤口，致以亲切的慰问。

久而久之，官兵已熟知将军的秉性。见他走到面前，许多伤愈归来的英雄圆睁虎目，梗起脖子，一个个向将军大声回报：

"报告总司令，我的伤在右肩膀，是敌人的机枪子弹从前面打进去的。现在子弹已经取出，伤口还没有全好。那天听到刘占魁班长说有便车回前方，大夫还不让走，我顾不得这许多，就走了。反正到前方再休息三五天就会好的，谁还待在后方医院?"

"报告总司令,我的伤在前胸,是在冲锋时给敌人刺刀刺伤的,现在伤口已愈合,我就是回到前方来跟鬼子算账的。"

……

张自忠面露微笑,带着几分激动开始训话。他的训话没有长篇大套,而是大声问道:

"你们走路是用几只脚?"

"当然是用两只脚。"

"你们知道牛马是用几只脚走的?"

"那还用问,我们从小见过的牛马都是用四只脚走的。"

全场一阵哄笑,张自忠却不理会这些,继续问道:

"你们知道做亡国奴的生活就如同牛马一样吗?"

全场肃静了下来。

"谁想亡我们的国家?灭我们的种族?"

"小日本。"大家齐声喊道。

"你们能不能用四只脚走路?"

"不能!"

"不管我们能不能,日本鬼子硬要我们全国的军民做他们的奴隶,还要我们的子子孙孙都要像牛马那样走路,你们愿意吗?"

"不行,不愿意!"

"不行,怎么办?"

"跟日本鬼子拼,痛痛快快地干他一场!"

士气与斗志就这么调动了起来。第33集团军的官兵只要一上战场,个个奋勇争先,视死如归,充满了主动进攻的精神。

眼下,张自忠虽知自己以寡敌众,但凭着抱定的必死之心,凭着对官兵高昂士气的信任,对成功阻击日军还是满怀信心的。

但是,实力对比摆在那里,仅凭信心还是不够的。随着日军的大量增兵,33集团军的正面开始渐渐吃紧。

5日傍晚，日军以重兵突破37、180师防守多日的狮子山、杨家岗主阵地，之后继续向北猛扑，攻陷张家集，同时分兵一部向西北突进。

6日，我右翼军的长寿店、普门冲、黄起庵等阵地相继告失，襄河东岸国军主力被迫退守到张家集以北地区。180师师长刘振三被日军阻隔于张家集以西，与部队失去了联系。37师师长吉星文也脱离了部队，联系不上。这样一来，33集团军的主力已大部被日军冲散。日军不顾一切，只管超越前进，前锋直扑枣阳、襄阳，战局危急。

消息传到33集团军总部，张自忠焦虑万分。

5月2日，他刚刚被授予陆军上将衔。加衔不过3天，军队就败成这样，张自忠痛心疾首。他即令黄维纲第38师急赴张家集西北的流水沟，严密戒备长寿店、张家集方面的日军，以拱卫襄阳方向。流水沟与襄阳仅一水之隔，地位自然十分重要。

不论战场形势多险恶，他都要做最大的努力，哪怕还有不大的希望他也不会放弃。

5月8日，38师的一场胜仗让他悬着的心放下了一些。

该日拂晓，38师112团、113团进抵嵩子岗以东约10里时，侦察兵发现日军一支辎重部队，看人数真不少，地点是一个山间平地，而四周竟未布置警戒，这正是他在战场上苦苦寻觅的歼敌良机。

两团人马迅速前进，抢占制高点。

伏击必须速战速决。为此，112团团长张文海将2营的迫击炮、重机枪以及团部的迫击炮都调到第一线。

一声令下，中国军队所有的轻重武器一齐向日军射击。这仗打得太痛快了，野战主力对付日军后勤部队，又是预先设伏，火力还占优。日军被打个措手不及，死伤惨重。

当时，敌营中的一群马夫见日军乱了套，就大声呼喊道："我们是中国兵，我们把马匹牵过来，把弹药物资驮过来，别开枪。"他们一面呼喊，一面牵着马朝中国军队阵地走来。

原来是被俘的国军弟兄。于是，调转枪口，让开一条路让被俘的弟兄向我方转移。

此时，日军已不能组织起有效的抵抗，只是各自为战，拼命挣扎。4个小时后，日军死伤大半，只有少数残敌突出重围，逃往随县方向。

战后打扫战场，38师斩获颇丰。此战，共毙伤日军1000多人，击毁坦克2辆，俘获军马300多匹，橡皮舟、钢板运输艇各30余艘，军用地图数十箱，还有大批药品、给养，弹药无数。

38师一战竟歼灭日军一个辎重联队，消息传出，一片欢腾。

更令38师想不到的是，此战竟解除了日军对襄阳、樊城的威胁。

据被俘的一名日军下士交代，这个辎重联队所运输的物资，都是供日军侵犯襄、樊用的，那些橡皮舟、运输艇一次可渡送日军一个大队。此次，由于辎重联队被全歼，日军进犯襄、樊的计划自然泡了汤。

38师的胜利虽不能改变整个战局，但却拖住了日军快速攻击的步伐。

7日晨，枣阳沦陷。日军骑兵第4旅团超越16师团，已快速突进至新野附近。

此时的第五战区，左、右两集团军已被割裂开来，左集团军有被合围在随枣地区的危险。

战局岌岌可危，中、日双方真正角力的时刻开始了。

◎ 李宗仁获胜，蒋介石内心五味杂陈

日军攻陷枣阳后，数路并进，快速穿插，中国军队的阵脚已被打乱。

5月9日，日军骑兵第4旅团超越16师团，在张家集附近渡过滚河，次日拂晓渡过白河，当天下午攻占新野。

同日，第13师团一部向枣阳东北突进，攻占湖阳镇。

5月10日，第3师团留在信阳的铃木支队一个半大队的兵力向西攻占桐柏。

连战10日，日军虽遭到激烈抵抗，但并未捕捉到国军主力。因而，冈村宁次判定国军主力仍在随州、枣阳之间的桐柏山区。

冈村宁次此战目的就是要聚歼中国军队主力，只要对手还在，就不能罢战休兵。汲取以往的教训，冈村令第3师团由唐县镇向西北吴山、三合店方向追击，第13师团由枣阳、湖阳镇北向双河方面突进，第16师团沿唐河岸向东北行动，阻止中国军队向湖阳镇以西撤退。

至此，日军的意图已完全暴露，即缩小包围圈，将第五战区左集团军主力压缩

于桐柏至枣阳间的狭小区域内，围而歼之。

千算万算，冈村宁次还是低估了他的对手。

连日来，日军舍弃近在咫尺的第五战区总部襄阳、樊城不打，反而东、西两路全力向随、枣一带压迫，国军将领看在眼里，知道其中大有文章。

为了避免被日军合围，5月6日，第五战区副司令长官兼左集团军总司令李品仙将军遂致电李宗仁，要求马上转移，跳出日军的包围圈：

（一）令八十四军立即脱离战斗，经随阳店向唐河转进。第十三军仍退入桐柏山，防守桐柏地区，相机以攻势行动攻击西进之敌，并切断敌后方联络线。三十九军仍留驻大洪山一带，牵制西进之敌，相机向敌后采取攻势。

（二）总司令部即撤离枣阳，向随阳店移动，与八十四军会合后向唐河撤退。

（三）建议长官部移驻老河口，及建议尔后左地区与长官部之联络改为南阳、唐河一线。

稍后，李品仙就携总司令部紧急撤向唐河。

经两昼夜急行军，左集团军总司令部于9日拂晓前到达唐河。夜间，途闻左方不断有枪炮声传来，李品仙等人知道日军随时有可能出现。到了唐河，接获南阳方面的报告才知道日军1000多名骑兵已于夜间占领了新野。

得到这个消息，李品仙真似劫后余生一般。遥望新野方向，只见天边一片红光，在夜暗中显得十分耀眼，那是日军在纵火烧房。李品仙久久伫立，心中感慨万千。

随后，84军也于9日到达唐河附近，转危为安。

至于汤恩伯的13军，就更不是省油的灯。李品仙令13军"退入桐柏山防守桐柏地区"，汤恩伯哪里肯听，命令一下，他就在桐柏山留下少量部队虚应故事，自己则带领主力向泌阳奔逃。途中，遭遇日军前锋的袭击，部队一度被截成数段，直到10日才退至外线的泌阳，而31集团军总部则退得更远更快，一直退到豫中的舞阳才作罢。

第五战区所有参战部队，就数汤恩伯的部队逃得最远。还真难为他，逃跑的速度竟如此之快，别说是友军，事后就连日军也感到不可思议。

不过，从战役目的来讲，也不能完全否定汤恩伯的作为。他若不逃的话，有被日军围歼的可能。只是汤恩伯如此消极避战，跑得如此之快，实在有失大将风度。

日后有人以此攻讦汤恩伯，汤除竭力替自己辩解外，甚至找了一个令人啼笑皆非的借口：31集团军可以在河南打游击战，这也是响应南岳军事会议的战略精神。

说起汤恩伯与南岳及游击战的故事，倒有一段趣闻。

南岳会议期间，国民党军开始重视游击战，在衡山办起了游击干部训练班，邀请中共将领讲授游击战术。起初担任游干班副主任的是中共名将叶剑英，而主任则是铁杆反共的汤恩伯，两个冤家聚在一起，在旁人看来，事儿肯定是少不了。

不料，没过几天，汤恩伯竟乖乖地当起学生来了。

当时，叶剑英在讲课中提出"敌后军民关系犹如鱼水关系"的著名论断，在学员中引起了激烈的反响。

汤恩伯也凑过来问道："我们为什么打不过你们？"

这个问题显然已经困扰了汤恩伯多年，语气中透出几分诚意。

叶剑英看他问得如此诚恳，便很风趣地答道："你们只有在沙漠地带能同我们打，在有群众的地方你们就不能与我们打。"

汤恩伯听后，深有感触，在一次全体大会上，他指着身旁的叶剑英，以十分敬佩的口吻说："过去我们打你们，却老是打不过你们呢，一个重要原因就是你们同民众的关系是鱼水的关系。"

从此，游击战这个概念就在汤恩伯的头脑之中生根发芽了，他也总想着把在南岳游干班学到的东西在战场上用用。但是，画虎不成反类犬，汤恩伯只看到游击战保存实力的好处，却全然忘了主动进攻的精神。再说，游击战首先要处理好与民众的关系，而汤却在河南声名狼藉，被河南人民痛斥为"水、旱、蝗、汤"四大害之一。

借口总是借口，明眼人都清楚。李宗仁曾形象地描绘汤恩伯，"形势有利时就趁势猛打，形势不利时就卷甲远遁"，说得真是入骨三分。

就在我84军、13军远遁南阳的时候，日军仍旧做着合围第五战区主力的梦。他们哪里想到，中国军队主力早已跳出了日军的包围圈，正在谋划对日军的反攻。

此时的冈村宁次已被南昌的胜利冲昏了头脑。以他对鄂北会战的判断，中国军队行动迟缓，将领贪生怕死，而且情报显然也出了问题。所以，他不相信中国军队已逃出了他的大网，便命令部队继续合围，缩小包围圈。

日军第11军各部一味冒进，整个后方已渐渐空虚，暴露在我军面前，李宗仁苦苦等待的反攻时机终于到来。

第五战区南路，刘和鼎的39军还在大洪山一带坚守，襄东第33集团军虽被打散，但正在集合收拢兵力，伺机反攻。尤其是这两路的指挥官张自忠、刘和鼎两将军，虽出身旧军阀，但久历战阵，屡经艰险，早已将个人生死置之度外，战时往往身先士卒，激励士气，具有强烈的主动进攻精神。此时，面对日军的猖狂北进，两军将士重整旗鼓，积极反击，日夜不停地攻击日军侧背。

不仅如此，日军的正面除了有我第31集团军与84军外，孙连仲第2集团军这支强援也及时杀到。

反攻的时机已经成熟，除平汉线一侧外，日军已处于中国军队的三面包围之中。第五战区长官部有鉴于此，决定全线反击。

5月13日，五战区以第2、31两集团军向南阳、唐河西南攻击，以33集团军在枣阳附近发起攻击。3个集团军协同攻击，对日军形成前后夹击之势。同时，刘汝明68军自桐柏山南麓截击由信阳西进之敌，外线的江防军也发起攻击。

在这次随枣会战中，有一支抗日力量不能不提，那就是地方民团。其中，最值得一提的就是南阳别廷芳的民团武装。

别廷芳，南阳地方军阀，河南内乡人，1883年出生。此人残忍嗜杀，纤芥不容，在南阳人的记忆中，他的发迹史不堪回首，充满阴暗和血腥。

1914年，他半夜偷袭自己的好友曹会成，目的就是为了夺取曹的13条枪。遭到伏击后，别氏怕被人认出，又枪杀了受伤不能行走的侄子，并毁尸灭迹。1918年，为了夺取亲家王谦禄的10余条枪，别氏故技重演，夜扮土匪，偷袭王家，打死王家6口人，抢走了所有枪支。1919年，别氏闻听老友袁江陵购有步枪五六支，又夜袭袁家，将其满门杀绝。

为了扩充实力，别廷芳丧失人伦，凶狠毒辣，无所不用。终于在1925年成为坐拥人枪达2000之众的内乡一霸。

之后，他又恃强凌弱，不择手段，五六年间，就控制了南阳全境。

乱世枭雄！别氏统治全凭个人好恶，一时性起，就能提枪杀人。

南阳人回忆说："在他的统治区内，广大民众和那些敢据理说几句话的人，他们的生死荣辱，全凭别廷芳的喜怒好恶。

"1934年春，在县城有两个买卖铁锅的人在讨价还价，偶然从背后来一人说，卖锅人卖的锅是偷来的。为此，争吵不休。恰遇别廷芳路过，闻听后只摆一下头，就将卖锅人杀掉。

"别廷芳最讨厌民众打官司，他的信条是爱打官司的，都不是好家伙，对爱架秆打官司的'衙骨'，他不分你有理没理，一律除掉。对给人写状词的人，别廷芳也认为此类人不是'好百姓'，必予除之。城关镇皮袄巷有个姓李的，因给街头一家人写状词，别廷芳得知后，即派卫兵将其处死。"

别廷芳专横酷虐，但乱世强权，却也造就了南阳一时的稳定局面。

抗战军兴，别廷芳已控制人枪10余万众，国民政府自然注意到了这支力量。与其驱之为敌，不如为我所用，于是便不再纠结他的过去，任命他为豫南13县联防司令，授予少将衔。

别廷芳虽有着不光彩的过去，但在民族大义面前却不含糊。而且精明的他看到南阳正好处在第一、第五战区的后方接合部，国民党军重兵环伺，与其野战部队相比，他的民团不过是个卒子而已，对于上面的命令，不敢有丝毫的怠慢。日军一到，他就毫不迟疑地率部协助第2集团军投入反击。

他一面命令沦陷区内的唐河、泌阳、桐柏、新野4县民团投入战斗，一面又从南阳、内乡、镇平、淅川调集精锐民团7000人，配合第2集团军，强袭日军。民团虽非正规部队，但熟悉地形又为保家而战，士气高昂，竟先克新野，再克唐河，随后投入总反攻之中，大破日军，毙伤日军甚众，缴获颇多，受到第五战区司令长官李宗仁的明令嘉奖。

战场形势在向着有利于中国军队的方向转变。此时的日军，苦战两周，虽攻城略地，突进至中国军队纵深，但战线过长，补给困难，而且各部受到我军和民团的不断袭扰和攻击，日军左支右绌，渐成强弩之末。

5月13、14日，在各路中国军队的奋力反击下，日军终于支持不住，全线溃退。但是，撤退历来不那么容易！

一路上，日军除了被33集团军不停追杀之外，大洪山的39军也早已布下铜墙铁壁，严阵以待。

15日至19日，我39军在大洪山北侧的长岗店一线占领有利阵地，苦战5天，截击向应山、安陆撤退的日军第3师团、第13师团各一部。

其中，公秉藩的34师表现得尤为壮烈。15日，从枣阳溃退的日军3000多人与34师遭遇，一开始，双方都未轻举妄动，只是在大洪山鸡鸣寺一带对峙。次日，日军又退来步骑兵5000多人，即以其一部偷袭毛茨坂高地，进而占领鸡鸣寺，遂使34师腹背受敌，陷入孤军奋战之中。日军以炮火掩护步兵攻击，34师退据鞍山，利用有利地形，居高临下，顽强抗击，苦战5昼夜，以伤亡1000余人的代价，击毙日军数百，击伤无数。直到19日，日军才摆脱中国军队的围追堵截，仓皇逃去。

在武汉、南京的日军，无论是第11军还是中国派遣军司令部，都为鄂北日军能否安全撤退悬着心。

22日，我军先后收复唐河、桐柏、枣阳，逼近随县。此时，日军除随县县城之外，其余均退回原占领区。我军各部虽歼敌甚众，但苦战已久，各部伤亡过大，无力追击，也渐次转入休整。

鄂北的枪炮声渐渐沉寂下来，随枣会战日军"将中国军主力包围击灭"的计划彻底破产。此时的冈村宁次，自然是十分懊恼。损兵折将不说，本来占据优势的11军，却平白地易主动为被动，战略目的不仅没有达到，还留给国军以击败日军的口实，这在士气和宣传上对日军都是极其不利的。

冈村宁次思来想去，还是无法排遣心中的郁闷。为了遮丑，他致电军部，将作战失利归罪于左翼兵团（第13、16师团与骑兵第4旅团）的迂回不力，以及右翼兵团（第3师团）攻击动作的迟缓，请求撤换第3、13师团的指挥官。

本来，11军下达给第3师团的训令中就明言，对中国军队的攻击不可操之过急，甚至连战车队、气球队的使用都做了限制。现在作战失利，却归罪于人，实在算不上光明磊落。

不过，话说回来，冈村宁次快速突进的战术还是可圈可点的。7天之内，日军最左翼的骑兵第4旅团前进了将近300公里，16师团突进约270公里，靠近中央的13师团前进约200公里，这样的进攻速度在日军战史上还是绝少见到的。与其在武汉会战的指挥相比，显然大有改观，尤其能避实击虚，大开大合，确实展现了冈村不俗的指挥能力。

可惜，这不过是一场华丽的表演而已。经过此战，他一直不愿面对的恐惧和忧虑才真正到来。他深知，解决"中国事变"的唯一途径只能是打垮蒋介石的嫡系部队，摧毁蒋介石的抵抗意志。可如今，苦战半个多月，在指挥、作战并无重大失误的情况下，非但不能伤及中国军队的元气，竟然还让中国军队组织起有效的反击，损兵折将，今后日军还有多大的机会达成战略目的？

可以说直至此次会战前他还充满信心，以为结束战争不过是时间问题。现在看来，局面远非他想象的那么乐观。中国军队已经具备了持久抵抗的能力，日军解决"中国问题"的前途开始变得黯淡起来。

"支那（中国）战争泥沼，看来真正陷进去了！"

武汉，生性强傲的冈村宁次咀嚼着失败的苦涩。

一家欢喜一家愁。

重庆，蒋介石翻阅着军委会送来的战报，心情渐好，反攻南昌失利的阴霾也荡去不少。南昌、鄂北，与冈村宁次这个强硬对手的较量一胜一负，结局尚可。更重要的是，第五战区收复失地，掐断了日军控制的平汉铁路，战略上中国军队仍对武汉形成威胁。只要保持现在的态势，日军就不敢放开手脚再发动攻势，战略相持的局面就能维持下去，他就能赢得时间调整部署、整训部队。

"李德邻到底是老行伍，还是能打仗的！"

蒋介石心生感慨，再想想他的黄埔嫡系，内心五味杂陈，不是个滋味。

第三章

英雄的长沙城

长沙城,中国抗战的英雄城。"楚虽三户,亡秦必楚","无湘不成军",这些耳熟能详的典故夸耀的都是三湘大地——湖南。

1939年秋,"二战"爆发。日军为顺应新形势,扫除南线中国第九战区对武汉的威胁,发动了第一次长沙会战。湘赣大地一时烽火连天。薛岳首次尝试"天炉战法",保住了长沙。中国抗战首次被搬上银幕传遍世界。

◎ 莫名其妙的长沙大火

早在1938年11月，日军追击部队挟夺占武汉的余威，顺势拿下湘北重镇岳阳，战火已不可避免地燃向三湘大地——湖南。

长沙城内，湖南省主席张治中焦虑不安，一连几日失眠，局势的危急程度超出了他的预计。

岳阳沦陷，洞庭湖成了日本海军的乐园，150多公里外的长沙城一夕数惊，窜入城内的汉奸和一些惊慌失措的难民，到处散播着日军即将攻城的消息。

官员、家属、市民纷纷南逃，数以万计的伤兵、难民涌入城内，医院无法容纳，不少伤兵倒卧街头呻吟哀号，更使整座城市人心惶惶、混乱不堪。不少长沙民众对谣言信以为真，甚至认为日军已经攻到了长沙郊外。

更令人啼笑皆非的是，第九战区宣传队为日后宣传计，提前在市内的墙壁上用日文涂写标语，为的是一旦长沙失陷能瓦解日军的士气。孰料，日军还未被瓦解，倒是长沙民众以为日军的便衣已经摸进了城里，原本紧张的气氛直接变成了慌乱。

用"惊弓之鸟"来形容其时的长沙并不为过。

但真正令张治中寝食难安的倒不是战场上的胜败，也不是长沙城的混乱，而是几天前得到的一道密令。说起来，张治中也是久经战阵的将军，淞沪会战他与日军大战两个多月，见过大场面。眼下长沙城里的混乱也不足以让他乱了方寸，抗战一年多了，曾经历了大会战的上海、南京、武汉，又能好到哪里？

几天前，重庆委员长侍从室主任林蔚把电话打到了长沙，寒暄过后，林蔚小心地提醒道："文白兄，就眼下时局，军委会已有意在长沙失陷时用焦土政策，委座也点头了，你最好有个准备。"

还未从震惊中缓过神，"委员长文侍参"的电报接踵而至，电文说得更直白："长沙如失陷，务将全城焚毁，望事前妥密准备，勿误！"

焚毁长沙！这可是张治中之前想都不敢想的事。武汉大撤退，面对搬迁一空的武汉，陈诚阳奉阴违也没烧，就是不愿落下千古骂名。陈诚是蒋的心腹，不管怎么做都能善后，他却不能。该如何应对？张治中愁肠百转。

11月9日，匆匆赶到长沙的蒋介石、何应钦，召集何成浚、唐生智、冯玉祥、杨森、张治中、熊斌、关麟征、王敬久、酆悌、徐权等30多名军政要员开会，制定下一步的抗战策略。

长沙撤守问题是绕不开的议题，在讲了第二期抗战的"焦土策略"后，蒋介石语气决绝地在会上宣布："万一长沙不守，即刻纵火焚城。"

此言一出，四座皆惊。

蒋介石望着众人惊愕的神色，放缓语气解释道："弱国抵抗强敌的入侵，坚壁清野是以空间争取时间、保存实力最后取胜的要诀。1812年拿破仑入侵俄国，俄人忍痛把首都莫斯科烧光，以此击败了法军。为破日军以战养战之策略，持久抗战，必要时的牺牲也是我们要承受的。中常会也决定了坚壁清野的方针。"

说到此，他将目光转向陈诚，斥责他没按命令烧掉武汉，使搬迁一空的武汉城资敌使用。

蒋介石湖南之行的目的之一就是长沙，焦土抗战毕竟残酷，劳民伤财，这对不少心存异志或心慈手软的将领来说，能否执行到位他心中无数。

果然，一向敢于直言的冯玉祥就提出了质疑："烧了长沙，将来我们反攻回来怎么办？"蒋介石一时语塞。这时，他的目光投向了张治中。张治中明白，斥责陈诚，质问何竟武，都是在作秀，眼下蒋介石真正的目标应该是长沙。

果然，蒋介石在听了众人七嘴八舌的各种意见后，毅然说道："不要迟疑，为抗战大局计，要把长沙变成一片焦土。能运走的物资运走，运不走的要烧掉，无论公用和民用房屋，能烧的就烧掉，不能留给日本人。"

长沙可是有着上千年历史的城市，张治中知道这么做的后果，弄不好要成为千古罪人。他的头嗡嗡作响，最后，萦绕在张治中脑海中的只有"焚城，不资敌用"这一句话。

回想起蒋介石长沙之行和他的那些讲话，张治中相信，蒋介石这次无疑要动真格的了。

领袖就是领袖。领袖与普通人的最大区别在于，他可以为了长远利益而牺牲眼前，这在别人看来是痛苦，在他看来则是义务。年初，扒开黄河堤岸，实行"以水代兵"，民众死伤数百万，这一笔账虽能暂时赖在日本人头上，但史笔如铁，今后呢？

想想今日长沙焚城得由自己来执行，张治中陷入了痛苦中，这事对他来说太难了。

张治中少年时代经历坎坷，曾经流落四方，苦难的经历却在他心中积淀出厚重的情感和善良，他深知底层民众生存的不易。如今要借抗战的名义，将湘人祖祖辈辈积攒下的家业毁于一旦，别说是作为一个有血性的抗日军人，就是一个有点儿良知的人也下不了手，更何况他还是湖南的省主席、湘人的父母官。

时间飞逝如索命的钟声。他是军人，知道军令如山，他没有选择。最终，张治中找来了长沙警备司令酆悌、省保安处长徐权等人，商讨执行军委会"焦土抗战"的具体细则。

酆悌，黄埔一期生，曾任中华复兴社的书记长，曾是黄埔系中的佼佼者，几乎所有认识他的人都称其能力超群。但此人性格上的缺点与他能力上的优点一样突出，是个出了名的"浑不吝"，无派无系，独来独往。黄埔系中贺衷寒、胡宗南、戴笠等，哪个人没有自己的小圈子？而酆悌却是孤家寡人，除了蒋介石，他也几乎不买任何人的账，这就为他的悲剧命运埋下了伏笔。

原本焚城这个烫手的山芋不该在他手里。几个月前，他稀里糊涂地和唐生明对调，由常（德）桃（源）警备司令改任长沙警备司令。

唐生明是湘籍名将唐生智的弟弟，从小娇生惯养却伶俐过人，虽是纨绔子弟，但生就一副豁达大度的胸怀。他广交各路豪杰，国民党各个派系、汪伪政权、共产党都与他有些交情，属于战国四公子那样的人物。武汉沦陷后，他看出长沙就是日军的下一个目标，无论如何这个长沙警备司令都是不好做的。于是他上下活动，一番游说，将长沙警备司令的担子交给了好大喜功的酆悌，自己则躲到后方优哉游哉去了。而迷恋仕途的酆悌兴冲冲地赶到长沙，准备大干一场。可怜的酆悌哪里知道，一场灭顶之灾正慢慢向他袭来。

酆悌走进省主席的会议室，一眼就望见了张治中那张愁眉紧锁的脸。张治中摆摆手，示意酆悌几人坐下。

大家都不发言，谁都明白所谓的"焦土抗战"，就是要将长沙城付之一炬。如果处理不当，掉脑袋不说，还可能背上千古骂名。

就这样僵持了几分钟，还是由张治中打破僵局，询问大家焚城的准备情况。

鄢悌牵头，其他人陆续发言。

轮到徐权，一向老练的他说："先放警报，使老百姓逃避后再用燃烧弹放火，这样，就好像是日本鬼子烧的。"

话虽如此，可在长沙10多万人的眼皮子底下编这样的瞎话，有人信吗？

张治中见大家无精打采，只能违心地鼓励众人说："国家危亡之秋，民众自然要做出牺牲，即便是玉石俱焚也在所不惜。上面定了的事，大家无须顾虑太多，湖南3000万父老终会明白我们的苦心。"

计议已定，大家回去各自准备，拿出方案下午再碰。

下午4时，鄢悌、徐权拿着焚城纲要再见张治中，焚城计划进入最后的细节阶段。3人商定由长沙警备2团团长徐昆任焚城正指挥，长沙社训总队副总队长王伟能、警备司令部参谋处长许权任副指挥。并约定命令必须3人同时下达，以天心阁火起为号，发警报后再行放火。

晚上7时半，鄢悌等人带着拟好的13条计划再见省主席。张治中批准之后，特别嘱咐说："这个计划最好是备而不用。在敌人逼近长沙时，须先放紧急警报，待群众离开市区方开始行动。"

临了，又再三叮嘱道："谨慎从事，不许失败！"

可长沙城此时已陷入半瘫痪的混乱状态，执行过程如果出了偏差，计划再周密也是枉然。

退出省主席的办公室，劳累几天的鄢悌匆匆给手下布置了任务，就回公馆睡觉去了。一连几天奔波，他太累了。

几个小时后，悲剧就发生了。

11月12日，恰是辛亥革命的先行者孙中山的诞辰纪念日。晚间，长沙市政府组织数百人参加火炬游行，游行结束已是晚上10点多。长沙市市长席楚霖参加完活动，路过省政府，便走进去想看看情况。孰料，省府之内灯火通明，满地书报杂物，却空无一人。

席楚霖大惊失色，原来省政府没通知下属就已经撤走了。

席楚霖赶紧跑到警察局询问情况，警察局局长文重孚也不在。他又急忙赶到长沙市民众抗日自卫团团部，见到副团长王伟能。王伟能是焚城的副指挥，对外面的情况也不太了解,只能如实地对席楚霖说:"张主席已有重要任务给我。"

"什么重要任务?"

"指挥放火。"

席楚霖这才知道事情不妙,拔腿就走。沿途可见手执干柴和油桶的军人三五成群,源源不断地由南门进城。他感到大祸即将临头,回到家里略作收拾,就坐上汽车逃命去了。

此时,已是12日午夜。

时间不久,长沙南门三处火起。长沙警备司令部的代理参谋长许权也是焚城副指挥,他并没有接到放火的命令。第一处火起的时候,他的第一反应是"失慎",为保险起见,他还是要通了第2团团长徐昆的电话,不料徐昆及团副都不在团部。他只好又把电话打给了长沙警察局局长文重孚,要他派消防队救火。

文重孚刚刚睡下,不耐烦地说:"没人!警察局撤走了,消防队也撤走了。"

"警备司令部没下命令撤啊。"

"市政府叫撤的。"

真是乱成了一锅粥。许权深感事态严重,他知道放火有四重规定:一是省政府的命令,二是警备司令部的命令,三是警报器的叫声,四是天心阁上有火炬。如今,火势突起,四条里一条也没有,显然不是上面的命令。

会不会是战场情况有变,日军进到了长沙外围?为核实战况,他要通了第15集团军的电话,电话里传来的声音却是:"前方平静无事。"

坏事了!他赶忙把电话打到张治中那里,张治中也深感意外,惊讶地说:"坏事了,我没有下命令。"

再打酆悌的公馆,电话占线。

……

此时,长沙已是四面大火。

警备司令部也被大火包围,火舌甚至窜到了许权的办公室。许权想到酆悌还在城里,便慌忙向酆悌的公馆跑去。

酆悌还在梦中,许权急忙把他叫醒。得知大火已四处蔓延,酆悌大惊失色,又急又气,泪水夺眶而出,叹道:"完了!一切由我承担。校长怎么办,我就怎么受,反正是我犯了罪。"

再说也没用了，两人在街上乱转了一阵，一切已无可挽回，便坐上汽车冲出了长沙城。

就这样，没有警报，没有疏散，一场惊天大火肆虐着燃烧了起来。时值深夜，熟睡之中的居民来不及躲避，当夜葬身火海者就达2万余众。

13日大火整整烧了一天，14日以后火势才渐渐变小，直到16日仍有余烬在燃烧。据灾后统计，全城房屋被焚毁者达56200余栋，占全城建筑的九成以上，而死伤人数则无法统计。

长沙古城付之一炬！消息传开，举国哗然。全国军民各界纷纷致电重庆，要求严办肇事者。

素来与蒋介石貌合神离的汪精卫抓住这个把柄，不依不饶，在电文中攻击蒋介石"误解焦土抗战，虐民以逞"。

何键等湖南地方派也群起而攻之，痛骂张治中，暗责蒋介石。

主政湖南的张治中自然也处在了风口浪尖。

13日午间，第九战区司令长官陈诚紧急赶到长沙。见到张治中，陈诚不问缘由便气势汹汹地质问张治中。张治中推说大火的事他全不知情，定是另一系统所为。陈诚本意就是借机搞掉张治中，根本不信他的解释。在日后的回忆录里，陈诚仍视张治中为罪魁祸首，并指责其推卸责任。

面对全国的指责，迫于压力，蒋介石于16日飞临长沙。

劫后的长沙满城瓦砾，被烧焦的尸骸到处都是，幸存的人们三三两两在瓦砾场中来来去去，一边翻捡东西，一边哭骂。当时，皇仓街的粮仓余火未尽，灾民们不顾危险，在火堆之间钻来钻去搜捡粮食。

此情此景，连同几天来全国铺天盖地的指责，蒋介石心中积郁的怒火如火山般爆发了。面对陪同的众多大员，他痛心地吼道："长沙焚毁了，精神上的打击十倍百倍于战败的痛苦，可耻、可悲莫甚于此。更痛心的是，用人不当，人才缺乏，竟至无知无能如此！"

他当即下令将本打算判刑的酆悌等人执行枪决。可怜的酆悌，虽贵为黄埔一期生，却倒在了校长的盛怒之火中。不久，酆悌、徐昆、文重孚3人在长（沙）株（洲）警备司令部里被枪决。

对于湖南省主席张治中的处理，仅仅是革职留任，责成善后。这是蒋介石照顾情面，同时也是惜才，故网开一面。但湖南父老对此却大为不满，长沙街头公开张贴文字对张治中进行责难的，随处可见。其中，一副连头对联写道："治绩云何，两大政策一把火；中心安忍，三颗人头万古冤。"横批："张皇失措。"

不久，张治中离开了湖南，离开了这块带给他痛苦和耻辱的伤心之地，赶赴重庆，接替林蔚就任蒋介石的侍从室主任。在蒋介石的心目中，张治中还是有分量的。

长沙大火被国民党军名将陈诚称为14年抗战中与汪精卫投敌一样，最令人痛心的两件事之一。但坚强的湖南民众并未丧失抗战的信心，他们将这种战争的悲剧独自承担下来，以他们的勇敢和坚韧将长沙筑成了屡挫强敌的铜墙铁壁，成为中国抗战最为稳固的英雄城。

湖南人分明感受得到，屈原的英灵还在湖山之间飘荡，他的足迹所踏过的每一寸土地，都有无数生灵在低声吟唱《离骚》《国殇》这些悲壮深沉的诗篇。

在那些无法计数的暗夜，这种精神无疑成了催人奋进的强大力量。

◎ 分化失败，冈村欲战湘北

1939年，伴随着欧洲局势的急转直下，战争走向渐趋明朗。

仅仅在一年前，德国兵不血刃就拿下捷克斯洛伐克，希特勒这个昔日一文不名的流浪汉在日耳曼的声望如日中天，他狂妄地宣称"我将作为最伟大的德国人而名垂青史"。一年后，他命令所属部队攻入了波兰，第二次世界大战就此全面爆发。

波兰是个弱国，夹在两大强国之间真是上帝开的一个玩笑。自建国以来，波兰就经常受到入侵，当时只是靠世界平衡的力量勉强独立。眼下，面对德军的强大攻势，波兰基本没有还手之力，仅仅留下了"马刀砍坦克"这个人类战争史上的笑话。一个月不到，波兰便宣告亡国。

此刻的东方，日本虽不及德国凶悍，却也依仗装备上的绝对优势占领了中国的广大地区，烧杀抢掠无恶不作。地球的东、西两端，伴随着法西斯主义的极端猖獗，到处都在上演着背信弃义、掠地屠城的悲剧。

作为波兰的盟国，英、法两国除了对德宣战已再无选择。但这种宣战实为被迫之举，行动上，他们对盟国的灭亡束手无策。德、法边境马其诺防线的战壕与阵地上，身材臃肿的英、法士兵一面懒洋洋地晒着太阳，一面抽着雪茄、品着红酒，憧憬着与女人约会的美妙时刻，千里之外的亡国惨剧又与他们何干？

大洋彼岸的北美大地上，美国人刚从经济危机的打击中透过气来，凯恩斯主义正让他们体验到前所未有的繁荣与富足。卓别林的《大独裁者》正在试镜，大大小小的军工厂开足马力生产着各类军火。在世界各地，只要有足够的金钱赚，美国的军火商就会竭诚为他们提供服务。几年来，落在中国上海、南京、武汉、重庆、长沙百姓头上的重磅炸弹，摧毁中国军队和他们的阵地的钢铁利器，大量出自美国人之手。卓别林的讽刺也好，被侵略国的哀鸣也罢，怎么可能抵得住美国经济复苏的诱惑？

这一切恐怕连上帝都感到恐惧，人类的正义和同情都跑到哪儿去了？

这一年，苏联虽刚经历了大清洗的劫难，东、西两面又受到德、日的威胁，但一切看起来还过得去。远东，强悍的苏联红军在诺门坎痛击日军，几乎将日军的一个精锐师团歼灭殆尽。这一仗彻底把日本人打老实了，苏联暂时解除了来自远东的后顾之忧。

诺门坎战事一了结，苏军便立刻挥师西进，趁火打劫同德国一道瓜分了波兰。

1939年的下半年，"二战"的爆发只是人类挑战文明极限的开始，正义还远未到来。

但在远东那个苦难的国度，只有4万万炎黄子孙还在坚持，虽然他们并不知道这沉沉暗夜何时会迎来曙光。

1939年9月，"二战"爆发。受新形势的刺激，从东京到中国战场，日军上上下下又似打了鸡血一般兴奋起来。

自拿下武汉后，一晃一年过去了，除了国民党副总裁汪精卫投靠日本人外，东京在中国问题上几乎是一无所获，而战争所带来的消耗，却似脱了缰的野马一般让日本的经济直线崩溃。更令日本人泄气的是，解决中国问题的希望仍遥遥无期。战场上，中日双方互有攻守，僵持不下。压抑中的平衡是蒋介石乐见的，能拖多久就拖多久。但对日本政府、军方和民众来说，这种没有宣战的战争却不啻一种无情的折磨。

日本大本营为统一指挥在华作战部队，对侵华日军的指挥系统进行了调整。撤销原华中派遣军司令部，于9月12日在南京成立了中国派遣军总司令部，教育总监西尾寿造大将任总司令，板垣征四郎卸任陆军大臣，改任中国派遣军参谋长，统一指挥除关东军之外的所有在华日军。日军此番调整，既有重视南方作战的意思，也在为汪精卫即将成立的伪国民政府做准备。

年初，随着国民党副总裁、国民政府二号政治人物汪精卫的到来，日本人着实欢喜了好一阵子。不过，他们很快就发现，汪精卫不过是个银样镴枪头，中看不中用，他的到来并未引起国内各地方派系和政治势力的倒戈浪潮。相反，反对汪投降的声势倒是一浪高过一浪。不少日本人这才发现，投日的汪精卫不过是一个不折不扣的鸡肋。

作为侵华日军的核心将领，驻扎武汉的第11军司令官冈村宁次对此表示出了强烈不满。以他对中国的了解和他多年的经验，冈村深知，中国的事情向来是掌握军队的人说了算的。东京内阁和军部对汪精卫寄予过高的希望，无疑会更加刺激蒋介石，增强其抵抗意志，使早日结束"中国事变"变得更加艰难。

很久以来，冈村宁次一直认为，中国军队中在兵力、素质、装备、战力等方面占绝对优势的，仍是蒋介石的黄埔系军队。要彻底解决中国问题，唯一的办法就是给蒋介石的嫡系部队以致命打击，中日战争才有结束的机会。

但以日军现有的军力，仅靠他的11军，太难了！

同日军大多数将领不同，冈村宁次并非一介武夫。他之所以能和永田铁山、小畑敏四郎并驾齐驱，成为昭和军阀的始作俑者，除了他本身的军事才华外，原因还在于他有着非同一般的战略眼光和冷静的头脑。

中日开战伊始，冈村宁次就同石原莞尔一样，对弹丸小国日本能否征服庞大的中国持悲观态度，他也多次表态支持不扩大中国战事的观点。可一旦他无力改变形势，他也会坚决按大本营的计划行事，在战场上体现出果敢、凶悍的一面。他时刻按照一个军人的标准履行自己的使命，虽然他对日军在中国战场的前途充满焦虑。

眼下的局势虽然令人沮丧，但他清醒地意识到：与其勉强求和而不得不示人弱点，倒不如穷追猛打，直至对方屈服。此外，诱降中国的杂牌军，削去蒋介石嫡系部队的羽翼，也许是摧毁蒋介石抵抗意志的一条捷径。

这样，1939年的整个夏天，冈村宁次窝在武汉，网罗了一批自诩"中国通"的参谋人员，搞出了一份《吕集团谋略计划》（第11军的代号为"吕"），阴谋诱降与之对阵的中国军队第五、第九两战区的杂牌部队。计划中，冈村宁次对各部郑重其事地做了任务区分。

（一）军参谋部除负责谋略工作的领导之外，应直接分担一部分工作。汉口、九江宪兵队要辅助军参谋部进行谋略工作。

（二）师团（混成第14旅团在内）对其作战地区内的敌正规军（中央军、中央旁系军、地方军）可进行怀柔工作。另外，对非正规军（赤匪、土匪、游击队）加强劝降工作。

第3师团担任对刘汝明军、第13师团担任对张自忠及冯治安军、第6师团担任对杨森军、第33师团担任对王陵基军的策反工作。

第34师团及九江特务机关对廖磊军（军部除外）的各师进行工作，协助和知机关对廖磊军部进行工作。

第101师团担任对熊式辉的谋略工作，第106师团担任对云南军（第60、第58、新第3各军）进行怀柔工作，不得已时也可促使敌士兵逃亡、投降。

各师团对军参谋部、和知机关、汉口特务部（九江特务机关）进行的谋略，要给予积极支援与协助。

（三）和知机关担任对敌第五战区的广西军进行工作，必要时可接受有关师团长的援助。师团根据情况，可对广西军进行工作。有眉目时，可迅速交给和知机关。

（四）军特务部担任对第五战区的四川军的谋略工作，为此应接受有关师团长的援助。

以陈中孚为主任的收拢杂牌军工作由军特务部担任指导。中央直接领导的谋略工作，实施前须将计划（企图）向军司令官报告。

战场上得不到的东西,战场外希望能有所收获。冈村宁次在这一点上,倒是与东京军部步调一致。事实上,一年前的6月17日,日本陆军省就曾向侵华日军下达过分化瓦解中国政权的具体指示:

起用唐绍仪及吴佩孚等第一流人物,酿成建立强有力政权的趋势("乌工作")。

(1)加强临时政权、维新政权及其他蒋政权的合并("鸠工作")。

(2)在蒋政权内部及民众中,掀起反蒋运动("鹰工作")。

(3)离间蒋政权的将领及政客("鹫工作")。

(4)酿成在蒋政权内部反攻和平的空气("鹭工作")。

(5)酿成建立西南政权的趋势("鸢工作")。

以上工作主要由华中派遣军及华北方面军负责,但关于利用唐、吴等要人,以及纠合这些要人加强新政权上层机构的决定等,由日本中央直辖机关负责,华中、华北日军应给予援助。

除了这些以"猛禽"命名的阴谋,日军还同时展开了对中国杂牌军进行诱降的"兽工作":宋哲元军,命名"狐工作";旧韩复榘军,为"栗鼠工作";旧东北军,为"狗工作";阎锡山军,为"狸工作";石友三军,为"猫工作";刘建绪军,为"鹿工作";徐源泉军,为"牛工作";其他不太重要的杂牌部队,统一命名为"兔工作"。

此外,日军对李宗仁、白崇禧的新桂系十分看重。他们认为,中国所有的地方部队中,唯有桂军具有日本军人的武士道精神,为显示对桂系的重视,日本陆军省特地将对桂系的诱降工作命名为"山工作"。

一切就绪,日本军部特地将素有"东方劳伦斯"之称的间谍头子土肥原贤二中将召回东京,面授机宜,让他全面负责对华的政治谋略工作。自此,土肥原卸去第14师团师团长的职务,再次专心开始了他的特务营生。

然而时过境迁,中国抗战已深入人心。同以往的频频得手不同,土肥原贤二的特务生涯在1938年以后却遭到了沉重打击。徐世昌、曹锟、吴佩孚、靳云鹏、袁克定这些当年叱咤风云的北洋军阀头面人物，为保晚节，竟无一人被策反落水；而在军队的策反方面，也只有反复无常的石友三表示出了兴趣。

日本军部的失败，冈村宁次不可能不知道，可如今他却越俎代庖，干起了只有土肥原贤二那样的阴谋家擅长的特务勾当。说起来，这也是冈村无奈的选择，同时寄希望于形势的变化会给他带来机会。

但他等来的是更大的失望。几个月过去了，中国军队方面竟无人响应，对华谋略毫无进展。冈村宁次内心苦涩，充满挫败感，他更是感觉到了今日中国的深刻变化。

征服，看来还是得回到战场上去。

冈村宁次在武汉11军军部召开作战会议，商讨具体对策。这次，他将作战目光投向了湖南，那儿有蒋介石最为倚重的第九战区。

"对于湖南，诸位知道些什么？"冈村宁次开口问道。这是他一贯的风格，看似闲聊，却在考查参谋们对天时、地利的了解，仅此一点便透出他与其他日军将领的不同。

军参谋长青木诚一了解长官，事先早有研究，开口道："湖南人才很多。据说，湖南长沙有个岳麓书院，书院门前有一副对联，号称'唯楚有才，于斯为盛'。湖南人物周朝有屈原，宋朝有周茂叔，明朝有李东阳，清朝有曾国藩、胡林翼，民国有黄兴、蔡锷、谭延闿，据说中共的毛泽东也是湖南湘潭人。"

"嗯，青木君对湖南了解不少。我听说，几千年前，秦王扫平天下之际，楚国遗民楚南公曾预言：'楚虽三户，亡秦必楚。'结果，倾覆秦朝天下的正是三个楚国人，陈涉、项羽、刘邦……"

冈村宁次扫视部下，转向作战课长宫崎周一道："攻略湘北，围歼重庆军第15集团军，宫崎君以为怎样？"

宫崎周一闻听，略略有些吃惊。

"第15集团军，关麟征的部队？关麟征是重庆军中少有的战将，在长城、台儿庄、瑞昌都曾给皇军制造麻烦，不易对付。而第九战区的实际长官是支那（中国）名将薛岳，他统帅下的第九战区集中了重庆军的大部分精锐，总兵力达52个师，是重庆军的作战主力。而我11军，第9、第16两个精锐师团接连调回国内，兵力受到削弱，请长官考虑。"

"宫崎君,岂不闻皇军以一当十的道理?士气不可泄!要达成战略目的,必须歼灭重庆军的嫡系,这也是我们进行此次会战的目的。制订计划吧。"

幕僚们清楚冈村宁次的脾气,有时虽表现得器量宽宏,可一旦打定主意,便是独断专行。

9月,第11军拟订的湘赣会战计划得到了派遣军司令部的批准。冈村宁次调兵遣将,集结了10万大军,目标直指湖南省会长沙。其实此时的冈村并不了解三湘大地这片神秘的土地,也并未真正了解他曾经关注过的湖南人。

湖南怪杰杨度曾被认为是晚清、民国时期精神最为分裂的名士,但他的那首《湖南歌》却清晰明了、豪迈悲壮:"中国如果是希腊,湖南就是斯巴达。中国如果是意大利,湖南就是西西里。中国如果是德意志,湖南就是普鲁士。中华国若亡,除非湖南人死光。"

湖南、长沙,注定成为冈村宁次的滑铁卢。

◎ 薛岳抗命死守长沙

深秋时节,北半球的阔叶林透出一抹抹风霜锈蚀下的苍苍红色。行将逝去的生命似有不甘,顽强地向世界展示着最后的娇艳和美丽,从山野平地到江海村镇,到处绚烂着醉人的草黄叶红。长沙的上空,不时掠过一群群南去的飞雁,按照当地人的说法,它们飞赴的目的地是几百里外的衡阳山区。

三湘大地,在战争阴霾的笼罩下度过了暂时的宁静。

几天前,桂林行营主任白崇禧上将来到长沙,视察了第九战区的战斗演习。此时,陈诚虽仍挂着战区司令长官之名,但具体事务由代司令长官、湖南省主席薛岳上将全权负责,薛岳表面上客客气气,将白崇禧一行人安排住进岳麓山上新建的招待所内。

岳麓山位于湘江西岸,不仅风光秀美,古迹众多,而且山势险要,在军事上具有举足轻重的地位。由于地势高,能俯瞰长沙城,第九战区甚至将150毫米榴弹炮阵地也设在了岳麓山上。

景色虽好终非我意，被安排住在岳麓山而不是城里，白崇禧能感受到一种隔膜和戒心，他知道薛岳的用意。投身军旅数十年，白崇禧作为中华民国的陆军一级上将，虽说声威赫赫，傲视群雄，连日本人都对他忌惮三分，但此行视察下属，他并未感到受尊重和轻松。在薛岳的地盘上，估计很少有人会感到轻松。

漫步穿行在岳麓山的满山红叶中，白崇禧观赏着美景，调整着情绪，极力想使自己平静下来。

深秋清爽的天气、岳麓山的空灵宁静和醉人的美景却没能驱散白崇禧心中的抑郁，尤其今天九战区的一个陪同人员讲的一个故事深深震撼了他的心灵。

常人印象中，岳麓山素来以文化圣地备受景仰，但就在这一片浸透着文明的土地上，野蛮曾压倒文明，炎黄子孙的民族情结曾得到至为惨烈的展现。

700多年前，蒙古铁骑攻破了久攻不下的襄阳，足不旋踵便侵入长沙城内。大功告成，胜利者趾高气扬地来到岳麓山游玩时，却突然遭到了几百名读书人的猛烈攻击。这群书生来自山上的那所著名书院，他们个个衣冠整洁，却又拧眉瞪眼，手持砚台、砖石、削尖了的竹木、烧火的铁棍，呼啸着向这些北方的戎狄杀去。结果可想而知，这群采取了自杀式攻击的书生冲入敌阵不久，很快就被精于马刀的蒙古人杀得一干二净。

文明对于征服者来说，实在是件奢侈品。

岳麓书院的文人却在征服者惊愕的神情中，演绎了湖南人不屈和抗争的精神！

落叶积满了山道，两座墓园出现在山道的拐角处。白崇禧走上前去，才知道长眠于此的是黄兴、蔡锷二位民国元勋。黄兴辅佐孙中山推倒清朝，创造共和；蔡锷于云南发起护国战争，推倒袁世凯的洪宪帝制，再造共和。墓园内列满了当代名人的题词与挽联，与满山满地的红叶相衬，肃穆壮美。

蔡锷的故事由于名妓小凤仙的缘故，当时流传甚广。在蔡锷将军的墓园，白崇禧竟然看到一副小凤仙题给蔡锷的挽联："万里南天鹏翼，直上扶摇，岂知忧患余生，萍水相逢若一梦；数年北地粉脂，自伤零落，赢得英雄知己，桃花颜色也千秋。"

白崇禧真正被打动了，细细品来感慨万千，羡慕不已。英雄惜英雄，蔡锷虽然英年早逝，但建立了不世之功，又有红颜知己相慰。人生如此，夫复何求？

薛伯陵的精心算计却成就了他此番岳麓山的难忘之行。感慨中，白崇禧的心情渐渐好了起来。

入夜，岳麓山上寒气袭人，屋内已生起了炭火盆。白崇禧在屋里来回踱步，思绪万千。战火即将燃向长沙，如果不战而弃长沙，身为军人，有何颜面面对三湘父老，面对国人，甚至几百年前用生命捍卫家园的先人？更令他纠结的是，首先提出放弃长沙的竟是他自己。

那还是在半年前，本着南岳军事会议确定的持久抗战精神，在他的建议下，蒋介石命令第九战区：如日军来犯即放弃长沙，在长沙以南与日军决战。从理性上说他的建议没错，可从感情上来说又实不应该。他此次前来，视察战斗演习是假，劝薛岳放弃长沙才是真。

重庆军委会，蒋介石、陈诚、白崇禧等人，都知道冈村宁次此次发动的湘赣会战，只为消灭我第九战区有生力量，攻城略地非冈村之目标。为保存实力，保证持久抗战的能力，军委会并不打算在易攻难守的长沙与日军拼消耗。

这事要搁别人身上也许是一件求之不得的事，但第九战区代理司令长官薛岳却不是庸将，当白崇禧费力地说明来意，却被当头质问道："长沙不守，军人之职何在？"

白崇禧知道"老虎仔"的脾气，不愿与他争吵，耐心劝道："伯陵兄，长期抗战不在于一城一地之得失，须保持实力。"

薛岳根本不买他的账，回击他的话也像一个省主席的本分话："湘省所处地位关系国家民族危难甚巨，吾人应发抒良心血性，与湘省共存亡。"

白崇禧清楚，薛岳是出了名的"浑不吝"，脾气火爆，敢作敢为。武汉会战时，蒋介石拗不过亲信俞济时的求情，要调74军到后方休整。电话打到了薛岳的兵团部，可薛岳一句"调不下来"，生生把蒋介石的意见挡了回去。随后他取得了"万家岭大捷"，74军还发挥了至关重要的作用，薛岳硬气又有本事，蒋介石也拿他没办法。

薛岳不但能征惯战，资格也老，早在他做孙中山警卫团营长的时候，白崇禧、李宗仁这些人还不过是旧桂系的连、排级军官。在军界，资历很多时候还是颇有慑服力的。

资格老，能力强，我行我素，在白崇禧眼里薛岳甚至有些跋扈。劝说无果，再看看薛岳那张爱答不理的面孔，白崇禧知道多说无益，便匆匆告辞。还是去重庆面见蒋介石再想办法吧。

屋内，火盆里的木炭已燃烧将尽，面上掩着一层细细的白灰。山间的寒气不时由门窗灌进屋内，白崇禧命勤务兵紧闭门窗，方才上床睡觉。一天之内经历了太多的事情，此时白崇禧真是身心俱疲，很快便酣然睡去。

这一觉，却差点让白崇禧丢了性命。

下半夜，白崇禧尿急，刚要起身下床，忽然头晕目眩，一头栽倒在地，半晌动弹不得。此时，白崇禧心里明白，自己中了炭气。他想喊勤务兵，声音却卡在喉咙里，怎么也喊不出来。他想起身打开房门，但力不从心，试了几次均告失败。情急之下，他只得奋力爬向房门。所幸门关得不牢，门闩一掉，他顶开房门，将头靠在门槛上大口呼吸着新鲜的空气。

死里逃生，白崇禧躲过了一劫。此后，白崇禧便落下了一个怪癖：无论天气多冷，均不在有火的屋里就寝。抗战后期，白崇禧到西北视察，时值数九隆冬，兰州气温降至零下二三十度，战区司令长官朱绍良、甘肃省主席谷正伦亲自安排白崇禧睡火炕。白崇禧大惊失色，急命熄火才肯入睡。可熄了火却陷入了可怕的寒冷，一夜不能成眠，就这样他宁肯冻着也绝不让再生火。

长沙一行，白崇禧无功而返，还差点出意外丢了性命。

大战在即，重庆的气氛也十分紧张。

长沙是战是弃，军委会和蒋介石仍举棋不定。

其实，早在5个月前的4月15日，蒋介石就向第九战区作出了明确指示："如敌取长沙之动态已经暴露，则我军与其在长沙前方做强硬之抵抗，则不如先放弃长沙，于敌初入长沙立足未定之时，即起而予以致命之打击……"

薛岳知道这是白崇禧等人的主意，但他有自己的想法，故对蒋介石的电令未置可否。他找各种机会游说，坚称长沙守得住，力劝蒋介石收回成命。

蒋介石也是万般纠结。眼下长沙是仅次于重庆的战略要地，长沙一旦失守，衡阳再紧随其后，粤汉路则被日军打通，纵贯中国南北的大动脉就全部落入日军的掌控之中。此外，湖南自古便是天下粮仓，宋代就有"两湖熟，天下足"的说法。湖南如果丢失，中国持久抗战急需的物资就将大大减少，而日军"以战养战"的图谋也将得逞。那时，中国军民的抗战意志无疑将受到沉重打击。

可守长沙，一马平川的地势，一旦与日军陷入僵持或被日军围歼几个主力师，便正中冈村宁次的下怀。眼下德国人已向主要大国宣战，世界形势扑朔迷离，中国战场最好是先维持现状，以待时机。

蒋介石犹如山中的迷路人，对于长沙是弃是守举棋不定。

恰在此时，白崇禧自长沙匆匆赶回。持久抗战的大计就是蒋、白二人协力制定的，白崇禧没有变来变去的毛病。这次长沙之行没能劝得动薛岳，看来只有老蒋出面了。在他的坚持下，蒋介石从犹豫中坚定下来。

计划再次回到原点，很快，军委会严令薛岳不得死守长沙。

日本人不会再给蒋介石犹豫观望的时间了。9月中旬，日军分四路进犯，一路由赣北西进，一路由鄂南南进，一路则在湘北猛攻新墙河，另以一部在洞庭湖东岸登陆。一时间，战火燃遍湘、鄂、赣三省。

赣北、鄂南两路日军的攻势，经由我军血战，均被击退，而湘北的两路在强渡新墙河成功后，长驱直入已经到达汨罗江畔。军情紧急，白崇禧生怕薛岳再生二心，便通过委员长侍从室转达指示："如不遵令立撤汨罗守军，则今后长江以南地区有失，责有攸归。"

薛岳早已打定主意，他只是不希望外界的干扰动摇了军心。此前，他已命令各部"先于现在位置以攻击手段，消耗敌人战斗力"，之后，"诱敌深入至长沙以北地区，将敌主力包围歼灭之"。薛岳要利用日军远距离作战的弱点，诱敌深入，寻机歼敌。为此，第九战区各部能守就守，扛不住就让开阵地，放过日军后再行侧击，100公里外的长沙才是最后决胜的战场。

蒋介石发现了薛岳的异常，唯恐有失，急命陈诚、白崇禧二员大将星夜入湘。

动身之前，陈诚曾提出长沙"守"与"不守"两案，蒋介石最后批复"不守"。陈诚会意，连夜与白崇禧飞往桂林，旋即转往株洲南面的渌口，在那里与薛岳碰头，当面传达了最高统帅的意旨。

薛岳仍然坚持军人守土有责，不忍轻言撤退。白崇禧坚持持久抗战，认为当务之急是保住实力。两人争得面红耳赤，甚至拍起了桌子。

薛岳怒吼道："放弃长沙，我上无以对中央，下无以对国人，从今不敢再穿军装！"

白崇禧向来是说一不二，几次三番劝说薛岳无效，心中也是大为恼火。但念及薛岳在军界的威望以及早年与桂系并肩反蒋的交情，虽未翻脸，但语气已变得冷若冰霜。

白崇禧没翻脸，薛岳却翻了脸。不待白崇禧说完，薛岳指着二人怒斥道："我就是要抗这个令，你们等我打完仗以后尽管杀我，我毫无怨言。你们两个就是亡国大夫。"

此语一出，白、陈二人惊在原地，一句话也说不出来。

平心而论，薛岳骂得过分了。谁都知道，白、陈二人是蒋介石身边的铁杆主战派，正是在二人的影响下，蒋介石才坚持抗战走到了今天。对此二人，连日本人都必欲除之而后快。而且在过去的作战中，薛岳几次抗命，只要是仗打得好，二人都没少在蒋介石面前替他说情。

不过，作为一位极富血性的爱国军人，薛岳在情急之中说出这话也是可以理解的。事实上，作为公认的抗战名将，除了十足的血性与超群的能力之外，薛岳也以胆气豪放著称。

早年的薛岳，在思想倾向上一度左倾，蒋介石叛变大革命后，阴谋将薛岳的第1师调离上海。薛岳一气之下改换门庭，投入李济深门下。李济深失势之后，他又相继追随张发奎、李宗仁，最后无路可走，只得重回蒋介石门下。国民党在大陆败亡前夕，薛岳又和张发奎等人怂恿白崇禧在广州发动兵变，扣留在此视察的蒋介石，以完全夺取对国民党的控制权。在薛岳的军旅生涯中，似乎就没有他不敢干的事，胆量之大无人可出其右。

有这样的胆气，薛岳今天敢于抗命也就不足为奇了。

眼见气氛僵持不下，陈诚知道"将在外，君命有所不受"的道理，便不再沉默，打起了圆场："汨罗不战，退长沙；长沙不战，退衡阳；衡阳不战，退桂林。如长此退却，广土亦有尽时，究在何地可以一战？我为二公计，不如且就当前敌我情势，研究我军有无一战之可能？"

白崇禧闻言更加沮丧，顿时沉默不语。他感到，陈诚在此关键时刻突然改弦更张，似乎有重庆委员长那摇摆不定的身影。此刻若他一味坚持，他与薛岳之间必将形成隔阂，日后若长沙守住了，他这个统领南方战区的桂林行营主任还有何威信可言？想到这儿，白崇禧打了一个冷颤，便也不再坚持，任由薛岳纵论。

其实，薛岳的话也未尝没有道理。

此时，第九战区士气旺盛，而且他也做了周密部署，完全可以一战。日军的攻势虽然强大，但深入我方过远，只要断其补给，日军将不战自乱，他所倚仗的也正是这一点。

薛岳越说越激动，最后放了狠话："战胜，是国家及蒋委员长之福；战败，则我必自杀以谢天下苍生。"

话说到这份上了，白崇禧、陈诚二人也只好顺水推舟，口头上同意了薛岳的主张。答应将情况上报蒋介石，请准第九战区因时因地自主一切。

薛岳生怕白、陈二人回到重庆后变卦，当晚，就把电话直接打到了重庆的黄山官邸，寻求最高统帅的支持。

蒋介石有早睡的习惯，已经就寝，接电话的是宋美龄。薛岳顾不上礼数，对第一夫人愤愤说道："这个叫我不在长沙打的命令我已决定抵抗，现在我要请夫人转告委员长，我打胜了犯的是抗令的罪，我情愿被枪毙；如果打败了，我自杀！"

宋美龄常年周旋在国民党将军和政客之间，应对自如，当即温言劝慰道："薛将军，你不要激动，我给你转达好了。"

第二天早上，宋美龄的电话就打到了薛岳的长官部里。电话里，宋美龄说的每一个字都令薛岳如沐甘霖："薛将军，你尽管打好了，委员长完全接受你的意见。你也不是抗令，你是接受了新的指示。你打是有功劳的，你不必激动，你好好地打就好。"

宋美龄的声音极富女性魅力，就是薛岳这样的"老虎仔"也恭恭敬敬，只是一遍遍地重复："是！是！"

当天，蒋介石亲自给薛岳补发了一道命令，完全接受了薛岳的请求。为打好长沙一战，也为增强薛岳的威信，10月1日军委会去掉了薛岳头上的"代理"二字，正式任命他为第九战区司令长官。

薛岳抗命却因祸得福。第九战区自长官薛岳上将以下，这才将高悬多日的一颗颗弃守之心放下，全军上下群情振奋，士气高昂，要在长沙与冈村宁次一决高下。

先准备放弃，后又决定坚守，如此戏剧化的变化，除了薛岳坚持、陈诚相助之外，还有一人在其中起到至关重要的作用。他，就是第15集团军代总司令关麟征中将。

作为第一个登上集团军总司令宝座的黄埔将领，关麟征在军界的影响力不容小觑。

其实，关麟征在军界成名很早。1933年，年仅28岁的他就顶着国民党军第25师少将师长的头衔参加长城抗战，予日本关东军以重大杀伤。28岁，一个风华正茂的青年，就肩扛少将金星，指挥着上万人的精锐第25师，一时风光无限。

1938年，关麟征又以52军中将军长的资格参与台儿庄会战，在台儿庄以北重创日军第5、第10师团的增援部队，为台儿庄会战取得辉煌胜利起到了关键作用。战后，他的对手、时任日军第5师团师团长的板垣征四郎感叹道："关麟征一个军应视普通支那（中国）10个军。"

不久，武汉会战爆发，关麟征已升任第32军团军团长。在瑞昌前线，32军团重创日军精锐的第9师团，致使日军在此每前进一公里都要付出相当惨重的代价。一向好大喜功的日本广播也不得不承认："我皇军在瑞昌附近，遭遇最强劲之敌。"

有这样的战绩，有这样的得意门生，蒋介石内心满是欢喜，对关麟征自是荣宠有加。武汉会战一结束，关麟征即被任命为精锐的第15集团军代总司令，作为第九战区的前锋，在新墙河一带与日军最精锐的第6师团对峙。

长沙会战前，面对日军不可一世的气焰，他就意识到，在长沙以南打，就要担着放弃长沙的骂名，士气受损；而在长沙以北打，则有保卫长沙之名，官兵同仇敌忾。同样是牺牲，当然应在长沙以北与敌决战。因此，他几乎与薛岳同时向蒋介石提出了决战长沙以北的建议。

关麟征的意见，蒋介石不得不慎重考虑。在蒋介石的心里，薛岳再英武不凡，终究不是自己人。而关麟征这些黄埔少壮派才是他的命运所系，是国民党军的未来。

真正促使蒋介石改变主意的还有一个原因。眼下，第九战区士气旺盛，求战心切，与抗战初期畏敌如虎已大为不同。气可鼓不可泄，既如此何不赌上一把，不战而弃长沙，战败而失长沙，最坏也不过是丢弃长沙。如能战胜而保全长沙，士气民心都会因此高涨起来，持久抗战又将增添几分把握，中国抗战在国际上也将收获不菲的影响。

连守带打利大于弊，蒋介石在弃、守上渐渐向后者倾斜了。

恰在此时，薛岳坚决抗命杀身报国的军令状传到了重庆，这深深震撼了蒋介石，他年轻时也曾有过的热血与豪情被激发了出来。他不再犹豫，决心在长沙以北与日军决一死战。

经过5个月的难产，决战长沙在最后一刻才被确定下来。

此时，日军的炮火已延伸至捞刀河畔，几十里外的长沙古城已感受到了即将到来的战火洗礼。

薛岳拼死抗命后人敬仰，也令后来的人们很容易联想到两年前发生的一件事。那时，身兼战区副司令长官、省主席、集团军总司令等诸多要职于一身的韩复榘，同样也是抗命，却被乱枪打死在楼梯上。原因很简单，他抗命是不抵抗，而薛岳的抗命是为了拼死一战。

蒋介石不是宋高宗，不会因为部下放弃抵抗而幸灾乐祸；薛岳也不是岳飞，不会因坚决抵抗而招来杀身之祸。

历史有时会让我们痛心之余，添上几分欣慰。

◎ 杂牌军打"国仗"也不含糊

日军的攻势首先在江西发起。9月14日，在奉新的第106师团及101师团一部，突然向中国军队发起了猛烈进攻。不久，上富失守；4天后，高安危急。

冈村宁次的战术是分进合击，江西方向不过是策应作战。他企图以一个多师团的兵力牵制住江西国军重兵，以支援湘北战场。

同年初一样，此时负责赣西作战的仍是第九战区前敌总指挥罗卓英，半年前的南昌惨败让他蒙羞，一段时间，许多人都在怀疑他的指挥能力，罗卓英背负着沉重的精神压力。此刻，他指挥的部队除了固守上高的74军外，高安方面是清一色的杂牌军。

由锦江口至高邮市、锦江南岸一线，部署的是旧东北军刘多荃的第49军；

由莲花山、白茅岗到祥符观一带，部署的是中央军旁系宋肯堂的第32军；

由高邮市至祥符观一线，部署有滇军第1集团军的孙渡第58军；

由祥符观（不含）至故县一线，驻防有第1集团军的第60军。

五个军四个是杂牌，还来自不同的省份。罗卓英这样的布防安排，显然又把杂牌军放在了第一线，多少有些借刀杀人的嫌疑。74军不仅是第九战区最精锐的部队，就是在整个国军序列中也是王牌中的王牌，此战却被安置于后方最安全的上高地区，而那些可怜的杂牌军兵员不整,火力又弱,无疑就成了先锋,成了消耗日军火力的炮灰。让人感动的是,尽管遭到如此对待,这些地方杂牌军还是以精忠报国相许,一心一意杀敌,滇军就是一个榜样。

滇军原先名声较差,在西南各省军队中与素以"双枪兵"著称的黔军不相上下。1930年,蒋桂战争爆发,蒋介石以广西地盘相诱,云南省主席龙云当即命卢汉率兵2万进军广西。时值6月,军队从昆明开拔时到处抓夫拉丁,连学生也不放过,一时间闹得民怨沸腾。进军途中,又对广东烟帮进行武装保护,趁机抽取烟税,以充军饷。各师将校在故土还有所顾忌,出来了谁也不甘寂寞,沿途大肆收购烟土,运往广西贩卖。围攻南宁时,因军饷不济,索性以烟土发给各师官兵,以充军饷。当时,滇军官兵吸食烟土者众多,行军打仗,步枪、烟枪、水烟筒件件不离身,由此人称"三杆枪"。

可谁也没有想到,抗战爆发后,这支"三杆枪"部队一出云南,便以优异的战绩让国人刮目相看。

1937年8月,滇军主力被编成第60军,由卢汉率领自昆明开拔,万里迢迢驰赴南京。不料,部队尚在途中,南京即告沦陷,60军只好停在武汉待命。次年春,台儿庄大战爆发,第五战区兵不敷用,60军便被紧急调往战场。当时,孙连仲所部几乎伤亡殆尽,汤恩伯军也在苦苦支撑,60军虽为杂牌但也是有生力量,成了整个会战的希望所在。

4月22日,60军刚刚渡过运河正向指定地点集结,却突然遭到日军的袭击。60军仓促上阵,与日军在耿庄、陈家坊一带陷入苦战。谁知,这仗一打就是3天3夜,60军竟打退日军的多次进攻。其中,有一个营的官兵见日军坦克横冲直撞,如入无人之地,气恼之下纷纷跃出战壕阻击。他们既没有反坦克武器,也缺乏实战经验,一个个热血男儿仅凭血肉之躯与炸药包就和那些钢铁堡垒干了起来。

血拼。一个整营500多人没几个活下来,日军也是损失惨重。

军长卢汉也是久经沙场的名将,知道用人硬拼不是办法,便紧急调整部署,将主力转移到禹王山一带。禹王山是台儿庄地区的制高点,形如手肘,石头山体,可以抵御日军的强大火力,且距运河仅400米左右。控制禹王山,日军大部队就将被阻挡在这里。就这样,在20多天惨烈的阵地战中,60军各部以禹王山为中心,拼死阻击日军的渡河部队,保障了台儿庄侧翼的安全。

此战,滇军打出了声威,日本国内报纸也有些泄气地承认:"自'九一八'与支那(中国)军开战以来,遇到滇军的猛烈冲锋,确为罕见。"

在日本人眼中,地方军历来是脑后有反骨的,他们不可能为蒋介石的国民政府真正卖命,这也是他们敢说"三个月灭亡中国"的重要原因。但在台儿庄地区,滇军、川军及西北军用令人震惊的行动无情地回击了日本人。

激战正酣之际,作曲家冼星海等人前来慰问演出,他们也为滇军血战抗日的英勇豪迈所感动,当即眼含热泪为60军谱写了一曲军歌。

> 我们来自云南伟大的地方,
> 走过崇山峻岭,
> 开到抗日的战场。
> 兄弟们,
> 用血肉争取民族的解放,
> 云南是六十军的故乡,
> 六十军是保卫中华的武装。

自此,这首军歌便唱响抗战前线。一年后,带着这份荣耀,滇军又在江西前线创造了新的战绩。

滇军遇到的日军还是罗卓英的老对手106师团。武汉会战时106师团在万家岭地区险遭"全灭",成为整个日军的耻辱,朝野震惊,106师团几乎落到被撤销番号的下场。冈村宁次冒着丢官的危险力争,虽保住了106师团的番号,但他也遭遇了军事生涯中最黑暗的一段时光。

半年前,为洗刷耻辱,也为给106师团一个翻身的机会,冈村宁次不顾日军大本营的反对,坚持使用第106、101两支败军作为进犯南昌的主力,并把手中能动用的炮兵、装甲坦克等都加强给了他们。两支败军鸟枪换炮,战斗力大大加强,重新焕发了生机。

当106师团第一个开进南昌城的时候，冈村宁次心中淤积已久的块垒才算释放出来。但南昌一战却坑苦了罗卓英，对罗卓英来说，如果自己败给的是日军第3、第13这样的王牌师团，面子上倒还好说一些。可令整个中国军队震惊的是，在武汉会战中几乎被全歼的106师团竟然咸鱼翻身，击败罗卓英的10余万中国军队，夺占重镇南昌。作为一个有血有肉的名将，这个耻辱让罗卓英备受煎熬。如今，再次碰到第106师团这个老对手，罗卓英杀心顿起，憋足了劲要给第106师团致命一击。

一时间，中国军队报仇心切，10万大军杀气腾腾。激战，便是从滇军在高安的死拼开始的。

106师团此战照例得到了冈村宁次重炮、坦克及兵力的加强配置。一交手，滇军就被日军猛烈的炮火震撼了。不少刚补进来、第一次走上战场的新兵惊恐万状，他们扔下手中的步枪、饭碗、烟筒，到处躲藏，乱成一团。

中国的杂牌军形象差，纪律差，装备差，就连他们的体质也差。这也难怪，地方军阀所占据的地区，大多属穷山恶水、地瘠民贫，那些被称作"壮丁"的年轻男性贫民，本来就衣食无着，从小到大难得吃上一顿饱饭，难免体质差，他们都是被民团趁夜抓来后，被懵懵懂懂推上战场的。

差归差，但他们并不缺少家国情怀，出来打"国仗"，他们代表了一方父老。从最初的惊恐中恢复过来后，士兵们个个端起了步枪，尽管有些还是两三个人凑在一块守着一把枪。他们趴在战壕里，经历着战火硝烟的洗礼，他们这时才深深地体会到，自己身为军人拿着武器尚且吃不安稳一顿饭，那些手无寸铁的姐妹同胞所受的惊吓就可想而知了。

枪声、炮声过后，日军步兵冲过来了，滇军的弟兄们此刻忘却了什么是恐惧，什么是紧张。他们扣动扳机，步枪、轻重机枪、手枪喷出的火舌在地面上织成了一张大网，日军步兵群向前涌动的潮水被拦住了。

战前，60军在阵地构筑上还是下了大功夫的。高安方面几乎都是相当坚固的半永久性野战工事，阵地上大大小小分布有无数个火力点，这些火力点点连成线，线连成面，各种火器都有坚固的掩体，掩体前有铁丝网和鹿砦，各个据点形成强大的交叉火力。背后的反斜面阵地上构筑有掩体和草棚，用于伤员的转移和官兵的休息。

但阵地是死的，在日军飞机、重炮面前仍是那么脆弱。日军几天来的连续轰炸，已令阵地千疮百孔。连日激战后，高邮市和杨庄等重要阵地首先丢失，祥符观阵地也岌岌可危。新编第10师师长刘正富闻讯大怒，跳脚骂娘，当即枪毙了丢失高邮阵地的营长。

罗卓英也急眼了，高安一旦丢失，上高也就不保，他的总司令部再次搬家事小，全线动摇、影响战局事大。他把电话打到了第1集团军司令部，严令第1集团军不惜一切代价夺回阵地，否则军法从事。第1集团军代总司令高荫槐拿着电话，听着电话那头的厉声训示，大气也不敢出一声。

放下电话，高荫槐赶忙找来孙渡、安恩溥两位军长，干巴巴就一句话："收复失去的阵地，不然罗总司令要严办我们。"

云南名将孙渡知道眼前的形势，当即督令新编第11师师长鲁道源反击高邮。

武汉会战中，新编第11师曾丢掉崇阳，影响到全线士气，蒋介石一怒之下，着军委会将其番号撤销。当时，师长鲁道源正在昆明养病，消息传来，羞愤交加的他差点吐了血。

鲁道源不是庸将，在滇军中也算能征善战之人。1934年秋，红军四渡赤水，进逼贵阳，鲁道源奉命率部驰援，解了贵阳之围。此战可算是滇军少有的杰作，蒋介石开始留意这位滇军将领，特意召见鲁道源，以示恩宠。从此，鲁道源开始在国民党军界崭露头角，不少人看好他的未来。

不料今日背负着云南父老的重托，却在抗日前线丢失要地，连番号都被取消。鲁道源急火攻心，在医院待不住了。拖着病体，鲁道源返回了前线。一回来，他就对士气低落的部下说："番号被取消，既玷辱国家，也愧对家乡父老，必须痛定思痛，认真整训。"

官兵们个个痛哭流涕，拼命练兵，只求洗雪前耻。

1939年4月，中国军队大举反攻南昌，鲁道源受命率新编第11师进袭大禾岭。战前，他对部下就说了一句话："复仇雪耻就在今天，后退者杀！"

其实官兵们早就憋足了劲，一上战场无不奋勇争先，冒死前进。首战大禾岭北面要地文笔山，不到半小时就全歼守敌。鲁道源抑制住内心的喜悦，勉励部队说："这只是敌人给我们的见面礼，继续努力。"

4月9日，日军由奉新大举增援，中国军队各部积极阻击，战况陷入胶着。58军从左翼反攻奉新、靖安，新编第11师由甘坊、罗坊、灰埠向车坪进击。鲁道源战前又放出狠话："战败了，你们不必来见我，我也没有面目见军长及父老们！"

置之死地而后生，就是此刻新编第11师上上下下的一致心声。首战，新11师一举攻下车坪。此后，鲁道源奉命率部挺进敌后，以游击战打击日军后方。仅仅一个多月的光景，新编第11师历大小数十战，毙敌1000余人，虏获无数，破坏日军交通、通信设施100余处，战果巨大。

知耻而后勇，新11师用战绩洗刷了耻辱。蒋介石再次将欣赏的目光投向了鲁道源，新11师获通令嘉奖，鲁道源获华胄荣誉勋章，奖金5万元，并恢复部队番号。

扬眉吐气！新11师终于昂起了骄傲的头颅。

此时，新编第10师却丢掉了阵地。作为兄弟部队，新编第11师临危受命，不但要收复失地，还要替兄弟部队报仇雪耻。可这次并不像南昌会战时以游击战消耗敌人那般顺利，收复失地需要强攻硬打不说，还需要强大的火力支援，可新11师没有。尽管师长鲁道源亲自督阵，但猛攻数次，都被日军的步、炮、空立体火网挡住。鲁道源大怒，在火线上枪毙了一个营长，撤掉了一个团长，再次猛攻，在付出了重大伤亡后，终将高邮拿下。

这是典型的意志与钢铁的较量，惨胜如败却大涨士气。

与此同时，60军军长安恩溥派出183师一部，收复了杨庄，又派出184师的一部前去增援新编第10师。几番调整部署，各部拼死力战，祥符观阵地终于稳住了。

随着高安一带的战事陷入胶着，江西战场的形势在发生微妙的变化。

日军106师团见高安一线打不开局面，只好掉头北向，企图自上富、甘坊进入修水、三都，切断中国第30集团军与湘鄂赣挺进军的后路，动摇中国军队的防线。但106师团此举有些托大了，仅一个师团就想击破中国10余万大军的层层防线，看来南昌一战给了他们超强的信心，让他们全然忘记了万家岭的噩梦。

此后几天，日军106师团陷入苦战。刚刚突入甘坊便陷入了我74军与第1集团军的重重包围之中，在付出重大伤亡后，余部突进至修水、三都一带，可还未摸清情况，又落入了第30集团军的口袋。

罗卓英兴奋的心咚咚直跳，这可是个难得的歼敌良机，他急命第60军、第58军迅速缩小包围圈。9月25日拂晓，60军集结184师以及配属部队川军第15师，与日军展开激战。霎时间，枪炮声撼天震地，日军腹背受敌，陷入慌乱，部队伤亡激增，仅搬运伤员的担架队就绵延数里。

战场态势明显陷日军于不利，但此阶段日军还有一个救命的护身符：制空权。此时的制空权已完全掌握在日军手中，万家岭因地处崇山峻岭，飞机帮不上106师团多少忙。但赣西地势相对平坦，罗卓英想全歼日军也是力不从心。几次歼敌良机的出现，随着云开雾散、日机的飞临而丧失。罗卓英恨得心里直冒火。

25日上午，184师曾泽生团派出一支有力部队，攻占甘坊东端要点，将日军切为两段。日军似乎还没有意识到眼前的危险，仍然一味向西猛扑，川军15师压力骤增。巧的是，此前183师自九仙汤败退后，由于与军部的通信中断，一直在路上游荡。正当日军拼命反扑之际，该部却突然杀到，增援了伤亡较大的第15师。

眼见对手援兵到来，日军正面强突已无可能，便绕到183师左翼，企图西窜找桥（地名）。溃退之前，日军为泄战败之恨，竟将甘坊市纵火焚毁。

接近找桥，疲惫不堪的日军却撞在了58军严密的防线上。此刻日军早已无心恋战，便又迂回找桥侧背，妄图寻隙逃出。

关键时刻，罗卓英令74军不惜一切代价绕到日军背后，堵住日军的退路。罗卓英于此时才将最精锐的74军调动参战，显然有渔翁得利之嫌。在杂牌军将日军拖得精疲力竭之后，精锐的嫡系部队正好以逸待劳收获战果。

74军军长王耀武自然不会辜负长官的美意，当即向甘坊、横桥一带猛击。

10月2日，长沙方面日军也现败退之象，罗卓英决心趁冈村宁次无力支援江西方面的有利时机，抓住战机歼灭赣西方面之敌。

罗卓英一声令下，第30集团军自北向南、第32军由西向东、第1集团军由南向北、第74军由东向西，中国军队全线反攻，围歼找桥、郭城一带的日军第106师团。形势已对我军十分有利，但此时，我军已参战半个多月，各部疲惫不堪，粮弹也显不足。

双方激战数日，日军虽依仗空军的支援，仍死伤惨重，扔下上千具尸体，仓皇逃向奉新。我军虽未能达到全歼目的，但能给日军大量杀伤，将日军赶回原驻地，也算胜利收兵。

10月7日，74军李天霞的51师攻克九仙汤，为赣西之战来了一个漂亮的收尾。

九仙汤为九宫山里的一处重要高地，遍山茂林修竹，风光十分秀丽。若不是战火的熏染，这里完全是一个令人陶醉的世外仙境。

冒着绵绵秋雨，51师轻装出发，快速进入预定阵地。第51师不愧是国军的精锐之师，没有几个回合就先肃清了上富之敌。此时，细雨蒙蒙，山中大雾弥漫，赣北的民众不顾战场上的危险，抬担架，运粮弹，51师官兵深受感动。师长李天霞更不敢怠慢，指挥所部向九仙汤发起猛攻。20多天了，在滇军、旧东北军、川军的顽强阻击下，日军已是强弩之末。经过一番激战，日军终于不支，纷纷向靖安、安义方向夺路逃窜。

九仙汤系日军的兵站基地，只有一条狭长的通道，可谓"一夫当关，万夫莫开"。但日军此时已是兵败如山倒，此地虽易守难攻，却也难挡51师的凌厉攻势。日军的败退极为狼狈，九仙汤山下狭窄的道路上，到处都是日军遗弃的辎重、粮弹和尸体。战斗结束，51师还意外地俘虏了8名日军。

日军素以战死为荣，被俘为耻。抗战早期，国、共两军都很少能抓到俘虏。林彪指挥的平型关大捷歼敌上千，却以没能抓到一个俘虏而深以为憾。因此国民党军方面规定，抓到一个俘虏可以得到200元大洋的赏金，这对那些绝大多数出身寒门的下层士兵们来说，确实是一笔不小的财富。可我军士兵对日军恨之入骨，宁愿不要赏金，也要将这些俘虏刺死在押解的途中。

为死去的兄弟报仇，也为扫去心中的郁气，钱在他们眼里已失去了往日的分量。

武汉，日军第11军军部。

冈村宁次再次陷入了紧张和焦虑之中。正是一年前的10月初，也是106师团，曾让他惊魂未定，寝食难安。一年后，他原以为106师团已脱胎换骨，能像几个月前在南昌城下一样给他带来惊喜，可不争气的106师团又把他拖入了噩梦中。

万家岭的悲剧决不能再出现！10月2日，冈村宁次见情势危急，严令第33师团自长寿街折向修水，接应106师团突围。

第33师团是日军新建的丙种师团，与第34师团一道刚刚从日本国内调来，接替调走的第9、第16两个甲种师团。鉴于33师团实力不济，战前冈村宁次安排给他们的任务，仅仅是从鄂北突入湘西北，牵制布防此地的中国军队，而第34师团只担当了警备武汉的任务。

此时，与日军第33师团对阵的是川军杨森的第27集团军、中央军旁系樊崧甫的湘鄂赣挺进军以及其他杂牌部队。冈村宁次原以为对付这些杂牌部队，33师团再不济也不至于落下风。

哪承想，杨森的第27集团军虽然仅仅统辖一个由两个师构成的第20军，樊崧甫的湘鄂赣挺进军也仅仅是一些游击部队，但一进入湘鄂赣边区，第33师团便受到层层阻击，处处被截断，顾头顾不了尾。好不容易杀出重围，与奈良支队在献钟会师，却突然发现已经没了后路。于是，又不顾一切杀回鄂南，惊魂未定，又接到解救被围的第106师团的任务。

感谢老天帮忙，一连几日天气晴好，日本空军全力助战，加上33师团的接应，106师团残部终于杀出了中国军队的包围圈，退回原驻地。冈村宁次知道，再打下去别说歼灭中国军队主力，自己的这些部下能全身而退就不错了，这种无胜算的仗他从来不会打。

这就是冈村宁次高明的地方，从不为情绪左右，一切以战场态势而定。随着命令的下达，日军各部全线回撤。中国第九战区各部乘胜追击，收复失地，小有斩获。

此战，蒋介石看到了杂牌军深厚的战争潜力，他也再次确信南岳军事会议关于"精神战力"的论述。为了笼络住这些杂牌军将领，蒋介石特意破格将杨森、王陵基这些川军老将提升为第九战区副司令长官。

消息传开，自然是皆大欢喜。

◎ 冈村的10万大军承认败了

"冲向高山，让尸骸填满沟壑；走向大海，让浮尸漂满洋面……"

这字字带血、句句见尸的歌词，出自日本军歌《祈战死》。

"让我们到靖国神社再会吧！""九段坂见！"……你能想到吗？这些话竟都是日军官兵大战前分别时最常见的祝福语。日本人好像都活得不耐烦了，告别时竟以死相祝福，武士道就是如此的怪异而没有人性。西方各国军队在弹尽粮绝或负伤时多会投降。这不丢人，毕竟生命是最可贵的，即便同为法西斯且以顽强著称的德军在斯大林格勒会战中也有9万人投降。

而当年的日军作战却往往顽抗至最后一人，轻重伤兵绝大多数也宁死不降，这是日本军法体系武士道精神灌输以及严格监督的产物。但笔者曾在一段资料中看到：一个日军少佐因负伤昏迷，醒来后独自回到后方。住院期间，宪兵找上门来，要求其自杀。此少佐不想死，又是躲藏又是哀求，可最后还是被逼自杀。

可见，并非所有的日军官兵愿意找死，其实大多是不得已而放弃生命的。

然而，"宁死不降"并不是日军的专利，当年在第一次长沙会战中，一支由河南保安部队升编的弱旅，不仅仗打得漂亮，还引领整个第九战区的热血男儿，上演了一出出自觉自愿战斗至最后一人的悲壮史诗大剧。这支部队就是52军195师。

1938年底，岳阳失守，新墙河便直接暴露在日军的兵锋之下。守备新墙河的第52军为增强军力，紧急增编了一个195师，军参谋长覃异之任该师中将师长。

覃异之早年曾是中共党员，大革命失败后，与党组织失去联系，但覃异之并未失去共产党员的本色。从军多年，又当过参谋长，带兵很有一套，整训部队也颇见章法。

195师的兵员多为原河南保安队、民团和一些临时补充的壮丁，鱼龙混杂，素质低下。覃异之上任后，首先要解决的是使这支部队变成真正的军队。可战争不会给你那么多的时间，他只能边战边练，以战代练。鉴于时间紧迫，他首先从连、排长这些基层军官抓起，连、排长练好后，再由他们对班长、士兵进行训练。经过近一年的严格训练和战场检验，第195师脱胎换骨，由一支地方部队转变为作风硬朗的野战之师。

第一次长沙会战爆发，195师迎来了第一次大战的考验。

9月19日，日军第6师团及第13师团的奈良支队联手猛攻新墙河52军阵地，195师首当其冲，在詹佳桥至新墙一线抗击日军5000多人的猛烈攻击。要知道，第6师团、第13师团是日军王牌中的王牌，精锐中的精锐。当日，宋家湾失守，195师防线受到考验。战至次日凌晨，精锐的日军见195师的抵抗十分顽强，为减少损失，便集中炮火进行猛轰。

防守杨林街对岸比家山的131团史恩华的3营，在日军步、炮、战车与飞机的协同攻击下，承受着前所未有的压力，战至22日黄昏，全营已伤亡过半。师长覃异之洞悉战场情势，怕史营全军覆没，便给史思华打电话，命令他："如无法坚持，不得已时向东靠。"

史思华想都没想就一口回绝："军人没有不得已的时候。"

覃异之听罢，知道史思华抱定必死之心，要与阵地共存亡，顿时被感动得神情凄怆，话也说不下去了。

第二天拂晓，比家山炮声更密集了，作战科长跑来报告说有十几辆日军坦克也上来了。覃异之更加担心，操起电话找史思华，传令兵说营长在前沿，覃异之问还有多少兵力，传令兵竟在电话里哭了起来。覃异之明白，史营早已完成任务，恐怕眼下剩不了几个兵了，于是命令传令兵跑步传达命令：火速撤回南岸，不得有误！

战斗并没有停止，可直到下午，仍然不见史营撤回。覃异之忍不住又往前线打去电话，这次是史思华接的。覃异之发了火，大喊着为什么不撤，史思华最后说了实话："师长，不是不撤，敌人把我们包围了，撤不下去了。"

覃异之沉默了，稍后命令他立即组织现有兵力突围，师部将调炮兵压制日军并派兵在南岸接应。史思华半天没有说话，最后覃师长听到的竟是诀别之语："师长，我们来生再见吧！"

最后，一个营500多人，从营长到士兵，没有一个人活着离开战场。

似乎是被眼前这支中国军队折服，日军竟破例让附近的百姓上山收尸。附近村子老老少少去了上千人，都想看一眼这些打了4天4夜也没后退的中国兵。

到了山上，眼前的景象惊得村民们目瞪口呆。满山的焦土上，碎尸横陈，血肉模糊，空气中都充满了浓浓的血腥气，几乎没有几具完整的尸体。这些模糊的血肉可都是为保护他们而献出生命的子弟兵，上千村民齐刷刷地跪了下去，放声痛哭。

消息传到195师师部，覃异之不禁泪流满面。史思华，黄埔八期生，哥哥史思荣黄埔七期生，也曾是覃异之的部下，去年战死于台儿庄。兄弟二人黄埔出身，原本可以封侯拜将、光宗耀祖，如今却义无反顾地前后殉国于抗日战场上，可谓一门忠烈，悲哉壮哉。

同在22日这一天，比家山北面的草鞋岭上，195师的左邻赵公武第2师的一个营也上演了同样壮烈的一幕。

大半天的激战，战场上双方都打红了眼。当营长胡春华发现正面的一角枪声渐渐稀落下来，以为该处已被日军占领，便派了一个姓管的排长前去察看。

管排长匍匐前进，到了阵地上才发现，原来只有一个士兵在战斗，其他一个排的人横躺竖卧，断肢缺体，均已阵亡。

管排长极为震撼，他扒拉开阵亡袍泽的尸体，爬到那位士兵跟前，拍拍他的肩膀，哽咽着说道："好小子，我一定陪你流最后一滴血。"

此时的管排长似乎已忘记了营长交代的任务。他与这位士兵一道，在阵地上小心摸索，收集散落的手榴弹与阵亡战友身上的子弹，单凭两人之力就击退了日军的进攻达三次之多。战斗的间歇，管排长得知这位英勇的士兵名叫任连子，刚刚入伍还不到一年。

整整一个下午，他们边打边聊，忘记了处境的危险，只为一次次打退日军而欢欣不已。傍晚，凉风吹拂，林木飒飒，到处是死尸，到处是弹坑。被打断的树枝，被烧焦的草地，满山满谷，映在绛紫色的晚霞里，使整个天地都浸泡在血红之中，显出一派极其诡异的美。

管、任二人看到此情此景，甚感诧异，只觉是平生未见。一时间沉默不语，甚至怀疑自己是不是已经离开人世，到了传说中的西天，要不然人间哪会有这般诡异的美景？

一个人影从薄暮中晃悠了过来，两人慢慢地回头张望，任连子迟钝的目光里突然闪出了几分喜悦，他大声喊道："刘庆年！"

炊事兵刘庆年担着一挑饭走了上来。白天战斗激烈，饭送不上去，刘庆年只好趁着傍晚将饭送上阵地。

刘庆年走近几步，认出了任连子和管排长，正当他放下担子，要向排长报告时，却突然发现，自排长方昌桂以下，所有的弟兄都已气绝身亡，在这片死寂的阵地上，没人能回应他的呼喊。

刘庆年手脚瘫软，趴在地上，伏尸大哭。这些朝夕相处的弟兄，每个人都清楚上阵杀敌有可能牺牲，但一天之内都死在同一条战壕里，刘庆年无论如何都无法接受，哭得死去活来。

得到刘庆年的报告，连长也大为惊骇。当时部队已接到放弃阵地、连夜突围的命令，没想到草鞋岭的一角，一个士兵独当一面，一个排长随后加入，抵挡日军的攻势竟达一天。

此战，胡春华营伤亡殆尽，营长胡春华身负重伤，只有少量残兵退到了后方。不久，胡春华阵亡在另一场阻击战中，而任连子、管排长这两位孤胆英雄，从此下落不明。

9月23日黎明，东方地平线上升腾起一抹青灰色的云雾，遮住了初现的曙光。看来又将是一天的恶战。

52军第2师的官兵刚刚起床洗漱，前线的侦察哨突然将电话打进了师部："敌人在新墙镇北升起一个气球！"

师部的代参谋主任廖传枢顿时警觉起来。日军气球部队是他们在平坦地区作战用来观测瞭望的，天刚亮就有气球升起，显然日军在侦察。他立即通知各部队做好准备，提早开饭，同时向上峰进行通报。

将近7点，晨雾散尽之际，日军突然万炮齐鸣。没有经过试射，日军的炮弹就铺天盖地地打了过来。几十分钟后，日军步兵开始跑步前进，徒步涉过新墙河。此时秋旱少雨，河水水位下降，一般水深只能没过膝盖，日军渡河，几乎未受阻碍。

经过日军的饱和轰击，中国军队多处工事被摧毁，日军迅速涌进，突入到新墙河南岸。我两翼守军迅速反应过来，立即组织火力进行压制。日军一片片倒下，伤亡惨重，一时也不敢迅速南下，扩大突破口。双方陷入僵持。

此时，日军上村支队（支队长为上村干男少将）在营田登陆成功，此举改变了战场态势。侧后出现大股日军，眼前52军的新墙河阻击战也就失去了意义。第15集团军总司令关麟征急令第52军连同身后的第37军、第79军以一部留在新墙河与汨罗江之间占领中间阵地，主力即刻向汨罗江以南转移，占领第二线阵地。

营田方面的战斗，最初也十分惨烈，只是一个意外改变了战场形势。

上村支队在洞庭湖东岸的营田附近登陆，当时守备江防阵地的为第37军第95师的一个营。该营见营田以北的尖沙嘴有一道湘江封锁线，而湘江西岸通往洞庭湖的新发沟和夹沟平时干涸，日军舰艇无法通过。他们以为水路万无一失，便失去了警惕。

哪知道，上村支队的作战课长乃是一向以胆大妄为著称的辻政信少佐。在辻政信的坚持下，上村支队利用暗夜的掩护，通过容易搁浅的新发沟浅水区，突然出现在中国守军的侧背，达到了出其不意的战术效果。

辻政信，此人虽然最终军阶不过是大佐，论能力与才略，在所谓的"昭和三大参谋"里，也远不如石原莞尔与濑岛龙三，但他却是个名副其实的凶神恶煞，在个人的影响力上，远比那些所谓的大将、大臣要大得多。据说，此人的足迹到达哪里，哪里就会发生灾难。

在日本军界，辻政信参谋的名声很坏。辻政信出身贫寒，但从小便立下大志，曾对表弟煞有介事地说道："将来我做参谋总长，你做陆军大臣。"为了这个目标，辻政信便开始了他穷凶极恶的人生追索。

辻政信崇拜石原莞尔，可惜他没有石原那种优秀的头脑，但在胆大妄为、不择手段这方面，石原莞尔恐怕得甘拜下风。

1934年11月，辻政信首次出手，便以卑劣手段制造了"士官学校阴谋事件"。从此，辻政信便开始得到"统制派"的中坚东条英机的赏识。一年多后的1936年春，受"士官学校阴谋事件"的刺激，"皇道派"军人终于发动了改变日本国运的"二·二六"兵变。

本来，年轻的"皇道派"军人受到北一辉的告诫，"不可与支那（中国）进行战争，否则国家必亡……""皇道派"的另一位头面人物小畑敏四郎也由于类似的主张，和盟友永田铁山决裂，加入了荒木贞夫、真崎甚三郎一方。因此，若不是"二·二六"兵变的爆发，日军就很难将"卢沟桥事变"扩大为全面侵华战争。而这一切的起点，就是当时的辻政信大尉以卑劣手段搞出的"士官学校阴谋事件"。

5年以后，已是少佐的这位关东军作战参谋辻政信，刚刚进入作战课，就和作战课长寺田大佐、作战主任服部卓四郎中佐打成一片，把持住了这个关东军最为核心的部门。就像7年前他的前辈石原莞尔、板垣征四郎所做的那样，在1939年6月以后的几个月里，辻政信少佐上蹿下跳，制造了另一场有名的"以下克上"战争——诺门坎事件。

这一次，辻政信比他的前辈走得更远。他把持关东军作战课，使作战课成为他的私人部门，擅自扩大作战规模与作战区域。除此之外，他还胆大包天，一个人竟代理起了关东军核心领导的职务。

事后查证，关东军拍发给陆军部以及下属作战单位的电文，关东军首脑竟然毫不知情。在电报批准表中，作战课长、关东军参谋长、关东军司令官各栏内，赫然在目的竟全是辻政信少佐的印章和代理签字。也就是说，辻政信这个小小的作战参谋，以一个中下层军官的资格，竟代理起了整个关东军司令部。

诺门坎之战关东军被打得一败涂地，日军自此丧失了北进苏联的信心。军部为了惩治关东军，军司令官植田谦吉大将、军参谋长矶谷廉介中将均被免职，勒令退出现役，而整个事件的罪魁祸首辻政信、服部卓四郎却免于问责。服部卓四郎不降反升，进入参谋本部，控制了最为重要的作战课。辻政信的境遇稍差，被平调进入了在武汉的第11军司令部。

9月15日，第一次长沙会战正式打响的第二天，辻政信到达武汉，匆匆赶到汉口的第11军司令部，向声威甚隆的冈村宁次中将报到。

冈村宁次对这个不知天高地厚的参谋极为反感。在召见辻政信时，这位军司令官竟身着浴衣，懒洋洋地斜躺在沙发上，听取了他这个败军之将的报告。遭到这样的冷遇，以至于几十年后，辻政信还耿耿于怀。

冈村宁次和第11军参谋长青木诚一捡到这个烫手山芋，心中大为不快。他们不敢将辻政信留在作战部门，生怕他再次做出在关东军时那样的蠢事，索性让他带领宪兵，抓起了武汉驻军的纪律。

可没几天，冈村宁次就为自己的决定后悔了。辻政信生性就是个不安分的自大狂，他廉洁自律，善于邀买人心。行军途中，士兵饥渴难耐，他会把自己水壶里的水倒掉，以示同甘共苦。在武汉，他借助下层士兵对上层军官生活腐化的不满，经常在深夜把汽车停在街头，挨个检查茶馆酒楼。连汽车司机都为他的认真所感动，对他的行动积极配合，经常整夜整夜地检查军队干部的越轨行为，直到一位高级军官被逼自杀。

冈村宁次知道，这是碰到了刺头。无奈之下，他又把辻政信调到了上村干男的支队。不是喜欢指挥战斗吗？那就去第一线吧，省得在武汉惹事生非。

上村支队由第11军的主力第3师团的第5旅团加强组成，支队长为第5旅团长上村干男少将。该支队下辖4个步兵大队，1个山炮大队，1个工兵联队（缺2个中队），1个独立工兵（渡河）联队，2个辎重中队，担任由洞庭湖东岸突袭中国军队后路的任务。上村支队兵力雄厚，尤其作为日军第3师团这支王牌部队的一员，其战斗力十分强悍。更何况,此时又有一向以积极进攻著称的辻政信少佐的加入,上村支队的冒险精神更被激发了出来。

9月22日夜,在辻政信的坚持下,上村支队竟避开我军的正面封锁线,趁连日大雨水位暴涨,以数十艘橡皮艇经过新发沟和夹沟,向我营田守军发起突袭。当时,新发沟一带的水位仅仅一尺来深,如果我军在此驻有部队的话,日军必不至于在此冒险。

日军偷袭显然取得了意想不到的效果,守军虽调整部署,顽强抵抗,但至次日清晨,守军一个营数百名官兵自营长以下悉数阵亡,阵地丢失。

营田失守,新墙河中国守军后方动摇,第15集团军为避免腹背受敌,下令第52军、第37军交替掩护,有序撤退至第二线阵地。这是战前就已制订的计划,在予日军以消耗后,将日军诱至捞刀河一带,再与伏击部队、侧击部队一道,将日军围歼在长沙近郊。

此时,长沙南面的70军也被紧急调来湘北。第70军李觉部多是湖南子弟兵,此次为保卫桑梓而战,官兵们士气极为高涨。

23日,70军的先头部队第55团的一个营率先赶到营田,支援95师罗奇部。中午时分,新墙河防线全线退却,日军尾随而至,午后日军前锋已抵达东塘、归义一线,与70军的先头部队交上了火。

24日拂晓,70军受到日军的全面猛攻,19师55团的东塘冲阵地失而复得达两次。56团右翼第3营的战斗也相当激烈,在日军的猛攻之下伤亡颇重。

此时,汨罗江以北的第15集团军主力已全部向东南撤退,日军的主攻方向转向占据归义的107师321团阵地。

归义为汨罗江中段要冲,日军如能占领,即可沿粤汉铁路迅速南下。因而日军对此十分重视,天上有飞机、地上有重炮,立体式的狂轰滥炸将守军阵地悉数摧毁。同时唯恐没把握,日军还祭出了混用毒气的战法,炮弹、毒气弹一通狂轰,趁势攻占了归义。

李觉得知战况后大怒,严令107师组织反攻,夺回归义。

107师又把320团调上,协助321团反攻。下午1时,321团团长李标将两个营的部队摆成几路,向归义发起猛烈逆袭。但321团新败之际,兵力受损,士气不高,经过三次冲锋，仅仅夺得两个山头。更令人叹息的是部队缺乏实战经验，很多官兵进攻受挫后竟停留在日军的火力网下，以致伤亡惨重，团长李标也受伤而脱离了指挥。

仅有保卫家乡的决心并不能保证战场上的胜利。且不说指挥水平，70军的装备也十分落后，各师原有的步枪、机枪多是陈旧的汉阳造不说，就连这些陈旧的武器也不够充足。70军的每个步兵连只配备轻机枪6挺，每营只有重机枪4挺、"八二"迫击炮2门，军、师均无炮兵部队。更严重的是，所属107师系由湘西土著部队改编而成，战斗力低下，尤其缺乏对日作战经验。

反攻不成，面对精锐日军的强大攻势，70军抵挡不住，不得不于24日向株洲方向全线撤退。

湘北方向第一阶段的战斗告一段落，日军主力在付出了重大伤亡代价后，攻占了第九战区经营了一年的第一道防线，但他们一直虎视眈眈的中国精锐第15集团军却未受大的损伤，有序地退到了第二道防线，这令冈村宁次和第11军上下备受打击。

第15集团军不愧是中国军队中的精华，数万大军的撤退竟能做到井然有序。要知道，身后的11军可是日军中最为精锐的第6、第3、第13师团的主力，计划、指挥稍有不当，部队恐怕早被冲散在茫茫群山之间，长沙以北的汨罗江、捞刀河第二、第三道防线就会失去作用，会战的结局恐怕就是另一个样子了。

在汨罗江与捞刀河之间地带，第九战区与日军第11军之间真正的决战似乎才刚刚开始。日军虽然突破我军第一道防线，但损失巨大，后勤供应不继；我军虽退至第二道防线，但部队未受大的损失，以逸待劳。诱敌深入之后，薛岳决定再次给予日军一定的消耗，以确保能在长沙外围聚歼日军主力。

覃异之的第195师再次充当了先锋。

接到命令，覃异之匆匆赶往福临铺52军军部受领任务。当他们到达时，福临铺已是十室九空，枪炮声和空气中的血腥气传播的速度远远超出人们的想象，出于对战争的恐惧，当地百姓早已扶老携幼，逃避一空。覃异之带着师部人员走在空荡荡的大街上，觉得浑身上下直冒凉气。

一处青瓦高檐的大宅院里，52军军长张耀明中将和参谋长杨学房正在等待他的到来。

顾不上寒暄，张耀明指着地图向覃异之介绍了当下的情势并下达命令："现营田登陆之敌正与第95师激战中，湘阴方面第70军正派部队增援营田，迟滞敌人向湘江方面前进。第2师正向汨罗江以南转移，我集团军决心在长沙以北与敌决战。第4军归我集团军指挥。总司令的作战部署为：第4军、第37军及第25师在长沙东北郊占领出击阵地，准备把敌人压迫于湘江边而歼灭之。"

覃异之听到这里，路途劳顿一扫而光。来见军长前，他曾满心焦虑，照这样退下去，恐怕还要和太原、武汉会战一样，日军的攻击停在哪里，我军就退至哪里。作为一名有血性的中国军人，覃异之每每念及就痛心不已。可今日，长官部要在长沙城下与日军决战，草鞋岭、比家山阵亡的上千英灵，如果泉下有知，必会大呼痛快，不枉牺牲。

张耀明看着惊愕、激动的覃异之，嘱咐道："你师的任务是在福临铺与上杉市之间迟滞敌人3天，以掩护我主力部队完成作战部署。之后，你部在敌之侧背，配合主力歼灭进犯之敌。"

覃异之生来便有一股掩不住的豪气，只要能让他奋勇杀敌，肝脑涂地又有何妨？正是他的浩然正气，第195师这支曾经涣散无力的河南保安部队，才被激发出只有那片厚重的土地才能养育出的昂扬斗志，成为一支无法摧毁的钢铁部队。当下，覃异之欣然领命，送走军长后，他立刻带人视察福临铺的地形，选择防御阵地。令他有些不安的是，福临铺四周都是些起伏不大的波状地，地势平缓，唯一可依靠的就是村落及附近的丘陵。

25日，第70军一部在武昌庙一带伏击日军第6师团一部，予敌重创；26日、27日这两天，第73军柳际明77师在金井一带也对日军第6师团进行了伏击。说来也怪，第6师团开战以来，虽也受到中国军队的层层阻击，进展倒还顺利。可25日后却霉运当头，连遭两次伏击，伤亡惨重。重新集结补充后，直到28日才将攻击重点转向福临铺，可碰到的不再是前面碰到的弱旅，而是以逸待劳的覃异之的195师。

28日黄昏时分，第6师团的侦察部队与195师的搜索连发生激烈的遭遇战。双方都没讨到便宜，国军搜索连连长阵亡，日军也因突遭伏击而伤亡惨重。

次日，第6师团1000多人赶到，迅即以步、炮、空立体战向195师发起全线猛攻。战至黄昏，福临铺外围两个村庄、一处高地先后为日军夺取，敌我阵地形成犬牙交错态势，195师伤亡持续增加。

平原作战，与第6师团这样的日军王牌拼火力，195师占不到便宜。覃异之显然清楚这一点，立刻调整部署，将部队撤至地形较好的上杉市，那里背靠幕阜山，进可攻退可守，坚守两天应该没问题。

9月30日上午，195师刚刚退至上杉市，第6师团的骑兵便尾随而来。但出乎覃异之意料的是，他憋足了劲准备的攻防大战并未到来。

原来，狡猾的冈村宁次已嗅到了捞刀河畔的危险气息。

自开战以来已有半月了，虽然他的10万大军一路奏凯，却没能聚歼任何一支中国军队。更让他感到不安的是，对手的撤退很有章法，全然不是溃败，倒更像是故意给他让出一条路。突破新墙河后，他猛然发现在汨罗江、捞刀河、湘江之间的狭窄区域内聚集了大量的中国军队，而这些对手均未受到重创，可称为有生力量。

"围而歼之"，可究竟谁是猎物呢？

此次作战，他深切地感受到与以往的不同。一路前进，道路被破坏得十分严重，部队补给困难，像第6师团这样的先锋部队有时甚至要靠空投解决。而所到之处，十室九空。中国人坚壁清野更使部队补给雪上加霜。目前，各部队粮弹不足，士气不高，聚歼第九战区主力的目标已变得越来越远，而一个巨大的陷阱倒有可能在等着他。

冈村宁次倒吸一口凉气，不愿再往下想，但行事果断的他很快拿定了主意。出乎前线日军将士意料的是，各部队接到的命令是战略性撤退，退回战前原防地。

这就是冈村宁次的过人之处，凶残勇猛令人生畏，冷静果敢令人叹服。要知道在当时，得势的日军是没有人会主动撤退的。这不但会引来下级的不满，更要冒着遭人耻笑的风险，起码在他之前还没有日本高级军官这么干过。但冈村这么干了，也使薛岳在长沙外围聚歼日军的计划泡了汤。

别说薛岳，第九战区各部将士根本不敢相信：日军攻占新墙河第一道防线后，中国军队尚未付出重大牺牲，日军就自己开始败退。由于以前屡战屡败的经验，他们根本没有做好迎接胜利的心理准备。

但这次日军真的败退了。

◎ 长沙，薛岳成了"岳武穆"

9月30日，湖南株洲第九战区前进指挥部。

薛岳两眼熬得通红，却仍紧盯着眼前的地图。刚刚得到25师的报告，日军一部已越过捞刀河攻占了永安市。永安距长沙不过30多公里，一路坦途，永安失守，长沙就能清晰地嗅到战争的气息了。

开战十多天，薛岳没怎么睡过囫囵觉。一打大仗他就兴奋，多少年了都是如此，更何况这还是他第一次以战区司令长官的身份指挥，这令他兴奋中多少还有一丝紧张。

由于他的力争，重庆军委会决定在长沙外围与日军主力决战。9月26日，蒋介石电令第九战区："准备以六师兵力，位置长沙附近，由薛长官亲自指挥，袭击向长沙方面突进之敌……"

获此尚方宝剑，薛岳兴奋得睡不着觉，马上拟定出"在长沙以北地区诱敌歼灭战之指导方案"，计划在福临铺、金井、桥头驿地区布下口袋，围歼日军重兵集团。27日，关麟征的第15集团军已开始集结从前线撤下来的部队，其他设伏兵力也在陆续到位。万事俱备，只等小鬼子来钻口袋了。眼下得知日军攻占永安，在一步步走向他布下的陷阱，与以往丢城失地的感受截然相反，薛岳体内涌动的是激动、紧张和兴奋。

薛岳运气不错，上任战区司令长官时机也好。此次会战从一开始，第九战区各部队都能奋勇作战，层层阻击，予敌以大量杀伤和消耗。虽说仗打得有好有坏，但以往的那种消极避战、贪图自保的现象没有发生。此外，三湘父老的信任也令他感动不已，毁路毁得令日本人头痛，坚壁清野清得连磨盘都不留给日军。民众支持，三军用命，日军举步维艰，补给简直成了灾难，战场形势对薛岳来说可谓顺风顺水。

决战！胜利！当他苦熬了十多天才迎来的第一缕曙光出现时，他甚至有些迫不及待。既然与冈村的决战不可避免，那就不如让它快些来吧。

薛岳洗了一把脸，叫来了参谋长及作战主任，最后再落实一下各部队的位置和情况。完美的收官战是必须的，他的心中似乎已酝酿起比万家岭大捷更辉煌的故事。

日军第11军前进指挥部，冈村宁次的感觉与薛岳恰恰相反。

失望、沮丧挥之不去，眼下又有了几分焦虑、恐慌。此次会战，他第一次苦涩地品尝到了对战场控制的无力感。

最近几次作战，冈村宁次就已隐隐感觉到了中国战场形势的反转。中国军队已从战争之初的惊慌失措中稳定下来，越战越强。而他的大日本皇军却面临兵力不足、战备物资锐减的窘境。眼下的第33师团就像是一面镜子，让他清清楚楚地看到了现实。

由于33师团是新组建的师团，刚来到中国战场，冈村宁次就像一个舐犊心切的母亲一样看护着33师团，每天都要关注该师团的战报及进展。以他最初的判断，33师团成军虽晚，但面对的多为不堪一击的第九战区杂牌部队，再不济也不过是前进的脚步慢一些，陷入困境那是不太可能的，更是遑论失败。但战场上发生的事情却颠覆了他此前的判断。

在通城至长寿街一线，日军第33师团刚刚投入战场，就在湘西北因遭到国军的层层阻击而动弹不得。

驻平江的杨森第27集团军虽然只有2个师6个团，但杨森在川军中素有能征善战之名，对付这支日军丙种师团还是有些底气的。更让杨森硬气的是，部队战前刚刚配备了18门重迫击炮以及大量弹药。这批武器由国外进口，配有先进的测距、测向仪，最大射程可达5000米，最小射角45°，弹道高，可作超越射击，能够有效消灭死角，在山地战中威力巨大。有了这些宝贝，杨森的这支川军如虎添翼，一上来就先让33师团尝到了苦果。

此次长沙会战，杨森的27集团军和前线各阻击部队一样，灵活机动，重在迟滞和消耗、给日军以重大杀伤，不再计较一城一地的得失。比较以往将部队钉死在阵地上，面对日军强大的火力优势，各部队伤亡惨重却只能硬扛，这确是一大进步。从这一点上说，中国军队在战场上用鲜血和生命换来了经验，在战术上取得了巨大的进步。

中国军队战术的进步却苦了日军。中国军队占有天时、地利、人和的优势，一旦机动灵活，日军伤亡剧增不说，更难大量消灭中国军队的有生力量，战果就大打折扣。33师团就陷入了这样的窘境，在付出了巨大的伤亡代价后，他们好不容易杀出重围，摆脱了27集团军的阻击。可刚到麦市，又被以逸待劳的第79军大挫锐气，部队伤亡惨重，急需整补。

两个对手，两场苦战，初上中国战场的33师团欲哭无泪。

战后，在一本被缴获的日记中，日军第33师团士兵本田四郎详细记述了自己遭到炮击、大腿负伤的情况，并在最后写诗哀叹道：

> 长江之水往东流，
> 支那河流永不朽。
> 要使支那不抗日，
> 除非长江之水不会流。

诗作水平一般，但敢写出这种影响士气的东西，可见本田四郎内心深处对这场战争的绝望。

不仅33师团，整个侵入湘北的日军都陷入了困境，这是侵华日军第一次在正面战场上遭遇到了"人民战争"，之前，他们仅听说过在占领区才会有这种战争。

日军渡过汨罗江后，不过深入了几十公里，整个后勤补给就出现了困难。冈村宁次战前要求各部队速战速决，只求围歼中国军队，因而大部分日军只携带了7天的干粮。可是刚刚渡过汨罗江，日军就陷入了断粮断炊的境地。之前作战，日军多是就地征粮解燃眉之急。不料进入湘北后，中国军民力行坚壁清野，所有粮食牲畜都已被转移到远离平原的山区地带，甚至连加工粮食用的农具都隐蔽一空。日军渡过汨罗江后，村不见人，野无所掠，如同进入死亡谷一般。

更要命的是，由于湖南民众的积极配合，湘北一带"化路为田"的方针执行得非常彻底，战地只剩下田埂小道，很多地方还放水成田，日军各部的驮马都很难通过，更别说汽车等机动装备了。日军万般无奈，只得将田埂铲平约3米宽，用一辆坦克走在前面将路轧平，草草形成通道，后面跟着几辆卡车，与步兵一道同时推进。如此边修路边行军，日军的速战速决就成了笑话，而对交通更为依赖的辎重部队，累死累活还是远远地落在后面，无法支援其一线作战部队。

到了10月1日，日军的补给越发的困难了。深入到上杉市的上村支队与第6师团，基本上要靠飞机空投弹药才能维持战斗。而且正在此时，长沙以东、以南突然出现了大批中国军队迅速集结的迹象。

冈村宁次坐不住了。几十年的军旅生涯给了他灵敏的嗅觉，超乎常人的冷静很快就让他意识到，对手是否已经张开了一张大网在等着他？地图上汨罗江与捞刀河之间的弧形地带渐渐幻化成了一只深不见底的口袋。

冈村宁次不敢再往下想了。其实，早在会战一开始他就觉得不太对劲，按照武汉会战与南昌会战的经验，为保卫长沙这等重要的城市，中国军队一定会进行顽强地抵抗。但战斗打响后，湘北方面11军除了在新墙河防线和营田两地与中国军队进行过惨烈的火拼之外，第6师团和上村支队都进展得异常顺利。这不是第九战区的实力，他也从不相信"天上掉馅饼"这等好事。

显然，薛岳布置了一个巨大陷阱在等着他。

冈村宁次不知道，薛岳正在尝试一个日后名噪天下的新战术——"天炉战法"。

所谓"天炉战法"，从战术上讲是将游击战、运动战、阵地战结合起来，利用长达几百公里的纵深地带，放对手进来，采取侧击、伏击、尾击等战法不断打击、消耗敌人；同时，坚壁清野，破坏道路，使敌人失去机动能力与补给能力。这个几百公里的纵深地带就像是一座巨大的熔炉，日军愈往底部前进则愈受煎熬。最后，我军集结重兵，消灭锐气已被耗尽的敌人。

新战法的好处显而易见：既消耗了敌人的战力，又避免了我军的重大伤亡，同时，由于是有序地撤向两厢，部队未被日军冲散，我军官兵在心理上能保持未被击败的心态，进而保证以旺盛的士气给对手致命一击。

战争真是一座大学校，能从这里走出来的人必将经受千锤百炼，甚至是浴火重生。在经过一系列惨痛教训后，以薛岳为代表的一批中国军队将领的战术思维开始有了质的飞跃。

对于这些，冈村宁次当然不明就里，但以他的敏感和老辣，他感到了眼前的危险。

不知何时，参谋长青木重成和作战课长宫崎周一已经站在了身旁。望着两位得力助手，冈村宁次长叹一声，他知道，如不赶快撤退，结局很可能比两个月前的襄东会战（枣宜会战）还要糟糕。不仅给中国军队沉重打击的战役目标无法达成，弄不好还会遭受损兵折将之辱。

他不敢再耽搁，在与二位参谋主官紧急商议后，迅即向参战各部队下达撤退命令，联系不上的部队派飞机空投命令，要求他们迅速脱离战斗向原驻地返转。

冈村宁次的狡诈的确出乎所有中国将帅的意料，无论是重庆的蒋介石、陈诚，还是长沙的薛岳，中国方面无不认为日军对长沙城是志在必得，长沙城下激烈的大战在所难免。自抗战爆发以来，还从未有过日军攻到城下而放弃的先例，因此当日军深入到距离长沙城仅15公里的上杉市时，第九战区判断日军还将深入，中国军队反击的最佳时机还未到来。

这次出乎意料，薛岳在指挥部里收到的却是日军撤退的消息。

薛岳当然不会相信，何况此时军委会的手令还未下达，薛岳没有轻举妄动。

关键的一天错失了！10月2日，军委会的反攻指令到达，薛岳这才命令撤到株洲以南的第15集团军，撤到醴陵以北的第70军、第73军，正在撤退中的第79军等部迅速掉头向北追击，对日军展开全面反攻。

就晚了这一天，除了在第一线与敌保持接触的阻击部队外，其他主力各军均和日军保持至少一天的行程。这还不算，由于日军突然后撤，各追击部队不摸底，唯恐日军设下埋伏，加之日军撤退有序，追击战有些畏首畏尾，歼敌效果打了折扣。

追击的途中，195师的表现也差强人意。由于处在与日军对峙的第一线，所以在接到命令后能够迅速转入反击。2日夜间，195师搜索部队已到达汨罗江南岸。一天之后，195师按照第15集团军的命令，展开全面反攻。

听到反攻命令，全师官兵士气大振，不顾苦战半月的疲劳，纷纷跃出战壕，提枪追击。此时，正是农历八月二十一，深秋时节，月明星稀，凉风飒飒。行军休息时，师长覃异之端起茶杯，突然看到杯中浮现出几颗星光。

"星斗落杯中！"覃师长心情不错，随口吟道。

真是难得的佳句，覃异之来了兴致。部队稍后前进，骑在马上，但见夜空半轮明月高悬，心中一动，不禁吟道："马首悬明月。"

连夜急行军，虽未大量歼灭日军，却不想得一佳作："马首悬明月，三军气若虹。夜寒茶当酒，星斗落杯中。"

文人的脾性，得一佳句胜过一场胜仗，覃异之高兴异常。

3天后，195师收复了新墙河南岸的原52军阵地。部队停了下来，奉命暂守此阵地，等着第4军前来接防。

当日，第4军军长欧震打来电话，问195师的位置。当覃异之报出新墙河时，欧震惊讶得半晌说不出话来。他没有想到195师的进展竟如此迅速，直到五六天后，第4军才赶到新墙河畔与195师交接了防务。

与此同时，第九战区各追击部队也纷纷到达新墙河沿岸，恢复了阵地。

10月14日，195师566旅的131团渡过新墙河，夜袭桃林镇，歼灭日军一部，为第一次长沙会战画上了一个圆满的句号。历时一个月的第一次长沙会战结束了，双方隔河对峙，战争又回到了爆发前的原点。

但对第九战区司令长官薛岳来说，战线回到原点，胜利却是实实在在的，毕竟中国军队最后发起了反攻，一路追击收复失地，歼敌过万，可以称为"长沙大捷"。对此他十分看重，也绝不允许他人染指，为此他还与有名无实的桂林行营主任白崇禧闹过一出。

那还是几天前的一个夜晚，当中国军队开始大举反攻，胜利在望，第九战区长官部的人员这才能喘口气，睡个好觉。参谋处作战科长赵子立回到宿舍，连日来的劳累一齐袭来，赵子立安然进入甜甜的梦乡。

时间不长，他就被几声急促的喊叫和外面的嘈杂声惊醒。

他很是恼怒，可未待发作，却看到门口一脸怒气的薛岳，心中的不快立刻就消失得一干二净。他一骨碌滚下床来，急忙穿上衣服，一脸惊疑地望着薛岳。

只见薛岳拉长了脸说道："走！去接白崇禧去。白崇禧来啦！丢他妈呆咳（"呆咳"指讲话前清清嗓子，这里说白崇禧就会清谈）。敌人进攻时，他不来，敌人退却时，他来了。我们几夜没睡好觉了，刚睡好，他又来找麻烦。"

抱怨着，几人匆匆赶到车站，白崇禧的专列已经到站并等候多时。

白、薛两人见面，没寒暄几句，薛岳的暴脾气又上来了，没好气地说："这次作战，兵力不够用，我能力也不成，所以仗打不好。这个责任我负不了，请主任自己来指挥吧。"

白崇禧得知日军撤退，便连夜赶来，准备参与指挥，凑个热闹，没想到薛岳竟如此忌恨。之前因力阻长沙决战旧怨未了，这次又怕白崇禧和他争功抢了风头，薛岳自然没好脸色。

白崇禧一时无话可说，深悔思虑不周，跑来自讨没趣，随员王泽民赶紧出来圆场，他称赞薛岳此次作战指挥卓越，并安慰道："困难已经过去了，还需要解决的问题，健公一定和中央商议解决。"

不料，薛岳并不领情，不等白崇禧的专列开走就告辞离去。白崇禧自讨无趣，调转车头悻悻地返回桂林。

这就是薛岳，能打仗，也绝不会让别人分享他的成功。

第九战区上上下下一片欢喜，参谋长吴逸志也体察到了长官的心思，竟独出心裁让人编排了一出现代京剧《新战长沙》，剧中的薛岳俨然成了岳飞。

吴逸志搞的京剧只是迎合了长官，但在对外宣传上，他的部下们却干得有声有色。

以往国民党并不看重宣传，起码可以说宣传战手段不高明。然而，第一次长沙会战后，国民党从上到下却突然掀起了自我宣传的浪潮。

过去的宣传主要依靠文字印刷品、现场演出、无线广播，对于长沙会战的宣传，从重庆的军委会到长沙的战区长官部也都是这样做的。但时代在变，前线年轻的将领们看上了电影这个新鲜玩意，他们把自己和部下搬上了电影银幕，将长沙会战的亲身经历重新演绎了一遍。在那个年代，这种对胜利的回放无疑具有巨大的传播力和影响力。

《长沙大捷》这部电影是由前来慰问的香港大地画报社记者李能光与37军联合制作的，37军参谋处长陈燕茂担任编剧，记者李能光拍摄，演员由95师283团詹抑强营充任。他们利用俘获的日军军马、太阳旗、军服、枪炮、橡皮艇，精彩、真实地还原了当时的战斗情景。而电影《胜利进行曲》，则着重宣传了第一次长沙会战的功勋部队——195师及福临铺战斗，师长覃异之精彩演讲的镜头也出现在了画面上，中国将领的面貌第一次展现在世人面前。

今天的我们，恐怕很难想象到，80多年前的抗战军人们竟也如此新潮，拍自己的宣传片不说，还亲自饰演角色。恐怕连他们自己也没有想到，影片的宣传和影响远比他们在战场上的贡献更大。

毫无疑问，影像的传播力远甚于文字、广播和演出。从此，中国抗日军人的英勇形象开始走向世界，为世界尤其是西方国家的民众所知晓和接受。尤其在"二战"

前期法西斯横扫欧亚大陆几乎无人可挡时,中国抗战几乎成了少有的一抹亮色。《长沙大捷》《胜利进行曲》这类战地影片的播出,使西方知道了中国在孤军抵抗侵略者。在西方民众的眼里,中国军队成了正义和勇敢的化身。

平心而论,第一次长沙会战和枣宜会战一样,中国军队的胜利并非在军事上,更多的还是在心理上、气势上。即便如此,蒋介石还是大喜过望,精神上的胜利也是胜利,而且是更重大的胜利。

重庆、长沙的大街小巷,鞭炮声此起彼伏,标语、旗帜变幻了城市的外貌。这几天,浏阳花炮脱销了。

尽管日军将他们的败退解释为战略退却,但在心理上却不能不承认失败。

会战结束后的11月14日,第11军司令官冈村宁次在呈交给中国派遣军总司令官西尾寿造大将的《关于解决支那事变作战之意见》一文中哀叹道:

> 敌军之抗日策略为游击战、特务战,将其主力保持于后方,并不主动从事大规模之反攻,而采取长期抗战。以此情势而论,如不讲求相应措施,势必坠其术中。
>
> 敌虽已决心放弃长沙,而我军竟未加攻略,即恢复军原态势,此不啻号召敌人反击,对其作战军师予以鼓励,努力提高其士气。由此看来,当今后进攻作战之际,一旦攻占要地,则必须予以确保。
>
> 总之,应勿拘泥于"陆上作战一切禁止实施""治安肃正为第一要义"……所有之既定方针,应以最大之果断,从事进攻作战,至为紧要。

冈村宁次应该很清楚日本的国力和日军的窘境,攻下一地即占领一地,日军兵从何来?能保持住目前在中国的兵力就不错了,大本营绝不可能再增兵。西尾寿造理解冈村的失意,但并不同意他的观点,于是将呈文转交东京大本营。果然不出所料,日军大本营基于保存战力的考虑,对冈村宁次的建议并未予以采纳。

得到这个结果,其实也在冈村宁次的意料之中。他知道,未来很长一段时间,他所能使用的,也就是手中的第11军。而环绕在日本11军周围的,是中国最为精锐的第五、第六、第九战区100多个师、100万大军,能确保武汉、南昌就已经是上限了。

以往攻城略地、所向披靡的日子已成过往云烟,不会再有了。

第四章

铁血碰撞

> 1939年底,第二次世界大战全面爆发,人类进入了历史上最黑暗、最恐怖的时期。
>
> 中国战场上,华南日军为遏住世界对中国的援助,切断越桂线,突然发起了桂南会战。中国第一支机械化精锐部队第5军与日本有"钢军"之称的第5师团迎面相撞,铁血四溅,战魂惊天。第5军血书"昆仑关大捷",扬名天下。
>
> 一场会战打了一年,创下了世界战争史上的记录。日军无功而返,目标落空,已在中国战场上捉襟见肘,败象显现。

◎ 骑虎难下,东京再次下注"最后一战"

1939年,在宇宙长河的无限演进中,不过是飘忽的一瞬。然而,对于整个人类历史来说,却是一个厚重得有些沉重的年份。

9月1日,德军闪击波兰,英、法对德宣战,第二次世界大战由此爆发。从此,在对抗法西斯主义这个人类公敌的道路上,世界各国人民彼此不分信仰、宗教、国别、民族,消除一切有形无形的隔阂,为了共同的命运,第一次走到了一起。

一场正义与邪恶的终极对决就此展开。

一开始,就像那些英雄传说的情节一样,邪恶聚积成洪流,破坏力达到了巅峰。德军在欧洲战场频频得手,展现出惊人的战斗力。相形之下,日军则技不如人,虽占领中国大片土地,却困于中国战场再难有所作为。从东京到中国战场,日军陷入了集体的焦躁之中。

年初以来,日军在中国战场上连续发动南昌、襄东(随枣会战)、湘赣(第一次长沙会战)等数次会战,不仅没能迫使中国屈服,放弃抵抗,反而由于中国军队适时转变战略战术,战斗力不降反升,频频给日军以重大打击。

就在这种不利态势下,关东军急于建功的将校们,在辻政信、服部卓四郎两参谋的带动下,欺上瞒下,自作主张,极力撺掇前线将校,终于在诺门坎燃起了熊熊战火。

哪曾想,骄横已极的日军根本就不是苏联红军的对手。没几天,关东军的一个精锐师团就在苏军坦克、重炮的钢铁洪流扫荡下溃不成军,一败涂地,搭上了上万条人命不说,就连唯一的一个坦克师团也被报销了。

就在这时,寄希望于德国调停的日本,等来的却是德、苏结盟的消息。这个结果不啻晴天霹雳,首相平沼骐一郎宣称:"欧洲的情势复杂奇怪",随即率内阁总辞职。

日本政坛又是一波大地震。随后,军部也进行了一番大换血,陆相被换上了主和的畑俊六大将,实际负责的参谋次长则由泽田茂中将担任。客观地说,这是一个相对温和、软弱的大本营。

畑俊六虽然资历深厚，能力突出，但是势单力薄，在陆军内并没有太大的实力。至于刚由第4师团师团长转任的泽田茂参谋次长，则更是一个声望不高的人物。泽田茂曾长期担任驻波兰武官，是一个有些被边缘化的将军。在参谋本部里，似乎比他的前任更为弱势。

作为陆军的首脑，他们心里比谁都清楚，日军已不堪再战。

最能支撑这个说法的就是日本国力迅速穷困化的现状。1939年，日本扩充生产力的计划仅仅完成了80%。并且，严重的电荒、粮荒也接踵而至。日本国民终于为日军高层的战争狂热付出了沉重的代价，粮食等很多生活用品都实行配给制，老百姓能吃一顿饱饭都成了奢望。

说起来，也真是天佑中华。"七七"事变以来，中国西南各省粮食连年增产，而日本本土却发生了严重的旱灾，并且日占区的产粮也是入不敷出，鲜能接济日本本土，严重的粮荒便应时而出。在东京和大阪这些中心城市，面对蜂拥而来购米的市民，执政当局甚至下达了每次限购2升以下的命令。

粮荒如此严重，以至于在超过半年的时间里，日本政府在内阁会议上，常常抛开军国大计不议，总是为大米发愁。惹得畑俊六在陆军省局长会议上大发牢骚说："每次开会，总是讨论米的问题。"

最终，日本政府挪用了2亿军费来进口大米，这一下就占去了日本全年进口总额的10%，大大打乱了其整个战略物资的进口计划。为此，陆军省和大藏省没少闹别扭。

日本国力的穷困化已是一个谁都看得见的事实。

重庆的中国政府也没闲着，到处宣传"日本只能再支持半年"。而令东京沮丧的是，汪精卫、王克敏等人明确告诉日本方面，重庆政府至少还能支持2年。

10月初，泽田茂一上任，就对军部的大小将佐悲观地说道：

"外强中干是我国今日的写照。时间一长就维持不住了。畑俊六陆相也是这样判断的。依靠武力解决支那（中国）事变的做法是没有出路的，因此对中国军队无法进行决战。

"要想让蒋介石放弃抗日，只有从瓦解其政权着手，否则把蒋介石追到任何地方也是不会使其屈服的。

"再者，冬季攻势不管怎样把中国军队打退了，但是今后还想要把他们打退的话，即使对付少量的中国军队，恐怕我们是不能再减少兵力了。用全面撤兵的办法解决支那（中国）事变那是另外的问题，否则要想圆满结束，只靠日、支（中国）两国解决不了。除与世界性的事件结合起来解决外，没有别的办法。这是我目前的看法。"

看来，日本这一届陆军首脑虽然不能说是"温和派"，但至少是十分务实的。

时至今日，从中国全面撤兵已陷入囚徒困境。战争指导课长河边虎四郎大佐说得明白："皇军的战绩越大，牺牲越多，在媾和条件上，国内舆论也将提出更高的要求。"

在中国得不到利益还得承担巨额消耗，更可悲的是还不能撤出，尽管几乎所有的政客、军方高层都知道：撤出中国犹如卸下万斤重担，好处一目了然。但昭和时期的日本没有这样的领袖，这不能不说是日本民族的悲哀，也给中国带来了无尽的伤害和苦难。

打，打不动；撤，撤不了。日军大本营似乎只能在不断的争吵中徘徊。

泽田茂、畑俊六，一个主持参谋本部、一个控制陆军省，原本势不两立的两个机构的长官，在解决中国问题上倒是少有地达成了统一：不战不和，寄希望于伪政权的建立，等待世界局势的变化。

不战，是无法再战；不和，是不敢言和。不偏不倚，谁都不得罪，这恐怕也是他们唯一能做的选择。其实他们心里清楚，天皇左右摇摆，陆军中下层好战分子也不少，国内舆论又难以触犯，在民意的裹挟下随波逐流虽有些保守甚至平庸，却不失稳妥，落个清净。

长官想清净，手下却未必心甘情愿，战争指导课的一群佐级军官极力呼吁立即停战。以课长河边虎四郎大佐为首，今田新太郎、堀场一雄等纷纷对同课的秩父宫雍仁中佐施加影响，促其对身为天皇的哥哥进谏，吁请立即与蒋介石展开和谈，即便是全面撤兵也在所不惜。

显然，他们的努力没有任何成效，堀场一雄中佐对新来的上司非常失望。11月27日，他前去拜访了陆相畑俊六，一针见血地质疑道："事变后的第一次决定——开战的时候，第二次决定——声明不以国民政府为对手的时候，第三次决定就是这次建立汪政权的工作。三次都陷入盲目的决定之中，以致使人怀疑是不是还在原地踏步？"

　　几句不留情面的话令畑俊六大将陷入了沉默。作为陆军的首脑，他心中比谁都清楚日军的现状。长期以来，日军一直实行秀才人事，取才任人一向以学历为准。凡非陆军大学毕业的，不管实际能力如何，一概不予重用。以至于翻开日军人事档案，很少有非陆大毕业生能做到大佐以上高级军官的。如此僵化的用人机制，不仅给高级军官带来了以天子门生自居的骄狂自大，而且由于仕途有了稳固的保障，就不可避免地导致陆军高层整体性思维僵化。

　　日本在战后也发现，日军人才培养机制是失败的。按照石原莞尔的说法，日本的陆军大学表面上看去辉煌无比，实际上不过是一座陆军参谋大学。学员们只知道战术细节的精雕细琢，却完全忽略了对战略、政略的学习、研究。他比较了一下日本的陆大和中国的黄埔，认为黄埔军官虽然在战术水平上和日军军官无法相比，但却无一例外地通晓政治学，对军政大计都有较长远的看法，领袖持久抗战的意旨也能通达上下，为军中所普遍接受。相比之下，日军却是各行其是，下级挟制上级，外重内轻，统兵将领屡屡违抗中央军令。日军表面上顽强凶悍，不可一世，实际上却是政出多门，非常涣散。

　　难道就不能约束一下这些骄兵悍将吗？

　　畑俊六也是陆大的高材生，曾以第一名的毕业成绩得到天皇的御赐军刀。他深知，政策的一贯性、连续性对一国前途的重要性，上下尊卑、服从有序对一支军队的重要性。令他感到悲哀的是，日本缺少具有雄才大略的战略家。上至天皇，下至军政各界，哪一个有长远的打算？石原莞尔算是有战略眼光的人，却被赶出了军界。

　　没有雄才大略的战略家可悲，容不下战略家则更加可悲。

　　堀场一雄见畑俊六一言不发，知道他也并无良策，就直接自荐道："我到南京去，以大局为重就地解决事变。"

　　看到日本军队的怪异可笑了吧。一个小小的中佐，按世界军衔通例就是中校，竟要到战场上去就地解决一场战争，那还要元帅、将军干吗？要天皇、首相干吗？

　　畑俊六抱着侥幸心理答应了堀场一雄的请求。不久，堀场一雄就被调往中国，出任中国派遣军总司令部第四课参谋。

堀场一雄这些人不好打发，强硬的好战分子就更难对付了。参谋本部作战部长富永恭次少将就是一个典型的战争狂人，以他为首，陆军的战争贩子聚了一圈，身后还有东条英机、寺内寿一等军界大佬做后盾。在军部的会议上，富永恭次一向是专横跋扈，说一不二，弄得畑俊六等陆军首脑常常无法坚持自己的意见。

就在陆军忙于收缩兵力，积蓄力量，重新进行对苏备战的时候，富永恭次突然跳出来给大本营出了一道难题。

当时，陆军省军事课正在认真对待充实军备问题，准备削减在华兵力，军事课长岩畔豪雄大佐已于6月29日公布了削减目标，将在华兵力分别削减到1939年末的70万人，1940年末的50万人，1941年末的40万人；补给方面，1940年减少1/3，1941年以后减到1/2以下。

看来，诺门坎惨败之后，日军已真正认识到北面苏联的威胁。痛定思痛，他们已经开始考虑实质性地收缩战线，全力投入到军备现代化的进程中去。

这是国家的战略方针，但这个计划却遭到了富永恭次等人的强烈反对。未经陆军省同意，他就单方面否定了编遣计划。不仅如此，他还反其道而行之，主张增兵中国，进占南宁，切断越桂公路，这实实在在给畑俊六出了难题。

在随后的陆军省、参谋本部联席军事会议上，陆军省军事课一听要进攻南宁，强烈反对。南宁战火一起，势必要往中国战场增兵，年度的撤兵计划岂不是又要泡汤？参谋本部战争指导课也随声附和，举出大量的数据加以支持。这些人深受石原莞尔战争观的影响，有全局观念，极力反对再往中国投入一兵一卒。

参谋次长泽田茂中将的态度也很明确，表示对进军南宁没有太大兴趣。

会议进行到这里，出现了一边倒的局面，富永恭次坐不住了。坐在一旁的作战课长荒尾兴功中佐突然插话说：

"解决支那（中国）事变只有两条路，或者以武力席卷重庆、成都，或者从支那撤兵。除此之外，没有其他路可走。但由于对苏战备，没有余力进行大规模的进攻作战。

"若在英国的斡旋下，只保留北支（华北）一部和满洲，而从其他占领区撤兵，估计事变就有可能得到解决。但是，官民各方舆论则要求确保已经进入大陆的我方经济力量、政治力量，以及特殊利益。因此，全面撤兵也不现实。

"所以，攻占南宁虽然是一种不彻底的措施，但是趁着英、法卷入对德作战无暇东顾的时机，攻占南宁，切断援蒋补给线，损伤蒋介石的战争能力，迫使其屈服，此为最上策。"

当时，通过越桂公路进入中国的物资，约占中国进口总量的30%，日军若进占越桂公路的中心南宁，切断这条补给线，中国的战争能力必然受到严重打击。

本来，像荒尾兴功这样资历的人是不能随便插话的。但是，一席话却说到了大家的心里。大家都清楚，眼前的局势，进不能进，退不能退，只有硬着头皮继续干下去了，说不定这一仗还能以最小的损失换来蒋介石的屈服呢！

富永恭次看出了大家的侥幸心理，于是大声说道："这是中国事变的最后一战！"

又是"最后一战！"这话已不知听过多少遍了。仗越打越多，兵力越撒越广，日军在中国越陷越深，长此以往，何以善后？

泽田茂心里烦乱，同时他还隐约感觉到了海军的存在。

海军曾借口与法属印度支那（越南）的谈判无法取得效果，4月15日提出过海陆联合进攻南宁的主张。海军认为，攻占南宁，既可以切断中国最大海外补给线，又可开辟海军指向内陆的航空基地，进可以威胁云、贵、川、湘，并可以有效地轰炸滇缅公路，彻底困死中国。

话说得头头是道，但泽田茂明白海军的小九九。海军一贯的主张是"南下"，在海军眼里，陆军对北方的关心及重视北方军备是危险的，它时时想着将战争引向海洋，那里是他们的舞台，是他们谋取资源和势力范围的乐土。可恨的是，富永恭次等人虽为陆军却不明大局，今后陆军沦为配角将如何是好。

争论越来越激烈，泽田茂抬眼看了看对面的畑俊六，想试探一下陆相的态度。畑俊六铁青着脸，挺起干瘦的身子，一副病态。会议开始后，他听着会议室内的激烈争吵，却一言不发。

畑俊六没有泽田茂想的那么多，他只知道，现在又陷入了和徐州会战前相同的境地。徐州会战前，他曾力主见好就收，不再扩大战线，但却遭到以寺内寿一为首的大批将领的反对，他的停战主张也就此流产。虽然事后证明他的主张是对的，那又怎样？被人误解，被人群起而攻时，谁又能为他说话？没有，哪怕是为他说一句话都没有！想不到一年多后，同样的情况再次出现了。眼见得众人渐渐倒向主战，势单力孤的他心中无奈，只是紧绷着阴沉的脸，点了点头。

攻略南宁的主张获得了批准。为了加强广东方面日军第21军的攻击力量，日军精锐第5师团及台湾旅团也被遣派过去。

不久前还在热议并即将付诸实施的收缩中国战线、减少兵力的方案，转眼却变成扩大战线、增加兵力。形同儿戏、南辕北辙的决策，一场几十万人打一年的惨烈会战，就这么稀里糊涂地定下了。

麦克阿瑟有一句名言说得好："日本人只有12岁。"

◎ 南宁陷落，骄狂的日军播下失败的种子

初冬的南国，雨丝裹挟的寒意告诉人们季节在更替，天气已渐渐变得阴冷了，尤其是在雨天。天气冷暖好适应，可在广西人头顶上慢慢聚起的战争阴云却令他们心情阴郁，久久挥之不去。

中日全面战争爆发虽已两年多了，东、南两面的广东、海南已横遭日寇铁蹄的践踏，逃难而来的大批难民和他们讲述的日本人的凶残令人不安，只有广西暂时还是宁静的。可连日来，随着大批中国军队的到来，随着大量破路工程的全面展开，广西人似乎听到了战争魔兽的脚步声，他们知道这早晚要来的战争已近在眼前。

11月15日，不管人们愿意与否，桂南会战还是拉开了大幕。

早晨8时，钦州湾企沙海岸淹没在狂风暴雨之中。远方，满载日军的大批军舰黑压压地出现在海平面上，船上整装待战的是日军精锐第5师团及川支队。该支队由第9旅团为基干加强编成，旅团长及川源七少将一身杀气地站在舰首，狰狞的脸上露出阴冷的笑容。不待船只靠岸，及川少将就急不可耐地命突击队跳进海里，泅渡上岸，为后续部队杀开一条血路。

日军为桂南会战是做了精心准备的。

早在9月，第5师团在完成扩编及补充装备后，便调往青岛、博山，进行登陆和山地作战训练。一个月的训练完成后，为掩人耳目，日军先是将第5师团从大连、旅顺运回日本，在濑户内海的宇品港装上重炮等装备，随即又秘密起锚，往海南岛的三亚港进发。途中，为躲避英、美军的空中侦察，各舰严禁官兵在甲板上露面，日

军官兵只能通过舱内的舷窗眺望沿途的风景。

与此同时,日军台湾混成旅团也奉命在广州进行登陆作战训练,直至11月4日才离开广州,赶往三亚集结。

日军竭力保密,就是为了达成战争的突然性,但他们最终还是没瞒过英、美方面的空中侦察。英、美此时虽对中国内陆战事持观望态度,但对日军在太平洋上的一举一动却保持高度戒备。根据连日来的情报,他们判断日军将有大的军事行动,遂向中国方面发来通报:"日本舰队目前在东京湾集结,说明对南宁的作战已迫在眉睫。"

11月9日,第四战区司令长官张发奎也得悉日军的企图和行动。但是,军委会先前的判断却是,日军在华中屡经大战,已无力发动对南宁的进攻,所以对桂南一带的布防较少留意。这还不算,在长沙会战吃紧时,军委会又将第四战区的一些部队调往第九战区。眼下日军突然来犯,大举调兵已经来不及了,只能利用现有的第16集团军仓促应战。

棘手的是,第16集团军防线太宽,手里这点儿兵根本不够用,他们只能在敌人最可能登陆的地点多布兵力。但这种被动式的赌博,在残酷的战争中很少赌赢。眼下,直到日军大兵压境,守军才发现他们对日军的登陆地点严重误判。

当然,中国守军也不是毫无依据地胡乱押宝,桂林行营先前认为:日军自钦州湾登陆较为困难,因为钦县至南宁的公路已经被破坏,而且沿途多山,日军由此登陆的可能性较小;而从雷州半岛电白、吴川,或从北部湾的北海登陆则较为容易。基于这样的判断,桂林行营把仅有的6万多部队一字排开,按各自的重要性,在以上三地分别驻扎军队。其中,就数钦州湾兵力最少、防御最为薄弱。当然,日军也发现了这一点,从这个角度来说,守军总是被动的。如果兵力不足,无论你如何排兵布阵,总会有破绽被敌人抓住。

未开战,中国军队已失去先机。

16日晨,趁着连日暴雨,日军第21旅团在企沙以北的黄屋屯突然登陆。黄昏时分,另一支攻击部队台湾混成旅团也在暴雨的掩护下,在黄屋屯对岸的钦县黎头咀突击登陆。

这个台湾混成旅团，就是武汉会战时的波田支队，其官兵悍勇，擅长登陆作战，所以这次也被日军统帅部派作主力，配合第5师团展开对南宁的进攻。

钦州湾两岸，中国守军仅有46军新编第19师，兵力薄弱，而且防守的正面宽达200多公里。但师长黄固严令各部"务于敌登陆立足未稳之际，努力将敌歼灭于海滨"。新19师官兵虽然分散仍拼力抵抗，顽强阻击日军登陆。沿海滩头一时枪炮声震天，血水飞溅。

一波日军被打回去，马上又引来日军一通狂轰滥炸，跟着又是一波攻击浪潮。整整一天，强悍的日军被压制在滩头，难越雷池一步，新19师也算不辱使命。

战争毕竟还是要讲实力的。新19师不但兵力不足，而且部队多由新兵组成，实战经验和装备较差，随着战斗的不断深入，渐渐不支。傍晚，守军不得已放弃滩头阵地，退守防城外围后备工事。

日军登陆成功后，兵分三路，快速穿插，迅速突进，沿邕钦（南宁至钦州）路两侧向南宁杀来。中国守军逐次抵抗，甚至在钦县城内与日军展开激烈的巷战，予敌以杀伤。

战至21日，日军连陷防城、钦县、小董、大塘、百济、蒲津，前锋直逼南宁金角。

防守邕江两岸的16集团军为了挽回颓势，保障战役全局，下令各部收缩兵力，退保南宁，以期在南宁与日军展开血战。

消息传到重庆，蒋介石尽管已有心理准备，但还是深为震惊，继而紧张、焦虑。

他十分清楚日军发动桂南战役的目的。自广州、武汉失守后，中国的国际补给线粤汉路被切断，滇越铁路就成了中国外援的主要通道。日军大本营也认为："中国虽已丧失华南沿海主要港口，但仍能自法属安南（越南）及缅甸方面获得补给，而广西公路成为中国之主要补给线，其输入量，每月达4000～6000吨物资，占输入额的30%。"拿下广西、切断滇越铁路，这就是日军发动桂南会战的目的。

日本人真够歹毒！切断这条补给线，犹如切断了中国的生命线，中国将陷入困局，持久抗战如何实现？

桂南会战的胜败已上升到战略高度。蒋介石没有时间犹豫了，他除了急调驻守衡山的王牌第5军前去增援外，同时向第16集团军总司令夏威下达手令："着夏总司令、韦副总司令负责指挥部队，固守南宁据点，待我部队集中后，断然予以打击。如无命令而使南宁不守，即以军法从事。"

夏威、韦云淞得到严令，不敢怠慢，立即调整部署。急调苏祖馨135师、黎行恕170师会合200师先头部队守备南宁；将实力较弱的175师、新编19师布置在邕钦路两侧，袭扰日军后方，破坏其运输补给线；同时，把131师、188师集结在昆仑关以北，作为预备队使用。

但这支日军不愧为精锐，人虽不多但战术精湛，丝毫不给守军调整喘息的时间。尽管前线各部英勇抗击，170师防御邕江南岸的一个营几乎全部殉国，但也阻挡不住优势敌军的强大攻势。

22日傍晚，日军第5师团的先头部队杀到邕江南岸，开始对北岸的南宁发起攻势。中村正雄的21旅团从南宁东南面，及川源七的第9旅团从南宁西面同时强渡邕江。

败退到北岸的中国守军奋勇反击，其中尤以桂军135师的作战最为英勇。

135师由桂军名将苏祖馨统率，向来以善打硬仗、恶仗闻名，官兵的作战意志十分顽强。徐州会战时，该师由于作战顽强，伤亡奇重，以致战后整编，一个师只剩下不到两个营的兵力。

有这样的战绩，此次防守南宁，总司令夏威自然是十分倚重，自始至终都把它当作手中的王牌，派往了最为重要的防御地带。

果然，135师不负众望，初战就利用有利地形，痛击渡河中的日军敢死队，几乎将其全歼。更神奇的是，运气似乎也垂青他们，战斗中135师居然还打下两架日机。

中、日两军都杀红了眼。日军一次次被打回去，又一次次发动新的攻势。135师士气高昂，一天多的时间里，竟连续打退了日军的20多次进攻。

日军第5师团师团长今村均遭到21军司令官安藤利吉的斥责后，有些恼羞成怒。今村均中将也是一位以首席资格毕业于陆大、得到天皇御赐军刀的高材生，向来十分自负，没把中国军队放在眼里。从战前得到的情报，他甚至武断地认为，攻略南宁如当初21军攻下广州，可说是有征无战。哪曾想一天过去了，眼看南宁在望，他却被阻挡在了城池之外。

今村均中将调整了部署，重点是加强攻击力量，并且得到了海军航空兵的支援。

24日上午，日军全线压上，炮弹、炸弹如雨点般倾泻到守军的阵地上。23日激战一天，守军伤亡较大，粮弹不继，原已显出疲态。眼下再遭此猛烈的打击，败象便无可遏制地显现出来。日军第21联队第4中队利用海军飞机对我军阵地狂轰滥炸的间隙，从南宁南面强渡邕江后，一举突入南宁城内。

一点突破，全局动摇，守军防御很快全面崩溃。

各部见大势已去，纷纷北撤。几个小时后，我军的大部队就在南宁城内消失了，太阳旗飘荡在了南宁的上空。

败了。但中国军队在市内的抵抗并没有完全消失，日军第5师团又派出相当大的兵力，用了两天时间，才把市内的零星抵抗完全肃清。出于对勇士的敬重，日军将中国军队4000多具阵亡将士的尸体认真清理安葬，并竖起了墓碑。

武士道崇尚战死，崇尚战至最后一兵一卒，这是他们对战争的理解。

南宁落入日军之手，横亘在南宁北面的两道雄关就成了中、日双方争夺的焦点。一座是南宁正北20公里处的高峰隘，经此有公路通至武鸣；另一座就是南宁西北50公里处的昆仑关，经此有公路通达宾阳。两关互为犄角，是南宁的天然屏障。

南宁失守后，我军第16集团军的主力就撤退到了这两处关隘，并以此为据点，积极准备反击。对兵家而言，此二地，双方都是志在必得。

就在攻占南宁的当日，日军即兵分两路，紧跟中国军队的败兵，向高峰隘、昆仑关方向发起了追击。25日，向昆仑关方向追至二塘的中村旅团，遭遇到了我军第200师第600团的顽强阻击。

战斗进行得十分激烈，团长邵一之上校身先士卒，率先冲向敌阵，激战中不幸中弹。但他仍不肯退下火线，继续指挥作战，甚至加入到与日军的肉搏战中，结果再次中弹，以身殉国。官兵闻讯，悲愤无比，带着满腔仇恨再度向日军发起攻击，终于将日军击退，并夺回了邵团长的尸身。但是战斗中，团副吴其升也战死，副团长文模身负重伤，官兵伤亡过半，剩余官兵只得在第1营营长吴大伟的率领下后撤，重新构筑阵地，阻止日军的攻击。

600团虽然付出了重大伤亡，但他们对稳定防线功不可没。激战间隙，200师师长戴安澜将军也亲赴火线，结果座驾被炮弹击中，后车轮子被炸掉，幸运的是竟无人伤亡。

此时，日军一部已进占四塘，截断了中国军队的后路，正在向四塘撤退的中国军队有被合围的危险。所幸,渗入的日军兵力有限,且被600团缠住,135师、170师才得以从高峰隘方向安全撤出。

由南宁到昆仑关,途中依次排列着一些名为"二塘""四塘",一直到"九塘"的村庄。这些村庄名称古怪,距离均匀,应该是古代亭、驿一类机构的遗称。这一带人烟稀少,几个比较大的村塘,也不过几十户人家。当时,恐怕谁也不会想到,此后的几个月里,中、日两军的拉锯战会在这里反复碾压,引起举国关注。

占领四塘后,日军并不给中国军队以喘息之机,随即突进到八塘一带。30日凌晨,日军步兵在炮、空火力支援下,向我军阵地发起了凌厉攻势。我军苦战终日,阵地被毁,只得向九塘撤退,至武鸣方向归还建制。

此时,中国军队第188师一部已抵达战场。第16集团军决定以188师564团和200师598团防守昆仑关以南阵地。国军为了挽回败势,遂于2日命564团配属4辆战车向八塘反攻。激战一天,由于道路桥梁被自己人破坏,战车不能通过,攻击陷入停滞。

这种由于恐慌和情报失误,到处破坏道路反而影响到自己的情况,在迁宾路上也出现过。

战前,情报称敌军兵力甚多。军委会慌乱中,命令将红水河以南迁宾路迅速破坏,且要挖倒电线杆,不为敌用。桂林行营以为军委会的情报不会有问题,便令第四战区照办。当时,宾阳、上林、迁江三县民众,星夜点起马灯赶工。而公路刚破坏完毕,军委会又下令说:"前谍报不确,敌仅有一旅团,应及早修复道路,以攻取南宁。"如此一来,又要百姓点灯修路,因为第5军是配备装甲的第一支机械化部队,所以必须先修复道路,以利进兵。就这样自相惊扰,既耽误了时间,还把老百姓折腾了个半死。

中国军队攻势受挫,日军趁机进攻。今村均命令中村正雄率部围歼九塘的中国军队,564团和598团力战不支,遂向昆仑关退去。日军紧追不舍,4日7时,开始向昆仑关发起攻击。564团虽奋勇阻击,无奈强弱悬殊,不堪再战,于是逐次后撤,昆仑关很快沦陷。

此前12月1日,高峰隘也陷于敌手。

败退途中，遭到日机的疯狂轰炸，170师师长黎行恕见势不妙，抛下部队，只身逃去。

见到韦云淞副总司令，黎行恕大诉其苦，竟毫无愧色地说道："差点见不到副总司令了……当我带着部队撤退的时候，敌机老跟着扫射轰炸，后来我离开部队另走，敌机才不追我们了。"

韦云淞听了真是哭笑不得。韦云淞为人厚道，又有涵养，也没有当面训斥他，只是命他赶快掌握部队阻敌前进。

但韦副总司令显然瞧不上黎师长，之后，他气愤地对左右说："离开部队自己跑，还算是师长吗？敌机当然不追了。"然而，对于这样的将领，韦云淞也无可奈何，因为黎行恕人脉甚广，关系深厚，暂时也只好由他去了。

真是几家欢喜几家愁。当中国军队为他们的一路失败而憋气的时候，日军却正为他们的大获全胜而欢呼，尤其是第5师团。

第5师团组建于武士风气浓厚的广岛一带，号称"广岛师团"，因在日俄战争中表现优异而被称为"钢军"。这支"钢军"转战中国以来，虽攻城略地，所向披靡，但也吃过几次大亏。先是在平型关遭到我八路军115师重击，第21旅团辎重队几被全歼；后又在徐州会战中大败而归，其第9旅团伤亡率高达75%，而第21旅团在台儿庄一战也被打残，伤亡高达8000人。

而此次进攻南宁，却几乎是兵不血刃，师团长今村均一想到自己初次领兵作战就旗开得胜，脸上时常写满笑意。不过，这个接板垣班的皇军将领，对此并不满足，他还幻想着要创造更大的奇迹。

"不战而屈人之兵"，仅位居师团长的今村均，居然想招降李宗仁、白崇禧。

11月20日，当白崇禧调回桂军的请求被拒绝后，蒋介石却调入了包括精锐第5军在内的大批中央军援桂。日军得到这个消息后，第一反应是"蒋介石企图借此机会把势力扩张到广西省"，进而异想天开地认为："不难想象，本次作战将引起蒋、白及龙云之间的暗斗。加以今后海军航空队对其要地进行轰炸，很有可能加大其不和，从而策反桂系将领李宗仁、白崇禧的工作将大有希望得到进展。"

有时，还真是不得不佩服日本人的想象力。凡事总朝对自己有利的方向考虑，很少能顾及不利因素，只要有1%的可能性，他们就敢倾其所有赌上一把。

"日清战争"（甲午战争）怎么样？还不是一击制胜。

"日露战争"（日俄战争）又怎样？东乡平八郎大将喊出号令："皇国兴亡，在此一举。"结果，一战而跻身强国之列。

"满洲事变"（九一八事变）怎么样？1万多日军断然出击，拥有几十万陆军的张学良在东北的统治顷刻间灰飞烟灭。

这就是整个日本"皇军"嗜赌成性，甚至连一个下级军官也敢拿整个国运来做赌注。

一想到前辈的赫赫功名，今村均就满是羡慕嫉妒恨。东乡平八郎倒也罢了，石原莞尔何德何能，论学业，今村均是首席毕业，而石原莞尔不过是次席。论资历，今村均是27期结业，石原莞尔是30期，比石原莞尔高出三届。论背景，今村均在"统制派"中，地位仅次于东条英机、武藤章，而石原莞尔身边所聚集的都是些已不入流的边缘人物。所以，今村均对石原莞尔、板垣征四郎这些人的功名，一直耿耿于怀。

石原莞尔、板垣征四郎靠中国战场起的家。如今，他也等来了这一天，他能不大干一场吗？

他把师团高参兼特务机关长中井大佐找了过来。中井5年前曾受桂系的聘请，担任军事顾问兼教官，对桂系的情况十分熟悉，人缘也还在。今村均要中井找一熟人联络李、白二人。

可他太心急了，不等中井联系桂系，今村均就于12月10日发出了"是日华提携，还是前来交战"的通电，措辞强硬，咄咄逼人。电文称：

致白崇禧、李宗仁将军书

（一）大日本皇军占领南宁地方之唯一目的，即切断蒋介石政权与法属印支之交通线。

（二）我南宁方面的大日本皇军对白、李两将军在广西省之建设及政令甚表敬意，因此将极力注意避免损害事绩，两将军治下一般民众之生命及幸福，将尽力予以保护。

（三）愿将军洞察世界大势，为促进东西同文同种两民族之提携奋起前进。

（四）将军若执迷不悟与日本敌对到底，则随时可举全部兵力来夺回南宁。我南宁驻屯军队将独力对抗将军50万军队，且有足够兵力、装备、航空力量及信心取得战争胜利。

（五）对南宁战斗战殁之将军部下4200余名勇士，我军已予合葬于南宁中山公园，郑重供祭，尚乞安心……

今村均外交技巧实在不敢恭维，既有讨好之意，又显骄狂之态。中、日开战以来，恐怕只有近卫文麿"不以国民政府为对手"的通电，才可以与之相应，并列成为日本军国主义的两朵奇葩。这一套，在李宗仁、白崇禧这一对儿与蒋介石斗了多年的高手面前简直就是小儿科。

今村均不知道，就在4个月前，日本中国派遣军曾派出了一名汉奸去游说西南军阀。此人曾在滇、桂两地任职，和李宗仁、白崇禧、龙云等过从甚密。月底的几天里，他和龙云谈了5个小时，和白崇禧面谈了5次，同李宗仁面谈了2次。结果，给中国派遣军带去了这样的答复："由于日本不能再打下去，所以想用甜言蜜语来引诱人。但从各种事实表现来看，日本始终是要吞并中国。对中国来说，与其让日本吞并，还不如抗战到底，使日本幡然大悟，自行消除吞并思想。待事实上确有和我公平合作表现时，才有开始谈判的余地，而现在时机尚未成熟……日本的穷困状况中国是非常清楚的，只有抛弃仇恨、恢复友好才是谋求自救的办法，以（所谓的）友谊援助作为停止战争的条件是不可能的。"

今村均不但不知水深水浅，更无视中国军民团结对外的意志和抗战到底的决心，这也注定了他的政治谋略还没开始就已死亡。而蒋介石秘密调来的嫡系第38集团军也像一张大网，铺天盖地般向他撒来。

事实上，12月7日，中井找来的一个汉奸就已对他说："外面广泛流传着我村附近一带就要开到蒋的10万直系部队的消息。"这个汉奸来自南宁以北40公里的武鸣一带，正处于昆仑关和高峰隘之间。

对于即将到来的危险，今村均仍顽固地相信，中国军队绝对没有反击的力量和勇气，他所率领的乃是无坚不摧的"钢军"。

他不知道，神话终究是神话，在中国军队比钢铁还硬的意志面前，任你是"钢军"还是"铁军"，无一例外都可能被熔化。

◎ 昆仑关大捷，"钢军"被熔化了

大战在即，军委会总政治部部长陈诚上将也赶到了桂林行营。

蒋介石要动用他的本钱了，总得找一个他信得过的人来督战吧！

几年来，蒋介石身上的压力有多沉重，只有他自己最清楚。虽然有举国上下的坚定支持，虽然有全国军民的奋勇抗击，虽然有国际舆论的大力声援，但是战争的艰难，国力的羸弱，加上汪精卫之流的拆台，常令他夜不能寐，他一直梦想的国运转机仍然没有出现。宣传上虽一如既往地高抬自己，然而实实在在的胜利却并不多。绝望、焦虑、愤恨，无时无刻不在他心中纠缠翻滚，搅得他近乎疯狂。

陈诚是最了解他的，也能体察到领袖的苦心。这次一到桂林行营的所在地迁江，就高调宣布了蒋介石的意图：本年内务必打一场歼灭战，此次南宁会战正当其时，望各部努力奋斗之。

蒋介石迫切需要一场胜利！而且他认为眼下的桂南会战就是一个千载难逢的良机。

从16日到20日，陈诚马不停蹄，奔走于粤、桂各地，向战区长官、集团军司令传达这一精神。白崇禧、林蔚、张发奎自不必说，夏威、徐庭瑶等集团军司令也被煽乎得慷慨激昂，个个表示不灭倭寇，誓不还师。

这次，蒋介石不光是空喊口号，还真的下了血本。他调去了嫡系38集团军的6个军担当主力，其中就有中国军队最为精锐的唯一一支机械化部队第5军。

第5军与广西颇有渊源，该军由广西少年兵组成，军官大多是黄埔系中的佼佼者。军长杜聿明、荣誉第1师师长郑洞国、200师师长戴安澜等个个声名显赫，均为国军将领中少有的英才。

新编第22师师长邱清泉，更是人才出众。他曾留学德国，精通机械化战术，曾准确预言：世界大战不爆发则已，一旦爆发，高度机械化的装甲部队将会大放异彩。不仅如此，他作战也非常悍勇，打起仗来有进无退，人称"邱疯子"。南京保卫战中，当别的部队都在疯狂后撤时，他还要坚守下去，结果被部下生拉硬拽拖到江边，才捡回了一条命。在国民党军将领中，在抗日战场上，邱清泉也算是智勇双全。

一年前，杜聿明接手200师时只有2万人，主要装备有苏联九吨半战车80辆，德国造朋斯卡车100余辆，美国造福特卡车400余辆，美造哈雷二轮、三轮摩托车40余辆。今天看来，也不过是很普通的二、三流装备而已。但在当时，这装备不仅在中国军队中位居翘楚，而且连日军的甲种师团，如第5师团也不能与之相比。

杜聿明深知肩头责任之重，同时也是为了报答校长的知遇之恩，上任之后，就和副师长邱清泉、参谋长廖耀湘分明职责，加紧练兵。

装备再好，还得有能够使用它们的人，否则，就是一堆废铁。杜聿明以身作则，带头学习战车作战知识，经常和官兵们聚在一块讨论，甚至为了掌握技术，他还穿上工作服，认真学习驾驶和修理，经常钻到车下修理底盘。就这样，全师官兵很快就熟练地掌握了机械化作战的要领。诸如战车和步兵的协同作战、单车和群车之间的配合，战车的射击与伪装，战车与炮兵、工兵的协同等各个方面，全军上下都有了长足的进步。

不久，他看到装备五花八门，互不配套，使用起来不仅影响战斗，甚至连加油都很麻烦。于是，他请求白崇禧和军委会，统一配属苏式装备，以便作战和补给。对这样一支嫡系新军，蒋介石舍得下本钱。时间不长，苏式的各种战车、装甲车、不同口径的火炮就源源不断地运了过来，淘汰、更换一番，部队面貌焕然一新，成了一支真正的混合装甲部队。

200师扩充为第5军后，杜聿明一方面大力延揽人才，如郑洞国是从汤恩伯手下借来，戴安澜也是如此。另一方面，他拼命地训练部队，他常说"操场就是战场"，要求官兵要有"五除"（除骄、除惰、除伪、除欲、除恶）的精神"三习"（习精、习诚、习勤）的朝气。在他的严格规训下，第5军5万多将士个个精神饱满、朝气蓬勃，焕发出不凡的气象。

杜聿明崭露头角，第5军万众瞩目。

第四章 铁血碰撞

为了反攻南宁，夺回昆仑关，军委会终于将第5军这支主力雄师当作了挥向昆仑雄关的利剑。同时，军委会令第16集团军作为西路军，以170师、135师攻取高峰隘，吸引日军主力；以131师、188师破坏日军交通，切断邕宾公路，阻敌增援，孤立昆仑关之敌。又命蔡廷锴的26集团军作为东路军在敌后打游击，骚扰、牵制日军。

在各路大军中，主攻昆仑关的第5军显然唱的是主角，其他部队多为配角。

12月16日，迁江附近的谭蓬村里，第5军军长杜聿明面色凝重，正在向前来开会的团以上军官传达命令。会场设在一个山洞里，四周林木繁茂，非常隐秘。会场军长主座的身后，挂着一张桂南1/50000的军用地图，图上用红、蓝纸标注的敌我态势，密密麻麻，显现出大战前的紧张和即将到来的风暴。各级官佐屏息静听，大家都明白一场恶战就要打响，个个心情激越，却又异常安静，整个会场虽显肃杀、紧张的气氛，但又分明能感受到几分压抑背后的激情。

会议主要由杜聿明讲话。他详细介绍了日军企图、敌我态势、日军的兵力和作战特点，以及友军的位置和本军的作战部署、任务、作战时间等。鉴于日军是孤军深入，暂无后续部队增援，兵力有限，只是凭险固守，我方尽可采取主动攻势，放胆攻击。

明确了大方向后，他进一步补充说："我军决定以收复南宁为目的，先行击破昆仑关、八塘之敌。以主力由公路两侧及其西南向昆仑关、八塘包围攻击，以一部迂回到八塘敌阵地之右背侧，重点保持公路两侧，将敌压迫于七塘附近地区而歼灭之。"

面对有些激动的下属，他随后宣布：以郑洞国荣誉第1师担任正面主攻，200师为总预备队，随时支援第1师的正面作战；同时，邱清泉的新编22师绕出南宁以北，向六塘日军发起攻击，以切断邕宾公路，阻击南宁日军的增援，孤立昆仑关之敌。

最后他激励众人道："此战役关系到抗战的前途，第5军是抗战中新建的第一支机械化部队，全军将士必须勇猛作战，歼灭日寇，打出国威、军威。"

至此，华南战场上的第5军和第5师团，中、日两军的两张王牌碰撞在了一起，激起的必将是一场震天撼地的空前大血战。

此时，驻守昆仑关的日军主要有步兵一个加强大队和骑兵第5联队。兵力虽然不多，但是官兵都经过两个月的山地战训练，配备有强大的火力。两周以来，日军在工兵的指导下，利用原中国军队构筑的阵地，又大力加强了反斜面阵地，并在正面阵地上设置了多道铁丝网，把昆仑关各个高地弄得铜墙铁壁一般。

强攻险要阵地，必须有强大的火力，人海战术吃亏太大。抗战以来，我军守阵地难，丢了阵地要夺回来就更难，关键因素就在火力薄弱上。眼下，面对兵力并不强大但依托险要的守敌，杜聿明丝毫不敢大意。

杜聿明带着他的几个苏联顾问，将第5军指挥所设在高大岭的一个山洞里。高大岭是昆仑关附近的制高点，站在岭上举目四望，昆仑关一带尽收眼底。

眼前的一个个丘陵山包，标高多在300米至500米，远望就像屏风一样屹立在各地。山间坑潭、小河夹杂分布，更显出地貌的错综复杂。令人称奇的是，标高400米以下的山地，一般都掩隐在茂林之中，而高于400米的，却都是秃山。山下即是邕宾公路，沿途村落稀少，几乎看不到人家。

看到昆仑关如此蛮荒，杜聿明不禁想起从历史读本上了解的北宋皇祐五年（1053）的一个故事。那是一个上元之夜，大将狄青奇袭昆仑关，一举平定侬智高之乱。遥想当年，何其威武。如今，他要做当年的狄青，他要再造一个新的辉煌。

仙女山下，荣誉第1师率先打响了反攻的第一枪。

荣誉第1师是一支颇具传奇色彩的部队，该部兵员多为抗战中各部队受伤官兵，多有战功，故在番号前加上"荣誉"二字。伤兵多为久经战阵、九死一生之人，战斗力自然强大。而师长郑洞国不但是黄埔一期生，也是国军中的名将，从北伐到长城会战、武汉会战，也是从血里火里摸爬滚打出来的，此刻他还是副军长兼师长，第5军三个师长里仅此一人。

强将手下无弱兵，更何况兵本身就强。

12月18日凌晨1时，第5军重炮团和各师山炮营集中火力向日军发起猛烈轰击。霎时间，昆仑关附近各主要高地上火光四溅，浓烟滚滚，煞是壮观。40分钟后，我第一线突击队纷纷跃出战壕，如猛虎下山一般扑向日军阵地。

在我军排山倒海般的攻势下，日军抵抗不住，纷纷溃退。一部退往昆仑关核心阵地，一部逃往九塘。我军连克441高地、600高地、罗塘等重要据点。

初战告捷，郑洞国心情大好。午后，他带着参谋长舒适存等人前去督战。行至山下的一小块开阔地带，忽然飞来几架日军水上飞机，紧贴地面，往复轰击。日机飞行员显然盯上了郑洞国一行，从他们的乘车就知道他们身份特殊，狗皮膏药一般紧贴着他们疯狂扫射。

事发突然，郑洞国等人一时躲避不及，急忙分散隐蔽在附近田埂边。日机走后，众人爬起来一看，除了个个一身一脸的泥土外，竟无一人伤亡。参谋长舒适存哈哈大笑道："难怪人家都说师长是一位福将，果然刀枪不入，我们也跟着沾光了。"

众人说笑着上了车，继续赶路。

与此同时，邱清泉的新22师也顺利迂回到五塘、六塘一带，与日军展开了激战。

这股日军是18日傍晚开到的。今村均得知杜聿明的第5军开始反击后，意识到前方兵力吃紧，可他所掌握的预备力量也很有限，最后硬着头皮派出三木吉之助大佐的第21联队前去增援。该联队虽然缺了近一个大队，但是得到的加强兵力也不少，仍有3000人左右的兵力，再加上其较强的炮火实力，总体力量不可小觑。

今村均中将和三木吉之助大佐做梦也没想到，他们碰上的是想一口吃掉他们的国军悍将邱清泉，昆仑关注定成为他们的鬼门关。

新22师师长邱清泉见日军逼近，决定按计划先把敌人放进来，再来个关门打狗。他不慌不忙地用一个团与日军周旋，诱敌深入，主力则埋伏在北侧的山地里。同时，令工兵营在六塘的公路上设置木桩，并在沿途埋设地雷，以阻滞日军的前进。

三木吉之助的增援部队自恃新投入战场，莽打莽撞，根本没有意识到前面的危险。冲开当面阵地的日军，自以为撞开了中国军队的大门，气势汹汹地往九塘方向扑来。

此时，正是19日凌晨1点。邱清泉见日军已经进入埋伏圈，果断下令全线出击。

首先，六塘、七塘之间的大桥被中国军队炸毁，切断了日军的退路。同时，主力部队从附近高地如泰山压顶一般冲入敌阵。霎时间伏兵四起，枪炮齐鸣，各部队前后夹击如排山倒海，地雷也不时在日军中炸响。新22师的装甲部队则开足马力，在敌阵中横冲直撞如入无人之境。

日军被打懵了。开战以来，日军哪里见过这样的阵势？坦克、装甲车从来都是日军的撒手锏，可眼下情况发生逆转，中国军队清一色的苏式重型坦克，装甲厚重，火力威猛，这些日本兵连见都没见过。日军顿时阵脚大乱，纷纷向公路两侧逃窜，沿途遗弃各式车辆200多部，轻重武器更是不计其数。

日军21联队被截作数段，首尾不能相顾，陷入各自为战的境地。战争的天平明显向中国军队倾斜。

六塘一带被击溃的是后续跟进的21联队第2大队，该大队负责携带有21联队的步兵炮、速射炮炮弹。新22师切香肠式的打法，割裂了日军各部，有炮的无弹，有弹的无炮，整个21联队的重火力已基本丧失。

守备七塘的一个日军小队被国军的200多人团团包围，在拼死挣扎。

最后赶来的第12中队也在五塘附近被600多国军堵截包围，只有招架之功，无还手之力。

而最先突进到九塘的21联队第1大队，眼看着就要和昆仑关的松本大队会合了，却突然陷入了荣誉第1师5000多人的层层包围之中。

荣誉第1师经过苦战，拿下了653高地和441高地，把日军挤压在两地之间的低矮丘陵地带，只剩下挨打的份儿，我军可谓占尽地利。

日军意识到了危险，拼死突围成了他们最后也是唯一的选择。拂晓，彻夜激战的日军不顾困顿，开始收拢队伍，向我阵地发起反击。听到反击的声音，西侧的松本大队像是注入了兴奋剂一般，也向第1师的阵地发起逆袭，希望打通连接两军的生命线。

又是一番不计后果的血战，但日军未能摆脱困境。除435高地外，其他各阵地均岿然屹立，牢牢掌握在国军手中。

日军第5师团师团部。师团长今村均中将仍没能从震惊和困惑中摆脱出来。

首先，他低估了国军反攻的决心，其次他的情报显然出了问题。此前他的判断是："九塘附近有敌5000人、高峰隘有敌2000人，不会发起攻势。"

但战局的发展大出他的意料，中国军队不但发起了反攻，而且攻势凶猛，从前线部队不断发来的求救电报中他就能感觉到。多年的戎马生涯更给了他一种直觉或者叫经验：眼下部队陷入重围，迟疑将带来灭顶之灾，到了他必须采取行动的时候了。

他拿起了桌上的电话，严令21旅团旅团长中村正雄从仅有的兵力中抽调两个大队前去增援，同时，命令向龙州进攻的及川支队火速抽回一个大队。

拆东墙补西墙！说起来不好听，却也是一种行动，堂堂"钢军"的师团长岂能成了光杆司令？

21旅团旅团长中村正雄少将却成了受害者。中村受命后，知道军情紧急，20日上午便率2个大队向昆仑关匆匆进发。一路上，他时而紧张焦虑，时而踌躇满志。年初，他被任命为素有"钢军"之称的第5师团第21旅团旅团长。欣喜之余，便有了大展身手、建功立业的欲望和冲动。此次，听说前线聚集的大批国军是中国最精锐的部队，心中暗喜，以为得到了扬名立万的机会。可一开始他并没有得到机会，大概他的顶头上司觉得他的实战经验不够。就在他沮丧、懊恼又有些愤愤不平时，师团长急派他率区区两个大队的兵力去解围。

前线战况吃紧，援兵又只有两个大队，他能乾坤逆转吗？等待他的会是什么？

无数个结局都从他脑海中闪过，唯独没想到的是，前面这几十里的崎岖山道，竟是他的黄泉之路。

刚到五塘，他们就中了新22师500多人的伏击。一时间，山炮、迫击炮、各种枪弹密如雨下，打得中村正雄措手不及。好不容易摆脱这股难缠的中国军队，刚刚接近六塘，又遭到公路两侧高地上600余名中国军人的猛烈攻击。

中村正雄此刻真是欲哭无泪，此后，每前进一步都极尽艰难。尤其是六塘到七塘的这段公路，在新22师1000多人的顽强阻击下，日军竟然两天两夜都未能前进一步。要知道，中村的两个大队有两三千人，又是最有武士气概的日本军人，没想到面对中国军队1000多人的有效阻击，竟然是步履维艰。

碰上了硬茬，也该让中村正雄倒霉了，而给他带来巨大麻烦的是邱清泉的新22师。师长邱清泉清楚，无论如何不能轻易放这股日军过去。如果这支日军和九塘的21联队合二为一，第5军在昆仑关的攻坚作战就会功亏一篑。所以他下了死命令，各部队不惜一切代价阻击日军前进。

就在这关键的两天，九塘的三木联队已面临全军覆没的绝境，200师和荣誉第1师对三木联队的包围圈正在逐步缩小，而昆仑关的攻坚战也取得了不小的进展。

21日晨，200师副师长彭璧生率领的两团生力军杀到九塘。200师首先攻占了九塘东北的500高地，整个控制了三木联队队部所在的九塘村。昆仑关之敌和九塘21联队队部的联络已被切断。

九塘的日军只有一个几十人的预备队，并且已是弹尽粮绝。联队长三木吉之助大佐在拍给师团长的电报中称："决心依靠刺刀消灭敌人。"

无论是施压还是困兽的哀鸣，今村均都不能无动于衷。为了避免"皇军之花"覆灭的噩运，他想尽了各种办法，甚至派出3架海军飞机前来空投弹药。但日军处在国军的重重包围之中，投下的弹药大多补充给了国军，日军得到的还真不够挨打的。

与此相反，中国的空军却开始大放异彩。21日傍晚，国军的10架飞机飞到六塘上空，连续三次对中村支队进行攻击。同时，还有6架飞到九塘，对日军进行轰炸扫射。

日军战史也承认中国空军在昆仑关的优异表现，甚至夸张地说：这是中国战线的改观之日，从此以后，日军制空权的绝对优势开始动摇。

眼见援兵无期，绝望的三木联队开始了困兽之斗。

200师首先攻击的就是九塘正北的三角山。驻扎此地的日军是21联队第4中队的第1小队。该小队日军负隅顽抗、极为死硬，个个端起刺刀，有的甚至抱着竹枪，向国军拼死反击。国军占尽优势，这是一场完全不对等的较量，很快，三角山的日军就被横扫一空。小队长濑长正三被击毙，部下也尽数被歼，无一漏网。

三木吉之助大佐见情势危殆，顾不上面子了，频频向今村均发去求援电报。

今村均手下已无兵可调。回援的伊藤大队在南宁以西被我16集团军6000多人缠住，寸步难行，今村均只得把手中仅剩的一个大队派去增援，暂缓危局。

今村均的师团部此刻已失去了平静和秩序。他能感觉到危险，尤其令他不安的是，他的部队是一支孤军，正在被分割开来，随时有被消灭的危险。

关键时刻，台湾混成旅团救了今村均师团长。

23日，该部主动派出了林义雄大佐的第1联队（缺两个中队）。台湾混成旅团就是武汉会战时的波田支队，该旅团转战中国大陆，装备精良，作战凌厉，罕有败绩。此时对于两支都被打得精疲力竭的军队来说，增援昆仑关的日军新锐力量，像一只巨掌猛击在天平上，优势被打破了，全歼日军的计划从杜聿明的指缝间滑走了。

但是，国军显然不想放弃夺取昆仑关这个即将到手的战果，任日军如何拼死救援，他们也没有放弃，起码他们还有大量歼敌的希望。

中村正雄少将恰好就成了这个希望的祭品。

23日正午,好不容易突进到七塘的中村正雄,却被一颗子弹击中左颊。经过战地紧急救治,才捡回了一条命。战况的艰难加上伤痛的刺激,令他像发了疯的野兽一般,兀自向九塘突进。彻夜激战,部队也只向前推进了2公里,这个战果显然不能让他满意。一切都不是他想象的那样,当然他更不可能知道,在他和21联队之间,等待着他的竟是奈何桥。

此时的九塘,日军已经在做着最后的抵抗。

几天来,在我军重重包围和攻击下,守敌已是山穷水尽。九塘原只有40多户人家,存不了多少粮食。日军在吃光各家各户一切能吃的东西后,又把控制范围内一小块稻田的稻穗吃光,之后只能靠捡拾田间落穗来充饥。最后,连田间落穗也无处寻觅时,就不得不摘拾树叶、草根,如牛马般生吞活咽,其状惨不忍睹。

但对于军人来说,最为致命的却是弹药的匮乏。日军的迫击炮中队没了炮弹,只能把炮埋在土中,用竹子削成标枪,把自己当成步兵来用。三木吉之助大佐绝望之际已安排了后事,准备在最后时刻烧掉军旗,决死一战。国军的两发炮弹就在军旗旁边炸响,代他了却了这个心愿。

中、日两军争夺的焦点当数罗塘高地战斗最激烈。

日军在此配备的是田村能康的第5中队,战斗中也得到过增援。战斗最激烈时,三木吉之助大佐把还能调动的仅有的29人调去增援,可见日军对此地的重视和战况之惨烈。

罗塘高地是昆仑关的西北屏障,更是日军的一个重要支撑点,它的得失直接关系到整个战役的成败。所以,第5军对此地也十分看重。战斗间隙,军长杜聿明亲自冒着战火,随身携带一部电话机、一架望远镜,针对战况进行电话指挥。不仅军长关注,就连蒋介石也把电话打到郑洞国这里,询问战况。郑洞国深知责任之重,丝毫不敢怠慢,严督所部全力进攻。

24日中午,他命作战不利的第1团接替第2团防务,改由第2团汪波部担任主攻。

汪波智勇双全,所部连战皆捷,士气正旺,担任主攻大有舍我其谁的霸气。

郑洞国为了方便指挥,将指挥部迁回到距罗塘最近的仙女山,亲自部署对罗塘日军的总攻。

连日鏖战，第2团虽然损失很大，兵力仅剩不到两营，但官兵们都杀红了眼，个个拧眉瞪目，恨不能一口吞掉对手。

临近黄昏，日机退去后，郑洞国下令炮兵集中炮击罗塘，摧毁日军阵地。一个小时后，再令炮兵延伸射击，并以少量步兵佯攻，将日军诱回阵地后，再以强大炮火覆盖。由于炮兵观察所推进到了第一线高地，因此这炮打得十分精准。炸得日军在阵地上狼奔豕突，抱头鼠窜。

不等日军反应过来，一刻钟后，我军炮火再度延伸射击。此时，午后埋伏在山下的突击营官兵一跃而起，以排为单位梯次配置，前仆后继，旋风般冲入敌阵。

战斗中，排长喻国强负伤倒地，仍然坚持指挥。后见另一排长陆谨卿率队赶到，便奋然站起，手持大刀，振臂大呼："弟兄们！杀呀！"不顾伤痛，和陆谨卿并肩率队冲锋，奋力劈开阵前的铁丝网，后继官兵一拥而上，突入敌阵，与日军展开激烈肉搏。

日军在做着最后拼死的抵抗。

下午1时，第5师团发给三木联队的电报称："贵部队连日奋战，深表感谢……贵部队应以加藤清正公在蔚山的战斗相激励，只要一卒尚存，就要绝对发挥军旗的光荣。"

当日军长官要求下属发扬楷模精神时，往往战斗将要进行到最后的时刻了。

加藤清正是日本战国名将，曾受命于丰臣秀吉率部侵略朝鲜。在朝鲜的蔚山，所部陷入明将杨镐的重围之下，10日10夜不能脱逃。当时，蔚山城几乎成了一座人间地狱，每天都有大批日军因为饥渴倒毙，城中干涸的蓄水池里竟堆满了尸体。直到援军赶到，加藤清正才逃得一命。凭借此战，他被日本人大肆吹捧，作为大和魂的代表而被称颂。

可此一时彼一时，这里是中国的昆仑关，不是朝鲜的蔚山；眼前的日军也不会再有幸运的眷顾，自然就不会有第二个加藤清正。日军唯一拥有的，是他们武士道熏陶下的凶蛮无比。明知败亡，却拼死不降。

又是一场惨烈的白刃战。日军第5中队中队长田村能康拼命顽抗，被我军刺死。随后，两名突击队员一左一右，将第1中队中队长迫田广一的双眼刺瞎，迫田痛得狂叫不已，没等他喊上几声，几把刺刀就一起洞穿了他的上半身。战斗到晚上10点，除两名日军受伤被俘外，其余全部被击毙。驻守罗塘的这个加强中队，还真的恪守了"一卒尚存，就要绝对发挥军旗的光荣"的使命。

就在罗塘攻坚战取得重大进展时，郑庭笈的第3团也取得了一个意外且重大的战果。

下午4时，九塘西侧高地。郑庭笈举着望远镜观察敌阵时，发现公路西边的大草坪上，一群日军军官集结在一起，指指点点地说着什么。

他不知道，正在讲话的就是日军第21旅团旅团长中村正雄少将。当时，中村已经和42联队联队长坂田元一兵分两路，各率一个大队分别突进。从五塘到九塘，25公里的山路，中村走了5天。此时，他头缠绷带，正在部署对国军的反击。而坂田大佐还在通过八塘的路上，走得异常艰难。

郑庭笈抓住了这个千载难逢的战机，当即命令第1营进入阵地，集中迫击炮连、重机枪连的火力向日军猛击。一时枪炮齐鸣，日军猝不及防，又无掩体，无处躲藏，但见尘土与血肉横飞，日军一片片被撂倒。而中村正雄首当其冲，被打穿腹部，倒在地上，奄奄一息。

日军赶紧抬起中村正雄，急急忙忙逃进村中。晚上手术时，恰逢我军总攻，以150毫米榴弹炮为主，各种炮弹如雨点一样落入九塘村里。其中一发迫击炮弹就落在了临时手术室的屋顶上，顿时瓦石碎屑纷纷下落，军医赶紧扑上去用身体遮住打开的腹腔。可怜的中村少将尽管有军医保护，被打开的腹腔里还是落入了不少尘土。轰炸过后，军医清理完才勉勉强强完成了手术。但是，中村大限已到，手术于事无补。捱到拂晓，中村一命呜呼。旅团长一职暂由42联队联队长坂田元一大佐代理。

中村正雄的死给日军以极大震动。华南的日本第21军和中国派遣军都产生了撤军的想法。由于21旅团在日俄战争中因表现最佳而被颂扬为"钢军"，在日军中地位甚高。此次，旅团长战场战死，部队伤亡过半，已失去了战斗力，对整个华南日军打击巨大，东京军部也大为震惊。

第5军战果辉煌，但杜聿明要的显然还不止这些，战斗仍在继续。就在昆仑关日军行将覆灭之际，台湾步兵第2联队却突然杀到，搅了第5军的好局。

25日晚，渡边信吉大佐第2联队冲破新编22师的阵地，在七塘与林义雄联队会合。之后，两部联合突进到八塘，在28日与42联队联队长坂田元一取得了联系。

而先期到达的坂田元一，在历经6天走完25公里的山路之后，首先收到的却是旅团长的尸体，此情此景，让这个久经沙场的日军大佐倍感凄凉和哀伤。此时，台湾旅团的突然杀到，立即燃起了他的复仇之火。

战后评价，我们不得不承认正是这股日军的突然杀到，打破了战局的平衡，昆仑关的战场形势再度出现了反复。

三木联队确实也像当年的加藤清正一样，绝处逢生，得到了大批弹药补充，尤其6万发机枪子弹、4万发步枪子弹顿时令前线日军备受鼓舞。21联队死灰复燃后，当即对罗塘西南1.5公里的441高地发起了反攻，日军使用的兵力为第7中队并配属第2机枪小队。当时防守该地的国军仅有数百人，在新增300名精锐日军的反扑下，该地最终还是陷于敌手。

441高地是昆仑关西南的制高点，东可控制昆仑关至五塘的公路，战略咽喉的位置十分重要，它的丢失对整个战场的影响无以可比。

面对这一严重情况，杜聿明在向桂林行营和38集团军请示后，决定立即收缩兵力，加强正面攻击力量，撇开日军援军，逐一攻略昆仑关附近各要地，全力拿下昆仑关。

为此，杜聿明还将新22师与彭璧生支队陆续调回，担任军总预备队。命前来增援的友军159师主力接替200师在653高地、600高地一线的防务，该师另以一部接替彭璧生支队在九塘的阵地。命200师接替久战疲劳的荣誉第1师，配属军补充团、山炮1连、战车1连、新22师迫击炮连，重点保持于公路东侧，向昆仑关东北一带展开攻略，并向九塘附近进攻。而荣誉第1师则策应200师的进攻，并重新攻占441高地。

杜聿明的眼睛死死地盯住了昆仑关。一切部署停当，12月29日，在强大炮火的支援下，200师向昆仑关东北的界首高地发起了猛攻，战斗进行得极为激烈。

界首高地在昆仑关东北，峭壁悬崖，高高耸立，西与罗塘高地互为犄角，共同夹持着昆仑关。从这两地，居高临下均可俯瞰昆仑关。因此，两地一得，昆仑关之敌当不战自败。此时，罗塘已得，如再拿下界首高地，昆仑关就不难攻下。

然而，就在荣誉第1师为攻下441高地而血战的时候，军长杜聿明的电话却打了进来。

他极为焦虑地告诉郑洞国，200师的攻击接连受挫，损失惨重，已无力进行攻击。问郑洞国有何办法。郑洞国心里清楚：界首高地军事价值极为重要，如果不能及时攻取，待日军的援军赶到，昆仑关一战就会前功尽弃，在此关键时刻，不能不做最后一搏。

于是，他毅然向杜军长表示：第1师第3团郑庭笈部刚刚归还建制，尚有相当力量，可调去攻打界首高地。

杜聿明听罢不禁大喜，连声称好。看来，他这个黄埔系的大师兄关键时刻还得黄埔将领来帮衬。在他眼里，这些将领识大体、少私心，可谓是国军的中流砥柱。

通话结束后，郑洞国马上叫来了郑庭笈，当面向他交代任务。

郑庭笈满身征尘，刚刚跑步过来的他，还在大口大口地喘着粗气。

郑洞国先是扼要地布置了作战任务，然后加重语气嘱咐道："郑团长，能否迅速夺取界首高地，事关战役全局，军长命令你部要不惜一切代价攻克它。倘作战不力，定将以军法论处！"

师长郑洞国对郑庭笈团长十分看重，视之为左膀右臂。

当初，他刚刚接手荣誉第1师的时候，看到全师老兵居多，不好统御，尤其团、营级军官中，湘籍和粤籍之间矛盾重重，就悉心策划，锐意整顿，特别着力于整顿军风，严肃纲纪。很快，一批优秀将校脱颖而出，而其中的代表就是郑庭笈。

郑庭笈勇猛善战，操守优良，郑师长对其信赖有加，多方倚重。结果，却引来许多流言蜚语，说师长和郑庭笈都姓郑，可能有什么亲戚关系，要不然哪会有意抬举他。其实，郑洞国是湖南石门人，郑庭笈是海南文昌人，彼此相隔数千里，别说有亲戚关系，甚至之前都不曾相识。郑洞国慧眼识珠，以后，郑庭笈果然不负众望，立下不少战功。

眼下，郑庭笈深感师长的知遇之恩，知道界首作战事关全局，当即答道："请师长放心，我一定拿下这个高地。若攻不下来，不用军长杀头，我自己杀自己的头。"

还真是个血性汉子，不畏艰难，视死如归。

当日黄昏，冒着日机的疯狂扫射和高地上日军倾泻下来的浓密火网，郑庭笈率第3团官兵高声呐喊着冲向敌阵。但地势显然对进攻者不利，连续几次冲锋都失败了。郑团长见强攻无法奏效，只得组织爆破手，打算以集束手榴弹炸毁日军的地堡，但地形受限，在日军侧射火力的威胁下，几批爆破手都先后中弹倒下，攻势一再受挫。此时，该团伤亡甚重，3团9个连长中伤亡已达7个。

郑团长脑筋一转，知道硬攻不是办法，决定改为智取。晚上，他建议200师戴安澜师长，组织了一支敢死队，利用夜色掩护，分组爬上山去，在日军阵地前沿潜伏下来。

次日拂晓，我军炮击过后，不等日军反应过来，埋伏多时的突击队便如神兵天降，迅猛地跃入敌阵，用集束手榴弹摧毁日军的火力点。日军措手不及，来不及组织战斗，就纷纷跳出工事，端起刺刀，和我突击队拼命。山下督战的戴安澜、郑庭笈见日军阵脚大乱，就趁机挥兵掩杀过去。该阵地日军为42联队的第5、第7中队，在我荣1师第3团的迅猛攻击下，仅仅3个小时，就被悉数歼灭。

经过数日恶战，我第5军终于攻克界首这一战略要地。界首一失，昆仑关顿失屏障，杜聿明不禁欢呼道："昆仑关的大门打开了！"随即，命令新22师超越200师阵地，迅速攻取昆仑关。

界首一失，日军也无心恋战，在新22师邓军林团的迅猛攻击下，纷纷溃退，向九塘逃去。

1939年12月31日午前11时，陷入敌手近一月之久的昆仑雄关再次回到了国军手中。

邱清泉当即慨然赋诗道："岁暮克昆仑，旌旗冻不翻。天开交趾地，气夺大和魂。烽火连山树，刀光照弹痕。但凭铁和血，胡虏安足论。"

邱清泉在日后的内战战场上，因自诩"邱疯子"而给人留下了粗犷、剽悍的印象。其实黄埔系中能到德国留学的将领没几个，他的学问绝对差不了。邱清泉饱读诗书，作战凶悍，可谓是文武双全的将才。

200师师长戴安澜得报，想起半个多月前他对部下们许下的豪言，也难抑心中的激情。站在山顶，望着远处烧焦的山头，几处还未停歇的战斗，心中也是万千感慨。

半个多月前，他对部下们慨然说道："中国古时候，有上元三鼓夺昆仑的佳话，吾拟元旦夺取昆仑关。"

没想到历尽万千艰险，就在元旦前夜终于踏破雄关，立下不世之功。

战报一级级传遍了整个西南战场，自军事委员会委员长蒋介石以下中国军队广大官兵，无不大为振奋，纷纷发来贺电，给予嘉奖。

1940年元旦将至，但桂南会战还远未结束。日军虽屡挫锋芒，但并未溃散，其顽强、善战由此可见一斑。九塘的21旅团残部正伺机反扑；七塘、八塘间的台湾旅团也蠢蠢欲动；尤其在昆仑关西南，441高地尚在日军的控制之下，成为我军的心腹大患。

441高地，一时成了两军拼死力战的焦点。本来，荣誉第1师已受命对其强攻数日，但日军依靠反斜面阵地与我反复厮杀，我第1团官兵虽努力奋战，伤亡惨重，但441主峰得而复失竟达两次。

激战中，第1连连长张咸顺、第3连连长刘世昌、第6连连长溶开都先后中弹殉国，第5连连长王延安也被机枪打中双腿，身负重伤。而各连士兵伤亡更重，每连仅剩一二十人，部队基本被打残了。

而此时，日军为保留日后反攻的重要据点，不惜一切代价，调来重兵，依靠飞机的掩护，向我阵地发起猛攻。

有鉴于此，郑洞国师长只好将手中仅剩的第2团派去增援。当时，汪波的第2团由于半月恶战，只剩下官兵300多人，只能临时编为3个连，星夜赶去增援。

敌我苦战彻夜，伤亡均极惨重，但随着日军援军的增加，我军无力应战，只得以仅剩的200多人死守高地北侧，与敌仅隔棱线，形成胶着。而高地周围山头，也悉数被日军夺去。

国军在此受挫，很大原因在于日军反斜面阵地的成功运用。

从一座山的构造来看，可以说是一体两面。朝向敌人的一面为正斜面，背向敌人的一面为反斜面。日军在作战中，不仅在山的正面设置阵地，而且在背面也构筑工事。这些工事往往构筑在大的岩石下面，形成一个个暗堡火力点，使国军无法从背后袭击。这样一来，我军就只能从正面直接攻击，成为日军的活靶子，伤亡也自然加大。

看来国军要有所突破，就必须从日军的反斜面阵地着手。

相持到1月2日，日机协同步炮向我继续猛攻。次日黄昏，日军见攻击无效，竟故技重施，开始向我阵地施放毒气。随后，陆、空协同向我进攻，守军愈战愈少，阵地危在旦夕。这时，就连久经战阵的汪波团长也撑不住了，频频向师部电话告急，最后甚至哀求道："师长，我实在顶不住了，弟兄们快拼光了，您就让我先撤下去吧！"

参谋长舒适存正好站在一旁，他听了很是着急，赶忙打断通话，大声说道："师长，汪团不能撤，我们必须与敌人打到底！"

其实，不用他说，郑洞国也清楚，半月努力在此一战，绝对不能功亏一篑。

但他也深知，汪团长的处境定然极为困难，否则这位铮铮铁汉是绝对不会退缩的。于是，他狠下心来，咬紧牙关，断然说道："汪团长，现在敌我已决战至最后关头，坚持到底便是胜利，你一定要死死顶住敌人，等待增援，没有命令不准放弃阵地。"

电话这头，郑师长听出汪波还在犹豫，便厉声说道："就是剩下一兵一卒，你也要给我顶住，丢了阵地，我砍你的头！"

汪波团长丢下电话，从师长从未有过的严厉语调中，知道决无退下高地的可能，只得重整旗鼓，拼死一搏。

此时，舒适存参谋长已将师部特务连一部，连同勤务兵及一些主动请战的轻伤员，共计180余人，组成一支突击队，整队待发。这是荣誉第1师最后可用的力量，成败在此一举。苍茫夜幕下，师长一声令下，突击队跑步增援441高地，很快消失在了黑暗中。

最后的奇兵起到了意想不到的效果。突击队利用夜色掩护，悄悄绕到日军的反斜面阵地侧背，突然发起猛攻。441高地一时枪声大作，杀声震天。日军也是久战疲劳，已成强弩之末，根本没有料到伤亡惨重的中国军队还能发起如此凶猛的反击，顿时惊慌失措。而此时，汪波团见援兵杀到，士气大振，也纷纷跳出战壕，奋力杀来。

在我军的前后夹击下，日军死伤枕藉，残部仓皇逃去。

1940年的新年，以国军的大获全胜开始了。

这是中日全面战争以来，中国军队第一次攻坚作战的完全胜利。

硝烟尚未散尽，郑洞国和舒适存缓缓行走在山道上。四目所及，但见各个山头弹坑累累，焦黑一片，子弹壳、炮弹壳、手榴弹残片、破损的枪械比比皆是；草地树木尽被焚毁，无一块完好之地；中、日两军阵亡者的尸体横躺竖卧，惨不忍睹。尤其是一些日军尸体，破衣烂衫，浑身污垢，有的甚至只穿一条兜裆裤，而且遍地皆是护身符、千人缝、佛像、太阳旗和写有"武运长久"的白布条，战况之惨可见一斑。

高地北侧，是第2团最后据守的阵地，也是战斗最为惨烈的地方。棱线两侧敌我死亡惨重，双方阵亡官兵交错倒卧在血泊之中，几乎无法插足。沿着高地北侧前行，仅仅几十米之内，我军阵亡者的遗体就达100多具。当时战斗的惨烈可想而知。

其中，有不少烈士的遗体虽然早已僵冷，但还是怒目圆睁，身躯保持着冲锋、投弹的姿势。给人震撼最大的是一个大个子士兵，他的左腿已经断掉，身上也布满弹痕刀伤，军衣浸满紫褐色的血迹，但是身下却死死压着一个日军士兵，原来他在最后关头，用粗壮的双手紧紧钳住了这个敌兵的喉咙。

"一将功成万骨枯。"

郑洞国眼下深深体会到这句话的真正含义，尤其登上441高地，望着这片昆仑关之战中，往复拉锯最为剧烈、持续时间最长、彼此牺牲最为惨重的战场，铮铮铁汉也不禁潸然泪下。"男儿有泪不轻弹，只因未到伤心处。"这些鲜活的生命，这些优秀的男儿，就这样在铁与血的碰撞中，展现了自己精彩的军魂。

此战，中国军队歼灭日军第5师团、台湾旅团中村正雄少将以下官兵4000余人，俘获日军102人，缴获枪炮和弹药堆积如山，不计其数。

这是继平型关大捷、台儿庄大捷之后，日军步兵第21旅团遭受的第三次重创。

但是，我军也付出了沉重的代价，仅第5军就有5600多人殉国，800多人失踪。进攻作战，我军获得了经验，打出了威名，却代价高昂。

但我军毕竟夺回了昆仑关，创造了战史留名的"昆仑关大捷"。战后，面对蜂拥而至的记者，杜聿明说道："有一点是需要着重宣传的，那就是要强调本军是民众的武力，民众是本军的父老。所以，诸位要记载这次胜利，千万要带一笔：本军的胜利，其实也就是民众的胜利。"

昆仑关大捷一时名扬天下，全国各地的祝捷电、慰问电如雪片般飞向第5军。杜聿明声名鹊起，第5军更是无人不知，从此迈入了中国王牌军的行列。更令蒋介石得意的是，美、英等西方国家也注意到来自中国的这场胜利。

昆仑关成就了杜聿明，也成就了第5军。但战争的脚步不会停歇，一战成名的杜聿明转战各战场，数千名倒下的弟兄们并未能妥善安葬、得到尊荣。此后多年，这件事就像他的一个心病，令他无法释怀。直到抗战结束后的1946年，已成为国军名将的杜聿明特意回到故地，在昆仑关为阵亡将士修建了墓园与纪念塔，并将他写于当年的挽联刻于柱石之上："雪花飞舞，苦战兼旬，攻克昆仑寒敌胆；华表巍峨，扬威万里，待清倭寇慰忠魂。"

此时倭寇已清，但杜聿明没有忘记当年陪他一起打鬼子，一起血洒昆仑关的老弟兄，从这一点上讲，杜聿明算是一个有情有义的真汉子。

◎ 蒋介石意图桂林，却连昆仑关也丢了

昆仑关一战，杜聿明的第5军让华南日军第一次真正尝到了失败的苦涩。

从中国军队缴获的战地日记中，可以看到一个被击毙的日本军官这样写道："数日来，当面之敌对我猛烈攻击，其战斗力为对支（华）作战以来未曾遭遇者，因之伤亡重大，十足寒心。"

这是第一线日军内心的真实感受，而且几乎整个前线部队都是如此。第21联队联队长三木吉之助大佐也算是久经战阵了，可面对第5军的强大攻势，其心里也受到极大震撼，压力巨大，曾一再请求代理旅团长坂田元一大佐收缩兵力，后撤待援。

这对一个将要晋升将军的日军大佐来说，几乎可以与耻辱画等号。第5师团的失败，给整个华南日军带来了极大的心理阴影。1940年的新年，对他们来说，无疑是一个暗淡的起点。

而对于桂南会战的日军最高指挥官、第21军军长安藤利吉中将来说，昆仑关一战不但有失颜面，身心更是备受煎熬。因为担心第5师团的命运，安藤一连数日几乎夜夜失眠。自轻取广州以来，征粤北、取海南，21军一直顺风顺水、所向披靡，连真正像样的仗都没怎么打过，可昆仑关成了他的滑铁卢。眼下，日军精锐师团的战败消息已传播开来，无疑将动摇整个派遣军的军心。每想到此，安藤中将的内心便充满沮丧、懊恼，他也经历了自己人生中最黑暗的一刻。

日军昆仑关惨败引起的震动确实不小，甚至惊动了东京日军大本营。新年过后不久，日军参谋次长泽田茂中将便在中国派遣军副参谋总长铃木宗作少将的陪同下来到华南前线。在广州的21军司令部里，他们看到，上至司令官、参谋长，下至一般参谋、课员，悲观情绪无处不在，这是自"九一八"事变以来未曾有过的。

影响更大的是，作为中国军队整个冬季攻势中最为辉煌的一环，昆仑关的胜利，

第四章　铁血碰撞

无意中导致了日本在华南政略、战略的双重失败。

早在1939年7月份，为帮助汪精卫建立广州伪政权，日军一批少壮派军官开会协商，准备动手先干起来。这些人包括驻香港的石野芳南大佐、驻汕头的山本募大佐、台湾军高参盐岛庄夫大佐、参谋本部第八课长臼井茂树大佐、和知机关的和知鹰二大佐及中净增太郎大佐等，别看都是一些大佐，这群人却是能够影响甚至掌控局势的关键人物。尤其要注意的还有一个人物、21军的副参谋长佐藤贤了大佐，此人一直极力鼓动日本驻广州总领事矢野征记帮助建立华南汪伪政权。

佐藤贤了是一个不折不扣的战争贩子，他是东条英机身边有名的"三奸四愚"之一，作为东条的得意门生，也是一个敢于"以下克上"的狂人。

佐藤贤了和东条英机有着颇深的渊源。当佐藤还是中队长的时候，他的联队长就是东条。一次，佐藤手下的一名中尉因母亲生了重病，大半夜跑来向佐藤借钱。那年月，家里没背景的日本军官也都是穷光蛋。佐藤没钱但人却仗义，就跑去向东条联队长借。东条听后，也不理这茬，把佐藤让进屋里，天南海北地神聊了起来。佐藤是丈二和尚摸不着头脑，虽然满腹焦虑，但还是硬着头皮和东条东拉西扯。其间，只见东条夫人夹起一个布包匆匆走了出去。时间不久，东条夫人就面露喜色地从外面走了进来。原来，东条也没钱，就偷着让太太跑去当铺，当了几件衣服来给佐藤救急。这件事让佐藤感激涕零，从此死心塌地跟了东条。

放在今天我们不得不承认，日本人在民族性上，确实也有过人的一面。

身为21军的副参谋长，佐藤贤了自然是第一号的急先锋，为使汪伪政权落户华南，他极力撺掇军司令官安藤利吉发动对韶关的攻击。

韶关是广东的北大门，也是进出湖南的门户，东可进出江西、西可威胁广西、贵州，中国第四战区张发奎的总部就设在那里，战略地位十分重要。佐藤贤了认为，日军一旦占领韶关，就可以排除蒋介石在广东的势力，进而就可以踏踏实实地建立稳固的汪伪广东政权。

在征得大本营的同意后，华南日军以18师团、104师团及刚刚调来的近卫旅团开赴粤北，准备给张发奎的第四战区以军事重击。

不料，这边开战在即，那边却传来了昆仑关惨败的消息。

安藤利吉忧惧不安，方寸大乱，急忙命令粤北日军草草结束战事，无功而返。

中国方面，这次日军自行撤退的战役则被宣传成"粤北大捷"，张发奎长出一口气，沉重的压力卸下来，心情轻松了好一阵子。

日本人不知道，起初蒋介石害怕两线作战，原本已经准备放弃韶关，但在陈诚的一再坚持下，国军才定下坚守粤北的决心。结果，昆仑关大捷后，粤北日军也不战自退，仓皇逃去。真是世事难料，安藤利吉司令官若知道真相，肠子都得悔青了。

安藤利吉窝火，他的副参谋长佐藤贤了更是憋气，随着昆仑关战败的消息传开，不仅粤北之战草草收场，日本建立华南汪伪政权的企图也化为泡影，从此再没人提起。

不仅如此，昆仑关惨败，使日军战略一再失误，甚至影响到了攻占南宁的最终结果。

南宁沦陷后，越桂公路虽然被切断，但是滇越铁路的运量却增加了两倍。南宁的被占，对中国战略物资的输入没有造成太大的影响。情急之下，日军发起的对滇越铁路的轰炸，却造成了日本与法国殖民当局的矛盾，进而影响到日本与美、英的关系。

日军为切断中国的补给线大费周章，最终，得到的只是一锅夹生饭。而昆仑关的惨败，更让这顿夹生饭无法下咽。

南宁，日军第5师团司令部。

师团长今村均正与中国派遣军副参谋长铃木宗作进行激烈争辩。今村均单刀直入，不等铃木等人发话，就把自己准备反攻昆仑关的主张和盘托出。他知道，这些人来者不善，一定是衔命劝他收兵的。

事实上，他也是才定下出兵昆仑关的决心。而且，这次他要亲自带队，报仇雪耻。就在铃木宗作一行到来之前的几个小时，他已向第9旅团旅团长及川源七作出了如下指示："师团打开整个困局的唯一办法，只有师团长亲自率领山县联队从四塘、五塘之间北上，在突破山地边缘之地后深入山地，向东进入八塘附近，在包围坂田部队的敌主力背后，一举给予重大的打击。但是，不让法属印支（越南）这条大补给线的中心南宁落入敌手，也是重要问题。因此，命令阁下指挥纳见部队的一个大队和辎重联队，以及其他第二线部队，担任南宁的防卫。山县联队于明日休息一天，正月初一晨和我一同进行反攻作战，细节将由参谋长向下传达。"

他没想到，命令刚刚下达，前来劝架的就到了。

21军副参谋长佐藤贤了是憋了一肚子气陪同铃木宗作来第5师团的。他的想法与今村均完全不同，他更关心粤东会战、在广州建立汪伪政权，而他的希望全被第5师团的惨败搅黄了。心里有火，话说得就不那么客气了，丝毫不顾及今村均中将的想法，径直传达了第21军的相反主张。

"不希望第5师团在南宁一带单独对敌作战，而要求在这一线上把全师团集结起来，采取防御态势。"

说着，左藤贤了拿起红铅笔，盯着桌上的地图，在三塘、四塘之间画了一道线。

也就是说，要第5师团承认现状，从九塘一带将防线后撤30至40公里，等待援军到来之后，再做打算。

唯恐今村均还有想法，佐藤又补充道："至于我军的攻势，由于船只运输问题，计划在一个月后进行。"

今村均听了，大为恼火。他不是那种轻易认输的人，昆仑关的惨败他岂能容忍？现在，他就像一个赌徒，输掉了一半赌资，却要把他轰下赌桌，他岂能善罢甘休！

于是，他也不顾情面，断然拒绝了上级的命令。

"当此军司令官对我下达新任务，命令我掩护军的集中的时刻，当然不应该说不服从。但是，究竟在怎样的战线上，采取什么样的作战手段去掩护军的集中？关于这些，应该是完全由熟悉战场的师团长自行决定，军不必加以任何干预，这一点希望能够明确下来。刚才副参谋长在图上画的撤退线纵属命令，但也实在不能服从，这一点希望予以谅解。"

铃木宗作等人听了，面面相觑。他们也知道，昆仑关战败，已经成了今村均的奇耻大辱，此时让他收手不容易。更何况军部不插手前线指挥官的战术是日军的惯例，今村均确实让铃木碰了软钉子。

铃木宗作是陆大第31期的首席，算是今村均的后辈。他深知这些手握重兵的师团长维护声誉的急切心理，看到无法让对方改变主意，只得说了几句圆场面、下台阶的话，就带着参谋们离去了。

第5师团在谋划反攻，报仇雪耻，中国军队却又陷入了内耗的怪圈。

1月7日，蒋介石亲赴桂林。

前线的胜利，一扫蒋介石多日阴郁的心情，也大大刺激了他的求战心理。为了扩大战果，收复南宁，他甚至亲自来到桂林，督导下一步的作战。

会前，蒋介石单独召见了陈诚，就下一步的作战，他想听听陈诚的意见。陈诚早有准备，照例又提出了甲、乙、丙三案。

"甲：注重于战略者，对邕江以北各据点，如八塘、南宁等处之敌，取包围监视之势；而使用主力于邕江以南，断敌后援，相机进取南宁。我军包围敌人之后，使其孤守无援，并不断佯攻，以消耗敌之粮弹器材，待其弹尽粮竭，困惫之际，再一举而攻略之，或诱引敌人于其阵地外而击破之。"

"乙：注重于战术者，以主力使用于邕江以北，直接强攻敌之据点，如八塘、南宁；以一部使用于邕江以南，断敌后援。"

"丙：战略战术并重者，于邕江南北各置重兵，合力而围歼之。"

蒋介石听了，频频点头，示意陈诚继续说下去。

"以上三方案，比较其利害，则甲案可减少因强攻而遭受重大牺牲之不利，并可主动选择有利地形为战场，而于敌阵地外，与之行机动的决战。唯此案之害，则有迁延时日，使我有力兵团被敌吸引之不利。乙案则可冀求迅速歼灭敌人，但如我炮兵火力不能绝对压倒摧毁敌阵地，同时制空权不能获得，则奏功亦难，步兵更难免遭受重大牺牲。更有当我攻势疲顿之际，为敌增援部队留下乘机进犯之顾虑。如欲实行此案，务须有炮、空之协力。而炮兵则讲求隐蔽之行动，在炮、空掩护之下，逐次接近敌阵地而攻略之。对敌之纵深阵地，则以逐次攻略为宜。总之，若尽各种手段，以极小之牺牲，获极大之价值。丙案则可兼收甲、乙两案之利，但须有强大兵力，且能同时加入作战，方能奏效。"

陈诚说完便看着蒋介石，想听听他的想法。没想到，蒋介石并没有就作战方案发表意见，却突然岔开话题，开口问道："辞修，你来接替健生如何？"

陈诚一听，知道没好事，略沉吟后婉拒道："校长，我才力有限，资历尚浅，实在不能胜任啊！"

陈诚不知道蒋介石是在试探他，还是在提醒他注意防范白崇禧的势力，但无论如何这个桂林行营主任是不能干的。别忘了，桂林可是白崇禧的老巢。

论资历，且不说战区长官张发奎、薛岳等人，就是那些集团军司令，如蔡廷锴、余汉谋、夏威等人与他相比也不差多少。一旦担此重任，这些人如何驾驭得了，弄不好还得被人天天骂娘。

论才干，白崇禧是公认的"小诸葛"，大家信服，就是林蔚，也是深通韬略、工于权谋。

但这些都不是问题的关键。蒋介石此番到来，必定有其深意。陈诚知道，蒋介石最为忌惮的地方实力派就当数李、白二人的新桂系了。十几年来，新桂系和蒋介石打打合合，曾几次威胁到蒋介石的权力。蒋介石对之十分忌恨，多少年来，蒋介石机关算尽都未能将其瓦解。30年代初，蒋介石听从杨永泰的建议，实施"三分军事，七分政治"的策略，才算是对新桂系的势力有所削弱。但是，在李宗仁、白崇禧等人的励精图治下，新桂系不仅逐渐恢复了元气，而且趁着日军入侵，仍在扩展势力，华中与华南，李宗仁与白崇禧一南一北，遥相呼应，势力快速膨胀，成了蒋介石的一块心病。

如今，日军进犯广西，给了蒋介石一个削弱新桂系的千载难逢之机。十几年来，广西这个针插不进、水泼不进的桂系老巢，眼下如不能趁热打铁，把自己的中央军嫡系势力楔进去，那将成为他一辈子后悔的事。

为此，他拒绝了白崇禧调回第五战区桂系军队的请求，而让中央军第38集团军大举入桂。当时，38集团军统辖6个军，兵力雄厚，装备精良，而其中的很大一部分并未投入战场，其用心再明显不过。

陈诚随蒋多年，自然明白个中道理。蒋介石要他取代白崇禧是假，要他把势力扎根广西才是真。可眼下强敌压境，显然不是时候，苦思良久，他还是向蒋介石谏言道："校长无论如何也要顾及白健生的面子，以免操之过急。中央军入桂，已是既成事实，谅他白健生也不敢妄动。再说，有林蔚在他身边做参谋长，可保万无一失。"

蒋介石听罢，面无表情地点了点头，陈诚的话他还是听得进去的。

在新桂系中，蒋介石最纠结的是白崇禧，可几次重大会战他最依赖的人也是白崇禧。白崇禧才智过人，野心勃勃，是新桂系的"灵魂"人物。但他心机浅，政治上无远见，易于控制。而李宗仁精于权谋，城府甚深，只是在具体事务上则不如白崇禧精明强干。蒋介石对他们的个性非常了解，所以，抗战伊始，就把他们二人分开，免得他们上下联手，扩张势力。

不过，这些伎俩终究还是没有达到目的。新桂系势力仍在，而且底下小动作还不少。军统受命侦听，但李、白二人通电话早有了一套他们自己才明白的暗语。他们用"赵小姐"代指蒋介石，用"钱先生"代指中共，用"孙先生"代指黄埔将领，而汪精卫竟被冠以"李娘"的代名。另外，白、李还派人打入蒋介石决策层的核心，又指示曾任过蒋介石机要秘书的潘宜之打入到张群身边，通过种种手段，不但获取了大量的情报，也争取到一些国民党显要的支持，减少与蒋介石的矛盾。为了避免蒋介石的疑忌，他们甚至连在台儿庄与周恩来会晤的事情也秘而不宣，以至于很长时间里，蒋介石都被蒙在鼓里。

长期以来，蒋介石对他们的这些小动作自然有所察觉。尤其是他看到安徽、鄂北已经成为桂系的地盘，心中曾不免暗暗叫苦。他清楚，时机成熟时必须要给予反击。

眼下，他认为时机到了，故试探陈诚，准备对新桂系来个釜底抽薪。

天下没有不透风的墙，虽然陈诚反对，但蒋介石暗地里的这些阴谋，多多少少也被白崇禧觉察到了。

本来，桂林行营的权限就不大，如今又派个林蔚来监视他。桂南会战，中央军嫡系大举涌入广西，他还没说什么，如今又要来剥夺他的指挥权了。

一股怨愤不禁涌上白崇禧的心头。

抗战军兴，白崇禧本打算进入西北，利用马步芳、马鸿逵等人，联合回教势力，在统一西北国民党军的力量之后，一方面可以抵抗苏联势力的南下，遏制中共的发展，另一方面也可以扩大自己的势力。进而，再与两广军阀相呼应，趁机问鼎中原，夺取最高统治权。

政治上，白崇禧的眼光和手腕比蒋介石差得太远了。此举早被蒋介石识破，最终只派给他一个有职无权的副参谋总长。武汉会战后成立南北两大行营时，程潜被派往西北，就任天水行营主任，而他却事与愿违，回到广西老巢，就任挂名的桂林行营主任，还在他身边安插了一个林蔚做参谋长。每念及此，他就有些心灰意冷。此次，陈诚前来担任前敌总指挥，眼看自己又被架空，白崇禧索性撂挑子，做了甩手掌柜。

蒋介石的确工于权谋,这边刚给白崇禧递过一双小鞋,那边又把矛头直接对准了张发奎。此举可谓一箭双雕,既解决一个心腹之患,又在中央军和桂系之间找到一个缓冲,不至于彻底得罪白崇禧。"小诸葛"毕竟是一个帅才,强敌压境还多有倚重。

早在会战开始之际,军委会就命令张发奎交出桂南的兵权,交由白崇禧直接指挥。对此,张发奎还能忍受,将兵权交由上级,毕竟名正言顺,再说两广唇齿相依,张发奎与白崇禧个人关系也不错,有白崇禧出面,还能照顾到他的利益。

可这只是蒋介石一盘大棋的开局,后面怎么下,张发奎就说了不算了。新年刚过,军委会再次下令,命张发奎将两广的指挥权交给余汉谋,并命他转而指挥桂南一带的军队。

蒋介石这一招够毒够辣,所谓"二桃杀三士"也不过如此。就这样,借着抗战,轻而易举地削弱了张发奎的兵权。

对于这个结局,张发奎心中非常清楚,蒋介石此举既是为了报当年他追随汪精卫之仇,也是为了权力斗争的需要,在华南各实力派之间取得某种平衡,拿他做了牺牲品。

蒋介石对白崇禧一向是又拉又打,既想用其才,又想控制他,所以对他不至于太过分。而对余汉谋,一方面为了报答他两广事变时叛变陈济棠转投南京的大功;另一方面抗战以来,余汉谋处处向中央靠拢,显得俯首帖耳,蒋介石在他军中安插大量的黄埔军官,他也暗气暗憋,不置一词。所以,由他取代张发奎就顺理成章了。

当然,蒋介石对余汉谋也是始终防范,未能真正予以信任。他在挑起张发奎、余汉谋之间的矛盾后,为了加深这种裂痕,更为了清除余汉谋在广东的势力,抗战胜利后,他随即任命张发奎为军委会广州行营主任,由广西到广州受降,迅速掌握了广东的军政大权。而远在曲江的余汉谋,惊愕之余,也不得不接受现实,任人驱遣。

时候不同,手段也不同。这就是蒋介石权谋的狠辣之处。

昆仑关大捷的硝烟还未散尽,蒋介石就又开始折腾起来,这不能不说是中国抗战的悲哀。

至于前线将领,或者因昆仑关的胜利而骄怠自大,或者怕牺牲过重而畏敌避战,或者因待遇不公而心怀不满。总之,随着国民政府高层争权夺利的逐步加剧,日军未至，自己就已陷入了混乱之中。

不久，桂林行营按照陈诚的丙方案，正式公布了新的作战序列：

邕江北岸：右翼军总指挥吴奇伟，辖第6军（欠一团）、第2军；中央军总指挥徐庭瑶，副总指挥李延年，辖第36集团军、第99军；左翼军总指挥叶肇，辖第66军、第118师；邕钦路守备部队韦布，辖地方部队、民团暨第6军一个团。此时，第5军因伤亡惨重，已撤至后方休整。

邕江南岸：西路军总司令夏威，副总指挥韦云淞、第1纵队指挥官周祖晃、第2纵队指挥官韦云淞（兼）；东路军总司令蔡廷锴，副总司令邓龙光、第3纵队指挥官邓龙光（兼）、第4纵队指挥官何宣；炮兵队指挥官邵百昌，辖卜式山炮1连、野炮2营、重炮1营、俄式三七战防炮1营、高射炮1营。

并且，明确作战原则仍以攻克南宁为目的，指导要领以陈诚丙方案为依据，并定于1月底集结完毕，2月初开始行动。

但1月27日，陈诚偕张发奎等重抵迁江后不久，就发觉部署有欠妥当，或者更准确地说，计划已完全走了样。

丙方案有一个先决条件，即兵力必须充分。但此时各集结部队番号虽不少，而有战斗力的并不多。即便这有限的兵力，也因使用不当而令计划越发走样。当时，前线各部将5个军全部用于包围八塘之敌，而新到部队也逐次加入高峰隘、葛圩方面，重心完全放在了南宁以北。并且，各高级指挥官没有预留足够的兵力作预备队使用。尤其邕江南岸，兵力薄弱，仅仅只有何宣、韦云淞两个军的疲惫之师，根本无法阻敌增援与补给，这显然是一个大漏洞。因此，他极力主张从八塘抽调两个军，以作机动使用，并注意南岸日军活动。大家虽然都口头称是，但就是没人动，部队显然缺乏断然采取行动的决心。陈诚这时也发现他这个前敌总指挥不好当。

时间的流逝使战争的天平开始向日军倾斜，日军抓住有利时机，快速调整。南岸日军迂回增援，并乘隙冲入宾阳城。

当陈诚发觉这一切而又无法挽救时，心中焦灼，莫可名状。当时李济深也在迁江，两人一见面，李济深吃了一惊，但见陈诚眼球突出，奇瘦骇人。本来陈诚就是五短身材，面目清瘦，但突然瘦成这样，也着实让人吃惊。于是，他再三问及，是不是神经出了问题，陈诚难过地说："眼看数十万生灵将被蹂躏于敌骑铁蹄之下，安能无动于衷!"

一盘好棋又被下烂了!此时局势已难以挽回。

就在日军第5师团和中国军队主力在八塘鏖战之际,日军的大批援军也连续冲破我46军、31军的防御,到达了南宁一带。

同时,日军海、陆军的100多架飞机也轮番出动,对邕宾路沿线进行疯狂轰炸,中国军队在制空权上的短暂优势也已经丧失。

1月28日,大雾弥漫之中,今村均带领盐田、冈本、樱田三个旅团的生力军,气势汹汹杀到五塘一带。守军99军利用大雾,顽强阻击,日军进展甚小。

2月1日,战场形势却急转直下,日军精锐的18师团已经绕到甘棠一带,向我后方挺进。同时,樱田的近卫旅团也脱离第5师团的指挥,快速突进,加入到了18师团的战斗序列。18师团登陆已有数日,但直到一天前中国军队才得到相关情报。如此状况,实在是贻误战机。

桂林行营见情势危急,遂急令46军、64军、66军各一部向甘棠一带集结。但这些马后炮已于事无补,日军已经占领甘棠,并急速北进,危及宾阳。国军援军3万余人在途中与日军遭遇,仓促应战,而日军又派出27架飞机加入作战,我军死伤惨重,纷纷溃散。

更要命的是,2月1日上午,日军7架战机飞往宾阳,对我重要军事设施进行了疯狂轰炸。38集团军总司令部未能幸免,由于遭到轰炸,司令部与各部队的联系中断,前线陷入各自为战的混乱境地。

2月2日,日军趁机攻入宾阳。昆仑关25个师的中国军队已陷入被日军包围的危险之中。第9师师长郑作民在突围途中,被打着黑伞的汉奸包围,其他汉奸登上屋顶以反光镜做引导,日机枪弹齐下,郑作民将军当场阵亡。

此时,不仅南宁收复无望,桂北也是岌岌可危。

迁江的桂林行营一片慌乱,急命大军后撤,放弃一线阵地,将主力集结在洪水河南岸,加强第二线阵地,以确保柳州。

2月3日,随着中国军队的大举后撤,昆仑关再度失陷。

日军兵力有限,也无力追歼中国军队。战场恢复了暂时的平静。

重回昆仑关,今村均重重地吐出压抑在心中的恶气,第5师团也暂时挽回了曾经丢失的颜面。

◎ 柳州整肃，蒋介石一石二鸟

2月22日，蒋介石飞临柳州。此时，日军因战线过长，兵力不敷，补给困难，已经撤出宾阳、昆仑关一线，在南宁以北二塘、三塘一带构筑工事，桂北的威胁暂时得到解除。

走下舷梯，望着阴云覆盖下的柳州城，蒋介石心情灰暗。面对前来迎接的白崇禧、陈诚等军政大员，他勉强挤出一丝笑容，略挥了挥手臂，就在众人的簇拥下钻进轿车，往城区赶去。

一路上，军政大员们明显嗅到了一种不祥的气息，个个神情紧张，相互之间很少搭话。尤其是白崇禧、张发奎，想起一周前军委会发来的那封电报，不免心中忐忑，那电报称："敌元夜（正月十五夜）广播称，华南派遣军鉴于此次历史性歼灭战之战果，元日对我高级将领发出长篇通告，指谪我作战拙劣等意，显有轻蔑之意。查此次战役，真夜（深夜）敌即广播放弃宾阳，而当日我前方部队似未发觉，几日后方有我军进入宾阳之报告，足证该地区部队未能确实与敌保持接触，战场搜索亦极忽略，殊属非是。"

从语气和行文来看，该电显然出自蒋介石之手，全文措辞之强硬，讥讽之强烈，之前少有。他们感觉到蒋介石要动真格的了。

桂林行营防空地下室是今天的会场。会上，蒋介石表情僵硬地开口说道："现在我可以先概括地说一句，就是这次失败的主要原因，是由于我们上级指挥官战斗意志薄弱，而且大家骄慢怠忽，竟至精神颓丧，决心毫无，乃致遭此失败的耻辱！我这个话，并不是故意危言耸听，老实说，我们如果没有精神，没有决心，不能发扬我们战斗的意志，那么，日汪密约，就要实行了。我们有了军队保有实力，也没有用处，虽未至亡国，也无异于已做了亡国奴！这样，我们还有什么面目见我们的祖先和后代子孙！所以，如照这次的情形长此下去，我们真有失败亡国的危险！大家不可不痛切反省，深自警惕！及时力求补过图功！"

接着，他拿起一本小册子，语气稍见缓和："大家可以看看，这是我们所拿到的敌大本营陆军部编发的《士兵须知》。这篇东西，大家都要拿来研究。要知道，平时我们得不到敌人的东西，无法去考察他；既拿到了敌人的文件，无论片纸只字，我们一定要注意研究！

"它当众所说'战斗的胜败，并非决于当时损害的大小，而系于战斗意志的强弱'，这三句话，可谓至理名言。

"即如我们此次桂南作战失败，就是因为我们一般将领战斗意志不坚强！我们切不可说我们此次失败并没有受什么多大损失，因为没有多大损失，就以为不要紧。要知道：如果我们的战斗意志从此丧失，那就无异于精神上已打了败仗，虽然物质上没有什么损失，而精神上已等于全军覆没了。我们军人打败仗有时无法避免，但如精神上战斗意志丧失，给敌人看轻欺侮，则生不如死……"

此语一出，夏威、叶肇、徐庭瑶这些集团军司令个个心中一惊，感到大事不妙，心中有鬼之人常会感到这些话就是针对他们的。

夏威心中最为紧张。此次作战期间，他常对人说："抗战是长期的，莫把本钱一下赌光。"因而，16集团军各部军心不稳，纷纷虚应战事，遇敌也不认真抵抗，结果日军长驱直入，从我军背后突入宾阳，致使我军全线崩溃。16集团军未能起到阻滞、袭扰日军的作用，因而对整个战局造成严重影响，身为总司令，夏威原就难辞其咎。更可气的是，会战正酣之际，夏威母亲亡故，他竟抛下军队回家守丧。这还不算，当白崇禧命蔡廷锴接替其指挥权时，他却拒不交接，战机就此贻误。

而徐庭瑶，开战伊始就在军事会议上，当着满屋的军、师长说道："我先给大家透个底，万一支持不住的时候，可以自行撤退。"

预2师师长陈明仁当即站起来大声反对："不行！现在是紧要关头，提都不能这样提。"

徐庭瑶看了一眼陈明仁，见他虎目圆睁，怒气冲冲，知道陈明仁脾气暴躁，敢于犯上，但又是一员难得的悍将，连委员长也非常看重，所以，也不跟他计较，只是说："退下来，还可以在广西境内打游击嘛！还是可以守卫桂南嘛！"

陈明仁不依不饶："我们预2师退不下来。"

徐庭瑶出身北洋军，几十年的官宦生涯，早已将他的锐气消磨殆尽，面对这种尴尬局面，也只好不耐烦地说道："大家看着办吧！"

因此，说到"无战斗意志"，徐庭瑶无疑就是一个活生生的例子。

至于叶肇，更是以善于逃跑而闻名。

淞沪会战后，叶肇的66军负责保卫南京，他一面信誓旦旦说"誓死保卫南京，与南京共存亡"，但刚和日寇交锋就全军溃散。他混在难民群中只身逃亡。

后来，在逃跑的路上被日军俘虏，他冒充伙夫，身份才没被识破。途中，日军让他负背行李，跟随行军。晚上驻宿，他见没有守卫，才趁机逃脱。

南京失守后，66军在湖南茶陵整补，1939年参加南昌会战，竟也取得了一些战绩。薛岳揣摸蒋介石的意旨，给予66军"钢军"称号，用以挽回叶肇在南京丢失的声誉。之后，叶肇回到广东，就任第12集团军副总司令，他在对部下训话时，竟大言不惭地说："我叶肇在外边打了好几场大胜仗，你们在广东为什么屡吃败仗？"

此次反攻南宁，叶肇的老毛病又犯了。他无视军令，消极避战，造成全线崩溃，自知罪责难逃。

就在这些将领心怀鬼胎、忧惧不安的时候，蒋介石提高了调门继续说道："大家骄傲轻忽，不研究，不准备，这是我们过去失败的主因，也是我们现在和将来所应力改切记的教训。外国人常对我说，我们中国人很聪明，但不重研究；因不研究，所以无论大小事情多半失败！你们看我前年在南岳会议对于第一期抗战的总评，和对第二期抗战各项要则，以及我最近所颁发的抗战手本，已将我们过去抗战所发现的缺点和应改进的事项，与一切典范条令当中的精要事项，费了许多心血摘要给你们，但你们是否精心研究过，随时实行？我请问一下，抗战手本，出版已有二三个月，不知道你们全部看过的有几人？"

台下黑压压坐着上百人，统计后只有22人举手。蒋介石大为失望。

"你们做主将的都不曾研究力行，那么你们部下一般官长都不去认真研究实行，就更可想而知了！如此懈怠疏忽，不努力，不前进，打仗当然要失败！而受敌人如此的轻视侮辱情何以堪？以后大家要刻骨铭心，拿此次失败作教训，来洗刷我们的耻辱。"

蒋介石清楚，国民党军人的一大弱点就是马虎潦草，凡事很少认真对待。就拿此次会战来说，军委会三令五申，严厉督促，前线将领仍是我行我素，置若罔闻。

但他也知道，在座的不少地方将领，不但有私心，而且暮气沉沉，痼疾已深，可以指望的还是那些黄埔门生。

蒋介石在台上慷慨激昂地说，众将领在台下听，大气也不敢喘。可这种训诫说了多少回了，又有多大的作用呢？作为曾经的留日军官，蒋介石非常清楚中、日两国的差距。中国近代以来积贫积弱，日本明治维新以来，进而在30年之内，一跃成为东方霸主。两相比较，中国和日本差距甚大，要在几年内抹平是不可能的，只能激励斗志，提升士气，或可有些弥补。

会议的第二天、第三天，还是在总结经验教训。

会议总结出日军的四大优势：快、硬、锐、密。

当然，也总结出日军的四大弱点：（部队）小、（时间）短、（纵深）浅、（后方）虚，也就是说，日军兵力有限，没有纵深作战的能力。

蒋介石在会议最后的总结中说道："现在总结起来，重新对各位说一遍，就是大家要确认今后敌人只有小部队作战，而我们可用大部队进攻；敌人只能做短时间的侵犯，而我们却可以长时间来周旋；敌人只能做近距离的进攻，而我们可用纵深配备来击破他；敌人后方一定空虚，而我们更可断行全力攻击以制胜！就敌人的长处来说：以我之'稳定'，足制敌之'快'；以我之'坚韧'，足克敌之'强硬'；以我之纵深'伏兵'，可挫敌之'锐利'；以我之谍报'严明'，可破敌之'秘密'伎俩。"

会议进行到此，最后一项该进入正题了：赏功罚过。

来柳州之前，蒋介石就已做好了整肃的准备。会议闭幕之前，军委会还是公布了奖惩名单。虽是例行公事，但此次整肃处罚的将领之多、职位之高，却是之前任何一次会战所没有的。

桂林行营主任白崇禧督率不力，由一级上将降为二级上将；

军委会政治部部长陈诚指导无方，由一级上将降为二级上将；

第37集团军总司令叶肇扣押，交军事法庭会审；

第38集团军总司令徐庭瑶、第36军军长姚纯、第66军军长陈骥、第99军军长傅仲芳、第36军参谋长郭肃、第49师师长李精一、第160师师长宋士台撤职查办；

第9师师长郑作民已阵亡免究，该师番号取消；第135师师长苏祖馨撤职留任；

第135师405团团长伍宗骏扣押，交军事法庭会审；

另外，第四战区司令长官张发奎被记大过一次。

第35集团军总司令邓龙光、第46军军长何宣、第76师师长王凌云记功一次。

同时，取消叶肇、徐庭瑶、蔡廷锴3个集团军番号；桂林行营不再指挥各部队，其所属部队，按战斗序列划归第四战区指挥；第四战区司令部由韶关迁移到柳州。

越是表面平静往往风浪越大。一次整肃就包括2名军委会负责人、1名战区司令长官、2名集团军总司令、3名军长、4名师长被处分，可谓是空前绝后。它既显示国民政府的抗战决心，提升了全国军民的信心，也为蒋介石最终解决两广问题打开了局面。

对蒋介石来说，两广一直是心腹大患，久除不去。这次战败，恰好给他提供了机会，让他得以顺利地剪除那些两广实力派。

当然，他要区别对待。对白崇禧，由于根基实力尚在，加之其人才可用，因而只是剥夺了他的兵权，回重庆专任副总参谋长。为了安抚桂系，又对作战不力的夏威等人网开一面，留有余地。

而对张发奎来说，这处分背的就有些不讲理了。说来，张发奎和蒋介石结怨甚深。自北伐起，张发奎一直作为汪精卫的主要支持者，曾给蒋介石制造了不少麻烦。据说半年前，汪精卫一到广州，就派出人去招降张发奎，张发奎当即予以拒绝。这件事虽然隐秘，但多多少少还是传到了蒋介石耳中。众所周知，张发奎和汪精卫渊源极深，倘若一时迷误，利令智昏，真的和汪精卫搞到了一起，华南就非重庆所能控制了。

基于种种考虑，蒋介石战前就向张发奎发难，先是剥夺他对广东的控制权，转而让他指挥桂南、粤南一隅。

张发奎一气之下，撂挑子跑回始兴老家，并大发牢骚说："我这个第四战区司令长官，名义上和责任上虽然指挥两广地区对日作战，实际上蒋赋予我指挥的始终只是两广地区之一隅。我身任这样一个名不符实的职务，面对着如此凶猛狡黠的敌人，任何人都不难想到，如何运用本战区之全部力量对付当前的敌人，实乃极伤脑筋而又极觉难堪之事。"

张发奎的牢骚话可以说是肺腑之言，其遭排挤之苦，怨愤之情，溢于言表。

张发奎撂挑子，第四战区的事可就不好办了。不久，陈诚、白崇禧以及侍从室主任张治中等接连打来电报、电话加以规劝，催促他到迁江赴任。

张发奎目睹国家的危难，再加上众人相劝，感到个人的进退荣辱，不能萦挂于怀。

想起抗战爆发时，面对日军的步步紧逼，他也曾激愤告天下曰："如果这次再不能对日作战，那么我决定入山为僧，今后永不问世事。"结果，淞沪会战打响，他被任命为右路军总司令，率部奋勇抗击。3个月后，国军大溃退，日军从侧背攻入，在战略上对我成包围之势，张发奎临危不惧，慷慨表示："誓流最后一滴血，尽最后一份力，死守下去。"在他的努力维持下，局面才没有变得更坏。

眼下，就是有再多委屈，也得压在心里。他离开老家，和陈诚、李济深一道，赶到桂林行营的前线指挥部迁江。

孰料，此时局势已无法挽救，桂林行营早已拟好了撤退命令。召他前来，只是为了联名签署，共担责任而已。当时，白崇禧告诉他："今晚的情况已不容丝毫考虑。"张发奎不明就里，就稀里糊涂地签下了自己的名字。

张发奎遭此惩治，实在是含冤被屈，着了蒋介石的道儿，以至于9年之后，国民党政权在大陆败退前夕，旧恨难消的他，甚至鼓动白崇禧在广州发动兵变，扣留前来收权的蒋介石，以真正获取对国民政府的控制权。

当然，这是后话。

其实，蒋介石之所以做出如此大的动作，一方面除了广西因素和个人恩怨外，更多的还是出于军队人事刷新的需要。

当时，很多军队将领思想陈腐，暮气深重，根本担当不了指挥现代化战争的重任，必须加以更换。另外，出于建立个人独裁统治的需要，也必须在军队中培养一批忠于领袖的年轻军官。这样，建立以黄埔军官为主导的军队人事体系，就成了蒋介石的重要谋略。

在具体实施的关口，一石二鸟的游戏只是蒋介石毫不费力的一个习惯动作。

"西安事变"后，何应钦成了他的眼中钉。几年来，他一直在努力铲除何应钦的势力。蒋鼎文、刘峙、顾祝同都被放在了不太重要的位置上，而这次桂南溃败，徐庭瑶就顺理成章地成了被整肃的对象。

徐庭瑶，人称"装甲兵之父"，有一定的军事才能，对国民党军装甲兵的成长做出了不小贡献。但他在"西安事变"时却误判了形势，作为何应钦的得力干将，担任讨逆军的前敌总指挥。这下，就大大得罪了蒋介石。

蒋介石同历代枭雄一样，生性多疑，有仇必报。几年来，他一直隐忍不发，只是还有用得着徐庭瑶的地方。一年多来，借他之手练出了精锐的第5军，并推出杜聿明等一批将才。如今，适值兵败，自然可以算算总账了。当然，徐庭瑶也是咎由自取，此次会战指挥无方，消极畏敌，如此将领，整肃一番也无话可说。

柳州整军，国民党军将领大受震动。此次会议的最大亮点，除了要求向日军学习，进而激励士气之外，更重要的是黜退了大批无能将领，为杜聿明、郑洞国等一批黄埔青年才俊的脱颖而出铺平了道路。

从这一点来说，柳州会议也算有些收获。

◎ 认贼作父，汪精卫踏上了不归路

一提到抗日战争，很多人自然而然地就会想到侵略、屠杀、毁灭这些令人沉痛的词汇，但是作为中、日两国间的一场浩劫，其复杂程度显然不止于此。尤其对一些日本人，甚至直接或间接参与了这场侵华战争的日军将佐，一些怪异甚至是矛盾的现象，似乎同样值得我们思考和关注。

透过历史的尘埃和时代的更迭，我们会发现：不少日本侵华战争的始作俑者，除了疯狂与愚顽之外，对于大中华这个古老帝国，却也有着非同寻常的复杂感情。

1911年，当武昌起义的消息传到朝鲜的时候，一个军阶仅为少尉的日军小队长，立刻集结起手下的几十个士兵，跑到山上向天鸣枪，泪流满面地高声喊道："中华民国万岁！"

这名少尉就是日后策划"九一八"事变而出名的石原莞尔。此时的石原虽然是以侵略者的身份站在朝鲜的土地上，但他还是真诚地在为新生的中国祈福。也许在他看来，完成"攘夷"大任的革命党人，不仅会带领大中华走向文明的新生，并且会与日本一道完成东亚文明的进步，进而共同抵御西方列强的入侵。

但是，这个曾经的理想主义者，在目睹辛亥革命后中国依然乱象丛生的局面，理想破灭了，观念也发生了180度的大转弯，完全转向了社会达尔文主义。和他的民族一样，石原莞尔这时认为汉民族衰朽不堪，无法获得文明的再生，只能由日本东洋文明取而代之。多年之后，在他亲自策划、导演之下，"九一八"事变终于爆发。此战，不仅开了日本军人"以下克上"的恶例，而且最终把日本拖入了侵华战争泥潭。随着战争的深入，他的"东亚联盟"理论也被他的政治对手东条英机等人拾起，成为建立汪伪南京政府等伪政权的理论来源。

尽管劣迹斑斑，但是他却是日军中具有战略眼光的少数将领之一，他甚至主张消除日本人的优越感，平等对待被占区各民族，并且致力于阻止中日战争的扩大。无论是何原因造成石原态度的转变，但随着他在日军中的边缘化，他的存在似乎只能印证日本人战略眼光的短浅、人才的缺失，再影响不到什么了。

可怕的是这类人物还不止石原莞尔一个。

说到日本人的中国情结，北一辉自然是绕不过的。他不同于石原莞尔这些年轻后生，对中国只有浮光掠影的印象，他本身就是中国革命的亲历者甚至是参与者。

中国同盟会成立之初，在仅仅8名日籍会员中，就有"北一辉"的名字。在同盟会内部，北一辉并非只是作为一个配角而存在。他与宋教仁、谭人凤、张群等著名革命家过从甚密，结成莫逆之交。谭人凤为建立同北一辉的世代情谊，甚至将孙子交由北一辉抚养，更名为"北大辉"。宋教仁被暗杀后，北一辉积极奔走，为查明真相而努力。不仅如此，他甚至还参与了早期革命党的核心决策，作为宋教仁的智囊而在日本四处奔波。

辛亥革命爆发后，在日本军部也有以山县有朋为首的一些人，当即主张派兵进占中国，说是为了延续清朝的君主统治。当时，宋教仁就曾通过北一辉的关系，与当时黑龙会的领袖内田良平保持紧密的联络，希望日本朝野能寄希望于革命党人，力阻日本以军事力量破坏中国革命。果然，通过这些有影响力的日本民间人士的努力，日本政府一改初衷，对中国革命持观望态度。中华民国于1912年1月1日顺利成立。

然而，就是这样一个人，却在1919年五四运动后，迅速走到中国革命的对立面，露出了他极端民族主义的真实面目，写出《日本改造法案大纲》这一日本军国主义的奠基之作，极力鼓吹对内集权、对外扩张，成为日本军国主义的始作俑者。

但是，历史有时也会闹出一些笑话，让人大跌眼镜。汪精卫这个曾经的反清民族英雄、民国政治领袖，却偏偏为了一己私利相信了日本人的谎言，最终投入日本人的怀抱，做了可耻的汉奸。

这其间，犬养健、影佐祯昭等人起到了关键作用。

犬养健本人倒没有多大的影响力，但他的父亲犬养毅在日本却是非同一般的人物。犬养毅既是中国革命的赞助人，和孙中山等人交情深厚，并且还是日本政党政治的领袖，在首相任内，因为反对军部势力的扩张而被军人刺杀。

在孙中山以日本作为革命基地时期，犬养毅除靠自身力量给予经济援助外，还大力游说日本各种民间团体给予有力援助。同时，中国革命党还以他为桥梁，建立了与日本政界、财界的联系。

而汪精卫，作为孙中山的信徒，在与日本友人的长期交往中，自然产生了对日本人的某种好感。在近卫文麿抛出"善邻友好""共同防共""经济提携"三原则后，汪精卫真的就相信了。加上又有犬养健等人出面诱降，汪精卫联想到他们之间的老交情，利令智昏，终于踏上了为国人痛恨的不归路。

汪精卫叛国投敌，也是一步步滑向深渊的。汪精卫本身就不是一个善与他人合作的人，这一点连日本人都知道。自认为才情、资历在国民党内无人可敌的汪精卫，眼见着蒋介石一步步爬上权力的巅峰，两人的矛盾越积越深，最终不可避免地走向决裂。

当汪精卫逃到越南还在犹豫观望时，蒋介石曾派陈布雷拿着证件和金钱劝汪出洋，汪精卫也曾动摇过。但戴笠指挥他的军统人员，不合时宜地在河内刺杀汪精卫。刺杀失败后，汪精卫再无退路，只得弃蒋而去。一路上，他还梦想着日本人曾许诺的中日提携、从中国撤兵，他与日本人合作建立的新政权能获得平等的地位。按理说熟悉日本人的汪精卫不该这么幼稚，但汪精卫还是这么做了，除了利令智昏，恐怕再难有其他解释。

这之后，汪精卫对外一直说，似乎能使中国摆脱战乱、给中国带来和平的只有他，一度弄得蒋介石也十分紧张，生怕日本人真对汪精卫做出一些让步而使他陷入被动。甚至直到进入上海之前，汪精卫一伙还在忸怩作态，处处标榜自己的尊严。陈璧君代汪精卫扬言，谈判若不达成，汪精卫则坚决不下船登岸。高宗武、陶希圣两人更是拒绝日本人提供住宿，坚持自己解决。

可日本人（准确说部分日本人）只不过想扶持一个傀儡政权，想获得平等对待，甚至想让日军撤兵，实在是天真得够可以的了。在日本人的步步逼迫下，哪里还有汉奸们讨价还价的余地？汪精卫去了一趟日本，东京虚应的面子还是给了他，但在原则问题上不但一步不让，原先答应的很多事也不再提了。威逼利诱下，汪精卫一伙几乎完全答应了日本人的条件。承认伪满洲国，承认蒙疆的实际独立地位，承认日军在华北、华南、长江下游的驻兵权，厦门、海南岛在事实上割让给日本海军，中国军政体系要全面聘用日籍顾问，中国的矿产等资源由日本优先开发等。开出这样的条件，无疑是要把中国变成日本事实上的殖民地，与近卫文麿首相最初的美妙承诺南辕北辙。

这种屈辱的结果，不仅惹得汪精卫一伙大为不满，就连一些参与诱降的日本人也感到过意不去。

参与诱降过程的中国派遣军今井武夫大佐承认："由于权益思想作怪，政府各省趁机另行追加上去的条款是不少的。我敢大胆地说，这个草案不过是赤裸裸地暴露了帝国主义设想的要求而已。"

犬养健、影佐祯昭、堀场一雄等人也感到前途暗淡。他们知道，这些合作条件一旦公布，只会抬高正在重庆抵抗的蒋介石政府的地位，而成为傀儡的汪政权是无法和实力强大的蒋介石政府相提并论的。成立这样的政权不为中国人认可，又有什么存在的意义呢？

很快，汪精卫集团内部又出了问题。高宗武、陶希圣出逃香港，并于1940年1月22日，通过香港《大公报》，正式公开了汪精卫与日本签订的《中日新关系调整纲要》及附件。同时，在《致大公报信》中，二人也公布了日、汪谈判签订密约的过程。

高宗武曾是国民政府外交部亚洲司司长，原本年轻有为，长期担当对日谈判工作。1937年"卢沟桥事变"后，曾受命于蒋介石，多次赴香港和日本人进行和谈。不过谈来谈去，他带回的却是日本人要蒋下野的结果。蒋介石盛怒之下，就让陈布雷代他将高宗武痛斥了一番，并宣布断绝一切谈判。之后，高宗武与汪精卫一拍即合，转而为汪精卫效力，成为日汪合流的主要参与者。

而陶希圣本是一个卓有成就的学者，他是最早利用唯物史观进行历史研究的学者之一，在国内曾与郭沫若齐名。也不知他错搭了哪根筋，放着好好的学者不做，热衷官场钻营，最后竟追随汪精卫去做了汉奸。

但到了上海之后，他们才发现上当受骗，日本人的许诺一条也没有兑现，反而是变本加厉。比起袁世凯时代的"二十一条"，其卖国程度甚至有过之而无不及。假使签订了这项密约，整个国家的前途就要被葬送。二人良心未泯，深知若这样下去的话，就真的成了汉奸，成了千古罪人，二人苦闷彷徨，不愿在其中越陷越深。加之汪精卫一伙集合的尽是一些残渣余孽，相互之间为争权夺利弄得鸡飞狗跳。高宗武一向自视甚高，一心要做汪伪政府的外交部长。但汪精卫嫌他年纪太轻，仅仅三十挂零，资历又浅，就打算自兼外交部长，以高宗武为次长，代行部长职务。高宗武自认为出力最多，竟然只能屈居次长之位，因此愤愤不平。

陶希圣的不满更为严重。他自以为运筹帷幄，出力不在周佛海之下，没想到仅仅挂了一个常委的虚衔，另兼伪国民党宣传部长。在国民党内，宣传部长一向不被看重，和坐冷板凳差不多。他见周佛海捞到了财政大权，更是心生嫉妒，就向汪精卫表示，退而求其次，有意做教育部长。哪知道，汪精卫已将该职位许给了所谓的无党派人士赵正平。陶希圣失望之余，加之和汪精卫的亲信梅思平结怨甚深，两人相互攻击，犹如水火。另外，又和宣传部副部长林柏生闹得很僵，总认为林柏生不买他的账，不把他这个"中宣部长"放在眼里。因此，对汪精卫等人也是深为不满。

就这样，一场内讧之后，二人决定迷途知返。在杜月笙弟子的协助下，二人带出日汪密约，秘密逃往香港。

消息公布之后，紧接着，重庆、上海的报纸也纷纷加以转载。

一时间，国内外舆论一片大哗，讨汪之声如排山倒海一般，原本还有些将和平希望寄托在汪精卫身上的人此刻也都倒向了重庆。汪精卫一夜间成了人人得而诛之的卖国贼，苦心经营许久的日汪和平宣传也彻底失去了人心。

消息传到南京，如晴天霹雳一般，汪精卫一伙惊恐万状。

首先是汪精卫，顿足捶胸，如丧考妣。他深知日汪密约一旦公布，他的名字将被永远钉在历史的耻辱柱上，历万劫而不能翻身。于是，大骂高、陶："窃取和案，居为奇货，向重庆方面告发。此种行为，不仅怯弱，且适足以表现其蒙受诱惑，自堕人格矣。卑劣至此，实堪浩叹。"

周佛海等人也惶惶不可终日，咬牙切齿，痛骂高、陶两人为畜生，发誓要杀掉两人。

经此打击，汪精卫索性撕破脸面，汉奸就汉奸吧。为了不让日本人失望，汪精卫开始卖力地表演。他先是恶毒攻击蒋介石，极尽侮辱之能事。在广州，他抨击蒋介石："对自己的个人利益看得比民族利益重得多……在西安把国家奉送给了共产党和第三国际，作为保他一条命的报答。"回到上海，又骂蒋介石是"一个自命不凡的独裁者，甚至连做一个普通人的最起码的伦理道德品质都没有"。

更令人匪夷所思的是，他竟断章取义地声称中、日两国共荣共存是孙中山思想的遗产。因为孙中山曾经讲过，"没有日本就没有中国，没有中国就没有日本"，所以，他汪精卫今天做的一切并非汉奸行为。

1940年3月30日，汪精卫的南京伪中央政府打着"还都"的名义粉墨登场了。

汪精卫眼中大喜的日子开头就不顺，就职典礼在时间选择上差点没闹出笑话。汪精卫原打算在4月1日举行"就职大典"，但林柏生知道后急忙对他说："刚才我看了商务印书馆出版的《世界节日巡礼》，发现4月1日为欧美国家的愚人节，我们定在这一天还都南京，似乎……"

还未等林柏生说完，陈公博就插了一句："汪主席，我建议改换一个日子。"

汪精卫听了，苦笑一下，没想到做个汉奸还要被节日嘲弄。但显然4月1日不行了，于是就提前两天，定在3月30日举行。

受到上帝的嘲弄倒也罢了，没想到日本人也前来搅局。

日本人本来主张废止青天白日满地红的国旗，代之以北洋政府的五色旗。因为青天白日满地红的图案让日本人看着很不舒服，在这面旗帜下，日本的军国主义正在遭受着前所未有的抵抗。但汪精卫坚持用这个国旗，最后双方达成妥协，在国旗下增加一个写有"和平、反共、建国"字样的黄色三角巾。这一改，不伦不类，反倒让蒋介石吃了苍蝇一般腻歪。

在南京粉墨登场的汪精卫虽陷风暴旋涡,但他岂肯甘于失败。他鼓动如簧之舌,开始四处发声,为自己辩解。

> 怎样才能担负起和平建国的责任呢?就要一句话,有罪己的精神。
>
> 罪己的精神,与傲慢不同,与卑屈更不同。何以说与傲慢不同呢?如今重庆方面还有人说:"这次的战争,日本是侵略者,中国是被侵略者。所以,只要日本撤兵,就一切完了。"这是彻头彻尾的傲慢精神,因而酿成战争。
>
> 酿成这一次的战争,中国方面全然没有责任吗?"中国是被侵略者。"中国何以被侵略呢?因为中国极弱。中国何以会积弱呢?因为中国之内军阀纵横、共匪猖獗。中国何以会军阀纵横、共匪猖獗呢?因为中国政治没有修明、经济没有发展。这样,能说中国没有责任吗?
>
> 中国以前因为傲慢,弄到这步田地,如今这种傲慢精神还不除去,恐怕非至亡国灭种不止。

真不知这是什么逻辑,也许正应了一句名言:"天欲令其亡,先使其疯狂。"按照他的逻辑,中国之所以被侵略,就是因为中国不行。弱者被欺凌,就不应当反抗,应该一直忍受下去,直到侵略者满意为止。能说出这种话,汪精卫不但在政治上破产,精神上也完全丧失了人格。

但汪精卫不愧巧舌如簧,即使当了汉奸,也能把自己吹捧得如圣人一般。他说罪己的精神与卑屈不同:"有些人说:'中国因为军事失利,眼见得抗战到底,最后胜利是无望了,所以不得不低声下气,讲求和平,以求苟延国家民族生命。'这是卑屈精神,是怯懦的,是苟且的。懦弱和苟且的人,绝不能担负起和平反共救国的责任。"

接着,他又请出孙中山来,要求国人用孙中山的大亚细亚主义来反省自己,说"日本的真正希望,不在中国之灭亡,而在中国之兴隆"。

此篇演说一出,日本人大为赞赏。日本中国派遣军政务参谋堀场一雄中佐就说:"他对调整日华新关系的实质的理解程度,有的地方甚至超过日本政府之上。"

在汪伪政权闹得正欢时，板垣征四郎、冈村宁次等日军实力派人物却冷眼相待。他们知道中国的实情，对手无兵权的汪精卫几乎不抱任何希望。他们是对的，那些原本盼着汪精卫能带来新局面的日本人很快就品尝到失落的苦涩。尤其令他们沮丧的是，汪精卫的利用价值竟如此有限，南京新政权几乎没有招降到一个国军的重要将领，昔日的得力干将张发奎、龙云、薛岳、李汉魂等不但没一个人过来，反而对他避之唯恐不及。活动了一年，只有几个不得志、明显带有投机意味的原地方军阀将领落水。

再看汪精卫身边，尽是一些政治垃圾。周佛海、陈公博号称汪精卫的左膀右臂，却是出了名的墙头草。周、陈二人曾是中共党员，但是世事难料，二人先是背叛中共，做了国民党的鹰犬；如今又背叛国民党，跟着汪精卫下水做了汉奸。

而提起上海特工总部76号，李士群、丁默邨两人则更是臭名远扬。和周佛海、陈公博一样，两人也是先叛变中共，进入中统，后又投靠日本人，做了汉奸。大凡做了叛徒，很多人为了献上"投名状"，都会不择手段地对付自己以前的同事和下属。贺衷寒、顾顺章、叶青、文强、龚楚都是如此，而那些再由叛徒堕落为汉奸的，像李士群、丁默邨两人，则更是变本加厉，连基本的做人底线也丧失殆尽。人一旦丧失了底线，连魔鬼都害怕。

由于汪精卫等人没有独立行动的能力，所以大部分军、警、特任务都交由76号来完成。结果，经过李、丁二人的卖力表现，76号就以其独有的邪恶而被冠以"魔窟"之名，甚至在中国人眼里，76号就是汪伪政权的代名词。

日本人看在眼里，也对汪精卫等人的无能深深失望。本来他们以为汪精卫伪政府的建立，就算不能搞垮重庆政府，至少也能拉过来一批国军将领，或得到一部分中国人的支持。没想到汪精卫就是个银样镴枪头，一件大事没办成，只能靠特务来维持存在。

无奈之下，日本人还是得把眼睛重新瞄向远在重庆的蒋介石。要想早日摆脱窘境，从中国战场脱身，纵使蒋介石不好对付，那也是绕不过去的坎儿。

转了一圈，事情又回到了原点。

◎ 扑朔迷离的和谈，不了了之的结局

大和民族是一个精明的民族，但有时却是聪明反被聪明误。尤其当一些野心家把持了这个民族的命运，由于他们的自负多来自战术上的精准，而战略上的失误有时令人匪夷所思。更不可救药的是，这些日本人一旦犯下战略性错误，往往就是一连串的。道理很简单，随着错误的加重，他们没有壮士断腕的勇气，只能制造另一个错误来掩盖前面的错误。

对于诱降汪精卫，本来很多日本将领都是竭力反对的，如日军第11军司令官冈村宁次中将，日军特务头子土肥原贤二中将，"兰机关"的负责人和知鹰二大佐……

面对质疑，中国派遣军参谋次长铃木宗作少将也不得不承认："我们非常清楚蒋介石是中国杰出的人物。我们必须通过他去做工作……我们也注意到汪精卫在历史上总是抛弃同他合作的人。不过，在目前形势下，日本最多也只能找到像他这样的人。"

而在日本国内，大阪《每日新闻》的记者松本宗吉也声称："重庆政府仍旧得到千百万中国人的拥护，大多数中国人是反日的，因此日本和汪必须进行一场长期宣传战，能争取多少中国人就争取多少。"

最有代表性的质疑发生在日本国会的一场辩论中。民政党领袖斋藤隆夫就中国问题，向这个虚设的立法机构发表了一篇极具震撼力的讲话。面对那些被他的话吓得瞠目结舌的国会议员，他痛斥了日本政府的对华政策达两个多小时之久，他宣称："政府使用诸如'国际正义''道义外交''共同繁荣'以及'世界和平'这一类词句，但是要了解这些词句的意思，那就好比水中捞月那样。"

斋藤隆夫尤其对日本政府支持汪精卫感到恼火，他害怕这种错误的合作会使日本与重庆和解的大门彻底关上。在表示对汪精卫尊敬的同时，斋藤向国会上了一堂关于国际法和国家力量的课："当我退一步考察局势时，我简直不能理解那个（汪）政府将从哪儿获得力量。根据国际法，一国之所以成其为国家，它必须有能力控制自己的内部并且履行其对世界各国的责任。从哪里去取得实力来做这些事呢？取自军事力量。不论你建立什么样的国家结构……没有军事力量就没有一切。这在中国历史上表现得特别明显——一个新的政权总是拥有优势力量……蒋介石拥有那种力

量，所以他能统一中国……但是这个新政府有那种力量吗？"

斋藤隆夫自问自答说："汪政权从上到下全是匪徒和被打败了的散兵游勇，根本毫无能力去建立国内和平。如果日本政府想要把这个政权扶植起来，不可避免地要在人力和财力上做出重大牺牲。"

斋藤隆夫为这次演讲付出了高昂的代价，他由于"诋毁圣战"而被众议院纪律委员会传讯，随后被开除出国会。他的演讲，成为日本大正民主的最后绝响。

其实，不用斋藤隆夫提醒，日本军政高层也明白，支持汪精卫就意味着毁掉了通往重庆的最后桥梁。但是，谁会愿意为之前的错误埋单呢？谁又愿丢掉已经到嘴的肥肉呢？对既得利益的贪恋是利益集团的本性，除非有伟大的政治家出现，敢于顶住压力，壮士断腕，才能获得长久的机会。自然，日本军国主义出不了这样的人物，也就根本无法解决深陷中国的问题，从而获得自救的机会。

就这样，他们在认识到扶植汪精卫的错误后，只能背着沉重的包袱又接着犯下了另一个错误。刚刚由陆相调任中国派遣军参谋长的板垣征四郎宣称："新的汪精卫中央政府的首要职责，就是努力同重庆和好。"

意图很明显，他们想的是蒋、汪合流。几年来，由"不以蒋介石政权为对手"，到以蒋介石下野为条件的和谈，再到蒋、汪合流，日本人终于认识到了自己的失败，开始要有所改变。但这种想法实在幼稚，单独一个蒋介石都搞不定，现在要让蒋介石与身败名裂的汪精卫合流，只能说明他们对蒋介石和中国政治的无知，事情还没开始就注定了失败。

1940年3月，日本军方正式派出中国派遣军高级参谋今井武夫大佐赴香港主持和谈。同时，日本参谋本部第八课课长臼井茂树大佐也加入其中。

中国方面则派出了陈超霖、章友三、张汉年等人。其中，陈超霖的身份是重庆行营参谋处副处长，章友三的身份是最高国防会议主任秘书，张汉年则为侍从室副主任。

其实，日本人对这些安排兴趣不大，陈超霖等人不过是一些名不见经传的小角色，真正让他们对这次和谈产生兴趣的则是宋子良的参与。

宋子良，宋子文的胞弟，长期从事国民政府的参政金融事务，是宋氏家族的一个重要人物。几个月前，香港大学教授张治平居中透露，重庆方面有意派出宋子良参与对日和谈。

日本人听到这个消息，大为振奋。他们知道，宋氏家族在中国政治格局中的分量，宋子良的背后，就是中国最为核心的政治力量。由此，日本人相信了蒋介石和谈的诚意。

不知是巧合还是有意为之，和谈期间，蒋介石的夫人宋美龄几度飞临香港，香港媒体予以大量报道，给今井武夫等人造成了宋美龄前来亲自指导和谈的印象。并且，日本人还了解到，中国方面除了通过无线电和重庆进行联络外，还专门派出联络人员，每天乘班机往返于香港和重庆之间，以便在次日的谈判之前，接到蒋介石的亲自指示。中国代表夸耀说，这和在重庆谈判并无两样。经过中国方面的这番折腾，今井等人消除了疑虑，开始了正式谈判。

3月7日晚9点，双方谈判代表齐聚在东肥洋行，开始接触性会谈。

东肥洋行由日本超级间谍宗方小太郎创立，说起来也是很有些历史了。1893年，他先后拜访了诸多日本政要，在他们的支持下，他在汉口乐善堂旧址设立了一家名为"东肥洋行"的商行，并于熊本设分店。但该商行并未从事任何商业活动，一开始就以创设报刊为掩护，积极进行间谍活动，同时借报刊混淆视听，开展对中国的文化侵略。一直以来，东肥洋行都是日本间谍活动的大本营。

中国方面对这些历史瓜葛不甚了解，只是觉察到东肥洋行是日本人的势力范围。那时的香港，远没有像今日这样寸土寸金，人满为患，城市郊外还是大片的荒地。东肥洋行在香港设立的"商行"地处偏僻，夜间几乎无人通行。黑黢黢的夜幕下，日本人在洋行周围布下了大量的便衣警卫。他们三三两两，不住地探头缩脑，给中方代表平添了几分压力。看到这种情况，中方也不示弱，让军人出身的张汉年负责警备，在前往洋行的山道上也布置了相当的力量，隐伏在路旁的密林之中。

就这样，谈判还没开始，双方的角力便提前登场。几点灯光之中，诡异的气氛弥漫了整个暗夜。

洋行二楼的会客厅里，今井武夫粗壮的身影晃动在众人面前。他一身西服打扮，白白胖胖的圆脸，双眼瞪得溜圆，活脱脱一个精明强干的商人模样。其实，为了掩人耳目，他正是以日本商人的身份进入香港的。

今井武夫打量了一下中方代表。宋子良之前已经有过接触，此人面孔白皙，身材不高，在1.6米左右，年龄在40岁上下。他英语说得很流畅，举止优雅，态度谦逊，常常把雪茄夹在指间，给人的印象很好。而陈超霖等人也中规中矩，并不缺乏高级官员的那种从容不迫的气度。

今井武夫对开场的气氛很是满意。双方寒暄过后，他站起身来，第一个开了口："此次会谈，旨在探讨召开日华和平会议可能性的问题。所以，关于和平条件只能就其大纲加以研究，即使遇到双方意见不一致时，希望相互谅解彼此的主张，避免决裂，经过再次研究后重新调整意见，我方务求设法促成正式会议的召开。"

本来，东京的参谋总长闲院宫载仁亲王已经下达指示，不可表现出日本对谈判的积极态度。但今井武夫一开始就流露出对和谈寄予重大希望的意思，他觉得应该先给足了中国人面子，中国人才会迎合他们的意图。

但中国方面并不买账，只是由陈超霖率先亮明中方的意见："由重庆启程前，蒋委员长特别强调了以下三点：（一）必须得到日本撤兵的承诺。（二）明确日方的和平条件。（三）要在绝对秘密中进行会谈。以上三项，务希日方委员予以协助。"

今井武夫见中方已将要求和盘托出，也就不客气地表示："中国必须停止抗日。"

中国方面，章友三曾做过驻德大使馆参赞，具有丰富的外交经验，中国方面由他来作为谈判的主讲人。面对今井的咄咄逼人，章友三微微一笑道："那是自然啰。"

今井武夫得寸进尺，又要求道："应当承认'满洲国'。"

章友三试探着提出了一个折中案："愿使它作为中、日两国的保护国。"

东北地区是日本的禁脔，绝对不容中国对它有任何想法，今井武夫开始信口雌黄："'满洲国'现在是很好的'独立国'，没有作为保护国的必要。"

其实谁都知道，"满洲国"就是日本的殖民地，今井武夫如此颠倒是非，章友三当然表示反对："希望保留本问题。"

今井武夫见此要求受阻，就转向双方都感兴趣的话题："希望缔结日华双方的防共协定。"

这话对于身为国民党的代表来说倒是没多大异议。两年来，面对中共日益壮大的局面，蒋介石忧心忡忡，逐渐放弃国共合作的既定国策，开始有意识地制造国共摩擦。章友三深知蒋介石的意图，就颇为爽快地说："那倒是可以的。"

接着，今井武夫就提出了最为关键的要求："日本撤兵后，有在特定地点驻扎日军的必要。"

章友三加重口气反驳道："这会使全国舆论沸腾，是不能答应的。还是等达成和平协议后，另行谈判吧！"

一时间，中、日双方面面相觑，房间内的气氛开始僵持下来。陈超霖是中方的最高代表，这时打圆场说："在不得已和必要的地方，可以使日军撤兵推迟嘛！"

今井武夫是个聪明人，他和中国人打了多年交道，"七七"事变前后就曾任日本驻中国大使馆武官辅佐官，深知中国问题的症结在哪里。于是，他又把共产党当作挡箭牌，为驻军找借口，以攻为守地说："为了防共，内蒙古有作为特殊地区的必要。"

章友三不再坚持，答应道："这倒是可以的。"

今井武夫又提出日本在中国的经济特权："有必要把华北和长江下游作为日华经济合作的地带。"

章友三虽强调了中国的主权，实际上还是做了让步："如以中国为主，日本为从，是可以的。"

陈超霖听了心有不甘，就插了一句："长江一带有各国的权利，希加考虑。"

会谈至此，中、日双方的意图都已有所表露。双方都认为已经初步了解了对方的意图，散会时，双方都比较满意。

次日，风云突变。重庆的蒋介石得到消息，兰机关的负责人和知鹰二大佐将把香港密谈的内幕透露给上海的报刊。蒋介石闻讯大怒，立即指示中方代表向今井武夫等人交涉。

上午，中、日之间的联络员张治平会见铃木卓尔中佐，面交了备忘录，提出强烈抗议，要求严惩泄密者。

下午，自称宋子良的人又来到今井武夫的住处，对日本方面的背信行为，毫不留情地加以痛斥。

一时间，今井武夫等日方谈判代表不知所措，甚至有些惊慌。为了消除中方代表的疑虑，今井急忙给南京的中国派遣军总部拍去电报，指名道姓要求惩治和知鹰二。同时，向中方道歉，保证今后严加管束，不再发生此类事件。

日本人不知道的是，这完全是中国方面的谋略。

在"桐工作"进行的同时，另一条隐秘的战线的工作也在进行中。这就是报界领袖张季鸾与和知鹰二的秘密接触。

张季鸾是民国报界的灵魂人物，他坚持独立、中立与自由的办报理念，创立了具有世界声誉的《大公报》。一直以来，《大公报》因敢说真话而与国民党的关系闹得很僵。1927年蒋介石上台之后，张季鸾曾多次撰文指斥蒋介石的内外政策，甚至连蒋介石的人生观都在批评之列。就蒋介石和宋美龄的婚姻，曾骂蒋"离妻再娶，弃妾新婚"，"不学无术，为人之祸"。1935年，中国工农红军长征胜利之后，《大公报》还派出记者范长江前往西北进行采访，给参加长征的工农红军做了大量客观、真实的报道。结果，全国舆论对中共的认识大大改观，中共的处境也因此稍稍得到改善。

蒋介石看到了张季鸾的巨大能量，于是不计前嫌，通过陈布雷的关系，极力笼络张季鸾。一次宴会上，国民党政府众多的高官显宦惊奇地发现，紧靠蒋介石就坐的竟是一介布衣张季鸾。席间，两人谈笑风生，蒋介石还频频给客人斟酒布菜。此番动作，让张季鸾大为感动。深受传统影响的他，感戴蒋介石的知遇之恩，开始向国民党政府靠拢，做了蒋介石的谋臣。

1936年，"西安事变"爆发。张季鸾在报馆里坐卧不安，来回踱步，不断催促驻外记者回报消息，几乎到了寝食难安的地步。他害怕中国因此分裂，日军趁虚而入，国家就此灭亡。于是，他满含深情，写出《给西安军界的公开信》一文，加印40万份，由飞机飞临西安上空散发。

此文一出，西安军界立刻风向大变。很多军人看了这篇社评，一面是感动，一面是泄气，他们就拿着传单去见张学良。进了房间，只见张学良也在阅读那篇文章，他看完之后，神色大变，立刻召开会议，讨论应对之策。后来事变能够得到妥善解决，虽然主要是受到中共和苏联的影响，但军心涣散，将士转向，不能不说与这篇文章有重要关系。半个多世纪以后，垂垂老矣的张学良见到张季鸾之子，亲和有加，并从头到尾，一字不差地背出了这篇社论。可见当时这篇文章的分量之重。

经此一劫，蒋介石对张季鸾更是青睐有加。抗战爆发后，张季鸾以布衣之身，频频出入蒋介石的官邸，与陈布雷一道，参与了蒋介石最为机密的谋略工作。

"宋子良工作"展开之际,为探察日本人的真实意图,并且挑起日本军阀的内讧,张季鸾就受命和日军兰机关的负责人和知鹰二进行接触。

日军知道张季鸾的分量,和他会谈就和蒋介石本人亲自到场一样,因而表现出异乎寻常的热情。

事实上,早在1938年,蒋介石就曾命萧振瀛和日方进行接触,日方的负责人正是和知鹰二大佐。和知虽然算不上什么反战人士,但他从整个日本的战略全局出发,极力反对汪精卫组阁,主张立即停战,实现和解,集中力量对付苏联和英美。

蒋介石及其智囊也非常清楚这一点,所以就想趁此机会收复失地,与日本实现和平。但日本主流意见与和知鹰二等人的主张大相径庭,双方的分歧太大,蒋介石感到受骗,于是命令停止一切谈判。

但是,和知鹰二以日本人特有的那种死硬精神继续向中方证明自己的诚意。他命双面间谍何以之向第五战区泄露日军的作战计划,同时多次提出重开和谈的意向。

对此,蒋介石未作任何表态。

和知鹰二已按捺不住心中的焦虑。1939年9月,他通过何以之转告萧振瀛,汪精卫将于本年11月在南京成立政府,要求萧来港重开谈判,力争在汪组立伪政府之前与日本签订停战协定,阻碍汪的计划实现。

同时,孔祥熙也致函蒋介石,要求允许萧振瀛再次赴港谈判。经过再三考虑,蒋介石复函孔祥熙称:"兄与萧函均悉。以后凡有以汪逆伪组织为词而主与敌从速接洽者,应以汉奸论罪,杀无赦。希以此意转萧可也。"

此语一出,大家噤若寒蝉,在蒋介石周围,再也无人敢提和谈之事。

其实,蒋介石并非不想和谈,只是时机不对。他深知,此时正是国力最为虚弱的时候,外援断绝,汪精卫叛逃,如果此时公开进行谈判,就会造成人心涣散,甚至是全局崩溃。

这段时间里,蒋介石真是如履薄冰,内心焦虑,如其日记所言,"进入人生最黑暗的日子"。直到一年后,他见日本人仍在寻求谈判,感到时机已成熟,才打算与日本人虚与委蛇一番。即便谈判不能成功,也要对日本人的谋略进行一番破坏。

基于这样的考虑,在"桐工作"进行的同时,蒋介石就命张季鸾亲自与和知鹰二进行接触。和知得知后,大喜过望,便图谋公布"桐工作"真相,给中方送上投名状，从而将中方彻底拉回到谈判桌上来。

他压根就不知道，他的投名状对中国不但毫无价值，反而成了中国谈判代表手中的筹码。一时间，和知鹰二大佐两头不落好，不但招来了中国方面的强烈抗议，日本军部也对其严厉斥责。

香港这边，日军驻中国派遣军报道部部长今井武夫等人向中方赔了不是之后，又将中方代表请回到谈判桌前。

日本人丝毫没有觉察到谈判内外的疑点，只是一贯地朝着对自己有利的方向思考。一开始，今井武夫就忘了先前的不快，以不容置疑的口气对中方说道："为了日华提携，中国应给予日本人在中国内地的居住及营业权。"当然，要求过后也没忘给个甜枣，"日方可考虑撤销治外法权和撤销租界。"

中方还是由章友三来发言应对。他见今井武夫一开始就向中方示好，心中暗喜，就爽快地说道："这是当然的。"

今井武夫使的是投石问路的一招。日本如取得在中国内地的居住及营业权，则可以自由向中国移民，同时大规模地进行文化、经济侵略，从长期来看显然对日本是有利的。

今井武夫见中方答应得爽快，就进一步要求道："中国应当从日本招聘财政、军事、经济等方面的顾问。"

这实际上就是当年"二十一条"的翻版，招聘这些顾问无异于把中国的内政大权交给日本人。没想到章友三不加考虑，当即答道："可以考虑。"

今井武夫大受鼓舞，得寸进尺地说道："中国应承认'满洲国'。"

难解的老话题，章友三知道主权问题是不容妥协的，但为了谈判不致破裂，就采取了拖字诀："希望再保留一天。"

接着，今井武夫就再次抛出了那个关键的驻兵权问题。他怕中方再有说辞，就狡辩道："中国须承认日军的防共驻兵，这与撤兵问题有必要区别开来。"

章友三这次一点也不含糊，一口回绝道："中国可以努力'剿共'，所以防共问题可交由中国自己解决好了。"

今井武夫见中方没上钩，就再次辩称："不仅是国内'共匪'问题，还有对外的军备。"

这就奇怪了，你们防备苏联，哪里用得着在别人的土地上驻兵，这分明是拿反共做借口，企图把中国殖民地化。

这时，神秘的宋子良终于开口说话了。两天来，他一直沉默寡言，时不时地夹起一支雪茄烟，整个人缩进沙发里，任由烟雾在他面前缠绕，给人的印象十分神秘，似乎在参与会谈，似乎又置身事外。

他放下烟，开口打起了圆场："'驻兵'这样的名词是不适当的，延长撤兵期限也可以嘛！"

今天刚刚到达香港的臼井茂树大佐也插了一句："驻兵的细节考虑后，可以搞秘密协定吧！"

章友三似乎不愿谈崩，就立即顺着臼井的意思说道："'驻兵'二字对国民政府是有危害的，秘密协定可以考虑。"

今井武夫见中方代表在此问题上松了口，心里一阵轻松，望着在座的谈判代表总结道："把防共协定对外发表，将驻兵问题搞秘密协定怎么样？"

章友三答道："原则上是可以的。"

日本人的欲望是无止境的，他们又冒险提出了蒋、汪合流之事。

今井武夫说："对汪兆铭问题，你们的意见如何？"

章友三表示："因为这是我方掌管以外的事情，愿意知道日方的意见。"

今井径直说道："日本对汪是出于道义的关系，所以希望重庆方面与汪派协议，进而合并起来。"

至此，今井武夫总算是暴露了日军的真实想法。章友三知道，蒋介石最不能容忍的就是这一条，便立即拒绝了今井的无理要求："反汪兆铭既是全国的民意，那么，在汪兆铭政府成立之前，建立日华和平是必要的。"

臼井茂树不知好歹，仍然坚持蒋、汪合流。他说："日华首先停战，然后举行重庆与汪派合并会议，可以吧？"

中方代表见日本人如此不知趣，知道坚持下去也无济于事，于是转了话题，很快便结束了会谈。

接下来的两天，经过讨价还价，日本方面提出内含8条的备忘录。其中第一条规定:"中国以承认'满洲国'为原则(在恢复和平后)。"第三条要求:"缔结防共协定,日本在内蒙古和华北若干地区,在一定时期内驻扎所需军队的要求,将以秘密条约缔结之(本条款在恢复和平后协议之)。"第六条要求:"为求日华提携合作,中国从日本招聘军事及经济顾问。"第七条要求:"停战协定成立后,国民政府与汪兆铭派协力合作。"

另外,作为军部的强硬派,臼井茂树又要求中国开放海南岛,建设海军基地,日、华两国共同使用。

中方代表嘴上表示无异议,却拒绝在备忘录上签字,最终以默认的形式结束了此次谈判。

今井武夫对会谈的结果非常满意。回到南京后,他决定趁热打铁,便向中国派遣军总司令部递交了关于成立"东亚联盟"的草案。草案称:

> 为了指明我国国民战后的目标,宣布结成"东亚联盟",尤为必要。我大多数国民至今对圣战的真正意义仍未能理解,在道义的伪装下,所希望者在于获取权益,从当前议会的行动表现上亦可一目了然。
>
> 如追溯日支(中国)事变的起因,实缘起于日清战役(甲午战争)结束之后,我当政者缺乏洞察东亚百年大计的远见,以及引导我国人民走向日支结合的明确判断。徒然为战胜所陶醉,使国民对支那抱有优越感,一面崇拜欧美,一面对中国人极端轻蔑,从而招致了两民族在精神上的疏远和隔阂。
>
> 圣战三年,以旷古未有的牺牲所取得的战果,远远不能和日清战役相比。

看来,今井武夫等人也并非没有"远见"。可惜的是,日本军政高层也没多少人会支持他,而东京的大本营更不会照此办理。

其实,早在谈判前,参谋次长泽田茂就告诫今井武夫说:"在和平下商谈是第一招。那种不管怎样只要停战就行的想法是不妥当的。不要认为只要能实现停战,在条件方面降低一些也可以。建立汪精卫政府的工作务必使之实现。"

泽田茂的想法代表了一批日本军人，他们既想保住侵略胜果，又想让中国屈服投降，这怎么可能？

更可笑的是，就是积极支持对蒋和谈的板垣征四郎也是一个从言论到行动都充满了矛盾的典型。

他听说中国拒绝正式承认"满洲国"，就以不容辩驳的口气对今井武夫说："所谓'承认满洲国'，只不过是五个字的问题，像这点事就不能让重庆方面让步吗？"

今井武夫解释道："自交涉开始以来，对方一贯主张的最大问题，总的说来是承认'满洲国'，今后会谈收回这个问题如何？"

在今井武夫看来，板垣征四郎是站着说话不腰疼，只管自己痛快。双方谈判角力，公开承认"满洲国"与否不重要，只要中国在事实上放弃对"满洲国"的主权就行了。

可板垣征四郎却不这么想，"满洲国"是他一生功名所在，他今日能够坐到这个位置，全靠"九一八"事变的阴谋所致。他把"满洲国"看成了他的面子，反而觉得中国人不够爽快。既然早已不是中国的领土了，索性承认了又能如何？他气急败坏地说道："蒋介石曾在国民大会上向全国人民说过把满洲委托给日本。现在又吞吞吐吐地提出这一问题，只能是下面的人干的。是不是张群之流干的？中国方面如果对此始终反对，那么这一工作可以停止。"

板垣征四郎身居要职，嘴上却没个把门的。说归说，但他也清楚与蒋介石和谈的必要性。为了表示"诚意"，中国派遣军决定暂缓对中国军队的进攻，并且，暂缓对汪精卫政权的承认。他还是不希望关上与蒋介石对话的大门。

但臼井茂树等一批少壮派军官却与板垣征四郎有不同的主张，他们认为为了配合谈判，打击蒋介石的信心，有必要发动一场大的攻势。几番较量，主战派竟占了上风。1940年5月，日军在武汉的第11军就趁机发动了枣宜会战。此战，第五战区受到重创，宜昌失陷，重庆危急。

蒋介石此时也确实感到了危机。桂南日军未退，宜昌迅速沦陷，日军随时可能两面夹击，攻入贵州，压迫四川和重庆。并且，祸不单行，由越南通往中国的补给线已被切断，英国在日本人的压力下也即将切断滇缅公路。蒋介石陷入了前所未有的危急窘境。

是战是和？蒋介石相信日本人不会有让他满意的和谈诚意，但在这不绝如缕的危急时期，除与日本人虚与委蛇，求得短暂的喘息之机外，暂时也没有更好的办法了。

谈，接着谈。中、日双方各怀心事，谈判再次开始。

第二轮会谈先后在香港和澳门举行。

其间，宋子良邀请今井武夫到海面的小艇上进行了一次密谈。

这是一个初夏的夜晚。海风清爽，海浪轻摇，海面上漆黑一片。透过船舱，岸上灯火数点，居民们大多已经就寝，傍晚时分的喧闹此时已经散去，城市也像是进入了梦乡。

船舱里，煤油灯的火光不住地跳动，宋子良那张白皙的脸显得更加苍白。他依然是手拿雪茄的做派，不无神秘地对今井武夫说："委员长表面上如何暂且不谈，他内心希望和平确属事实。故而，在香港首次秘密会谈的备忘录上载有，日方倘对第一条和第三条承认中国方面的意见时，协议必然能达成。"

"目前在重庆，反对达成和平的是共产党和冯玉祥。"

今井武夫此刻正发着高烧，一听这话，立即打了一个激灵，一改萎靡不振的样子，挺直身子，专心去听。来之前，他就听周佛海说，重庆酝酿和平的气氛很浓，蒋介石有抑制抗战派并导向和平的能力。周佛海为了证明自己的说法，甚至还坦承戴笠、陈立夫兄弟都主动和他联系过，讨论和平问题。

似乎是在进一步印证周佛海的说法，日军情报机关也判断，重庆的多数人都支持和谈。

日军情报机构也确实没闲着，从他们的情报网得知，支持和谈的有：元老派林森、戴季陶、居正、于右任、李石曾等；亲日派何应钦、张群、徐世英、何成睿、吴鼎昌等；亲德派陈立夫的CC系；欧美派孔祥熙、王宠惠等；地方实力派阎锡山、龙云、薛岳、李汉魂、陈仪、黄绍竑等；国家社会党张君劢；青年党左舜生。

反对和平的有：孙科、宋庆龄、冯玉祥、邵力子（亲苏派）；李宗仁、白崇禧（广西派）；黄琪翔、章伯钧（第三党）。

亦战亦和的有：蒋介石、宋子文、叶楚伧、刘峙、朱绍良、卫立煌，以及其他嫡系将领和蓝衣社（复兴社）。

日军情报机构指名道姓，煞有介事。可今井武夫听宋子良这样说，就认定他们的判断有几分真了。

宋子良接着说："对共产党，如果秘密协议一旦达成，当然要进行讨伐。"

说到这，宋子良故意欠了欠身，抖落烟灰，凑近今井武夫说："而且，讨共计划业已制订。如可能的话，希望在7月以前就实行。胡宗南、蒋鼎文、朱绍良、卫立煌、薛岳等将领已纷集重庆，开始磋商。因此，恢复和平后，恐怕要向日本请求武器补充等的援助。"

这话说得有鼻子有眼，正挠到日本人痒处。今井武夫眉开眼笑，高烧当时就退了一半，不住地点头称是。

事实上，这时宜昌方面战局吃紧，而国民党军大量部队被牵制在广西，哪里还有余力"讨伐"共产党。实际上，这不过是蒋介石的缓兵之计罢了。但日本人求和心切，重庆方面做得又非常巧妙，日本人居然没能看出破绽来。

不过，日方对宋子良却不得不多留个心眼，此人毕竟非一般人可比。

当时，日军得到可靠消息称，有一个名叫王新衡的人，是军统香港区的负责人。此人生于浙江奉化，与蒋介石是同乡，深得戴笠的信任。据说他年龄36岁，面色白皙，身高约1.6米，与眼前这个自称"宋子良"的人很像。

趁着会谈，铃木卓尔抽身而出，暗中从门锁洞孔，拍下了会谈中的宋子良的照片。

照片拿回南京，汉奸们纷纷前来辨认。周佛海说像宋子良，但更像他的弟弟宋子安。陈公博说不像。其他人也议论纷纷，莫衷一是，日本人一时不能肯定真假。

其实，自日军驻香港特务机关长铃木卓尔从1939年底和这个宋子良会谈以来，已有大半年的光景，日本人在心理上已经把他当作宋子良了。

况且，从陈超霖等人的表现来看，此人确定无疑和重庆保持着密切联系。此外，每次会谈期间，宋美龄就会飞临香港，似乎是在面授机宜。因此，今井武夫等人最终还是打消了疑虑，和宋子良继续会谈。

进入6月，日军攻占宜昌后，越来越多的日本人认为重庆的抵抗意志已经日渐削弱，此时的蒋介石，只有和谈才是唯一的出路。

带着这种由骄横而生的自信，今井武夫等人迅速与中国代表达成了蒋介石和板垣征四郎在长沙会谈的意向协议。

消息传到南京，汪精卫、周佛海等人一时间大为惶恐。他们想到蒋介石那张阴晴不定的脸，想到自己暗淡的未来，灰心至极。

这场谈判看来注定难成正果。这边谈判刚有进展，那边平地再起风波。在日本，近卫文麿再次组阁上台。中方对近卫素无好感，便借口近卫没有正式声明，拒绝高层谈判。

而此时，欧洲局势剧烈动荡。5月，纳粹德国席卷北欧、西欧。6月11日，意大利参战，攻入法国南部。次日，德军遵照施里芬计划，绕过马其诺防线，一举攻陷巴黎，作为陆军强国的法国就此亡国。

德军的胜利大大刺激了日军的欲望。他们没有想到，凡尔赛体系竟然如此不堪一击。英、法看来再也顾不上亚洲了，东南亚那些原先的英、法殖民地，像是突然丢弃在路边的珍宝。错过它，那简直就是傻瓜。于是，日本陆海军上下空前一致地纷纷叫嚣："不要错过了公共汽车！"

他们要迅速结束中日战争，腾出手来，趁火打劫，抢占英、法、荷在东南亚的殖民地。

具有讽刺意味的是，为了安抚日本，将祸水留在中国，英、美等国再次祭出绥靖政策，居然要求中国向日本妥协。

为此，英国甚至关闭了滇缅公路，断绝了中国的外援，想要迫使中国就范。

面对列强纷纷落井下石的局面，蒋介石愤恨之余，只好一面派出宋子文、胡适等人，施展外交手腕，促使美国改变东亚政策，一面又借"桐工作"拖延时日，和日本人周旋。

无果的谈判就这样继续着，时间的逝去显然对蒋介石是有利的。

日本人为深陷中国战场，不能在东南亚趁火打劫而苦恼，有些人真坐不住了。

8月，和知鹰二动员一位希腊商人，到重庆上书蒋介石，请求直接谈判，甚至传话说即使恢复到"七七"事变以前的状态也在所不惜。而这恰恰是蒋介石和谈的底线。

蒋介石动心了，他对陈布雷说："其内容无异乞降，此为从来所未有。"他由此推断，日本急于向东南亚发展，向中国求和已到了迫不及待的地步。他与张季鸾讨论，认为可以利用这一形势，谋求在于我有利的条件下，与日本媾和。

但是他也担心，日本人器小易盈，缺乏气度，加之国内政出多门，缺乏强有力的人物，想要和平也非易事。

他对陈布雷说出了自己的真实想法："敌寇时时以日、'满'、支（中国）名词为对象，如何而望其彻悟与和平？我国损害伤亡如此重大，如何可轻易言和？"

这一时期，蒋介石大概每个月都会收到日本方面的一条媾和消息。

蒋介石决定继续虚与委蛇，与之周旋，静待时局的变化。

张季鸾利用和知鹰二，以"桐工作"中的问题反对板垣征四郎，制造日本内部矛盾，并拒不与和知见面，只是委托中间人代为传话。

就这样又拖到了月底，和知鹰二仍然没有得到东京确切的答复，他渐渐陷入绝望。而重庆，蒋介石很快也失去耐心。他知道日军企图在侵入越南后再开启和谈，对中国加以要挟，再提高筹码，逼中国就范。

蒋介石对日本人彻底死了心，见时间拖得也差不多了，蒋即命陈布雷致函张季鸾，结束在港活动，立即返回重庆。

"桐工作"，一场注定没有结果的谈判，就这样虎头蛇尾地结束了。

至1940年年底，经过一年的拖延、反复的争吵，东京最终无奈地确定了对华持久战方针。而早在两年前，中国就确立了持久战战略。日军晚了两年，战略上已失去了先机。

并且，为了支持"桐工作"，日军一再推迟对汪精卫政权的承认，直到1940年11月30日，日军在确认"桐工作"失败后，才正式与汪伪签订条约，承认汪伪政权的存在。

同一天，美国政府公布了对华1亿美元的援助计划。美国已看出了日本人的险恶，遂改变了绥靖政策，中国抗战也在一步步进入世界的视野。

南京中山陵。初冬的寒风阵阵掠过，天空阴沉沉的，带着几分灰暗。触景生情，汪精卫心中感慨万千。此刻，他正等候日本全权大使阿部信行的到来。当时有人看到，"他站在那儿似乎心中感到十分茫然。两眼凝视着紫金山顶，由于痛苦和烦恼而把脸拉得长长的，泪流满面。"

　　站在汪精卫身边的周佛海能理解此刻汪的复杂心情，这一步走出去就再也无法回头了。多年后，身为汪精卫得力干将的周佛海承认了他们的失败，他在日记中写道："那些主张抗战的人的观点则完全被证明是正确的。"

　　历史是无法回头的，每个人都将为其选择的道路承担后果，无论是流芳百世，还是遗臭万年。

　　故事还没有完结。

　　5年后的1945年6月，日军宪兵队在上海无意间捕获了一个名叫曾广的军统高官。

　　曾广不愧是一条好汉，他在狱中受审时对着日本人正义凛然道："日本到今年9月一定要惨败。中国军队为了在日军败退后马上接收上海，眼下正在准备中。因此，蓝衣社干部已经在中国第三战区集合待命。"

　　日本人早已没有了战争初期的骄狂，此刻他们深知自己已是穷途末路，战败是早晚的事，所有也没敢对他轻举妄动。

　　事有凑巧，当曾广穿着囚服在室外活动时，当年在"桐工作"中担任翻译的坂田诚盛不知怎么来到狱中，他一眼就认出了曾广，此人就是当年的"宋子良"。

　　此时，已升任中国派遣军参谋次长的今井武夫少将恰巧出差来到上海。听到坂田诚盛的报告，他立即客客气气地把曾广请到他的旅社。

　　不久前，在河南沙颍河畔的一座农家里，国民革命军第15集团军总司令何柱国上将一口回绝了今井武夫的和谈请求。

　　他心里清楚，日本国的国运正像即将熄灭的蜡烛，摇曳不定，无法挽回了。这时，曾广的出现却让他重新燃起了希望，他想借此打开和重庆和谈的最后渠道，即便不成也能留条后路。

　　曾广双脚刚刚踏进房间，今井武夫就满脸堆笑迎了上去，他握住曾广的双手，说道："可以既往不咎嘛！作为过去曾是日支（中国）和平工作的同志，为了东亚和平，现在对日支两军间的联络，是否还有当年那股倾注热情的勇气？"

　　当然，今井武夫的这番话只能是叙叙旧情，一个军统特工又怎么可能促成两军间的和谈，更何况是在日军战败之际。

只是，到了今天，我们仍然不能搞清曾广此人的真实面目。这位曾经为那场民族圣战做出贡献的高级特工，从为数不多的有关他的资料中，我们只知道他的本名可能是"曾政忠"，以后还曾活跃在香港特工圈里。

至于蒋介石对"桐工作"的参与程度，有人说蒋介石参与甚少，只是戴笠领导下的一项谋略工作，意图阻止汪伪政权的成立，破坏日军的政治谋略。

但1953年，定居香港的张治平，曾在日本造访今井武夫，对他讲出了真相。

他说："这次会谈是在蒋介石和戴笠直接领导下的极端秘密的工作。重庆政府方面也曾抱很大的期望。因中途泄露了秘密，受到行政院副院长和驻美大使的追究责问，致使进行中势必受到很大的挫折。"

为了证明蒋介石本人对和谈的倾向，张治平又说："最后，近卫文麿首相和板垣征四郎总参谋长的亲笔信由铃木转交给重庆时，在重庆政府内部，有人强烈主张将此信披露，公之于世，以打击和平派的投降活动，断绝与日本的一切和谈渠道。但蒋介石却予以制止，大概他亲自写了答复近卫的信。"

这些话似乎在证明，在1940年中国抗战最为艰难的时期，作为中国抗战的最高领袖，他也曾经动摇过。

不过，这些念头，在他的头脑中，很可能也是一闪而过。最终，他还是顶住压力，断绝了与日本和谈的任何渠道，坚持抗战到底并最终迎来了胜利。

◎ 美、英终于站在了中国抗战一边

德国谚语说，上帝欲使人灭亡，必先使其疯狂。

单从军事上说，德军确实在欧洲创造了人类战争史上的奇迹。短短几个月内，德军的钢铁洪流就横扫了大半个欧洲，创造了连蒙古铁骑、拿破仑都望尘莫及的赫赫战绩。

欧洲局势的急剧变化，给世界各国造成了巨大冲击。英、美、法等大国震慑于邪恶的威力，不讲道义，纷纷退缩。为了稳住日本，维持其在远东的利益，他们竟轮番上阵劝诱蒋介石与日本媾和。

早在巴黎陷落前的4月12日夜,英、美、法三国大使一同来到重庆德安里101号曾家岩官邸,会见了蒋介石和中国外交部长王宠惠。

英国大使卡尔首先发话:"目前英、法要以全部力量挫败德国的野心,无暇顾及中国。英、法不愿见中国灭亡,所以再三劝告及时采取对日和平方针。日本在英、法、美的监视下,也绝不会提出过分苛刻的要求。中、日若真能达成和平,则英、法对远东各国就可以安心了。对中国方面来说,也会使巨大的损失减到最低限度。如果加紧建设,不难恢复到战前状态。愿蒋委员长及中央政府执政诸贤再次考虑。"

法国大使戈思默的话更难听,甚至有几分威胁的味道:"现在法国面临着欧洲危机,在不得已时,为了维护法属印度支那(越南)的安宁,停止滇缅公路的运输也未可知。若走其他路线则代价太大。因此,中国要想避免巨大的损失,只能与日本和解。现在中国有友邦的支持,与日本立即举行和平谈判,绝不会损伤中国的名誉。万一将来无人支持而继续抗战的话,将无可避免地遭受更大的打击。"

法国人不讲道义,已经封锁了滇越铁路。法国大使不能明白,中国人丢掉了大半个中国,东部地区的重要城市几乎完全丧失,在欧洲人看来,这已经算是亡国了。这是一群什么样的人?明知希望渺茫,偏偏还要抵抗?

戈思默大使做梦也想不到,二个月后,他自己就遭受了亡国之痛。到那时,他的职位丝毫不会变动,只是他的祖国的名字变了,他效忠的国家也变了,他即将成为轴心国的一个外交人员而与同盟国周旋。

法国大使之后,美国大使詹森也提出类似的劝告。

车轮战并没有取得效果,蒋介石对投降当即予以拒绝。他说,只要日本全面撤兵,和平立即可以实现。当然,谁都知道,要日本撤兵无异与虎谋皮。

没过几天,苏联大使潘友新也前来搅局,苏联大使为本国考虑的意图更为明显。他对蒋介石许诺说:"日本不久有可能动员其海军对英国宣战,中国应趁此机会对日本以有利条件讲和,待将来日、英两国精疲力竭时,可在苏联的支援下收复华北。"

显然这是对英、美对苏政策的报复。在欧洲,英、美积极诱导德国将祸水引向苏联;那么在亚洲,苏联便想诱导中、日两国实现和平,以使日本腾出手来挥兵南下,进击英、美。

蒋介石知道,到了这时,中国已经失去牵制日本"北进"苏联的价值,苏联已经无心援助中国抗战，答应不答应苏联大使的请求都不会改变什么。

蒋介石拒绝了这些虚幻的许诺。

事实上，列强的威胁不仅限于外交辞令，令中国人感到震惊的行动接踵而至。

德军攻占巴黎后，日本人认为"大英帝国的崩溃是不可避免的"。于是，趁英国忙于应付欧洲战场的机会，要求英国关闭滇缅公路，也就是说要关闭现今影响中国命运的唯一一条援华物资通道。

日本还要求关闭香港边境，并且陈兵新界，进入战备状态，作为对英国的威胁。英国就像过去一样做出了第一个反应：呼吁美国的支持，以抵制日本的要求。美国的反应也同过去发生类似情况时一样：极力主张英国采取坚定立场，但又拒绝采取任何形式的联合行动。

刚刚上台的丘吉尔，做出了比他的前任张伯伦更为卑劣的决定。他亲自召见日本驻英大使重光葵，做出保证：英国绝不反对日、中之间的合理妥协，在他执政期间，对日的批判，只是针对日本极端的政策，他是首先赞成英、日同盟的人。

而丘吉尔之所以这么做，就是为了换取日本不去进攻香港和新加坡的保证。

绥靖行动再次上演。7月18日，英国政府关闭了滇缅公路和香港边境。

紧接着，新成立的法国维希傀儡政权，也紧步英国的后尘，在8月份关闭了滇越铁路。

本来，滇越铁路是清末中法合建的一条铁路，中国对之拥有相当部分的所有权，要关闭也得中法协商。但是法国人不敢得罪日本人，同意了日本的要求，让日军第5师团进驻越南（法属印度支那）。

现在，重庆的中国政府被完全孤立了，中国的抗战几乎陷于绝境。而这一切，多半是拜丘吉尔所赐。

蒋介石对此耿耿于怀，对丘吉尔的阴险恶毒极为愤慨。他给英国人起了个外号："阴番（阴险的番人）"，背地里称英国人为"阴国人"。在他的日记里，也多处出现"英夷不灭非男儿"的词句。

3年后，在开罗会议上，自知犯错的丘吉尔对宋美龄搭讪道："夫人，在你的印象中，我该不会是一个很坏的老头吧？"

"您说呢?"宋美龄嫣然一笑。当然,这笑声中,隐含了诸多的新仇旧恨。

那时,丘吉尔这个老牌的殖民主义者,在香港问题上还蛮横地宣称:"不经过战争,休想从英国拿走任何东西!"

蒋介石看在眼里,气在心里。他深知这些帝国主义者只讲利益,凡事总朝对自己有利的方向思考,鲜能顾及别人的利益与命运。

你不仁,我就不义。蒋介石索性一面通过"桐工作"和日本周旋,一面又向德国示好。

7月5日,在国民党中央五届七中全会上,蒋介石公开宣称:

> 前几年有许多同志因为德国对我之不友谊,主张对德不派大使,与之断绝国交。本席当时以为无论德国一时对我如何欠缺认识,我们仍不必与之决绝,仍要始终一贯与他取得联络,维持外交路线;所以直到如今,两国邦交从未中断。目前因为欧战的结果,德国地位益增重要,增进中德友谊,在可能范围之内,当然要尽力,但亦不必如何强求速效,显痕迹。我看由于时代与环境的关系,随国际局势之演进,德国势必与中国接近,以共同协力于两国远大之前途。

这段话显示出蒋介石远交近攻的策略。有德国这个筹码,在错综复杂的国际关系中毕竟对中国是有利的,尤其此举可大大牵制英、美。

几个月后,似乎是为了回应蒋介石,德国外长里宾特洛甫也劝中国对日和谈,力图拉拢中国参加法西斯阵营。里宾特洛甫把中国驻柏林大使找到外交部,提醒这位大使注意,整个欧洲已在德国控制之下,预言战事最迟将在1940年年底或1941年初春结束。他说,中国不久就会丧失国际支持。因此,中国必须对日本的和平建议做出良好反应,并抓住这个"最后的机会"加入轴心国。

蒋介石对此虽没有给出明确的答复,但表面上看似乎正按照德国的要求与日本进行和谈。

有一点是蒋介石有些得意的。这样争来争去,中国似乎无形中就成了美、英与轴心国之间的一个重要砝码。

随着德国的所向披靡，随着日本战车的渐渐加速，坐在轮椅上的罗斯福不能坐视不理了，他把目光投向了东方。

日本人的野心和骄狂最终促成了美、英远东政策的改变。

本来，日本人不敢存心与英、美为敌。他们清楚自己的实力，一个中国尚且不能征服，苏联还在北方虎视眈眈，哪里还有余力挑衅英、美？

但是，德国的胜利却给了他们极大的信心。法国灭亡，英国岌岌可危，日本人感到旧的世界秩序正在崩溃，一个崭新的世界在向他们招手。一时间，朝野上下纷纷叫嚣"不要错过了公共汽车"，"应该打到新加坡去"，似乎整个亚洲马上就要被他们接管一样。

9月，一小股日军违背协议，擅自进占法属印度支那（越南）北部，此举激怒了法国。

本来，日、法之间已经约定：为了确保援蒋行为的减少直至终止，日军可派遣5万人进驻法属印度支那，可以使用当地的3座飞机场，并允许日本军队借道通过。

然而在9月6日，日军第5师团步兵第21联队的森本大队却不打招呼，擅自穿越了中越边境，武力侵入了法属印度支那。得到法国的通报后，日本军方迅速把森本大队长撤职查办，并送交军事法庭。但法国政府以日本擅自越境为由，拒绝日本和平进驻印度支那。

参谋本部作战部部长富永恭次少将此刻已不把法国放在眼里，甚至主张"自主进驻"。9月14日，富永飞抵河内，对日方谈判人员下达了新的指示：先把进驻人员减半，改为25000人，但是可以使用的飞机场数量要增加到5个。同时，富永还对日本驻河内总领事透了口风，让他迅速做好当地日本侨民的撤离准备工作。

也就是说，日军如果达不到目的，将武力攻入印度支那。

不过，到了9月22日，法国殖民当局先软了下来，同意日军进驻。至此，日军已没有必要实施武力进驻，因此参谋总长命令第5师团停止前进。

但日军前线将领显示强硬的做派已达病态。富永恭次以该命令不是天皇所下为由，拒绝服从。华南方面军司令官安藤利吉中将察觉了参谋本部的意图，火速下令停止进攻。但为时已晚，步兵第21联队已按照预订计划，于23日午夜发起了进攻，与驻守的法军展开战斗。

同时，以近卫旅团为基干的印度支那派遣军也不顾海军的反对，主张"奇袭登陆"并擅自行动。海军早就对陆军四处抢功、不顾全局的做派看不惯，现在又是连招呼都不打就擅自行动，一气之下放弃了对陆军的掩护任务，独自从前线撤退。26日晨，日本陆军在没有海军掩护的情况下登上了越南海岸线。

消息传开，举世哗然。

日军执行谈判任务的西原少将向参谋本部发出抗议电文："统帅混乱，失信于内外。"

日本天皇裕仁也禁不住哀叹："陆军误国。"

美、英等国再一次看清了日军的疯狂本性。这是一群偏离了现代文明的疯子，军国主义教育早已将他们驯化成了一台不停歇的战争机器。这是一群邪恶到骨子里的魔鬼，对他们没有什么道理可讲。

英国人的体会可能更深一些，联想到两个月前日本人施加在他们身上的侮辱，英国人也失去了绅士的风度，照样跳脚骂娘。

7月初，日本陆军参谋本部第二部长召见了英国驻日武官，要求英国立即封锁香港口岸，并蛮横地说道："英国已经败北，英帝国即将瓦解，却还在向重庆提供援助，与日本相抗衡。日本现在是一个有实力的国家，日本军队已经在香港的对面布置好炮阵，只要一声令下，便可进攻香港。因此，英国最好停止援助中国，取缔香港的秘密走私活动。当今的日本，是军部把持实权，英国交涉的对手——日本外务省是不足以信赖的。因此，英国应立即接受日本军部的要求。"

当时，英国人虽然表现得非常愤怒，但日军也没有做出实质性的入侵行动，况且当时英国的处境也的确是危如累卵。所以除了表示抗议之外，英国人也只能不了了之。

没想到，在印度支那问题上，法国已经彻底地做出了妥协，答应了他们的全部要求，却还是遭到了武力侵占。

这真是欧洲老牌帝国所无法想象的屈辱。日本人好战疯狂、言而无信，确实与他们的文明格格不入。

美、英开始对日本绝望了。而日本人的愚蠢似乎是为了配合这种质疑，在做出种种倒行逆施的举动后，终于将自己逼上了绝路。

近卫文麿第二次上台后，立即抛出"大东亚共荣圈"的主张。在这个"共荣圈"里，日本人计划将中国、法属印度支那、荷属印度尼西亚等远东地区都包括在内。

弹丸小国日本的胃口和野心实在惊人。这样一来，就不能不引起美国的警觉。本来，美国的想法和英国一样，准备牺牲中国，以保全其在东南亚的利益。现在看来，这种想法只是美国人的一厢情愿，日本人根本就不会满足。他们显然是要独霸亚洲，赶走所有的西方列强，这无疑触及了美国人的底线。

被逼到墙角的美国人退无可退，开始了第一步的反击。

1940年7月，美国实施了一种针对日本的贸易限制制度。两个月之后，废钢铁又被列入了美国对日禁止出口商品的名单上。

结果，日本人并没有从中吸取教训，他们反而完全倒向了德国。

1940年9月27日，意大利、德国和日本三国在柏林正式签订了"三国公约"，旨在发动世界战争、瓜分全世界的轴心国集团正式形成。

正是这个条约，不但没有把美国吓退，反而加速了日、美关系破裂。

日、美关系的日趋破裂，却使重庆的蒋介石重新看到了希望。10月12日，美国驻华大使纳尔逊·詹森汇报了中国外交部次长徐谟的讲话："委员长以及中国政府的其他高级官员现在感到，美、英两国正日益认识到，中国的斗争可能对于这两个国家未来的安全起重大的影响；而且远东的这场战事与欧洲的战争有着不可分割的联系。因此，中国目前比开战以来任何时候都更不愿接受和平建议。"

纳尔逊·詹森还说："要说现在中国的士气比中日开战以来的任何时候都高，那是不会错的。"

受到美国的影响，英国声明将在10月18日重新开放滇缅路。中国政府因为重新打开这重要的外援通道，而在心理上受到了极大的鼓舞。

一向务实的英、美两国终于改变了政策，开始对日本人强硬起来。也许，美国人和英国人这时才看到了中国抗战的重大价值，他们需要中国把日本牢牢拴住，以免日本向东南亚发展。想想不久前英、美还在劝中国对日媾和，这不能不说是历史开了个不大不小的玩笑。

蒋介石投桃报李，态度逐渐明朗，开始积极向美、英靠拢。

10月25日，在茶会款待第一届国民参政员的讲演中，蒋介石面对着国、共两党的要人及其他社会人士，公开指出德国必败的命运。

他认为，从军事、经济、道义等方面来看，德国完全不是英、美等国的对手。三国同盟的建立，除了证明他们力量的虚弱之外，还暴露了他们的野心，成了人类公敌。

他认定："德国如果就现在的情况演进下去，虽有日、意同盟，苏俄中立，他仍要失败，如美国助英参战，德国格外要失败！"

想起几个月前对德国的那番示好，蒋介石自然有办法把话说圆，他说："回想四个月以前，巴黎攻陷，法国败降，德国大获胜仗的时候，许多友人都对我说中国应与德国密切联络，促进两国关系，我当时就不赞成这个建议。这并不是我预见到德国要失败，而是因为我们中国立国，以我们固有的民族德行为基础，我们中国向来不欺弱小，不畏强暴，而力主公理与正义。我们与世界各国相处，从来不因国力强弱的变迁而有炎凉倏忽的更易。"

不过，蒋介石也非常清楚，外部变化仅仅能对心理上起到刺激作用，并不能真正解决被侵略的现实，命运还得靠自己把握。

但是，面对美国，话就不能这么说了。

他利用"桐工作"等秘密谈判向英、美强调，要是他们不对中国进行大量的援助，那就必然要承受迫使中、日和解的风险，而这种和解将使日本得以解放上百万精锐力量，任意南侵，从而危及西方的利益。

当宋子文和陈纳德将军都在华盛顿呼吁援助时，蒋介石则把日本的和平建议以及德国愿当日本和平条件的保证人等活动，统统告知了罗斯福总统。

驻重庆的纳尔逊·詹森大使坐不住了，在他看来，局势已经发展到了极其危险的地步。11月21日，他在发给华盛顿的电文中写道：蒋已通知他，美国如果不"拿出积极态度"来对付轴心国即将对汪政权的承认，他的抗战就会受到"严重的损害"。

11月27日，焦虑的纳尔逊·詹森再次致电华盛顿："对于自己继续跟国内困难局势作斗争的能力，蒋介石已经丧失信心；并且感到他为了抗击侵略，已把国家的实力消耗殆尽，而他这样做既是为了中国的利益，也同样是为了英、美两国的利益；因此现在是美国对中国进行援助的时候了。"

其实，作为美国人的纳尔逊·詹森，思维仍不能适应东方人的深邃，他怎么可能看破蒋介石的真实想法？

蒋介石是一个货真价实的民族主义者，他是不会轻言失败，更不会无原则地与日本人媾和的。

早在1938年正月，那时汪精卫还在汉口。一天，国民党高层谈到时局，汪精卫就说："我们现在不妨趁德国调停，对敌人让步，向敌媾和。"蒋介石当即反驳说："这是决不可以的！我们现在如果对敌求和，就只有屈服而绝无和平可言，其结果必致完全受日本的宰割，世世代代永远没有自由的时候了；所以我们现在要为民族子孙想，只有死中求生，方能获得光明大道；即使失败了，我们无论退到什么地方，虽只有一省一县的土地，只要我们能信奉三民主义，坚持不屈，奋斗到底，深信最后必能收复失土，获得胜利。"

他抬起手来，指着桌上的一杯茶水，对汪精卫说："我们如能抗战不屈，无论退到什么地方，就是喝一杯冷水，也是自由的；即令在瓦砾尘埃之中，吸一口空气，也觉得是自由的；不然，你看沦陷区域与现在东北的同胞，他们个个人在家里，每夜就不许上门闩，敌人什么时候进来抢东西，就可以任意抢去；什么时候要进来强奸你妻女，你就随时被他强奸；要什么时候来没收你财产，就在什么时候没收；他要在什么时候伤害你生命，你的生命就在什么时候不保；凡是敌军所占领的地方，无论你什么东西，都要归他所有，不仅要使我们全体同胞昼夜不安，而且一切的生命财产都毫无保障。真是我为鱼肉，人为刀俎，在这样敌军蹂躏之下，毫无自由，惨无人道，生不如死，还不如与敌人同归于尽好得多。我们革命一生是为什么？我们要实行三民主义又是为什么？"

作为一个深受中国传统影响的人，蒋介石知道，抗战到底，就是为了维护民族最基本的自由与尊严。

枣宜会战后，蒋介石在总理纪念周上，对着孙中山的遗像，不容置疑地宣称："我们可以老实答复敌人说，'时至今日，撼山易，要撼动现在中国民众抗战心理难',真是非言可喻的了。"

当然,纳尔逊·詹森没能看到这些。连续几个月里,詹森的电报一封封地传来,宋子文、陈纳德、胡适四处游说,德国与中国在外交上频频互动,其实这一切,不过是蒋介石的外交权谋而已。他要渐渐施压,逼迫大洋彼岸那个坐在轮椅上的大人物站到中国抗战这边来。

蒋介石的一连串动作终于见到成效。罗斯福总统再也不能无动于衷了。11月21日,他要他的顾问们加速拟定一项贷款协定,准备好在11月30日左右宣布。结果,就在阿部信行与汪精卫在南京签订"基本条约"时,华盛顿就宣布了一项对中国来说空前巨大的援华计划。美国将拨款1亿美元归蒋支配,并立即交付50架新式驱逐机,还答应以后提供更多的飞机,准许美国公民以非军人身份在中国担任飞行员或飞行教官。

好消息接踵而至。

继上个月克复南宁以来,就在11月30日这天,占据镇南关的100多名日军,也被中国军队驱逐入越。至此,趁日军主力调往越南之际,中国军队彻底肃清了桂南顽敌,桂南会战打了近一年,以中国军队的最终胜利而告终。

1940年11月30日,成了中国抗战初现曙光的一天。

重庆的早晨,难得没有雾气。望着云岫楼外爽朗的晴空,一贯早起的蒋介石心情大好,得意地笑了。

新的一天总是给人以无限的憧憬和期待。

第五章

小城因胜利而被铭记

深陷战争泥淖,日本急欲从中国战场脱身。但东京一冬天的争吵却议出个"有限扫荡"的方案。不退反进,日本民族矛盾、分裂大暴露。

江西上高,一个原本默默无闻的小县城,却因中国军队的一场大胜而名扬天下。上高会战,罗卓英一雪前耻,痛歼强敌。王耀武和他的74军打出了血性和尊严,74军从此有了"抗日铁军"的威名。

◎ 天皇裕仁的不满

在外人看来，日本民族实在是一个奇怪的民族。

日俄开战前，在御前会议上，面对吵成一团的臣僚，裕仁天皇丢下一张纸条，翩然而去。众人传开一看，却是一首俳句，诗云"四海之内皆兄弟，缘何风雨乱人间"。

本来，从字面上解释，谁都明白这句话的意思是要阻止战争，但不少大臣体察到的圣意却是以战止战。既然四海之内亲同一家，为何却要纷纷扰扰，打打杀杀？还不如凭借一场决战来创造永久的和平。

于是，争议平息，御前会议做出的决定竟是下达开战命令。

这就是日本政客的战争逻辑。这样的想法，恐怕只有人格分裂者才能想得出来。然而，很不幸，东海之中的大和民族的政客们正是这样一个群体，从言论到行动无不充满了矛盾。

作为明治天皇睦仁的嫡传孙子，昭和天皇裕仁在这方面，虽说比他患有精神病的父皇嘉仁强上很多，但是在故弄玄虚方面却也和一个精神病人差不多。他借鉴了祖父的一套权术手段，言辞闪烁，出尔反尔，给臣下造成神威莫测的印象。

为了控制军队，加强天皇的权力，避免大权旁落，他在军中培置党羽，扶植冈村宁次等一批少壮军人，亲手缔造了臭名昭著的"昭和军阀"这个极端军国主义集团。

事情还得从1921年说起。当时，大正天皇病入膏肓，不能理政，裕仁皇太子正要准备摄政。

其实，大正就是一个精神病患者，大概和中国历史上的晋惠帝司马衷的情况差不多。在检阅军队的时候，有时他会走到队伍之中，胡乱翻检士兵的背囊、口袋，吓得那些大兵们个个手脚瘫软。在那个时代，天皇就是下到人间的神灵，大正的这番举动，彻底把那些以忠诚著称的日本皇军们弄糊涂了。原来神灵就是这个样子啊！不仅如此，在御前会议上，大正天皇还闹出过把大臣的奏报卷起来当望远镜的笑话。时间一长，闲言碎语就在日本国内传开了。

说起来，这就是世袭制的坏处。明治天皇体弱多病，他的皇子受此影响，也一

第五章 小城因胜利而被铭记

个接一个地夭折掉了,最后只有皇子嘉仁活到了成年。无奈之下,明治死后,元老们也只好把嘉仁扶上了宝座,成了大正天皇。

可问题是,日本并非只有这一家皇族。明治天皇这一系虽然人丁稀少,但其他的世袭宫家却人丁兴旺。比如伏见宫这一支,在明治天皇的父亲孝明天皇的时代,伏见宫邦家亲王竟生出了几十个儿子。其中,第16子载仁承袭了绝嗣的闲院宫,就是后来做了10年参谋总长的大军阀载仁元帅。而其第四子朝彦亲王则别立宫家,开创了久迩宫,朝彦的两个儿子娶了明治天皇的女儿,他们就是有名的朝香宫鸠彦王和东久迩宫稔彦王。朝香宫鸠彦淞沪会战时曾做过上海派遣军司令官,是"南京大屠杀"的元凶之一,东久迩宫稔彦在武汉会战时曾做过第2军司令官,后来又做了旧日本帝国最后一任内阁总理大臣。另外,他们还有两个兄弟也做到大将。

面对伏见宫的势力膨胀,裕仁无论如何也不能无动于衷,更何况一些元老似乎已经开始行动,对拥立御弟秩父宫表现出了相当大的兴趣。

有鉴于此,1921年裕仁趁访问欧洲的机会,在闲院宫载仁亲王引见下,召见了巡回武官冈村宁次少佐,并授意他搜罗驻外武官作为党羽。同年10月27日,冈村就在德国与他的老同学——驻瑞士武官永田铁山、驻俄国武官小畑敏四郎结成了"巴登巴登盟约",立誓打倒军队中的长州阀元老山县有朋等陆军中坚势力,拥立太子即位,这就是日本史上著名的"三羽乌"之盟。当时,据说驻德国大使馆武官东条英机也在场,只不过他只能负责看门放哨。这一天,就成了昭和军阀的诞生日。

两年后,他们先后回到国内,加上河本大作、板垣征四郎,他们6个人经常聚谈,逐渐联络了陆军士官学校15期至18期同学19人,形成了一个表面上是联谊性质的小组织,取名"二叶会",正式成员有永田铁山、小畑敏四郎、冈村宁次、东条英机、河本大作、板垣征四郎、土肥原贤二、矶谷廉介、山冈重厚、饭田贞固、冈部直三郎、山下奉文等。

几年之后,"二叶会"又吸纳新的会员,另外组成"一夕会",新成员有铃木贞一、石原莞尔、土桥勇逸、武藤章、桥本群、草场辰巳、横山勇、町尻量机、铃木率道、本多政材、北野宪造、牟田口廉也、村上启作、根本博、冈田资、清水规矩、沼田多稼藏、田中新一、富永恭次、下山琢磨等。

这些熟悉的名字,此时还不过是一些军部的佐级军官,但在发动侵华战争与世界大战的每一个步骤中,都可以找到他们的影子。而他们凭借阴谋和杀戮,扶摇直上,在十几年之后,当他们从大臣、总司令官、方面军与军司令官等要职上退下时,人们突然发现,他们已经成了撑起日本军国主义大厦的核心支柱。

在后人的眼里,他们就是发动世界大战的昭和军阀骨干成员。而他们的幕后黑手,就是一贯标榜和平、仁爱的昭和天皇裕仁。有天皇作后盾,这些人自然有恃无恐。也可以说,正是在天皇的纵容下,纪律严明的日本军界,就接连爆发了一系列"以下克上"事件。一系列针对中国人的事件,如从河本大作制造的"皇姑屯事件",到"九一八"事变,一系列针对日本国内重臣、财阀的暗杀事件,如"诺门坎事件""印度支那进驻事件",都和天皇的背后支持有关。

但是,这样也造成了"以下克上"的泛滥,最终导致了军队的失控,"二·二六"兵变也因此爆发。

这次,裕仁再怎么样也不会糊涂到支持兵变的地步,并且他还听说他的大弟雍仁亲王也和这次兵变有莫大的关系。为避免大权旁落,裕仁的态度变得极其强硬,对兵变实施了严厉镇压。

兵变平息后,裕仁为了进一步控制军队,就支持亲信"统制派"军人刷新了陆军人事,"皇道派"军人以及长州藩势力被清除殆尽,甚至连同情"皇道派"的陆军名将山下奉文也差点被编入预备役。

至此,裕仁建立了对军队的绝对控制。然而,兴一利必有一弊,裕仁亲手培植起来的这个军阀集团,却只能靠不停地发动战争才能喂饱他们。

然而对于裕仁来说,可悲的现实是,他的周围聚集的都是一些浅妄愚笨之辈。他的头号亲信木户幸一就是一个出了名的纨绔子弟。木户幸一是明治元老木户孝允的孙子,年轻时声色犬马,贪图享乐,后来做了内阁大臣,他所勾连的也多是同道中人,如近卫文麿公爵。和木户一样,近卫也是一个酒色之徒。或许是被酒色掏空了身子的缘故,近卫即便是做了内阁总理大臣,也是吊儿郎当,经常睡到日上三竿才起床洗漱。就是这样一个公子哥,愣是做了三任首相。

当然,在以军事立国的日本,军人素质的高低更能决定他的前途与命运。不过,日本军部的掌权者却大多平庸。1940年7月,近卫文麿再次组阁之后,"剃刀将军"东条英机出任陆军大臣,阿南惟几出任陆军次官。不久之后,为了推卸签订三国盟约的责任，载仁亲王将参谋总长的位置交给了杉山元，而作战部长这一要职，也由战争狂人富永恭次那里转到了另一个狂人田中新一手中。如此一来，日本军部就完全成了战争贩子的天堂。

按理说，像杉山元、东条英机这样的人是不应该被放到掌管军队这样的位置的，可是裕仁偏偏将此二人安插在了陆军首脑的位置上。

看来，裕仁的识人用人能力确实有些问题。他的魄力、眼光非但比不上他的祖父明治天皇，恐怕就连他所蔑视的敌国领袖蒋介石，他也难以企及。

不过，对于亲信的无能，裕仁也确实看到了眼里，他要不时地敲打敲打他们，免得他们太过张狂。

1940年下半年到1941年年初，为减少在华驻兵，日本天皇裕仁就和军部之间产生了一些摩擦。

1940年12月1日下午，陆军参谋总长杉山元大将听到皇宫传来的召见令，来不及整理衣冠，钻进汽车，就匆匆往皇宫赶去。

此时的东京，已是一派隆冬景象。沿路之上，风卷残叶，行人稀少，给人以凛寒萧瑟之感。

杉山元此刻的心境一如车窗外的景色，他知道，天皇此时紧急召见他，绝对没有什么好事。他从宫中得到传言，听说天皇已对他产生了不满。

其实，在当时的日本军界，很多人都知道，杉山元一向是以愚笨著称，他招来天皇的斥责，乃是情理之中，并不出人意料。

在日本军界，杉山元由于头脑迟钝，便被人冠以两个有名的绰号。一个是"愚图元"（意为"傻瓜元"），另一个是"便所之扉"（卫生间的门）。第二个绰号是说杉山元没有主见，就像卫生间的门一样，可以从外面往里推，也可以从里面往外推。

当然，杉山元自己倒是不以为然，他不管别人对他如何说三道四，他有自己行为做事的准则：奋勇无畏，大胆前行。

来到裕仁面前，杉山元脚跟一碰，行了一个标准的军礼，垂下头，肃立一旁，静待天皇的问询。

裕仁端坐在宝座之上，带着皇帝应有的那种威严问道："我国既然承认了汪政权,现在要进行所谓的全面和平恐怕是困难的,既然这样,现在有没有彻底打败蒋介石的办法呢?"

杉山元诚惶诚恐,他心里十分清楚,天皇的话正是日本当前摆脱不掉的困境。两年前,正是他力主扩大中日战争,结果陷入了持久战的泥潭之中,他也因此引咎辞职。

没想到,两年来,中日战争的结束还是遥遥无期。解铃还须系铃人,中日战争这只烫手的山芋,转来转去,最终还是落到了它的发动者手中。

如今,大家纷纷逃避责任,害怕承担发动世界战争的不测命运,便把发动战争的全部责任推到了杉山元、东条英机、阿南惟几这些战争贩子身上。

杉山元这些人虽然愚鲁,但也知道形势明显对他们不利,于是,面对天皇的责问,杉山元只得老实回答:"很难。"

裕仁说:"既然如此,从我国的财政物资方面来看,现在是不是应当调整一下战线以适应国力呢?"

没等杉山元作出回答,裕仁把脸转向侍从武官长莲沼蕃问道:"在华兵力的调整是否按预定计划进行?"

莲沼蕃弯下身子,恭敬地答道:"预定的65万变成了72万。"

其实,这种调整是参谋本部作战参谋服部卓四郎中佐的意思。服部因在关东军主任作战参谋的任上,和辻政信一起挑起了"诺门坎事件"而被免职。之后,他的上司植田司令官、矶谷参谋长都被罢免了兵权,转入了预备役。但是服部从中国东北回到日本东京后却扶摇直上,当上了军部十分重要的作战参谋一职。而这一切的背后,就是陆相东条英机的鼎力支持。

服部卓四郎揣摩东条英机、杉山元等陆军首脑的意思,竟不顾天皇提出的缩减中国战场兵力的旨意,提出了维持现状、暂缓撤兵的主张。

此刻,向侍卫长询问内情,已经表现出了对杉山元的不信任,而听到莲沼蕃的回答,裕仁更是火冒三丈。他转回脸,盯着杉山元那张憨傻的面孔,厉声说道:"必须停止半途而废的事,下决心进行调整。后勤工作跟得上吗?侵入莫斯科的拿破仑就是败在消耗战和游击战上。在支那(中国)的皇军是否感觉到不好对付了?"

这时,裕仁又谈到1939年秋将近卫混成旅团调到华南一事。当时的军部本来向天皇保证"三至四个月即返回"。可大半年过去了还不见动静，6月又说"近卫师团用于中支（华中），使之打败蒋介石"。对于这种不履行承诺而把皇家御林军延宕在外的行为，裕仁已是深恶痛绝，他甚至感觉到这是在挑战他的皇威。

杉山元吓得大气也不敢出，只是机械地小声重复着他的理由："使支那事变转向持久战态势还不是时候，也不应从汉口方面撤退，到秋季以前整个形势会变得有利。"

此时的杉山元，已经没有开战之初"三个月灭亡中国"的狂妄，只能含含糊糊地指望欧洲形势出现变化，日本可以趁机压服中国。

不过，他也清楚，天皇也并不是那么容易糊弄，最终他提出了更为直接的理由："在用兵上，从汉口方面撤退，从主动作战变成被动作战，最终将不利于解决事变，将来召开和平会议时，会造成轴心国在东亚失败的印象。不管怎样，望慎重对待调整和缩短战线。"

裕仁对这种榆木疙瘩的顽固脑袋也无可奈何，只得说："也许是像你说的那样，那么现在是不是必须下个决心，制定一个方案呢？"

其实，裕仁也并不完全支持减少在华驻军的意见，他所不满的是他的部下的无能。杉山元、东条英机之流，当断不断，毫无定见，弄不好就会坏了大事。

他对亲信木户幸一透露了他的真实想法："以那样一点兵力（从70多万减到65万）不仅要维持现占领地区，而且要协助加强对沿海的封锁作战，能做到吗？令人心生疑问。"

这就是裕仁在故弄玄虚了。

杉山元不明就里，以他那特有的官僚做派搪塞道："这要充分进行研究。"

事实上，杉山元哪里会做什么研究，现在他满脑子里都是对美、对苏开战的想法，中日战争又算得了什么。

1941年1月16日，日本陆军省、参谋本部首脑齐聚一堂，审议并通过了《大东亚长期战争指导纲要》和《对华长期作战指导计划》。

会上，作战部长田中新一首先对未来趋势做了一番预测，其预言甚至可能同时对美、苏开战，不可谓不疯狂。

（一）日美战争能否爆发？其危险性是相当大的，但估计在1941年内不致发生正式战争。但必须尽早做好战争准备，一旦发生战争不致措手不及。

（二）进行南方作战，期待对南方要地的攻略作战，大致在5个月内基本完成。

因此，只要不出现值得忧虑的特殊情况，预料从开战时起五六个月后，即能向北方转调兵力。

（三）一旦苏联为准备对日开战而集中兵力、资材，从做出决定时起，需要三四个月的时间。

苏联虽已开始进行对日一国作战的准备，但尚未完成两面作战的准备。

根据以上情形考虑，即使在南方作战开始的情况下，如果初始阶段的作战指导得当，并且加强日、德关系等政治策略运用无误，则对北方苏联的动向或可应付。

（四）大东亚共荣圈的骨干，当然是日满支（日本、伪满洲国和中国），此外还应加上法属印度支那（越南）和泰国。

大东亚共荣圈的建设不能一蹴而就，当前须分阶段进行。其第一阶段即将法属印度支那和泰国纳入共荣圈内。

陆相东条英机听了，点头表示满意："本大臣并非作为政府成员表示同意，而是作为军政长官表示同意。"

不过，东条英机也不是傻得一窍不通，他对欧洲的形势表示了忧虑："1941年内，有无美、苏合作之虞？"

杉山元的回答非常干脆："无此顾虑。"

东条英机又问："1941年内，美国是否将参加欧战？"

参谋本部第二部长回答道："判断不至于参加。"

东条英机："准备对苏联开战，调动兵力需要多长时间？"

作战部长田中新一："大致需要4个月。"

就这样，在这次会议上，几个军部首脑，瞒过了他人，确立了必要时准备同时对中国和苏、美两大强国作战的疯狂决定。

到了此时，中国战场似乎已经不重要了。在他们看来，日本对美、苏作战胜利之后，中国问题自然会迎刃而解。

但是，不久军部的态度又有了变化，为了尽快使重庆政府屈服，以方便其对美、苏同时开战，遂决定在1941年夏秋之交，开始积极的作战。这样一来，中国派遣军关于尽快转入持久战的要求就被否决了。

而中国派遣军这边，面对陆军军部的领导混乱，一时间显得无所适从。为了谨慎起见，他们试探着以较小规模兵力发动旨在破坏中国战争物资、削弱中国战争能力的所谓短促、截击作战。

一时间，从东南沿海，到第九、第五战区腹地，日军对正面战场中国军队开始了一系列"扫荡"作战。

然而，对三心二意的日军来说，这却是一场噩梦的开始。

◎ 上高之西无退路

1941年的暮春，江西西北方向的上高县城，中国军队第19集团军的幕僚们聚在一起，七嘴八舌，正在研判敌情。

连日来，南昌一带的国军眼线频频发来南昌日军异动的情报。

其中报告称，南昌之敌最近调动频繁，南浔铁路的北上火车，每一节车厢的窗口均露出人枪，而南下火车，则车窗紧闭。同时，有大批军队乘军舰由鄱阳湖登陆。

来自九江的报告称，九江市内，不时有全副武装的大队日军通过。日军当局严令市民，不许紧闭窗户，不许临窗窥视。

此地无银三百两。日军的这些拙劣表演，似乎都在证明他们正在向南昌大举增兵，不久就将在南昌一带发起一场大的攻势。

南浔线上，有个中国军队的聪明眼线，他的报告也更加有力地证实了这个判断。

他在夜间利用夜色的掩护，俯下身子，将耳朵贴在铁轨上，觉察到南下火车车身沉重，而北上火车则车身轻飘。显然，运往南昌的军队、物资多，运出南昌的载重要小得多。

由此，19集团军参谋处迅速对敌情作出判断：日军上述伪装，几乎就是在模仿

"一战"时坦能堡会战德军的调动伎俩。北上火车露出人枪，显然是迷惑国军的假象，南下火车车身沉重，必满载部队与武器装备。参谋处作出判断，日军必有大规模进犯的企图。

很快，日军的攻击就开始了。

3月15日，日军兵分三路，以上高为目标，大举来犯。南路日军为第20混成旅团，向赣江与锦江的中间地带挺进。中路为担任主力的第34师团2万多人，沿湘赣公路向上高杀来。北路为第33师团，由安义县城向罗坊一带进犯。

没过两天，日军就前进了60多公里，国军第一线阵地被突破，敌军前锋逼近上高。

而此时，第19集团军总司令罗卓英还在从吉安赶回的路上，副总司令刘膺古则滞留南岳未归，一切大事，均由参谋长罗为雄中将处理。

罗为雄早年在上海从事情报工作，说起来也是个传奇人物。

1932年4月中旬，时任上海后方支前办事处情报组组长的罗为雄，获悉日本人要在4月29日日皇天长节"扩大庆祝"的消息，顿时心生一计。他找到韩国志士王逸曙，在一家旅馆，商讨如何袭击天长节庆祝大会的方案。罗为雄要求王逸曙在韩国志士中物色一位义士，作为暗杀的执行者。

不久，在韩国流亡政府安全保卫部长金九的大力协助下，韩国青年尹奉吉被带到了众人面前。尹奉吉虽未满20岁，但眉宇间却流露出一股逼人的英锐之气。他长期生活在日本，言行举止均像日本人。当罗为雄说出内情，尹奉吉慨然允诺，当即就接受了暗杀任务。当日，罗、王、金、尹在一密室，设案焚香，上挂韩国国旗，由金九拿出一幅白布，上书誓词，挂在尹奉吉前胸，然后由尹奉吉在香案前，高举右手宣读誓词，表示愿为中、韩两国牺牲复仇，声调激昂，罗为雄等为之肃然起敬。

4月29日清晨，虹口一带日本人的商店、学校、会所，以及黄浦江上的日舰、闸北的兵营，都高高挂起太阳旗。上海的日本人也个个趾高气扬，不可一世。尹奉吉混杂在一队学生里面，肩挂水壶，腰悬饭盒（里面藏着特制的炸弹），昂然步入会场，通过卫队岗哨，钻进鲜花牌楼，转入虹口公园正门，开始接近刺杀目标。

当罗为雄得知尹奉吉已经越过了检查界线的消息后，紧张的脸上露出了笑容。之后他紧急拜会外交部次长郭泰祺，低声说道："今日会场里面，恐怕不十分安全，

第五章 小城因胜利而被铭记

不必亲到会场,不如早些到领事馆去表示一下礼貌为上。"郭泰祺素知罗为雄负责前线情报,当即心领神会,知道今天将有大事发生,于是一切应允。罗为雄随即转往市政府,把刚才和郭泰祺的一番谈话,依样详告给上海市市长吴铁城,吴铁城得知这个消息后,也赶紧把消息透露给同行的同事,让他们小心为妙。

办完事,罗为雄返回办事处,拉着同事的手不无得意地说:"近来沉闷极了,我导演了一幕类似'博浪椎秦'的闹剧,和日本人开开玩笑,稍后请你看好戏吧!"

果然,11时许,街上"号外""号外"的叫卖声就响成了一片。罗为雄一跃而起,找人买来《新闻报号外》,只见上面写着:"本日十时零五分,虹口公园日本居留民庆祝天长节大会,正当外交团人员祝贺完毕退出会场,日本军民举行庆祝,高唱国歌之际,忽由台下掷来炸弹两颗,命中长官台,立即火光四射,弹片横飞,台上台下死伤颇重,详情续报。"

很快,二次、三次《号外》发出消息:淞沪战役最高指挥官白川义则大将遍体鳞伤,不久丧命;植田谦吉中将炸去足踝;赫赫有名的野村吉三郎海军中将(后升大将,太平洋战争爆发前首位奉派赴美谈判的专使)炸去了右眼;日本驻华公使重光葵(曾任日本外相,"二战"结束后在密苏里军舰上代表日本签署降书)炸断了一条腿。此外还有居留民会会长河端、驻上海总领事书记官当场毙命。此案,当时震骇日本,轰动世界。

罗为雄得知大功告成,便命部下立即将现款5000元分发韩国志士,作为逃亡费用。同时,赶往青帮大佬杜月笙处,请其设法掩护法租界内居留的韩国人逃亡。杜月笙满口应允,并拿出2000元作为韩国人逃亡的旅费。果然,是日下午3时,日方要求法租界巡捕房,协助日宪兵大规模搜捕韩国人,被株连的不下二三百人。至于金九、王逸曙等首要人物,早在罗为雄的安排下,避居苏杭,安然无恙。

而尹奉吉扔下水壶炸弹后,混乱之际,竟忘了拉动饭盒炸弹开关自杀而被捕。尹奉吉不愧是一条好汉,从被捕到解赴东京,受尽酷刑,始终没有透露过半句实情,直至被杀成仁。事后,罗为雄向吴铁城募得银圆5000元,设法转交给尹奉吉的老母,作为烈士成仁的抚恤金。

虹口公园爆炸一案,由于尹奉吉没有透露真相,各国都认为是韩国人所为。当时罗为雄迫于形势,为避免引起外交枝节,并作为应尽国民天职,他并未将此案的策划经过呈报政府。结果，罗为雄参与虹口大案的壮举很长时间仍然不为世人所知。

罗为雄虽是英雄，但眼下却犯了难，他缺少带兵经验。

因此，前线的败讯传来，罗为雄紧张不已，脸色发青，惶恐不安。

在电话里，战区司令长官薛岳上将只好安慰他说："不要害怕，敌人是'扫荡'战，打了会回去的！"

就这样拖了两天，战局危殆之际，罗卓英总司令日夜兼程，终于在17日下午赶了回来。

罗总司令一回来，大家像是找到了主心骨一般，定下心来，纷纷建言献策。但在战与走的问题上，大家分成了两派，形成了尖锐的对立。

本来，根据第九战区司令长官薛岳的判断，日军绝没有进犯长沙、进行决战的企图。南昌日军此次进犯，应该和豫南会战、汉水作战一样，仅仅是为了袭击国军后方，破坏战略物资，消耗国军战斗力。因此，没有必要和日军死打硬拼。

基于这种判断，参谋长罗为雄、副参谋长黄华国等将官力主撤出上高，待敌撤退后再加以掩袭，可收事半功倍之效。

而以参谋处长梁启霖为首的参谋处则极力主张死守上高，在上高附近与日军决战。

参谋处的蓝介愚少校代表参谋处陈述意见。他认为，日军每天前进近50公里，3日以来，已极疲惫，现在碰上的又是我军主力第74军，大可以奋起反击，击其惰归。并且，他直言罗为雄、黄华国力主撤退，一定是受到了缴获的日军路线图所迷惑。日军的路线图上，进攻路线只画到上高为止。蓝介愚判断，这是日军用来迷惑我军的伪件，因为上高以西的公路并没有被破坏，日军攻下上高之后，便可沿着湘赣公路直趋长沙。

有见于此，蓝介愚不顾人微言轻，直接反驳副参谋长黄华国说："你要知道，敌人的企图随时会发生变化的。"

罗卓英听后，似乎有所触动，他站起身，在室内踱来踱去。他清楚，南昌会战的惨败，已让他在军界蒙羞甚多，如果此次也是大败而归，蒋介石会如何看他，陈诚会如何看他，他在"土木系"内还怎样混下去？

再说，日军果真要进犯长沙的话，他若让开上高，任由日军突进，那么就不仅是个人蒙羞的问题，甚至还会身败名裂，招来军法的惩处。

更重要的是，重庆的蒋介石已经向19集团军下达了手令："如果上高失陷，提师长以上人头来见。"

一年前的柳州会议，蒋介石不顾情面，整肃了一大批高级将领，甚至连白崇禧、陈诚这样的核心人物都包括在内。此次蒋介石对上高的战事如此重视，罗卓英怎能等闲视之？于公于私，他都只能有进无退，血战到底。

但副参谋长黄华国却没有看出罗卓英的想法，跟在罗的后面，指着军用地图说："敌人是扫荡战，打了会回去的，不必固守上高。等敌人撤退时，再行追击。"

罗卓英板起脸孔，对黄华国说道："你要知道，上高以西，并无阵地可守。"

黄华国听罢，明白罗总司令已经听信了蓝介愚的意见，知道再争无益，便沉默不语。

罗卓英说："好吧！你们有什么意见尽管说。"又对参谋处长梁启霖说，"索性叫参谋人员都来吧！"

时间不久，十来个年轻参谋就齐聚司令部作战室，开起了幕僚会议。

参谋处长梁启霖少将陈述了正面攻击的意见后，大家都面面相觑，无人再敢发言。这时，参谋长罗为雄直接点了蓝介愚的名："蓝参谋来。"

罗为雄深通为官之道，他知道蓝介愚和罗总司令既是广东大埔老乡，也是大埔中学校友，两人关系非同寻常，便对蓝介愚处处抬举。

蓝介愚自幼聪颖好学，天赋过人，大埔中学毕业后，曾任湖寮镇岭东公学校长、湖山官学教员，而罗卓英就是湖寮镇岭下村人。

基于这层关系，在罗卓英的司令部里，蓝介愚可以来去自由，甚至是放言无忌。当然，罗卓英见他才气过人，也对这位年轻后生十分倚重，一些机密军务，基本上都让他参与其中。

蓝介愚生于1913年，时年28岁。他虽然年少得志，却也并非浪得虚名。南昌会战后，国军士气低迷，为鼓舞士气，激励人心，他曾作《赣北战歌》一首，发表在《战旗》周刊上。歌云：

天苍苍，水茫茫。

鄱阳湖畔好战场，赣江两岸阵堂堂。

短兵时相接，长刀映日光。

战胜归来饮百盅，醉将敌血写诗章。

上！上！南昌就在望，

前头还有巍巍的古庐山、滔滔扬子江。

天苍苍，野茫茫。

上高东北好战场，锦江夹岸阵堂堂。

挥戈除小丑，弹落阵云黄。

歼灭倭奴三百万，黄龙痛饮返家乡。

上！上！紫金山在望，

前头更有巍巍的长白山、滔滔黑龙江。

歌词慷慨激昂，激励将士奋勇杀敌，收复失地，诚足感人。

蓝介愚见参谋长点了他的名，就一口气陈述了反对撤退的十大理由。并且还建议，请求第三战区和王陵基第30集团军协同作战。

罗卓英见整个会议室都是他一个小参谋讲话，也感到不成体统，于是脸上立刻变了颜色，加重语调呵斥道："我们怎么打呢？"

蓝介愚毕竟还是年轻，受到呵斥，当即情绪就跌落下来，说起话来也显得语无伦次。

见蓝介愚受到呵斥，其他参谋不服了。毕竟个个年轻气盛，他们不顾可能招来的斥责，纷纷发言，反对撤退。

少校参谋刘金山平时沉默寡言，此时却站出来发言，主张把49军的26师调过赣江支援作战。

罗卓英见大部分参谋都反对撤兵，就来征求参谋长罗为雄的意见。

罗为雄没有注意到会场形势的变化，也未去揣摩罗总司令的意图，还在那里盯着地图，两手比画着说："这样逐次抵抗，撤出上高更为稳妥。"

副参谋长黄华国可没有那么死心眼,他看出罗卓英一再要年轻参谋发言,明摆着是要寻找支持,与敌决战。于是他见风使舵,改变了主张:"上高方面主守,将第26师调过江来,由后面进击第20混成旅团。"

这一句话说到了大家心里。

蓝介愚第一个站出来,大声说道:"我完全赞成。"

罗卓英拍着罗为雄的肩膀,看着他惊愕的样子,神秘地一笑:"这样打,包赢。"

紧接着,罗卓英就命参谋们制订作战计划、调遣军队、发布命令,并且致电军委会,把第三战区对赣江以东的指挥权又要了回来。

本来,刘多荃的49军曾隶属于19集团军。军委会为了加强第三战区的军力,把这个军从19集团军划了出去。同时,又把赣江以东地区划给了第三战区。

这样一来,罗卓英就难免心中不快。在他看来,老头子(蒋介石)即便不愿给他江西省主席的名分,至少也得赋予他指挥江西全省军队的权力,但军委会偏偏把江西沿赣江一分为二,只让19集团军在赣江以西活动。并且,赣南是"太子"蒋经国的势力范围,赣西北是川军王陵基的地盘,罗卓英都不能染指。

罗卓英愤愤不平,甚至当着部下的面口出怨言:"赣江东岸的部队,平时不归本集团督训,战时才拨归我指挥。各部队情况一切不明,打了败仗却要杀我的头。"

罗卓英一向是以儒雅自负,待人接物宠辱不惊,很少有发脾气的时候。这次,军委会无故削弱他的兵权,他口出怨言,可见他的不满到了什么程度。

这次,他要借日本人的进犯,要回军队、地盘,也要回指挥权。电报发出去后,军令部很快予以照准。将赣江东岸15公里的正面,75公里的纵深,划归第九战区,并将该地区的守备军第49军,重新并入19集团军的战斗序列,归罗卓英指挥。

还有意外之喜。上高会战打响后,罗卓英取得了赣西北王陵基第30集团军的大力协助。

至此,在战局危殆之际,总司令罗卓英及时赶回,统一部署,要回指挥权。这些为上高会战的胜利奠定了基石。

◎ 内线变外线

说起来，远在南方战场的上高会战，竟和华北八路军发动的百团大战也能扯上关系。

1940年，太行的八路军总部，见蒋介石积极和日本人接触，大有妥协投降的危险，为了振奋人心，就适时发动了以破袭道路桥梁、破坏厂矿为目标的百团大战。

这一战，日军损失颇巨。战后，日军华北方面军公开承认，昭和十五年（1940年），华北日军共战死5456名，负伤12386名。要知道，日军对伤亡数字的报道都至少是缩水一半的。对于华北日军来说，这样大的损失还是前所未有的。

为了打击快速崛起的八路军，加强华北的兵力，日军就从华中的11军、13军中分别抽调出一个师团，用以支援华北。而其中，驻防南昌北面安义地区的11军第33师团就在奉调之列。

按照日军的惯例，为了不致暴露兵力的空虚，总要在调走之前，给中国军队以一次有力的打击。

在中国派遣军总司令部的指示下，日军第11军决定以34师团为主力，以33师团、混成第20旅团为两翼，针对中国的第19集团军，发动一场短促出击的"扫荡"战。

就此而言，日军确实没有进犯长沙的企图，19集团军参谋长罗为雄等人的判断并没有失误。而且，一贯骄横的日军也并没有太把此战当回事，第11军司令官园部和一郎中将还沉浸在枣宜会战胜利的余味中，对于上高前线，甚至连一个像样的前进司令部都没有设立。贯穿整个上高会战的始末，南昌日军的指挥始终处于混乱状态。

第33师团师团长樱井省三和第34师团师团长大贺茂二人互不服气，谁也不愿服从谁的指挥。从一开始，樱井省三就不太积极，总觉得马上就要转战华北，打胜了功劳也只能记在大贺茂的身上，他樱井省三怎能做这赔本的买卖？因此，作战意识就不太积极。

而大贺茂则野心勃勃，他不顾南京总司令部控制作战的训令，一意孤行，企图利用这次机会，重创中国主力第19集团军。

本来，第11军在2月23日召开的兵团长会议上，严令各部执行军部的训令，保存战力，以积极不断的灵活的短距离截断进攻作战，来消耗敌人的战斗力，确保对敌人的压倒性优势。

也就是说，日军至少在1941年上半年，要对自己的作战进行约束，到夏秋季兵力调回后再图更大的战略目标。

但第34师团师团长大贺茂偏偏敢于犯上，自作主张扩大了作战目标。

而他的这一举动，却得到了前来视察的参谋本部作战部长田中新一少将的支持。田中是个著名的战争贩子，他一直为中国战场的行动不够积极而不满。来到南昌，见到34师团的进攻如此积极，就面露喜色，表示赞许："总军虽有些悲观，但仍稳健。南昌驻军则在作战上信心很足。"

大贺茂闻言，更是不可一世，自以为有军部当权派的支持，大可以放手一搏。在他看来，中国军队经过日军的多年打击，已经极其虚弱，纵有74军又如何？在皇军两个半师团的重击之下，中国军队只能被动挨打，望风溃逃。

然而，他无论如何也不能想到，事情的发展竟和他的设想截然相反，在前往上高县城的路上，罗卓英等中国军队将士已为他布下了天罗地网。

阴阳互换，信心爆棚的日军却失手于信心不足的国军。

其实，这场会战国军并不占优势。

进攻的日军有四五万人的兵力，另外还有远藤三郎的第3飞行团。其中，33师团、34师团各有两个步兵联队参战，第20混成旅团有5个独立步兵大队参战，33师团的荒木支队以一个步兵联队加入会战。而且，各部除了炮兵、辎重兵、工兵、通信兵的完整建制之外，还配属有其他特种部队，日军的战斗力不可小觑。

而国军方面，19集团军只有74、70、49军三个军，30集团军只有78、72军两个军。其中，只有74军算是甲种军，满师满员，装备精良，战斗力较强。而其他部队则大多编制残缺，装备低劣，多数部队一个师仅有4000多人，战斗力很弱。尤其是出自川军的30集团军，战斗力更是低下，有些官兵连基本的战斗经验都没有，每次日机前来轰炸，很多官兵都不知躲避，挤作一团，任凭日机扫射。

两相对比，国军的压力巨大。

有鉴于此，下定决心进行决战的罗卓英打算智取，祭出倒八字阵"天炉战法"。

"天炉战法"是薛岳的拿手好戏，薛岳曾用它在三次长沙会战中重创日军，也因这三次长沙会战奠定了他的抗日名将的声威。事实上，该战术并非他的独创。在这方面，素有儒将之称的罗卓英也功不可没。

在上高会战开始阶段，19集团军的参谋们注意到日军分进合击，意图压迫中国军队于上高一带聚而歼之，就想到了利用"倒八字"阵将日军两翼诱离战场的计谋。

南昌西北一带，李觉的第70军逐次抵抗，向预定战场上高一带作离心运动，吸引最先发动攻击的33师团偏离上高主战场，以斩断日军之右翼。

果然，33师团见有利可图，就一直追赶第70军，向偏离上高的西北山地追去。

连日来，第70军为阻击、诱引日军，也付出了不小的代价。

70军原属唐生智、何键的湘军，军长李觉为人厚道，颇得将士拥戴。

李觉做排长时20岁，所在的营本是由土匪改编而来，士兵们看他年轻，就起哄说他"嘴上无毛，办事不牢"，根本不把他放在眼里。对此，李觉十分烦恼。团长唐生智开玩笑说："去把老姜烧热了烫嘴唇，可以烫出胡子来。"李觉信以为真，果然去试了一下。结果，就在全团传为笑话。

不过，李觉却有寒门子弟的平民精神。他不摆架子，不怕吃苦，经常和士兵们一起劳动，一起游戏。士兵们虽然顽劣，但也都知道好歹，没过多久，就被他的苦心所折服了。

有了经验，李觉在战场上敢打敢拼，很快就在湘军中脱颖而出，成为唐生智的得力干将。

但好景不长，由于唐生智的湘系早年曾支持汪精卫的武汉国民政府，给蒋介石的南京国民政府造成了不少的麻烦。蒋介石得志之后，就对唐生智的湘军展开了严酷的打击。

1935年冬，李觉所部尾追红军一直打到云南昆明。蒋介石为了收到一石二鸟的效果，挑起滇军和湘军的矛盾，就命李觉所部留驻昆明，这令李觉十分恼火。

这时，适逢两广再度酝酿反蒋，李宗仁、白崇禧一面与云南联系，一面派人到长沙劝说何键一同参加，相约在西南另创局面，并要求何键即便不予支持，至少也要保持中立。

何键眼看自己的部队远在云南，受人所制，也想有所行动，就向李觉征求意见。李觉劝他："老蒋如此对待我们，是该反了。但为慎重起见，还是要让他们搞出一定规模，我们才好表示态度。"

何键深以为然，于是便派李觉以返回昆明为幌子，绕道桂林一探虚实。桂系派人迎至黄沙河，到达桂林后又乘专机飞赴南宁。见到白崇禧，李觉亲手转交了何键的亲笔信。白崇禧又派李品仙等人陪同李觉返回湖南，与何键做进一步的接触。

但事到临头，何键又出尔反尔，改变了主意。他一面命李觉与桂系进行周旋，一面又命教育厅厅长朱经农向蒋介石告密。不久，两广兵败，蒋介石命顾祝同传话让李觉到广州见他。李觉见事情已经败露，惶恐不安，不知所措，急忙向何键求救，何键当即派人到广州向蒋介石陈情："因军队被阻隔在云南，受桂系所制，不得不虚与周旋。既然令朱经农告密，就证明我们绝非真心附桂。"

看李觉紧张成这样，蒋介石心里好笑，现在国难当头，正是用人之际，他怎么舍得惩处李觉？李觉来到广州后，蒋介石满面春风，不但没有斥责李觉，反而夸赞他诱敌有功，当即准许他将军队调出云南。李觉喜出望外，对蒋介石感恩戴德。但事后才知道，军队并非是回湖南，而是开赴江浙。从此，他的部队就脱离了何键的控制，完全归蒋介石支配了。

1936年10月，李觉带领所部到达浙江，整补备战，准备抗日，这时老长官唐生智告诉他："听说你追随何键多年，没打过硬仗，这回要准备拼命打死仗了。"

李觉也是热血男儿，回想起当年投军之时，唐生智对他的提携之恩，就知道老长官没有骗他，中、日之间的战争已经在所难免。于是对军队加紧训练，时刻准备投入战场。

不过，真的进入战事，他才发现，事情远没有他想象的那么简单。

淞沪会战一打响，他的基本部队第16师就被调出，划归胡宗南指挥。胡宗南在蒋介石的授意下，有借无还，把李觉这支战斗力较强的师给兼并了。

武汉会战中，李觉所部奋力抵抗，杀敌甚众，使日军不能越庐山一步，让日军为之胆寒。但苦战之际，陈诚却趁火打劫，借口70军的128师作战不力，撤职查办了师长，取消了128师的番号。同时，将"土木系"的张言传第9师拨归70军序列，以便鸠占鹊巢，伺机取代李觉，夺取对70军的指挥权。

李觉和其他被欺凌的杂牌军将领一样，眼看部队被一步步地肢解，只能忍气吞声，听天由命。

曾经有一段时期，李觉和新四军走得很近，70军的一些干部如陈希周等都是共产党员。这就引起了蒋介石的强烈不满。

1940年的春天，陈希周在外出途中，被军统特务劫持暗杀。消息传来，李觉极为愤怒。可他又没法和蒋介石翻脸，只好将其他"异党分子"转移到桂林暂避，并妥善安置了陈希周的家眷。

蒋介石见李觉不肯就范，就把他调到重庆，在党政训练班13期受训了一个月。

此次上高会战，19集团军把70军摆在南昌正面，以3个残缺师1万多人，抵御南昌西、北两面的日军33、34两个师团，担任第一道防御，显然是把70军当成了炮灰。但李觉深明大义，知道为抗日做出牺牲本是天职所在，因而也未去计较什么个人的荣辱得失。

其实，"倒八字"阵战法能否成功，关键就在70军的身上。

南路日军进犯的区域由于正面较小，国军无法施展诱敌战术，引诱日军做离心运动，所以"倒八字"阵"八"字的其中一撇并不能成型。而北路日军33师团的正面则较为宽广，完全可以引诱日军做离心运动。

会战一开始，70军且战且退，由奉新向西北退去，3月17日，一直退至上富、甘坊、苦竹坳之间的山地。日军33师团见有利可图，便紧追不舍，忘记了向西南上高方向转进围歼国军主力的企图。

事实上，在中国军队的顽强抵抗下，第33师团即便是要抽兵南下攻击上高，也根本无力办到。

仅仅在奉新城外的虬岭一带，日军为突破当面国军第70军第107师的防线，就耗费了两天之久。

虬岭照字面意思似乎有龙盘虎踞之势，但其实并不算高，多数标高仅有几百米，超过1000米的仅有米山主峰等寥寥几座山峰。虬岭虽然并不高大险峻，但却是由南昌、奉新进出赣西北的重要据点，日军必欲攻占而后快。

战斗一打响，日军对国军前沿阵地，首先出动10余架飞机轮番轰炸，稍后以各种火炮猛烈轰击。最后是几路步兵纵队，在坦克的掩护下，向国军阵地进行波浪式的连续冲锋。

第五章 小城因胜利而被铭记

驻守此地的107师王学钦营奋勇抵抗，凭借有利地形和坚固工事，打退了日军一次次的疯狂进攻。该营由于防区面积不大，在日军的猛烈攻击下，遭受重大牺牲，负伤的官兵被不断地抬下阵地。一时间，虬岭前沿浓烟弥漫，火光冲天，声震山岳，战斗之激烈震撼人心。

战至下午2时许，日军因正面强攻受挫，就以10余辆轻型坦克，强行冲破左侧封锁线，迂回至阵地后面，进行前后夹击。王学钦营腹背受敌，只得在接到师、团指挥部的撤退命令后，从右侧突围出去，赶到后方整补。

日军紧追不舍，很快突进到虬岭后面的国军米山主阵地。

由于国军在各制高点上架设了高射机枪，日军飞机不敢靠近，再加上阵地正面，是一片广阔的山间平地，日军运动前进，就完全暴露在国军的火力网之内。因此，日军虽然狂轰滥炸，使出浑身解数，组织了两次猛烈攻击，但在国军的有力反击下，伤亡累累，攻势受挫，始终未能前进一步。仅在邹继衍营左守备区阵地前，日军即遗尸四五十具，被毁坦克一辆，可见其损失之大。

日军不甘失败，调整后倾尽全力，于次日又开始了更为猛烈的进攻。

经过日军的饱和轰炸，米山这座岩体构造的石山，几乎被炸去了一层。守军由于工事简陋，根本抵挡不住日军的猛烈炮火，以致伤亡惨重，防线渐渐崩溃。营长邹继衍见右翼319团的阵地被突破，守军纷纷后撤，而日军的火力一下子集中在自己的防线上，于是，亲率防毒排上前增援，同时命预备队携重机枪2挺，推进至左翼高地，对日军进行侧击，还命第2连沿棱线掘壕据守，反击日军。经过一番激战，天黑以后，终于稳住了阵地。

此时，邹营长登上米山主峰，向四周瞭望。只见前后左右约10公里的纵深地带，几乎完全淹没在火光之中，这是日军进行夜间联络的信号。反观脚下，只有以米山为中心约5公里的一小块狭长地带，黑沉沉地躺在四面火光之中，好像漂浮在汪洋大海中的一处孤岛。邹继衍心里明白，自己所在的320团，已经完全陷入日军的包围圈中。

事实上，自当天下午3点起，该团各部队就已失去了和师、团指挥部的联系。邹营长忧心如焚，明知坚守下去就要被日军全歼，但未接到撤退命令，也不敢轻易撤退。

他当即带着两个传令兵，找到第2营鲁营长，一同商量对策。

一见面，邹继衍营长先探了一下鲁营长的口风，他问鲁营长是否与团部还有联系。

鲁营长的语气非常急切:"下午曾两次派人去后方,一直没有找到团部,师、团主力去向不明。"

邹继衍不等他说完,就一把拽住鲁营长,把他拉到屋外,指着四周的形势说:"现在我们的处境非常不妙,两个营、1000多人的生死存亡,都搁在你我的肩上,必须在拂晓前突围,否则后果不堪设想。"

鲁营长当即表示赞同,可谁都知道,军法如山,抗战爆发以来,不知有多少军、师长由于畏敌避战而被枪决,他们两个小小的营长在军法面前,又算得了什么?

为谨慎起见,他们几经协商,每营各派出了2名士兵,即刻向后方寻找师、团的联系,请示命令。告诫他们不管找到与否,务必在凌晨2点以前回报,再做最后的决策。

万幸的是,邹继衍从鲁营长那里出来,刚走出二三百米,就碰到了匆匆赶来的团部的两个传令兵,原来团部已经下达了撤过锦江的命令。

邹继衍当机立断,在和鲁营长简短商议后,立即安排撤退事宜。

鲁营长主动提出掩护邹营撤退,待邹营撤退后1小时,鲁营再继续跟进。

交接完阵地,邹继衍命第2连担任前卫,在前进路上的两侧各派一个加强班,枪上膛,刀出鞘,如有敌军,立即予以歼灭或驱逐,全营在后跟进。

沿路两侧山头之上,远远望去,日军分队、小队哨所灯火通明,无形中给撤退官兵增添了很多压力。

令人意外的是,日军见国军通过,不仅不予拦截,反而熄灭灯光,不管不问,远远退避,任由国军通行。同样的情形,徐州会战时,在日军第4师团身上也出现过一次。

当时,国军大队官兵在败退途中,突然撞见一支日军大部队正在路旁埋锅造饭,当即吓得魂飞魄散,以为在劫难逃。没想到这支部队只管宰猪杀羊,埋头做饭,根本就不管这边的动静。国军见状,便小心翼翼地绕道通过,结果安然无恙。事后一打听,才知道那支放行的部队就是日军中身为甲种师团的第4师团。而第4师团方面,其南进支队的队长却以"严格遵守作战纪律"为由,振振有辞地向上级解释道:"没有接到对中国军队进行截击的命令。"

同样,日军第33师团也是这么个师团,在第一次长沙会战中,正是由于33师团的退缩避战，才给国军创造了更大的战机。

尽管如此，在阻击33师团的作战中，第70军还是付出了不小的代价。

仅107师的320团就伤亡官兵500多人，约占全团战斗人员的1/3。

此后，日军第33师团又继续跟进，被我第70军牵着鼻子引诱到了上富一带的山区里。巧的是，此处的大山名叫"棺材山"。33师团在此遭遇了匆匆赶来的川军72军，在与70军取得联系后，两军迅速完成了对33师团的合围。

激战两日，日军第33师团伤亡惨重。樱井省三见势不妙，联想到棺材山山名的不吉利，生怕在此丢了性命，做了棺材山的游魂野鬼，便借口配合34师团作战的任务已经完成，遂撤回奉新，转入休整，准备调往华北。

至此，70军圆满完成"倒八字"阵那"八"字的重重一撇的任务，破坏了日军分进合击、图谋围歼我19集团军主力的计谋，为国军由内线转为外线，由被动转为主动，做了一个漂亮的铺垫。

得到北路日军撤退的消息，李觉将军长舒了一口气。走出指挥部，望着巍巍的青山，呼吸着草木的清香，真正感受到了春天的可爱。

此刻的他，少有地感到作为军人的快乐和荣耀。

◎ 74军的代号是"辉煌"

第70军在北路的胜利只是一个序曲，上高会战的真正主角还是得由第74军来担当。

上高城里，74军军长王耀武中将刚刚和总司令罗卓英通过电话。

罗卓英听说74军参谋长陈瑜力劝王耀武撤出上高，便立即通过电话呵斥陈道："你是陈参谋长吗？作战期间，讲话不准牢牢骚骚。"

为了监视74军作战，罗卓英还派出了中将高参张襄前往74军，名为劳军，实为督战。王耀武见罗总司令对他放心不下，就主动给罗卓英打去电话："请总司令相信我，我是能够贯彻您的命令的。"

其实，罗卓英大可不必担心王耀武的抵抗意志。

作为黄埔系中智勇双全的将领之一，王耀武虽然年仅37岁，但他的能力却不容低估。

在国民党军界，素有"三李（李延年、李仙洲、李玉堂，3人都出身黄埔一期，和王耀武一样，都是山东人）不如一王"的说法。王耀武之所以获得如此大的声誉，这和他年轻时的经历有着莫大的关系。

王耀武出身贫寒，从小失去父亲，连同几个兄妹，由母亲一人拉扯长大。读书读到19岁，家贫无以为继，年纪轻轻就独自一人出外谋生。在天津，他做过卷烟厂工人，因工作环境太差就跑到上海，做了商店店员。做这店员的工作，一般都要"眼观六路，耳听八方"，能够揣摩人的心理，对人曲意奉承。这段经历，为王耀武在军中的崛起起了很大的作用。

此后，他几经周折，赶到广州，考进了黄埔军校第三期。

国民党用人，和地域、人脉关系甚大。拿蒋介石来说，他用人的标准就不外乎"黄、浙、亲"三个字。"黄"是黄埔军校毕业，"浙"是浙江籍，"亲"是亲朋故旧，不符合这几个标准的人，几乎很难再入他的法眼。比如像贺衷寒、邓文仪、康泽这些湖南、四川籍干将，一旦形成自己的小圈子，蒋介石不管他们才能如何出众，都会立即予以打压。但王耀武却是个例外。

王耀武凭借着年轻时混迹社会所养成的一套察言观色的本事，既心思缜密，善于思考，又能忍辱负重，甘为人梯。

第二次东征之后，何应钦为整肃军纪，成立了一个第1军直属的宪兵营，任其内弟为营长。但何应钦清楚，他的内弟能力有限，于是就把王耀武调去做了第1连连长，并嘱咐他说："宪兵关系我军纪律和声誉，至关重要，你很能干，特调你为第1连连长，帮助营长把这个宪兵营带好。"能够得到何应钦的当面肯定，王耀武大喜过望，抓住机会卖力表现。他的情商很高，和何应钦的内弟处得不错，何的内弟经常向何应钦讲王耀武的好话，从而博得了何应钦的好感。

在刘峙那里，王耀武也是如法炮制。中原大战时，他被刘峙保举为独立32旅第1团上校团长，而这个旅的旅长正是刘峙的侄子刘夷。王耀武上任之前，刘峙特意把他找来，做了一番交待："我希望你多多帮助刘夷，把他的部队整训得和第1师一样有战斗力。"王耀武当即心领神会，满口应允。上任之后，他一面精心训练部队，和士兵同甘共苦，提高了32旅的战斗力，另一面又积极和刘峙搞好关系。结果，皆大欢喜，刘峙也对他另眼相待。

就这样，靠着军界这两棵大树，王耀武一步步地在军中站稳了脚跟。而在不久之后的宜黄大战中，王耀武正式崭露头角，得到了蒋介石的赏识。

1932年，在对江西红军的第四次"围剿"中，王耀武所在的32旅迅速进占宜黄镇。宜黄镇是红军的战略要地，红军非常重视，32旅刚刚进入，就被红军团团围住。王耀武深知红军善于围点打援，因此力主坚守，以牵制红军主力。战局紧张之际，蒋介石害怕孤城难守，就命令32旅旅长柏天民相机突围，王耀武坚决反对："'共匪'善于攻点打援，我若突围，必遭围歼，如若死守或可幸存。"

柏天民欣然从计，结果，32旅竟坚守宜黄24天未被攻破。

蒋介石闻报，大为振奋。不久，就在南昌召见了王耀武，慰勉之后，当面问他："我有命令让你们在难于坚守时相机突围，你何以建议柏天民坚守，当时你是怎么想的？"

王耀武答道："当时已经深陷重重包围，突围已不可能，与其突围失败而死，不如坚守与城共存亡，何况宜黄是战略要地，一旦失守，即便付出1万人的牺牲也未必能够重新夺回。为整个战局着想，我们便下了与城共存亡，宁死也不放弃的决心。"

蒋介石一向以曾国藩的传人自居，察人用人多以精神、气度为主，此次见王耀武英武不凡，便频频点头，连连称好，当即任命他为补充第1旅旅长，军衔升为少将，并向他解释说："补充旅由保定编练处的部队改编，士兵都是北方人，你带很相宜。32旅的团长、副旅长都是黄埔军校一、二期的，恐怕你带不了。所以我调你任补充旅旅长。"

王耀武听罢，自然是受宠若惊。他不过是山东泰安的寒门子弟，无权无势，无依无靠，竟能一朝之间得到领袖的眷顾，他怎能不感激涕零？以至于后来进了北京功德林的战犯集中营，王耀武还是不能忘怀蒋介石对他的知遇之恩。他在《自述》里写道："当时，我对蒋先生用心之细，和考虑的周详，既佩服又感激，认为他有识人之目，是个难得的好领导。"

此后，他还曾率部重创方志敏的红十军团。

他虽然视红军为仇敌，对红军敢下毒手，但他却善于观察红军，还能向红军学习。他看到红军消除特权，上下平等，因而战斗力很强，就有意进行模仿。他一方面既不吃空饷，也不克扣军饷，一方面又赏罚分明，恩威并用，平时以负责任、守纪律勉励下属，以身作则，对犯错的部下不予姑息。

追随王耀武多年的第51师第301团团长吴克定，在南京保卫战中畏缩不前，当即就被王耀武革职。在湖南桃源，一次战斗之后，村野之间到处都是无主乱跑的鸡鸭，第57师第169团团长李毅民允许士兵抓了一些打牙祭，也被王耀武革职，并且公告全军。所以第74军上下军纪严明，不像有些国军部队那样胡作非为。无论平时、战时，所部官兵接受任务都不敢马虎，不存侥幸之心，努力完成。

王耀武也有他通权达变，精通潜规则的一面。

在国民党军界，王耀武喜欢做生意是出了名的。他早年的店员经历，培养了他敏锐的商人意识。1928年北伐结束之后，王耀武托友人挂名在武汉开办振兴饼干厂，干起了副业。此后财源滚滚，在长沙、重庆等地先后开设了分厂。抗战时期，他又派人在宁波、温州、广州等地投机倒把，买贱卖贵做各种日用品生意，大发其财。

并且，王耀武也很会做人，对上司、同僚乃至下级都能做得面面俱到，八面玲珑。他时常找下属军官个别谈话，对部下的个人情况十分清楚，部下有所请求，无论大小事，他都会尽力帮忙。在国民党官场上，王耀武的公关手段可谓是炉火纯青，对上打点周到自不待言，连对一些高官身边的亲信，甚至门房仆从都不敢怠慢。

总的说起来，他既能打仗带兵，又能上下周旋，疏通人际。因而他能以一个黄埔三期生的资历，迅速越过许多比他资历高得多的将官，在国民党军界迅速崛起。

不过他也并不是单靠逢迎拍马取得蒋介石的信任，他还会装傻充愣，以消除领袖的疑忌。有一次，他对亲信们回忆往昔，讲到老头子（蒋介石）召见他，表扬他等。他边讲边笑，滔滔不绝。最后，他说出自己的制胜法宝："老头子就喜欢我这傻呼呼的愣劲。"

昔日的小店员已经是今非昔比。

1941年春，军委会决定在西南、西北各组建两支战略攻击军，作为大江两岸的机动部队。战略攻击军编制庞大，待遇优厚，仅司令部直辖部队就有炮兵、工兵、辎重兵各一团，搜索营（半机械化）、高炮营、战防炮营、通讯兵营、特务（警卫）营各一营，编制比一个师还大。

第五章 小城因胜利而被铭记

待遇如此优厚，编制如此之大，自然就引起了各方面的激烈争夺。

胡宗南是蒋介石的台柱，自然没人和他去争，他的第1军、第2军就占据了西北区的两个名额。杜聿明的第5军是蒋介石有意锻造的一支铁军，自然就占据了西南区的一个名额。而仅剩的一个名额，就在4个军中争了起来。其中，当数第18军和第74军的争夺最为激烈。

第18军是陈诚的起家部队，战斗力很强。第74军虽然抗战爆发时才成立，但屡建奇功，猛将如云。一时之间，蒋介石也难于抉择。

最终，蒋介石看到"土木系"在第五战区有郭忏的江防军，在第六战区有方天的第18军，在第九战区有罗卓英的势力，在中央有陈诚做后台，就感到了"土木系"势力的侵逼。为了抑制陈诚势力的膨胀，经过反复权衡，他就圈定第74军为最后一个战略攻击军。

消息传到江西，74军上下欢腾雀跃，士气旺盛。

军长王耀武体察到蒋介石的意图，为了巩固蒋介石对自己的信任，建立个人在军中的影响，王耀武下定决心，要一战立威，打出74军的声誉。

此次南昌日军进犯上高，正中了王耀武的下怀，其实哪里用得着罗卓英提醒，王耀武早就摩拳擦掌，严阵以待了。

此时，上高的局势渐入高潮。日军已突入上高北城的阵地，王耀武当机立断，命令74军各师不惜一切代价堵截前进的日军。

王耀武严令上高守城主将第57师师长余程万："必须固守上高，失了北城就枪决。"

74军的代号是"辉煌"，而57师的代号则是"虎贲"。

"虎贲"师的师长余程万出身黄埔一期，虽然高出王耀武两期，但余程万在黄埔毕业后，却把大把的光阴用在了读书求学上。他先是就读于陆军大学特别班第一期，后来又进了北平中国大学政治系，再后来是陆军大学研究院。在国民党军中，有如此学历的恐怕只有余程万一人。正是这个原因，导致了他学富五车却实战不足，以至于在讲求资历的军界，当他的同期同学甚至他的学弟都做了军长时，他还在师长的位置上摸爬。

可余程万并非是纸上谈兵的赵括，他本是货真价实的一员悍将，听到军长的命令,他二话不说,亲率军士大队猛击侵入日军,保住上高北面的核心阵地。

日军对阵地得而复失极不甘心,便发起了疯狂的反扑。

从早到晚,日军出动大批飞机,由最初的二三十架到高峰时的七八十架,犹如蝗虫一般,遮天蔽日从地平线涌来。围绕上高县城,一圈圈地盘旋侦察,旋即向国军阵地及其外围轮番俯冲投弹。日军的各种火炮也趁机配合,集中火力猛烈轰击,同时,坦克开路,掩护步兵发起了一浪又一浪的冲锋。

一时间,上高小城浓烟滚滚,一片火海。从飞机、炮群倾泻出的炮弹,在日光的反射下,钢铁外壳划着弧线明晃晃地飘向国军阵地,炸得地皮不住地颤动,官兵耳内嗡嗡作响。

此刻,74军的战斗素质就体现了出来。

当日军进行火力压制时,57师的官兵躲在战壕里毫无动静,好像已被消灭或撤走。但正当冲锋的日军快要接近阵地时,设置在战壕、山洞里的各种隐蔽火力点喷射出来的火舌,就像暴雨一样泼向日军。配备在后方阵地的各种远程火炮,也毫不示弱,紧随着这边的反击,一齐发出惊天动地的怒吼。日军猝不及防,丢下上百具尸体和被毁的坦克,仓皇退去。

就这样,中、日两军进行了长达一整天的拉锯战。

自中、日开战以来,日军还未曾经历过战术水平如此之高的抵抗和反击。

中国军队不仅精于阵地构筑,明暗火力精密搭配,而且步炮结合非常精熟,并能运用反坦克炮打击装甲车的辅助进攻,利用高射炮、高射机枪打击日军的空中力量,摧毁日军的立体战术。

非常值得一提的是,在一天的防空战中,日军第11军的远藤第3飞行团也损失惨重,不得不退回南昌机场。飞行团团长远藤三郎少将为此还向苦战中的大贺茂致歉:"对不起!我现回去,但当另派侦察机来协助。"

可见我57师战斗力之强大。

不仅如此,57师师长余程万将军知道日军对上高城志在必得,日军虽遭打击,但绝不会善罢甘休。于是他不敢怠慢,使出了浑身解数,绝不让日军越雷池一步。

余程万的高学历此刻也发挥出了作用。他想到了春秋时期伍子胥教吴王阖闾分兵轮番袭扰楚军的战法,就把全师四个团分作四个梯队,凭借有利地形和炮火支援,在阵地正面大胆地只部署了一个团的兵力。当这个团战斗力下降，特别是伤亡惨重时，就立即派出另一个团顶上去。全师四个团，轮番上阵，始终能够保持锐气，击其惰归。就这样，余程万以一师之力，硬是顶住了一两万日军两天一夜的疯狂进攻。由于这次出色的表现，57师善于守城的名声传遍全军。当然，在之后的常德会战中，57师的英勇善战也得到了淋漓尽致的展现。

当天，在匆匆赶到的58师的配合下，57师重创日军第34师团，毙伤敌军4000多人。

上高城外，日军第34师团师团长大贺茂焦虑万分，他开始有些后悔自己当初的鲁莽了。

他没有想到，从南昌到高安，打得那样顺利，从高安到上高，一路却走得这么艰难。

几天前，先遣部队第216联队第2大队刚刚准备渡过泗溪，大队长木下重四郎少佐就在官桥街以东的万子桥遭到狙击，第一个被打死。木下一死，所部立即遭到国军围歼。

他不知道，驻守在这里的正是虎将张灵甫所率的74军58师。

两年前，张灵甫效法三国时的邓艾夜袭阴平关的故事，亲率一部沿悬崖峭壁夜袭张古山，在万家岭大捷中立下赫赫战功，令军界为之侧目。

凭借此战，张灵甫声名远扬，全国各地到处上演以他的事迹改编的话剧。

可惜，在南昌会战中，为了保住祥符观阵地，张灵甫在指挥部队冲杀时，右腿膝盖被日军机枪打中。

日军的机枪子弹正中张灵甫的右膝，造成膝盖严重骨折，在战场上，只做了简单的包扎。会战结束后，由于高安战地医护条件很差，张灵甫就被转移到了桂林的后方医院。可叹的是，之前伤口清理不善，再加火车上的长途劳顿，等到达桂林时，张灵甫的伤口红肿异常，情况十分严重，甚至还引发了高烧。

医生经过检查，判断他高烧多日不退是细菌感染严重所致，鉴于创口溃烂有扩散的趋势，不采取断然措施及时抑制的话，恐怕会危及生命，就建议他最好接受截肢处理。

一听要截肢，张灵甫就急了："不行！锯了腿，我还怎么回去领兵打仗？"

医生耐心向他解释，晓以利害，可是张灵甫却发了牛脾气，他从腰间抽出手枪，一把拍在医生的桌子上："不必罗唆，要锯腿，不如先一枪打死我！"谁能想到，精擅书法，进过北大历史系的张灵甫竟如此血性。碰到这种病人，医生也不敢再提截肢的事。可张灵甫还不放心，生怕医生、护士在他睡着的时候做手脚，连睡觉都把手枪放在枕头底下。

其实，张灵甫是那种俊逸自喜的人物，照今天的话说，就是有些自恋。

与战场上的粗猛形象相比，张灵甫在生活小节上却十分讲究。他的办公桌上，文件、纸、笔、图尺总是摆放得整整齐齐，连抽屉里的杂物也归置得井井有条。他很注意自己的仪表军容，平时从不穿皱巴巴的衣服，军装总是熨得笔挺，再热的天，出门也是军帽、皮带、皮靴全身披挂，一副标准的军人风范。在他的照片中，不乏特地在照相馆照下的军装、便装特写，有的造型如同明星剧照，有意留下他那英俊潇洒的形象。

一次战斗后，他的额头上留下了一块伤疤。他觉得破了相，从此就在右额蓄了一缕长发加以遮掩，行止之间经常习惯性地用手去撩拨按捺，时间长了就成了他的一个招牌动作。74军里一些部下，就喜欢背地里模仿他这个习惯动作。

这次，如果真的把半条腿截去的话，那他的形象岂不就大打折扣了？

张灵甫的腿伤拖了大半年，还是不见起色，伤口总是反复发炎，右腿仍有不保的危险。王耀武通过薛岳，把情况报给了蒋介石。蒋介石十分重视，在他的亲自关照下，就将张灵甫转到了香港进行治疗。对于校长的关怀，张灵甫一时百感交集。想起当年，他愤而杀妻，他妻子的娘家人找到张学良的夫人于凤至，于凤至又找到宋美龄，最后由蒋介石亲自下令将他投入监狱。当时万念俱灰，以为一生就此了结。没想到抗战爆发，他立即被任命为51师高参。到了今天，蒋校长竟亲自过问他的病情。此情此景，他自是感激涕零。

到了香港，他在玛丽医院再次动了手术，这次手术相当成功，医生向他保证，只要静心接受治疗，康复应无问题，张灵甫这才放下心来。

一天早上，他在病床上照常打开报纸，内栏的一则小标题引起了他的注意：战时军人不宜出国养病。张灵甫看后，叫来主治医生，告诉他自己决定要提早出院。玛丽医院的院长是个英国人，在张灵甫接受治疗期间，他对这位中国将军很有好感，

 第五章 小城因胜利而被铭记

听说张灵甫要提早回去,起先以为他是不堪承担昂贵医疗费的缘故,便好心劝他说:"你的伤再继续治疗半个月多就可以复原,否则可能抱残终身。如果费用有困难的话,医院可以减免。"

张灵甫谢过院长的好意,说:"军人死且不惧,何爱一肢。军令不可违。"遂拄着拐杖,一瘸一拐地离去。院长惊得目瞪口呆。张灵甫回国之后,当拆下腿部的石膏,张灵甫沮丧地发现,他的右腿是保住了,但膝盖关节却变得僵直再也不能弯曲。从此他只能直着右腿走路,成了"瘸腿将军"。

从此在74军,张灵甫有了个绰号叫"张瘸子"。他走起路来一颠一拐,还经常使用一根状似日本军刀的手杖,有人便戏称他为"拐公",他自己则号称"跛叟"。他的部下在背地里,多叫他"张瘸子",这可不是嘲笑他的残疾,而是显示对老上司的亲昵。张灵甫的右腿毕竟是在亲临火线时被日军的机枪打伤的,部下们叫他"张瘸子",对他还是怀着深深的敬意。

一回到74军,军长王耀武就把张灵甫提升为58师副师长。

王耀武的这种安排,目的就是为了加强对58师的控制。

74军的三个师中,51师本是王耀武的起家部队,王耀武担任军长,51师上下自然是皆大欢喜。

57师出自山东地方部队,王耀武本身就是山东人,57师在感情上自然倾向于他。加之王耀武升任军长时,副军长就由原57师师长施中诚升任,王耀武再对施中诚推心置腹,57师的军官因此对王耀武也更添了几分尊敬。

而58师则颇有问题。该师是俞济时在浙江保安处时期发展起来的部队,大小军官都是俞济时的亲信。为了树立王耀武的威信,蒋介石就把对王耀武不大服气的原师长陈式正调到浙江升任军长,将出身黄埔二期的副师长何凌霄也调到浙江任师长。这样一来,黄埔四期出身的另一名副师长廖龄奇就有幸脱颖而出,晋升第58师师长,该师的团长以上军官也都被安排成黄埔四期之后的年轻人。但是58师的高级军官,包括师长廖龄奇、步兵指挥官李嵩、第172团团长王伯雄、第173团团长蔡仁杰、第174团团长邓竹修与补充团团长何澜,依然形成了一个若有若无的小圈子,与王耀武之间的关系颇有点微妙,尤其是廖龄奇,对军长王耀武并不十分恭顺。

为了控制58师,王耀武就想到了张灵甫。

张灵甫无亲无靠，不喜拉帮结派，对王耀武言听计从。尤其是张灵甫练兵的手法，颇得王耀武的欣赏。

张灵甫练兵严酷，一些偷懒懈怠的，尝过张灵甫的军棍后，都心有余悸，不敢再犯。张灵甫练兵实事求是，把重点放在单兵野战技术、小班战斗及小班防御的演练上，各连队相互观摩考评，在频繁的模拟演练中，让新兵感受逼真的战场环境。

张灵甫治兵严苛，手段暴戾，时常会使出杀一儆百的手段。

他曾对他的团长刘光宇说："明天纪念周，你团里有几个？"

这是他的惯用语，意思就是有几个要被枪决的官兵。

刘团长说："我团里没有。"

张灵甫说："你们团里总是没有，那不行，明天一定要替我找几个出来。"

刘团长毫不示弱："只有拿我去枪毙吧。"

张灵甫曾经自我总结教育士兵的经验说："说法未必能使顽石点头，苦心不辞一滴杜鹃之血。"

抗战期间，张灵甫所部官兵纪律严明，与驻地的老百姓关系很好，说不拿一针一线也不算过分。

王耀武既欣赏张灵甫的能力，也对他与世无争的处世态度十分放心。张灵甫对于这种安排，自是心领神会。他一到58师，就积极施展手段，吸引了一批官兵，形成了自己的势力，渐渐与师长廖龄奇分庭抗礼。

而上高会战打响时，师长廖龄奇恰好不在军中，正在千里之外的长沙岳麓山参加军官训练团学习，于是张灵甫就代理起师长职务，指挥全师作战。3月16日，张灵甫接到军部命令，着手布置上高县城自东北桥头到官桥和棠浦之间的防线。

58师的编制，包括第172团、173团、174团和补充团共四个团，外加师直属部队迫击炮营、工兵营、辎重营和通讯连。张灵甫迅速对各部做出了战斗部署，他以第172团和第173团在官桥和棠浦呈南北向展开，构成约10公里长的主阵地，准备迎击日军的正面进攻。主阵地的右翼连接着第57师的防地，相对比较安全，而左翼防线则是一片空白，如果这一段也与主阵地一样重兵布防，那张灵甫就连一个预备队都没法留下。

将有限的兵力全部限制在固定阵地上，这是国军习惯于一线式防御的老毛病。

张灵甫深知这种战术的弊病，一旦一点被突破，全线就会迅速崩溃，而日军也抓住了国军的这个弱点，频频实施锥形战术，集中全力，突破一点，然后势如破竹，屡试不爽。自南昌会战以来，日军第11军发起的一系列大的会战，用的都是这种战术。

张灵甫可不是那种一味死缠烂打的莽夫，他要尽可能多地控制机动兵力，以供他随时灵活运用，把主动权抓在自己手中。和防守在上高城的余程万一样，张灵甫就动起了脑筋。

在宽广的左翼阵地上，他做了一个以小搏大的布置。他命令174团派出一个营，以连排为单位在侧翼展开，犹如章鱼的触须一样尽量向前延伸。张灵甫明白，如果敌人果真以重兵迂回左翼，一个营的兵力根本无力挡住强敌，他的目的只是用这个营充当眼线，日军若有风吹草动，这个眼线就足以起到及时反馈敌情的预警作用。一旦出现紧急状况，他就有充分的时间在日军到达之前调整防卫重点，在局部形成优势兵力应付日军的主攻方向。

果然，在官桥街之战中，他的这番布置就迅速收到了效果。

官桥街离上高县城仅16公里，两条溪流在此交汇，近棠浦的一侧为浦水，近泗溪的一侧为泗水，一座七八十米长的五孔石桥横跨溪流。雨量较小的时节，小溪徒步可过。3月17日，中路敌军第34师团主力突破我70军107师祥符观阵线，越过高安，先头部队沿湘赣公路继续向西推进，18日午后在龙团圩与74军57师的警戒部队接战，进而向57师的杨公圩阵地发起攻击，兵锋从土地庙直指官桥街。

稍后，日军一个步兵大队附骑兵和炮兵共800余人，向172团两个连据守的警戒阵地发起了突袭。日军出动9架飞机轮番轰炸，小小的山头竟倾注了数百枚炸弹，担任警戒的两个连陷入苦战之中，两名连长一死一伤，官兵伤亡80余人，一直打到傍晚时分，才撤入主阵地与主力会合。

消息传来，张灵甫立即判明日军的主攻目标显然就是官桥街。张灵甫当机立断，即刻收缩兵力，加强官桥正面的防御兵力。

除原守官桥街的172团外，他将补充团也调至官桥防线后方，形成了重叠配置。此时日军第33师团已经被我70军吸引到西北山区，棠浦方向战况趋于稳定，张灵甫毫不含糊，即刻将174团主力从棠浦调到官桥侧面，随时协同攻击。经过一番果断的调动，张灵甫就在官桥街摆出了一个积极的迎战态势。

大贺茂没有觉察到国军方面的兵力配置，仍然以锥形战法集中兵力作定点突进，他要求第3飞行团派出数十架轰炸机助战，并在进攻前向守军大规模施放毒气。

20日拂晓，一股刺鼻的异味就在阵地上蔓延开来。黑暗之中，官兵们反应不及，一个个不住咳嗽，涕泪横流，172团的官兵陆续出现中毒症状。天还未亮，日军就趁机出动主力向官桥、泗溪发起猛攻，第20混成旅团一部也从南路赶来支援，34师团作战的兵力更加雄厚。天亮之后，30余架日机飞临守军阵地，对着守军频繁轰击。172团激战数日，在飞机大炮的轮番攻击下，渐渐不支。日军从官桥、泗溪的57师和58师结合部之间向我方阵地突入，58师位于塘坎的阵地出现动摇，战况危急。

眼见部下伤亡众多，172团团长明灿也丧失了信心，连连向师部请示行止。张灵甫命令说："哪怕打到最后只剩下你一个人，也必须守住阵地。"他放下电话，即刻赶往前沿阵地，协助明团长指挥部队，坚守阵地。

所幸张灵甫手中还有一个补充团的预备队。之前，补充团被置于阵地的后方高地，面对蜂拥而来的日军，张灵甫便将补充团顶了上去。补充团在团长何澜的带领下，向扑来的日军发起了猛烈的逆袭，高地上的迫击炮和重机枪也以猛烈的立体火网，将冲锋的日军拦腰截断，成功地遏制住日军的进攻势头。

21日，罗卓英鉴于日军攻势过猛，阵地一部已被突破，即命58师收缩防线，撤至上高城外，协同57师在上高城外进行决战。

大贺茂万万没有料到，日军在中国战场上屡试不爽的锥形突击战术，还未靠近上高城墙，就遭到了惨败。

而历经千辛万苦刚刚打到上高城下，却又因74军的顽强阻击而裹足不前。

为了保留仅剩的颜面，大贺茂决定奋力一搏。他痛感力量的不足，便拼命寻求混成20旅团向他靠拢，同时，又请求第3飞行团的大力协助。

但是，他的希望很快就落空了。

事实上，池田直三的混成20旅团此时也已溃不成军。

19日，沿锦江南岸冒进的池田旅团刚刚攻占灰埠，就遭到了重重一击。摆在最南端的坂本独立步兵102大队在蜀家埭西侧，遭到了追击而至的国军49军26师的围歼。激战了3天2夜，102大队伤亡极重，四个中队长就战死两个，其他官兵也死伤数百，基本上丧失了战斗力。

此前，日军根本没把49军放在眼里，他们妄想以少量部队阻遏49军，把49军拖在增援上高的途中。

49军刘多荃军长毫不含糊，他兵分两路，一面先以26师紧急驰援，一面亲率主力进击敌后。日军的截击部队刚刚渡过江心，守候多时的49军官兵立即枪炮齐发。日军的运兵船被悉数击沉，船上日军大部分葬身鱼腹，这股日军的企图迅速破灭。

池田直三大受震动，好歹他的部队也是由素有"皇军之花"之称的第5师团脱胎而来，没想到刚刚开赴战场，就在中国一支杂牌军的打击下，迅速报销了一个大队。

然而，更让他始料不及的，这仅仅是噩梦的开始。

池田直三为了完成对上高的合围，便放开侧翼的49军，率领混成20旅团的主力向上高的东南屏障英岗岭挺进。

南昌以西的地形，顺锦江自西而东，地势越来越低。以上高为中心，锦江南岸的地势稍微凸出，而英岗岭就是这一带的制高点。

英岗岭上，74军51师早已严阵以待。

51师师长李天霞，人称"霞公"，与军长王耀武一同毕业于黄埔军校第三期。

日后，由于受到孟良崮战役的影响，李天霞的口碑一直不好。但在抗日战场上，他也曾是一员虎将。

长期以来，李天霞都是王耀武的副手。王耀武做补充第1旅旅长，李天霞是第3团团长。补充第1旅扩编为第51师，李天霞则是副师长。

共事多年，王耀武对他非常了解。知道他善于打穿插堵截的运动战，便把51师作为74军的机动部队，担当救火队员的角色。

说起来，王耀武还真能知人善任。他知道余程万善于守城，就让余程万的57师守卫上高。张灵甫善于阵地防御，就把58师布置在上高外围的纵深地带。而李天霞和他的51师，则用于机动作战，对付混成20旅团。

李天霞对于王耀武的安排也十分满意，立即率部出击，截击沿锦江南岸向上高突进的池田旅团。

池田直三原以为上高近在咫尺，渡过锦江便可与34师团汇合，共同进攻上高。但他哪能想到，中国方面的51师已经布好了口袋，正等着他自投罗网。

21日,池田旅团进至来脊岭、猪头山,正要准备渡过锦江,突然遭到了51师的猛烈攻击。日军猝不及防,再加上匆匆赶到的我26师从背后一击,在当天的激战中,日军死伤800余人,遗尸400余具,攻势顿挫。

次日凌晨,在34师团师团长大贺茂的要求下,池田旅团不顾51师的顽强阻击,利用锥形突进战术,拼死突进,很快接近了上高城南的华阳镇。

华阳镇是上高的南面门户,19集团军在此地防务空虚,一旦该地为日军所得,上高城就会被从南面突破,整个会战也将功亏一篑。

上高城岌岌可危。此时,王耀武焦虑万分,57师和58师正在上高正面拼死抵御日军34师团的进攻,他的手中已几无可调之兵。

在这危急时刻,他操起电话,由于连日劳累,喉咙红肿,便以沙哑低沉的声音,命令51师派出补充团火速增援,限15分钟内跑步到达。同时,他撂下电话,亲率担任军部警卫的特务营赶到前线进行增援,鼓舞士气。

接到命令,补充团胡景瑗团长丝毫不敢怠慢。不顾日机轰炸,以每小时7.5公里的速度,奋勇抢占华阳,终于在日军到来之前,该团机枪排周陶排长率领全排的兵力率先抢占了制高点华阳峰。

日军晚到一步,有些恼怒,立即展开对华阳峰的进攻。

凭借着地空配合和步、骑协同的优势,20混成旅团以骑兵联队的五个中队为先,步兵大队殿后,势如迅雷,向我前沿阵地蜂拥而来。

补充团官兵毫不畏惧,沉着应战,利用有利地形,巧妙搭配火力,顶住了日军的疯狂进攻。西北高地上,机枪排周陶排长负伤多处,不肯撤出疗治,直至英勇殉国。看到排长牺牲,全排官兵极其悲愤,立志复仇,没有一人退却,决心死拼到底,他们最终保住了高地。

战至中午,日机从空中隐去。日军失去空中掩护,就停歇了对华阳峰的进攻。趁此机会,副团长吕健下令全线反击。经过半天的鏖战,日军气势已衰,在我军出其不意的反击下,纷纷溃退,遗弃辎重无数,追至傍晚,才告结束。

华阳一战,正是整个战线的转折点。连日来,70军已穿插到日军的后背,切断了日军33师团的归路。51师、26师迂回到日军的左翼,72军的两个师也赶到了上高以北，加入了战斗。

至此，日军已完全失去了战略主动权，陷入了19集团军9个师的交叉包围之中。在以上高为中心，南北约5公里，东西约15公里的包围圈中，日军34师团和混成20旅团已经阵脚大乱，开始全面崩溃。

但大贺茂还是不愿服输，在接下来的两天里，他一面向武汉的11军紧急求援，一面指挥部队继续攻城。老实说，假如此时他趁机突围的话，还不致招来被围歼的命运，然而他却以他的强硬，再次诠释了日本人的头脑僵化和赌徒心理。

从22日到24日，上高城外的下陂桥主阵地，几乎成了一座熔炉。中、日两军反复争夺，反复冲杀，战况极其惨烈。中、日两军数千官兵在这座熔炉里融化了。

74军的伙夫、卫生兵纷纷请战，他们没有武器，或顺手操起扁担和日军厮杀，或两三个人共用一把刺刀向日军杀去。进攻的日军被惊得目瞪口呆，气势上已被压了下去，他们这时才真正领教了74军为何能称为中国军队主力。

几天的战斗里，国军的战壕挖好了被炸平，炸平了又重挖，整个山头，几乎被炸弹、炮弹翻卷了过来。在血肉与泥土互相搅拌、互相渗透的土地上，士兵们还在抢挖战壕和掩体。他们的脸上满是烟尘和鲜血，阵亡者身上的棉衣被弹片撕裂成缕缕碎片。未被炸倒的树木，只剩下光秃秃的树干和大枝丫。树杈上，到处牵挂着被炮弹炸碎的衣带和破布，还有残肢断臂，惨不忍睹。

而日军的战斗力迭经消耗，已近衰竭。大贺茂仍然不肯退却，不过是困兽犹斗而已。

罗卓英知道，机不可失，收网的时候到了。

日军的噩梦就在眼前。

◎ 第一次完全胜利

23日凌晨一点，大战后的战场一片沉寂，刺鼻的硝烟气味还在向四周扩散。

19集团军司令部内，罗卓英见包围圈正在形成，心中十分喜悦，他顾不得休息，为激励将士再接再厉实施包围决战，他亲拟"当前胜利保障十则"，连夜发到各部队：

（一）记着委座的训示："我不怕敌，敌便怕我。"

（二）记着司令长官的训言："苦斗必生，苦干必成。"

（三）记着本总司令的训告："军人事业在战场，军人功罪也在战场。"

（四）目下对敌包围形势，业已形成，包围圈也已缩小，今天就是我军对敌施行全线攻击开始的时候，也是我军对敌展开歼灭战的良机。

（五）我忠勇将士，苦战八日，业已取得八分胜利，今天第九日，必须努力争取九分胜利，以保障明天的十分胜利。

（六）以昨日战况判断，敌军攻势，业已顿挫，力量业已耗尽，若无后续援军，不仅不能攻我，而且必遭惨败。纵有增兵，亦不过一大队。而我合围已成，力量凝聚，增援部队新编第14师今日可加入战斗，新编第15师明日即可赶到参加。预计战局多拖延一小时，我军即多得援兵一营，多拖延一天，即多得援兵一师，围歼力量，绝对优势。

（七）过去八天的苦战中，万余伤亡将士的血花，正期待吾人今明两天之努力，结成胜利之果，报答国家。第74军奉新烈士墓，第74军高安烈士墓，巍然在望，吾人必须迅速歼灭巨敌，以伟大战果，报慰英灵。

（八）吾人必须把握住抗战四年来仅有的对敌取得包围歼灭战的有利态势，将十天以后的作战精神及力量，提前到今明两天来。适时使用，充分发挥，俾在赣北战场，收一劳永逸之效，而开今年胜利年之先路。

（九）各级指挥官，绝对不许有怕牺牲、保实力之观念，务须指挥中国之军队，歼灭中国之敌人，以表现中华民族革命军人之真精神。凡属最能牺牲、最有战绩之部队，我领袖必然予以优先之补充与厚赏。本总司令亦当负责报请补充，迅恢战力。

（十）各级指挥官，务须确实掌握部队，向指定任务坚定迈进，并切实执行连坐法。

罗卓英难抑心中的激动，他心里清楚，此时的有利态势还是自抗战全面爆发以来，绝无仅有的，这样的机会他无论如何也不能放过。

罗卓英豪迈的"胜利保障十则",不难看出他对胜利的渴望。然而命令下达到74军,王耀武却打起了退堂鼓。他认为,74军已经付出很大牺牲,追击合围任务理应由新到部队担当。

罗卓英明白个中原委,可谁都知道,74军是19集团军的主力,此时如果74军退缩不前,则整个反攻围歼计划就会立即泡汤。

他要通王耀武的电话,勉励说:"74军虽然损失很大,但打追击战,是不用做饭吃的,敌人做的饭,会送给我们吃。"

王耀武此时也不好再说什么,答应派出58师和57师担任追击任务。

罗卓英为加强围歼力量,便请求战区派出一个军趁机收复南昌。但不知何故,薛岳只派出了72军的两个师进行支援。这两个师,不仅战斗力差,而且是疲兵未补,每师仅有4000多人。仅仅派出这样的两个师,无异于杯水车薪。

早在之前的22日下午,19集团军副参谋长黄华国少将就已向罗卓英建议袭击南昌:"预备第5师留一个团守备赣江东岸的阵地,其余偷袭南昌。"

罗卓英想到,去年夏季攻势中,余程万的57师用了两个团攻击日军的据点,牺牲了500多名官兵,才打下两个碉堡,但经过日军一个预备队的反击,两个碉堡又丢掉了。战斗力为第九战区之冠的74军尚且如此,更何况战斗力薄弱的预备第5师。想到这里,罗卓英就否决了这个提议,让预备第5师暂缓行动。

罗卓英并非不想进攻南昌,两年前南昌的丢失,毕竟被他引为平生的奇耻大辱。如今,假如能够一举收复南昌,不仅可以洗刷昔日的耻辱,在历史上留下光彩的一笔,并且还能捞取相当大的政治资本,为他坐上战区司令长官的位置打下基础。

可薛岳心怀鬼胎,向第九战区求援的结果,薛岳只给了8000多人的疲弱之师。罗卓英长叹一声,只好打消了收复南昌的念头。

24日,以下陂桥一带为核心,外围的国军向包围圈里的日军发起了迅猛的进攻。

此时的大贺茂,已经毫无几天前那不可一世的骄狂,他接连不断地向11军发去救援电报。

武汉的军司令官园部和一郎接到报告,十分震惊。他知道大贺茂的为人,这是一个从不示弱的家伙。危急中,他立即命令第33师团迅速出动,全力接应,并派出

11军参谋长木下勇少将协同作战课长山口中佐、参谋大根大尉急速向南昌挺进，以协同指挥33师团、34师团作战。

到了这时，园部和一郎才想起设立统一的前线指挥机构，着实可笑。身陷重围的34师团已在劫难逃。

大贺茂见包围圈越来越小，他惊惧万分，撕下大量机密文件，迎着33师团增援的东北方向，拼死突围。

败退前，为了给中国军队造成假象，他先向西猛烈突击，72军的两个师被打得后退了二三公里。

19集团军司令部判断，这当属日军败退前的惯技。日军一向是在撤退前猛打猛冲一番，然后再脱离阵地。因此，罗卓英下令，应不顾一切，向当面之敌展开追击。

从上高到官桥街，一路之上，浓烈的硝烟尸臭之中，满地是死尸死马、残枪断炮，日军的军用物资散落得到处都是。

日军竞相逃命。放眼望去，道路两侧的稻田、山坡上，到处显露出人马杂沓的脚印蹄痕，显示出日军败退之时夺路而逃的狼狈相。

追击的官兵匆匆捡了一些罐头、香烟，就急速向前追去。

19集团军和30集团军的将士纷纷出动，74军在正面，70军在背后，72军在左翼，49军在右翼，组成一处处火力网，冒着敌机的轰击，纷纷向包围圈里的日军挤压过来。

余程万、张灵甫双双走下设在镜山的指挥部，来到已经变成一片焦土的下陂桥，各自指挥所部向官桥街方向大举反攻。只用了一个白天，74军就攻到了桥头，第二天，部队继续向官桥街攻击前进。

国军各部来势汹汹，日军为阻止国军的攻势，出动飞机并再次施放毒气负隅顽抗。所幸老天助了国军一臂之力，天上电闪雷鸣，下起了暴雨，毒气在风雨中迅速消散，敌人的飞机也只得暂停出动。两天之内，国军在瓢泼大雨中，连下毕家傲、古山、长岭、南茶罗，兵锋直逼泗溪、官桥街一线。

此时的日军已如惊弓之鸟，上有疾雷暴雨，苍天唾弃，下有道路破坏，跋涉艰难。大贺茂后悔不迭，出发之前，他以为几天之内即可拿下上高，因而连必需的生活用品都未携带，以致在溃逃途中，许多日军士兵竟然赤着脚，在泥泞中蹒跚而行。

此时，赶来救援的日军第33师团，在27日突破了我第70军19师在棠浦的防线，在官桥街西南与第34师团会合，一部到达毕家庄与大贺茂取得联系，准备掩护第34师团突围。

第34师团得到生力军的援助，便于27日迫不及待地强渡泗水，开始突围。

此时的国军虽然人困马乏，但已经打出了气势。张灵甫一马当先，率58师抢占了傲古山高地。同时，70军也在泗溪西北5公里处，抢占了虎形山高地。稍后，57师与72军也纷纷赶来，加入围歼日军的行列。

27日午前，张灵甫派出蔡仁杰的173团向官桥街外围阵地继续奋勇突进，于午后3时进抵离官桥仅约2公里处，即将直捣官桥街核心阵地，一举端掉日军的老窝。已如惊弓之鸟的日军受到蔡仁杰的攻击，在泗水河畔乱作一团，长岭上的迫击炮营也居高临下，将密集的炮弹倾泻向渡河中的日军。

日本防卫厅编纂的《支那（中国）事变陆军作战史》详尽描述了该部撤退时的惨状："在侧背还有重庆军六个师并列尾随追击。入夜，雷电伴随着大雨，各部队在严加戒备下渡过黑暗的一夜。28日凌晨2时负责野战医院警卫的炮兵第八中队，终于在当地王庙村庄西端遭到优势的重庆军攻击，致使该中队在处理了火炮后，全体壮烈阵亡。"

34师团师团长大贺茂惊魂未定，一面命撤到高安的混成20旅团派出一个大队进行回援，一面只顾自己逃命，把第33师团当作他的挡箭牌，置33师团于国军的重围之中不顾。在我围追大军的有力打击下，33师团陷入了四面楚歌的境地，连山炮队的炮弹也发射殆尽，依靠飞机空投弹药，苦苦支撑了一天之后，该师团大部队也不得不渡河逃命。力破重重堵截，直到4月2日，33师团残部才逃回了安义城。

突出重围的34师团，趁着夜色掩护，集中仅剩的人员，抬着数百名伤员，散成七八里长的队伍，凄凄惶惶地向高安逃去。这其中，就有身负重伤的步兵团指挥官岩永少将。

也是大贺茂命不该绝，高安尚在混成20旅团的控制中。在残兵败将的护卫下，大贺茂率部绕过被我保安部队刚刚占据的西山万寿宫，凄凄惨惨地逃回了南昌城。

上高会战至此结束，中国军队大获全胜。

清理战场所见却令人震撼。从下陂桥到杨公圩的道路两旁，尸体枕藉，尸臭刺鼻，成群的野狗撕咬着尸体，瞪着血红的大眼，这是吃了大量尸体的缘故，见到人群走过，竟然毫不畏避。几十里的泥泞路面，到处都是紫红的血迹，连暴雨都未能将血迹冲去。

在这方圆几十里的包围圈里，所有房屋几乎全被日军焚毁，一个一个村庄化为一片焦土。每个村口的水井，都被日军投入粪便、毒药，以此阻滞我军的追击。走进村里，日军宰杀的牲畜内脏、皮骨，散落得到处都是，腥臭之气，令人作呕。日军荼毒一方，令人发指。

但日军也遭到了报应。在这片战场上，日军留下了数以千计的尸体。本来，日军对其战死者的尸体是极其看重的。按照日军的习惯，战死者的尸体一定要被抢运回去。即便不能抢运回去，也得取下证明战死者姓名和部队番号的铜牌，或截取一根手指，作为进入靖国神社的凭证。然而，这回他们兵败如山倒，根本顾及不了尸体，数以千计的尸体，大部分只被截取了一根手指，仓皇带回南昌。还有很多日军尸体根本就未被截取手指，只是取走铜牌。这就意味着，他们无法进入靖国神社被人供奉，只能在异国他乡做永世的游魂野鬼，作为他们荼毒中华民族的报应。

战后，中国军民把这些日军尸体掩埋一处，称为"倭奴塚"。

而与"倭奴塚"遥遥相对，我阵亡将士也被隆重地安葬在一处，建立了规模宏大的烈士墓，竖立了一块大石碑，上书一行遒劲的金字："上高会战抗日阵亡烈士墓"。

不知道，中、日两军的阵亡者，泉下相见，是实现了和解还是在继续战斗？

此一战，日军34师团两个步兵联队、两个配属的独立山炮大队，一个工兵联队，一个野炮联队，一个搜索联队，一个辎重联队，总计2万来人，大部被歼。战至最后，该师团只有一个师团部和几个联队部逃了出来。

而两翼的33师团、混成20旅团，由于脱离战场较早，没有招来34师团那样惨的命运。不过，由于国军的顽强奋战，这两部日军也都伤亡惨重，损失率超过一半。

此战令日军大本营极为震怒，这是日本军队在战场上第一次从战略到战术的完全失败。战后，他们免去了11军司令官园部和一郎的职务，由陆军省次官阿南惟几接任，同时也免去了上高会战的主要责任人大贺茂的师团长职务，两人都被转入预备役，从此一蹶不振。

上高大捷的消息传到重庆，蒋介石眉开眼笑，在室内绕来绕去，连连对侍从室主任张治中、陈布雷说:"还是我的学生好哇!还是我的学生好哇!"

想起3年前,台儿庄大捷的喜讯传开,武汉大街上到处都是乱哄哄庆贺胜利的人群,当时他想到这个殊勋竟然是李宗仁而不是他的黄埔学生获得,心中虽也高兴却很不是滋味。

半年之后,国军又取得了万家岭大捷,虽然他的嫡系74军居功甚伟,但粤军第4军的功绩也不在74军之下,更何况这次胜利,其他杂牌军,如湘军、川军都发挥了作用。在那时,74军的功绩并未单独凸显出来。

而此次上高大捷,由嫡系74军担任主力,更重要的是由他的嫡系将领罗卓英、王耀武担任指挥,真正给他长了脸面。真是久旱逢甘霖,从1939年开春以来,他殷切盼望的胜利,总算有了着落。

上高大捷还真是一场空前大捷。自始至终,中国军队始终掌握着战略主动权。无论是战斗意志,还是战术水平,无论是军民同心,还是部队协同,都取得了一个完美的结果。与台儿庄大捷、万家岭大捷、昆仑关大捷相比,上高大捷虽然规模略小,却是一次完胜。从头到尾,没有半点拖泥带水,没有出现中间顺利,最终失败,这一仗是极为光彩的一仗。参谋总长何应钦上将在国民参政会上,也发自内心地夸赞道:"上高会战,是一次最精彩之战。"

消息传到欧美,也引来一片喝彩。在整个反法西斯阵营前途暗淡,轴心国越来越嚣张的时候,毫无疑问,从中国战场传出的这条捷报,带来了一股清风,让世人为之瞩目。

蒋介石满心欢喜,立即予以嘉奖。他以国民政府的名义,颁授74军以"青天白日飞虎锦旗",号称"飞虎军",整个中国军队中,唯有74军受此殊荣。同时,对参战的有功官兵均有赏赉,颁发给参战部队15万元奖金,并有勋章奖章无数。其中,19集团军总司令罗卓英、74军军长王耀武等均被授予青天白日勋章。锦旗与有功官兵勋章,均由重庆用专机送到长沙,再由专车送到上高,由19集团军总司令罗卓英上将代表军事委员会亲自授予。另外,第九战区司令长官薛岳上将,也发给74军2万元奖金,以示慰勉。紧接着,重庆、桂林、长沙等地各报社记者,以及湘、赣两省慰问团,都先后来到上高,采访慰问,极一时之盛。

授勋毕,罗卓英召集74军全体军官,发表讲话,盛赞该军:

"在这次战役中,第74军发挥了最大的力量,创建了最大的战果,这是非常光荣的。记得北伐时期,第四军以'铁军'闻名……现在抗战时期,我敢大胆地说:第74军是抗战时期中的'铁军',第74军自参加抗日战争以来,屡战屡胜,愈战愈强,这次又于上高会战中,建立伟大的辉煌的战绩,特别值得我们钦敬。本总司令,今天召集第74军高级官佐训话,一方面是表示本人最大的敬意,一方面借此对这次战役,作一客观、深刻的检讨,希望大家秉着此次英勇作战的精神,闻胜勿骄,再接再厉,永远保持'铁军'的威名,建立更大的战功。"

会场里74军的众军官听到这里,爆发出一阵热烈的掌声。从此,74军又多了一个"抗日铁军"的美名。

罗卓英讲话已毕,走出会场,抬眼遥望四周的山川,和煦的日光照满了整个山城,他的身子像是飘浮在彩云中一般。

大战之后,骤雨初歇,清爽的春风裹挟着稻禾与泥土的清香,不住地向他扑来。他不由得停下脚步,脸上绽出了笑容。

第六章

血水在湘北泛滥

1941年6月,德军进攻苏联,日军企图趁火打劫,实施"南北并进"。

当"花花公子"得意于日军将进攻长沙的情报时,第九战区长官部却不以为意,致长沙遭遇突袭。

衡山会议上蒋介石秋后算账,拿"替罪羊"开斩出气。

◎ 德、意、日签订"盟约",美国人感觉被涮了

德军的闪击战真正让人类领教了什么是不可一世。

在刚刚过去的1940年,短短几个月的时间,德军就横扫了整个西欧、北欧的广大地区。号称欧洲陆军强国的法兰西共和国仅仅抵抗了6个星期,就把拿破仑一世所创造的无上荣光丢得一干二净,向他们的世仇卑躬屈膝俯首称臣。而昔日的"日不落帝国"大不列颠及北爱尔兰联合王国也辉煌不再,在德军的无差别轰炸之下,在痛苦中煎熬支撑着。

由第一次世界大战到第二次世界大战,这其中力量的急剧变化,让世人极为震撼。一场强国与强国的对决,仅仅几个星期就可以分出胜负,这真是人类战争史上的奇观。

在此20年前,穷尽人的想象力恐怕也没有人能够想到,一个慕尼黑街头的流浪汉竟然成了撒旦的使者,在人间播种下无数的罪孽与邪恶。

人们开始怀疑,上帝是不是已经被撒旦打败,邪恶就要开始统治人类世界?

不久之后,又一场惊天巨变似乎更加证实了人们的这个判断。

1941年6月22日,如果不是一场决定人类命运的大战的爆发,也许这一天就是普通的日子而不会为世人所铭记。

这一天,重庆的蒋介石一如既往地频繁现身于各种会场、学校,此时他正挥舞着拳头,在第三次全国财政会议上高声演讲。在这次演讲里,蒋介石竟别开生面地宣称,平均地权,消除不均,民生主义就是社会主义。并且,70多年后困扰中国人的城市高地价问题,在国破家亡的蒋委员长那里,就已经开始被重视了。

环顾整个中国战场,自从一个月前中条山会战以极其少有的惨败方式结束以来,中国战场似乎都是沉寂一片。当然,共产党和国民党各自领导的游击武装此时正在他们的活跃期,同时也在抵御着日军的严酷"扫荡"。至于国统区的民众,则不得不承受着高物价所带来的生存压力,为求一顿饭饱而不遗余力。据说,当时的物价与

1937年相比，竟飞涨了几十倍之多。1940年，宜昌沦陷后，四川省该年度干旱减产，湖南的大米无法经水路运至川渝，加之地主、富农囤积粮食，不法奸商投机倒把，3月份一石米不过22元，7月涨到了60元，9月份是120元，年底竟达到了220元，短短10个月，米价竟飞涨了10倍之多。转过年来，虽然有来自美国和英国的5000万美元和500万英镑的援助，但法币的币值仍然没能稳定下来，国统区的民众继续在煎熬中过活。

这一天，东京还在继续着欢迎仪式，对象是前来造访的中国伪国民政府主席汪精卫。几天来，汪精卫被冠以"东亚和平制造者"的名义，频频出现在日本各大媒体的头版头条。此时，他再次来到这个熟悉的国度，真有邈若山河之感。当年他英姿勃发，追随孙中山，激扬文字，指点江山，挺身入京刺杀清朝的摄政王，即便古代的荆轲也不过如此。哪曾想，翻云覆雨几十年，如今竟沦落到做汉奸的可耻下场。让他聊以自慰的是，日本上至天皇、首相，下至一般民众，让他颇受礼遇，这多多少少冲淡了一些他心中的惆怅。此刻，他正由日本外相松冈洋佑陪同，观看日本传统的歌舞伎。歌舞伎的节奏时而低沉，时而急促，演员们怪异的妆扮与动作，一会儿让人陷入生命的无常，一会儿又让人感到一丝恐怖。文人出身的汪精卫，非常欣赏日本民族这种怪诞无拘的情调，一时间看得十分投入。

远在伦敦的丘吉尔和华盛顿的罗斯福，由于早就预感到一场惊天巨变近期就要爆发，此刻正在不动声色地调整着各自的战略谋划，度过紧张而繁忙的一天。

1941年6月22日这一天，从早晨到中午，似乎都和往常一样，没有什么耸动人心的事件。但到了下午，一个消息犹如晴天霹雳一般震惊了世界，德军突袭了苏联。

世界上两个军力最强大国家的大火拼正式展开。

许多人都预测到了这一幕，但当这一幕真正到来时，包括西方国家的民众在内，他们不清楚自己的心里到底是激动还是忧虑。当毁灭真正降临时，人们并不会觉得撒旦和上帝会有什么不同。

正如4年前对中国的估计一样，世界舆论又开始了新一轮的悲观论调。

美国军事分析家估计，苏联红军只能坚持几个星期，最多不会超过两个月。

西方舆论太过看重物质力量。他们认为，像法国那样的高度工业化的国家尚且不能抵挡德军的有力一击，苏联这样的初级工业化国家又怎能与德军一较短长？

就这样，伴随着德军在苏联东部的频频得手，代表正义的声音越来越悲观，人们不由自主地，或者是很无奈地预测胜利的天平在向邪恶的一方倾斜。

而正是由于代表正义一方的软弱，再次助长了轴心国的凶焰。

6月23日，苏、德战争爆发的第二天，紧急召开的日本陆军省、参谋本部的部、局长会议上，参谋本部主管情报的第二部长冈本清福作了如下形势的判断报告：

"德、苏开战，苏联岂非已被德军乘虚而入？在几个月内结束战争将有很大可能。其结果将有可能促进现政权的崩溃。

"在遭受战争奇袭的情况下，整个苏联有很大危险，但如退避作战成功，战争恐将持久。苏联如在两三个月内失去列宁格勒、莫斯科、哈尔科夫、顿巴斯、巴库，其国力的损失，估计电力可达3/5，钢铁1/2，煤3/5，石油3/4，粮食2/7，人口3/4。"

基于这个判断，日军高层普遍相信，德军打败苏联几乎已成定局。日军此时如不及时出击，那么西伯利亚与蒙古的大好河山就等于拱手让给德国。

伴随着这种急切心情，日本迅速扩军，以16个师团为基干，组织85万兵力，在中国的东北搞了一次声势浩大的"关东军特别大演习"。

但苏联方面似乎并没有给日本人以可乘之机，他们对日军有着深深的戒备。6月28日，日本得到确切消息，苏联的远东方面，支援西部战场的兵力仅有十几个空军中队，5个装甲旅，3个狙击师，而留在远东的苏军尚有12个狙击师及其他部队。

日军的首脑又开始犹豫了。诺门坎一战已让他们长了记性，如今德军的强大攻势并没有将远东苏军吸引过去，以区区几十万关东军怎么能够和同等兵力的苏联红军对抗？本来，日军鉴于诺门坎的惨痛教训，准备以2比1的兵力进攻苏联红军，但现实却并没有给他们提供这个机会。北进派刚刚燃起的激情很快便在现实面前熄灭了。

7月1日，参谋本部作战课课长服部卓四郎中佐参加了与陆军省军务、军事两课共同举行的研究会。两年前，正是此人与辻政信一道制造了"诺门坎事件"，今日他却以军部中坚将佐的身份参与军部的重要会议。

服部卓四郎的发言也并非没有煽动力，整个会场上几乎都是他的声音。他说："对于德苏战争的前途问题，由于吃了在中国长期作战的苦头，过于认为对苏战争将成为长期战。但不能因此即谨小慎微，畏缩不前。考虑在北满对苏作战的特点，其作战期仅有两个月，不久即将进入冬季。因此，必须以秋季攻势为目标做准备，不可错过时机。希望在8月份内进行作战准备。如待来年时机成熟，美国插手，则对我们构成极大威胁。"

事实上，正如服部卓四郎所担忧的那样，在此之前，美国就已经开始插手了。只不过，美国的干涉更多的是以外交途径来进行。

自30年代初以来，美国忙于国内的经济复苏，对外界事物几乎是毫不关心。1933年5月，中国公使施肇基先生前往美国，请求美国出面调解中、日冲突。美国国务院远东司司长斯坦利·K.项白克声称："以物质利益来看，那里对我们来说是无关紧要的。"这实在是一个极大的讽刺。因为当时甚至连意大利的墨索里尼都对美国大使进言，日本对中国的控制对整个世界都将是一个威胁。但美国仍继续隔岸观火，无动于衷。尽管罗斯福总统口头上表示"同情中国"，但他宣称这个问题"是中国的事而非我们的事；他们可以中止白银的外流，如果他们愿意这样做；对于我们来说还没有到仅仅因为中国人不能保护他们自己就改变我们的政策的时候"。

1932年，美国陆军部长史汀生对日本占领满洲宣布了他的著名的不承认主义。1937年，赫尔在他的备忘录中既不提日本的侵略行为，也不提关于中国领土完整的原则。结果，随着时间的推移，美国变成了日本最大的物资供应者，越来越多的战争物资被出口到日本用于侵华战争，而中国却不能从美国购买武器和弹药。

由此，中国对美国的巨大期望变成了深深的失望。1938年10月，著名的中国政治评论家张季鸾在《大公报》上发表的一篇文章中公开表露了某种被抛弃的情绪。

"中国的亲美思想太根深蒂固了，差不多可以说中国人传统地害着亲美病……我们当然期待美国道义的及实际的援助，但亦无意相强。不过有一点必须请求注意者，就是这一年多实际上美国是帮助了日本，至少在经济上及物质上便利了日本。这一年多的大势，美国在中立的姿势下，实在便利了日本。"

甚至当中国的银行家陈光甫前往美国接洽商业贷款，经过一年半的巨大努力，才得到了总计约4500万美元的商业贷款，还要以中国的农产品和矿产品做抵押。总统顾问霍普金斯称，这些"象征性的支付"是"安慰良心的钱"。而之前，美国的大财团可以任意援助日本的财团，进行掠夺中国资源的活动。

当时的美国国务院暮气沉沉，官员们只以保全个人地位为目标，不敢得罪日本，想要他们出力援助中国，几乎比登天还难。美国国务院远东司司长项白克老气横秋，以一动不如一静为妙策，中国驻美大使胡适每次前来求援，他都要摆出架子，讲话有如老师教训学生，让胡适这个文人出身的大使吃尽了苦头。

直到1939年，在中国军民浴血奋战两年后，转机方才出现。

1939年7月，世界大战一触即发。受大势影响，罗斯福总统不再隐忍不发。为了杀鸡儆猴，他首先拿日本开刀，宣布将在6个月后废除1911年与日本签订的商约。

美国十分清楚日本的软肋所在，没有资源日本恐怕坚持不了多久。对于美国来说，这仅仅是对日本的一个严正警告，它并不想过分刺激日本。但在日本人听来，却不啻一个晴天霹雳。

日本极为慌乱，为促使美国改变政策，他们开始制造各种流言：或者说日、美不久将签订新约，或者说中国西北各省赤化严重；或者说中国国、共两党水火不容，不久就将决裂；或者说美国若相逼太甚，日本将与苏联携手。

之后一段时间，美、日桌面上谈判，桌底下小动作不断，都在试图从心理上压制住对方。而在德国发动的侵略战争中，法国的溃败让日本人莫名地燃起了野心，他们妄想通过签订一系列条约来威胁美国。

当时，德国外长里宾特洛甫向日本驻德大使大岛浩公开表示："英帝国的崩溃已经指日可待，日本将迎来一个千载难逢的好时机。"

尽管此后德军放弃了1940年度登陆英国的计划，但它仍一再对外宣称，德国有信心随时取得对英登陆作战的胜利。1941年发起攻击的那天，就是大英帝国崩溃之时。为此，德国政府特意向日本人游说："日本应利用这个形势，向东南亚推进，进攻新加坡，在大英帝国崩溃之际，应该获得充分瓜分英国殖民地的权利，日本万勿错过这千载难逢的好机会。"

日本人受到了诱惑。

1940年9月27日，德、日、意在柏林正式签署了《三国同盟条约》。

然而，让人感到滑稽的是，日本人竟然宣称：加入三国同盟，并不是要与美、苏为敌，而是恰恰相反。近卫文麿向枢密院做出了这样的解释："三国同盟的缔结，是与改善苏、美两国邦交的目的相一致的。"

稍微有点常识的人都会看出，此地无银三百两！这种解释恐怕连他们自己都不会相信。

但日本民族是一个善于逆向思维的民族,在他们看来,由于德、苏签订了互不侵犯条约,所以日、德结盟也会推此及彼,让日本改善与苏联的关系。同时,由于形势的改变,美国也很可能迫于三国同盟的压力与德、苏、日力量的均衡,而不敢轻易参战,最后则只能回到谈判桌前。

毕竟乱世的法则是要靠实力说话的。

美国人怎么可能容忍被讹诈!

1940年11月30日,日本刚刚承认南京的汪伪政权为中国的合法政府,罗斯福就宣布他批准给中国蒋介石政府一笔期待已久的1亿美元贷款,同时史汀生和马歇尔同意调拨100架驱逐机帮助保卫缅甸公路。

同时,美国积极扩军备战。1940年抛出"两大洋海军"计划,将使新型快速战舰的数目翻一番,并使航空母舰的数量增加2倍。

并且,美国完成了两个重要的安排,即把舰队停泊在珍珠港,并开始逐渐向日本施加经济压力。

1941年年初,罗斯福在第二次连任美国总统后,对他的全球战略思想做了明确的表述。他在致格鲁的信中写道:

"根本的前提是,我们必须承认,欧洲、非洲和亚洲的战争,全部是世界(冲突)这个整体的组成部分。因此又必须承认,在欧洲和在远东,我们的利益都受到了威胁。"最后他得出结论:"我们的自卫战略必定是一种全球战略。"

从此,美国与苏联、英国、中国等反轴心国家的命运才开始连接在一起。

而日本根本没有认清形势,还是一如既往地逆时代潮流而进,想靠讹诈来逼美国退让。

1941年4月,日本外相松冈洋佑在由柏林归国途中,不顾之前德国的反对,以牺牲库页岛的石油、煤炭资源为代价,与苏联签订了《日苏中立条约》。

此举大大刺激了美国。当时,美国最害怕的还不是日本的南进,他们真正担忧的乃是苏联加入德、日、意三国同盟。前年,《德苏互不侵犯条约》签订后,第二次世界大战便随即爆发。此次,苏联又和日本缔结中立条约,这岂不是在支持日本南进？

况且，在莫斯科，松冈洋佑还狂妄地对美国驻苏大使许泰尔哈特表示："日本外交的基调仍在三国同盟。"

松冈洋佑由莫斯科启程时，斯大林突然出现在车站送行，他拥抱着松冈说："我也是亚洲人。"得到斯大林这般礼遇，松冈一时十分感动，他甚至产生了对苏联的某种好感。

斯大林深知，日本人面对白种人时的那种羡憎交织的情结。所以，他就像寓言里的蝙蝠一样，面对白种人时自称是西方人，面对黄种人时又自称是亚洲人。他的这一套表演确实蒙住了不少人，感化了那个情绪化的大和民族。

就此，在有关如何认识苏联的问题上，不但是日、美两国之间，在日本国内也产生了重大分歧。

7月7日，日军陆军参谋本部下令实施"特动第一号"动员令，首先动员在日本内地的300多个大小不等的军直部队与航空部队，同时于国内临时召集驻中国东北和朝鲜的整备兵力，以此使关东军兵力增加约25万，共计60万人。并计划于16日发布第102号动员令，增加第51、57师团及军直部队、航空部队等，使关东军兵力达到约450个大队、85万人的规模。

日本陆军踌躇满志之际，日本的海军却来拆台了。

海军方面知道，如今控制陆军的多是关东军系统的人。陆军大臣东条英机自关东军宪兵司令官起家，自然看重关东军的意见，参谋本部作战课课长服部卓四郎是诺门坎大战的败军之将，一直寻机向苏军报复，参谋本部第一部作战部部长田中新一更为狂妄，在军部会议上曾向参谋总长杉山元吼叫"南北并进"。海军里虽不乏战争狂人，但像日本陆军这样无所顾忌的，还是少有。

海军害怕陆军将有限的国力都投在对苏作战上，因而对"关东军特别大演习"拒不配合。

就在日本陆军与海军、政府扯皮之际，宝贵的时机已经溜走，德、苏战场并未重现闪击战速战速决的辉煌，反而陷入了让轴心国担忧的胶着状态。

大洋彼岸，罗斯福总统一直在密切关注着苏、德战场的形势演变。

6月26日,他在日记中写道:"如果红军能坚持得更久,那么这就意味着欧洲将从纳粹的统治下解放出来。"

10天之后,他对英国大使哈利法克斯勋爵谈了他的看法,认为希特勒已犯了"第一个重大的政治失误"。

7月9日,他命令对击败潜在的敌人所需要的全部物资数量作一番研究,这项研究产生了"胜利计划"。

到了7月中旬,新闻界和外交渠道都报告说,德国人正遭遇不曾预料到的十分顽强的抵抗。

7月19日,德军暂停前进,部分原因是需要休息和整补,也因为希特勒和他的将军们意见不一致。面临着北上直捣莫斯科还是南下包围更多的俄国军队的选择时,希特勒犯了致命的错误。

7月31日,罗斯福在莫斯科的私人特使哈利·霍普金斯报告了有关苏联人的决心,尤其是斯大林认为他能坚持到冬天的信心。罗斯福立即敦促他的属僚赶快提供援助。如果在10月1日前德国人能被遏制住的话,他认为,苏联将能撑到明年春天。

8月7日,他在前往阿金夏湾的途中收到了一份发自柏林的报告。该报告说,德国人在俄国的进军时间表已推迟,希特勒正在修改他的进攻目标。之所以会出现这样的结果,乃是由于德国人突然遇到事先未知的100个新征的苏联红军师,显得特别惊慌失措。

在阿金夏湾,罗斯福表示相信苏联能够生存至1942年。苏联现有的军队足以击败希特勒,而且如果必要的话,也能击败日本。有鉴于此,通过援助苏联来制衡德、日就成了罗斯福的头号目标。

苏联不能垮掉。苏联一旦屈服,美国的全球战略甚至连同美国的国家利益便会全面恶化。

罗斯福判断,日本很可能从背后进攻苏联。在苏联处于最危险的时刻,这一威胁对美国利益的危害并不亚于日本的南进。在此之前,罗斯福曾劝告斯大林,如果西线战场的形势变得十分严峻的话,他可以放心从远东地区撤走军队。如果日本进攻苏联,美国对此会有所反应。

一周之前,美国已对日本做出了釜底抽薪的致命一击。

1941年7月25日晚上，罗斯福宣布冻结日本在美资产，将两国所有的贸易置于政府的控制之下。除此之外，他还指示美国海关，降低出口石油制品的质量级别，并将对日供油量限制在中日战争爆发前的日本购油量之内。

临近发布冻结令前，罗斯福召见了野村大使，建议共同保证印度支那（越南）的中立。7月27日，东京答复说，这已为时太晚，因为占领早在进行之中，而且无论如何，在日本人对冻结资产的愤懑平息下来之前，日、美间不会达成任何协议。

7月29日，助理国务卿卫尔斯下令，在今后的一二周里，美国不会对日本申请贷款一事做出答复。

进入8月份，针对日本的贷款申请，美国一直不予答复。美国官员没有禁止石油出口，但是阻断了用于购买和运输石油的资金出口。相反，他们劝告日本人使用在美国以外的资金。在罗斯福从阿金夏湾归来时，日本和西方世界的贸易往来正趋于完全停止。

美国的经济战十分有效，不久日本就打消了进攻苏联的企图。

日本陆军看到苏、德战争久战不决，年内不能期望斯大林屈服，也不能指望斯大林流亡到乌拉尔以东，加之美国冻结资产、石油禁运的影响，日本根本无力展开对苏联的进攻，只好放弃对苏行使武力的企图。

形势发展到这种地步，日本人已经看出美国人在玩温水煮青蛙的游戏，根本无意满足日本在远东的要求。

日本人清楚，当下的他们只有两种选择，要么答应美国的要求，从中国大陆（除东北外）全面撤军，要么鱼死网破，不惜与美国一战。

可谁都知道，日本并不具备与美国决战的实力。日本政府仍在幻想日美妥协的可能性，而军部眼看美国利用和谈做诱饵，一面诱使日本不敢轻举妄动，一面加紧扩军备战，对日本有利的战机正在流失，越拖下去对日本越不利，便极力主张立即决定战争。

9月6日，日本御前会议上，军、政双方达成妥协，决定到10月上旬日、美谈判仍无结果时即行开战。并且，在决议案中，规定了日、美谈判中日方让步的限度。

日本人的保密措施做得实在糟糕，这次会议的内情竟被泄露了出去，驻东京的各国大使馆纷纷将得到的情报通报给本国政府。到了这时，美国已不再相信日本有多少和谈的诚意。而以后的谈判，也只是在虚与委蛇拖延时间。

就这样，日本人主动挖断了自己的回头路，只能在通往悬崖并跌入深谷的路上越走越远。

◎ "花花公子"牌桌上得到重要情报

提到蒋介石，中共领导人周恩来说："作为一个战术家，他是个拙劣的外行，作为一个战略家，也许好一些。"(《周恩来答问录》，中央文献研究室编，人民出版社2016年1月出版）

全面抗战4年多来，中国军队在各个战场上不仅没有垮掉，反而逐步恢复战力，在局部的拉锯战中有时还能占据上风。日军陆、海、空军的阵亡人数接近20万人，加上其伤残数字，在中国战场上，日军每年都要消耗掉超过1/10的精锐兵力。

损失兵力暂不算，日本在经济上输得更惨。就拿货币战来说，从1935年国民党政府进行币制改革开始，一直到"二战"结束，每次货币战，日本人都是大败而归。

在这近10年内，无论是在国统区还是在沦陷区，法币一直都畅通无阻，而日军身为不可一世的占领军，一旦走出大城市，向中国的乡村和中小城镇迈进一步，日伪发行的联银券就会失去效力，只有拿着法币才能买到东西。

这种现实，对于骄横的日军来说，无疑是一个巨大的打击。他们虽然可以攻城略地，但他们无法成为真正的统治者。即使在自己的占领区内，却不得不使用惨败给自己的敌对政权的货币。

也正是由于这种原因，汪伪政权从未建立起任何的国家信用，在中、日之间的激烈交锋中，倒成了日本人的累赘。

远在重庆的蒋介石看到了汪伪政权的软弱无力，于是他以军统特务组织为母体，趁机向汪伪政权派出了一大批执行策反任务的人员，即所谓"第五纵队"。短短一两年的时间，这些"第五纵队"人员便通过分化瓦解等诸多手段，渗透进了汪伪政权的很多层面，将这个汉奸政权的一部分力量转变为一个隐蔽的抗日因素。

这其中，最为关键的便是对周佛海的策反。

不过，蒋介石和戴笠最先挑中的策反对象却是李士群，而且他们的目标也仅仅是阻止李士群对抗日活动的破坏，以及打压新四军在长三角地区的扩张。

为此，经戴笠推荐，蒋介石派出了天字第一号王牌唐生明中将。唐生明是唐生智的四弟，在民国军政界，是个出了名的"花花公子"。

表面上看，唐生明确实是吃喝玩乐样样精通，但在那样的乱世却也不失为一种明哲保身的好手段。

人人都知道他是个混世魔王，还有人说他是福将，但鲜为人知的事实是，他除了在国民党各个派系中左右逢源，在1927年国共决裂之后，还曾在暗中给共产党提供过不少帮助。在南昌起义和秋收起义中，曾给予红军枪支、弹药等军需物资的支援，并保护和营救过起义部队的一些伤员。

1938年年底，他代理长沙警备司令。作为湖湘子弟，他不愿执行焦土抗战焚毁长沙城的命令，恰好此时酆悌垂涎他的职位，他乐得脱身而出，当即与酆悌对调，由代理长沙警备司令转任常（德）桃（源）警备司令。

对于常德，唐生明并不陌生。早年间唐生智的第8军驻军常德时，唐生明就是该部的团长。作为大哥，唐生智深知他这个弟弟风流成性，经常出外与外人鬼混。为了管束唐生明，晚上睡觉时，大哥唐生智竟把自己的床拦在弟弟的房门口，免得弟弟出外惹事。而这位风流惯了的弟弟等大哥睡熟，便从大哥的床铺底下爬出，等到天未亮时快活够了又从床铺底下爬进屋子。多少年以后，当唐生明当着自己夫人的面说出这些事时，他的夫人不由得打趣道："现在你要晚上出去玩，我替你把房门打开，不让你再从床底下爬出来了。"唐生明听后一阵大笑，忙说："现在有这么漂亮的太太，打我也打不出去了。"

如今故地重游，按说也会有几分天然的好感。但刚到常德，他就有些后悔了，觉得常德远不如长沙舒适，连吃了几家饭店都不合口味。不久，长沙大火，长沙城一夜之间化为瓦砾，警备司令酆悌等人作为替罪羊而被枪决。当时，唐生明携夫人以及沈醉等人正在参加一个常德商界举办的盛大宴会。消息传来，唐生明一拍脑袋，面露喜色，不禁说道："如果我不调到常德，这顿饭早就吃不成了。"沈醉凑趣说："常德菜馆的菜虽比长沙差一点，但却安全得多。"众人一听，无不举杯庆贺，称他是名不虚传的福将。

待在常德，唐生明表面上虽无所事事，但在大是大非上却分得很清。在常德警备区，他严禁国共摩擦，叮嘱沈醉不可乱来。一次，他还瞒着沈醉，亲自护送过境的周恩来安全通过各个检查站。

本来，像常德这样的地方，风光秀美，盛产沙金，日军又不来骚扰，再说离家乡也近，很适合唐生明那种贪图安逸的性格。但是时间一长，唐生明觉得在这里偏安一隅，既不利于个人的发展，又不能满足自己物质方面的欲望，因此越来越感到倦怠，时常向好友沈醉发发牢骚。沈醉时任警备司令部稽查处处长，是军统派驻湖南的眼线，他见唐生明牢骚满腹，随即将这些情况透露给了戴笠。

戴笠是唐生明吃喝玩乐几十年的好友，当下便为老朋友想到了一个好去处。

1940年春，沈醉转交了一封戴笠打来的电报。电报中颇含殷勤之意："闻兄有倦勤之意，希望先将家务安顿妥当后，即行来渝，因有要事急待当面商议。"

唐生明无防人之心，以为重庆那边有好事在等他，便满心欢喜，当即拍发回电："如能摆脱此间职务，自当赴渝。"

常德方面的事情交接完毕，唐生明匆匆赶到重庆。戴笠把他接到曾家岩别墅，两下落座，戴笠显得异常兴奋。

唐生明与戴笠一阵寒暄后，便急忙向戴笠打听蒋介石究竟要对他做出怎样的安排。

戴笠却反问道："季澧老弟，以你的想法，这种时候应当做什么，你又想要做什么？"

唐生明被问得一头雾水，不知如何回答是好。

戴笠趁机又说道："我为季澧（唐生明字）老弟考虑，这个工作既要让你的生活过得很好，适合你的个性，又要一鸣惊人，做出一番惊天动地的大事来。"

听戴笠这么一说，唐生明顿时觉得好奇和兴奋。以他那洒脱的个性，能潇洒自然是好事，可似乎还从未想过要做什么惊天动地的大事。

他急于知道答案，便毫不客气地警告戴笠不要耍什么花样。但戴笠是个八面玲珑的特工王，什么人没见识过？唐生明的责难在他那里只很自然地轻轻一挡，两人的话题便被转移到其他方面去了。

就这样磨磨蹭蹭了两天，一天夜间，戴笠突然以极其慎重的口气对唐生明说道："有一个很重要很重要的特殊任务，校长同我讲过好几次，只有你能够担当。因为我们在上海和南京的组织绝大部分被敌人破坏了，那个地方的工作，校长认为比任何地方的都重要，但又不容易找到一个很适当的人。后来还是校长提出了你，认为你最适宜。这真不简单，领袖一天到晚这么忙，还能想得到你呢！"

原来是让他到敌后去做间谍，唐生明深感突然。不过，戴笠后面的那句话却让他感到非常受用。没想到，他这样一个晚辈，蒋介石还能在百忙之中想到他，真是荣幸之至。当然，他更没想到，这也可能是戴笠的一面之词，为了往他脸上贴金而故意编造的谎言。

没等唐生明想得更多，戴笠就把他下一步的疑虑解除了："校长说你很能干。他在谈到你的时候，还特别说过，过去在武汉讨伐桂系时，你曾拖来过不少的桂系部队，出过不小的力。虽然你以后在广西进行过反对校长的活动，但校长知道那是因为何键的压迫，你才去广西的。校长对那件事始终原谅你，而且也很了解你，对你一直很重视。"

戴笠巧舌如簧，又善于揣测人的心理，上面的话蒋介石未必说过，但戴笠都考虑到了，既为蒋介石打了圆场，又让唐生明消除了后顾之忧。

戴笠说了这么多，唐生明听得又惊又喜。上海、南京那样的花花世界，他当然动心，再怎么样也比待在常德、重庆这样的内地城市好得多。可是，危险谁都能够看得到。唐生明虽然和汪精卫、周佛海这些汉奸巨头有些交情，即便身份暴露也不会对他太过为难，但是日本人那里就不好说了，日本人的个性一向是翻脸无情，一旦出现差池，他就性命休矣。接下来的三四天里，唐生明犹豫不决，面对戴笠的催问，一直未能作出答复。

平时遇到重大问题自己不能做出决断的时候，唐生明总会找大哥唐生智商量，请他为自己出主意。戴笠深知他的这个特点，他一旦和身为抗日强硬派的大哥商议，结果可想而知，因此戴笠天天缠着他，不让他离开自己一步。在详细介绍了上海方面的情况以后，戴笠一再重复说："我前前后后都为你设想过，你去绝对没有任何危险。因为你不像别人，以你的身份可以公开地去，大大方方地与他们往来，一定会受到他们的欢迎。至于日本人方面,只要自己多加小心,绝不会出任何问题。"

说到情急之处,戴笠还指天发誓,拿自己的良心以及两人的交情作保证,说他绝不会存心把好朋友往火坑里送。

戴笠喜欢交朋友,很多事情都是利用朋友的交情办成的,这次也不例外。唐生明被他说得没了退路,只好暂时应承下来。

第二天,唐生明受到了蒋介石的接见。

其时正值三伏天,素有火炉之称的重庆山城酷热难当。此时,蒋介石正在上清寺里避暑。

赶到上清寺,走在林荫道上,石板路面似乎都有些滚烫。炽烈的日光透过枝叶的缝隙洒在石板上,两旁的草木都把枝叶耷拉了下来。四周出奇地静,间或有几只蝉扯长了调门不停地鸣叫。

走了没多远,唐生明、戴笠二人就热得大汗淋漓,不住地擦拭脸上的汗水。

与天气的酷热相比,蒋介石的热情也毫不逊色。

唐生明刚走进来,他就满面堆笑,张口夸奖道:"好,你很好!"

接着,又问唐生明来了几天,住在哪里,唐生明恭恭敬敬地一一作答。

蒋介石照例用鼻子哼哼了几声,表示对他的回答很满意。然后,便切入正题:"雨农报告我,你很好,很能干。我现在决定要你去上海,雨农已告诉了你吗?这个任务只有你最适合。"

唐生明见领袖如此器重他,生怕有个闪失,既有生命之虞,也没法向蒋介石交代,便现出犹豫。

蒋介石马上以不容置疑的口气说道:"这个任务很重要,我已决定了派你去。你要听我的话,我是你的校长,你是我的学生,你要听我的。你有什么问题,可以好好和雨农去商量一下。"

蒋介石刚说了几句就以校长自居,口吻不乏训诫之意。不过,这种方式也能让对方以"天子门生"自居,得到某种心理上的满足,同时也是一种炫耀的资本。

当时,唐生明毕竟年轻,受到蒋介石的这种宠遇,心中自然是十分欢喜。再加上蒋介石当面命人准备一张自己和宋美龄的照片,说是要送给唐生明的老母亲。唐生明感激涕零，不再推辞，当即把任务领下。

临别之前，蒋介石继续叮咛道："雨农说你很能干，这件事只有你去才能对付那班人，因为你都认识他们，详细情况你同雨农研究。今后一切责任归我负，你要绝对相信我，我是你的校长，你是我的学生。"

接下任务之后，唐生明这才得以脱身来跟大哥通报。

对于唐生明落水当汉奸，大哥唐生智极力反对。唐生智是有名的抗日强硬派，如果他的弟弟投敌做汉奸，这对他的声望会带来多大的负面影响？当唐生明前去听取他的意见时，两兄弟为此甚至大吵了一场。为打开僵局，戴笠亲自登门造访，结果却并不理想，唐生智把他当作小辈，根本不予理睬。无奈，戴笠只好请蒋介石亲自打去电话，唐生智这才无奈地松口勉强同意了。

辞行之际，唐生明想到早年大哥与汪精卫交情深厚，便恳请大哥修书一封，以方便打入汪伪汉奸的圈子。不料，话刚出口，唐生智就指着唐生明怒斥道："你不顾一切，只图自己享乐，还想把我也搭进去。别人如果拿我写给汪的信攻击我，我如何自圆其说？你要去你就去吧！你见到汪精卫也不准提到我，我绝不会再和他往来。"

唐生明自讨无趣，只得黯然离去。

飞机由重庆到桂林，之后转飞香港，由香港再到上海。如此曲折的行程，是否与他今后要走的路一样呢？唐生明坐在机舱里，身边只有夫人徐来、戴笠的女友张素贞，唐生明想到自己不仅要背负汉奸的骂名，还要随时冒丢掉性命的危险，心中一时间也是百感交集，惆怅不安。

上海是东方第一大都市，号称"东方巴黎"。自日军占领上海后，里面三教九流、各类势力盘根错节，极其复杂。流氓、特工、各国的间谍、媒体记者、商贾财团、野心家到处都是。仅仅一个谍报领域，就有重庆国民政府、中共、汪伪、日本、苏联、欧美等诸多势力搅和在一起。

唐生明刚到上海，就经人牵线结识了汪伪"76号"的特工头子李士群。

对于李士群，唐生明并不陌生。李士群早年曾是中共的一名情报骨干，接受过苏联"格伯乌"（克格勃的前身）的熏陶。后来被捕叛变，在国民党的特工系统里郁

第六章 血水在湘北泛滥

郁不得志，索性破罐子破摔，又投到日本人门下，做了汉奸。既已天良泯灭，认贼作父，做事便毫无底线，再加上他熟悉国、共两党的谍工内情，因此给长三角的抗日活动造成了很大的破坏。

听到唐生明到来的消息，李士群凭着直觉感到来者不善。

唐生明毕竟是个大角色，李士群决定亲自出马。他抽出时间，整天陪着唐生明吃喝玩乐。杯光斛影之际，李士群不是吹嘘他如何搜捕地下抗日人员，就是试探唐生明是否对政治感兴趣。唐生明极为机警，不管李士群如何花言巧语，只是按事先准备好的说辞，推说自己受不了大后方的苦，只想到上海来享享清福。

李士群还是不放心，好几次趁着酒醉，想要唐生明吐露真话，但都被精于此道的唐生明轻松化解。一次，两人独处的时候，李士群突然说道："季澧兄，敝人对你的一切情况都很清楚，希望你能成为我的好朋友，在工作上多多帮助我。"唐生明立即看出这是在耍手腕，便故意装作听不懂，满不在乎地把话题岔开了。

就这样，好不容易过了李士群这关，汪精卫那边却突然有了麻烦。

接到汪精卫邀他到南京的消息，唐生明犹抱琵琶半遮面，再三推说自己对政治不感兴趣，只愿待在上海过他那花天酒地的生活。

经李士群一再催促，他才带着一副不情愿的神色到了南京。

见到他之后，汪精卫很高兴。想当初，他和唐生智联手反蒋的时候，紧紧追随在他们身边的便是眼前的这位唐生智的四弟。如今故人相见，汪精卫大喜过望，感到自己的事业似乎马上就会有起色。他打量着唐生明，不禁说道："你来了很好。希望你们这些搞军事的黄埔同学多来一些，将来我们自己可以建立军队。"

旧交见面，分外亲热，汪精卫不断为自己辩解，不知不觉几个小时就过去了。

晚上的宴会非常丰盛，但一段插曲却使接风宴看上去似乎更像一场鸿门宴。

汪精卫喝了几杯白兰地，突然站起身来，带着醉意，用手拍着胸膛，向唐生明走了过来。一边走一边带着笑意说道："我得到报告，听说你与戴笠的私交好得很。你这次来南京，是不是打算要来杀我？"

此言一出，整个宴会的气氛顿时凝固了下来。大家面面相觑，不知道出了什么变故。

唐生明急了，慌忙答道："杀鸡焉用牛刀！我不是不怕死的人，我一家大小都来了，我怎么会干这种事？"

唐生明也有了几分醉意，不留神把汪精卫比作了鸡。身边的大汉奸叶蓬使劲拉他的衣袖，他才明白过来。但此时，再说什么已于事无补了。

还是李士群出面打开了僵局。他向汪精卫解释，他对唐生明的一切情况都非常了解，唐生明绝对不会做出那样的事。此刻，唐生明也趁机说到，过去他虽然与戴笠关系亲密，常常和他在一起玩乐，但从来没替他做过任何一件事。

汪精卫听后，自以为刚才的突然袭击已经收到了效果，这才转怒为喜，笑着说道："我当然不会相信那些话，所以我才提出来问你。因为我们的关系不同，我信得过你，你绝不会对我不利。"没等唐生明作出回答，汪精卫又指着唐生明问道，"你说是不是这样？"

唐生明长舒了一口气，赶忙应和道："是这样！是这样！"

一场危机被成功化解掉。

不过，这还不算完结。次日，陈璧君趁汪精卫不在，又把唐生明夫妇叫去，足足盘问了两个多小时，才放他们回去。

经过这番如黑社会一般的考察，汪伪一众人马才对唐生明消除了戒心。

10月1日，南京和上海的敌伪报纸纷纷在头版头条刊出一则相同的新闻，标题是：《唐生明将军来京参加和平运动，即将被任军事委员会要职》。内容称：

"中央社讯：国民政府改组还都以来，革命军人之谙识体治，深明大义者，纷纷来京报到，积极参加和平运动，有如风起云涌。顷悉唐生明将军业已来京。唐生明将军系唐生智胞弟，毕业于黄埔军官学校。中日战事发生后，任长沙警备司令，长沙大火之前调任常桃警备司令以迄于今。因鉴于无底抗战之非计，乃毅然离去，不避艰难，间关来京。汪主席于赐见之余，至为欣慰，且深致嘉许，已决定提请中央政治会议，畀以军事委员会委员要席，俾得展其抱负云。"

在这篇通讯里，唐生明简直成了过关斩将、反出曹营的关云长。唐生明的到来，无疑给困顿中的汪伪政权打了一支强心剂。

几天之后，唐生明就被任命为伪国民党中央军事委员会的委员。本来，这样的职位只有新军阀的代表人物如李宗仁、龙云、唐生智才有资格取得，但汪伪政权网

第六章 血水在湘北泛滥

罗的尽是一些无名之辈，组成伪国民党中央军事委员会的，只是张岚峰、任援道、鲍文樾、孙良诚、刘郁芬等失意军人，像唐生明这样有深厚背景的黄埔军人的到来，还是首次。所以，年轻的唐生明中将便被迅速任命为"军委会委员"。

此时，重庆这边为了配合唐生明隐蔽身份，来了一次假戏真做。重庆方面借用唐生智的名义，从10月10日起，到19日止，连续10天，在《中央日报》等大报的头版最醒目之处，用特大号字体刊出一则"唐生智启事"，内云：

"四弟生明，平日生活行为常多失检，虽告诫谆谆，而听之藐藐。不意近日突然离湘，潜赴南京，昨据敌人广播，已任伪组织军事委员会委员，殊深痛恨。除呈请政府免官严缉外，特此登报声明，从此脱离兄弟关系。此启。"

当时，唐生明附逆是轰动全国的一件大事。湖南军阀的代表人物、南京保卫战的司令长官唐生智的胞弟竟做了汉奸，全国舆论着实轰动了一阵子。

事实上，面对这样大的压力，唐生明心里也十分难过。本来，出走之前，他曾把蒋介石拨给他的1万元法币分给了母亲一半，当时就是把它当作卖命钱分给母亲作纪念的。没想到为了国家，自己不但要担生命危险，还要招来全国舆论的一致挞伐。这段时间，他心中的苦闷难以排解。

但他很快振作了起来，在内心的最深处留下了一片蓝天。眼下身在敌后，一切就得照汉奸的套路来。隐藏了大半年之后，唐生明便于1941年5月担任了汪伪清乡委员会的重要职务。

为取得汪精卫信任，同时也是为了完成戴笠所交代的任务，他在苏州作为李士群的副手，参与了不少对新四军的"清剿"活动。

做双面间谍的难处就在这里，有时不得不昧着良心干那些自己所深恶痛绝的事。

一次，日军的哨兵以检查行人为名，恣意调戏经过岗哨的妇女，陪同在一旁站岗的伪保安队士兵也看不下去，便上前拦阻。日军士兵一向以"太君"自居，根本看不起伪军士兵。他们一听伪军士兵要讲人情，登时大怒，立即上前对这些伪军士兵进行辱骂殴打。冲突之际，伪军士兵不慎走火，子弹射穿了一个日军的手掌。

这下，伪军士兵可算是闯下了大祸。那些日军打死了这几个伪军不算，还气势汹汹地闯到唐生明的办公室，要求唐生明赔礼道歉，保证不再发生类似事件。

唐生明见这些下层日军竟如此猖狂，心中忍无可忍，刚要破口大骂，翻译赶紧劝住他，这才没惹出事端。在道歉时，唐生明一面装笑脸，一面对着日军骂娘。那些日军没带翻译，也听不懂唐生明说的到底是什么。唐生明的翻译按照他的暗示，把这些骂人的话都翻译成相反的意思。日军听后，认为他们胜利了，才满意地离去。

对于这些事，唐生明在不知背地里哭过多少次，他曾给重庆拍去电报，坚决请求不再担当此类的任务，但每次都是无果而终。

就这样受了一年多的煎熬，以牺牲个人名节为代价，唐生明终于取得了工作上的重大进展。这其中，最重要的便是对大汉奸周佛海的策反。

周佛海，原名周明繁，字子美，湖南沅陵县凉水井乡窝溪村人。少年时聪颖过人，读书过目成诵。早年曾留学日本，曾为中共一大代表，北伐时脱党投靠蒋介石，历任国民党中央委员、南昌行营秘书长、代理宣传部长等要职。"卢沟桥事变"爆发后，短短一年多的时间，蒋介石领导的国民政府就丢失了东部的大片河山。周佛海对抗战的前途完全绝望，为此他先是加入低调俱乐部，与汪精卫的改组派沆瀣一气，鼓吹失败言论。后又索性追随汪精卫，跑到南京，组建了汪伪国民政府。在汪伪汉奸中，周佛海的能力最为突出，他同时兼任"财政部长""内政部长"等要职，手下又网罗了一批有能力的爪牙，时间不长就控制了汪伪政权的财政、警察、特工、宣传等核心部门，是汪精卫之下首屈一指的巨奸。

一年前，自重庆出发前，蒋介石在单独邀请戴笠、唐生明参加的家宴上，一再向唐生明问及他与汪精卫、陈公博、周佛海、褚民谊等人的关系，还面授机宜说："你这次去见到过去所认识的人，都可以跟他们说清楚，只要他们做的事对得起国家，于国家有益，都是可以宽恕的。"

但戴笠最初对策反这样一些伪政府的骨干人物没有太多的信心，临行前只是嘱咐唐生明尽量和这样的人接触，等待时机相机行事。不过，等到工作真正开展起来，事情却出乎意料地顺利。

唐生明到上海不久，从周佛海的口中偶然得知，周的母亲、岳父等亲属还滞留在湖南老家，当时周佛海正准备接他们来上海。

这个重要情报，很快就通过唐生明传到了重庆。

重庆方面得到唐生明的密报，真是如获至宝。为了要挟周佛海，戴笠在征得蒋介石的同意后，就派人把周佛海的母亲等一干亲属押解到贵州，监禁在息烽县的军统秘密监狱里。

军统的这招虽然不太光彩，但却着实拿住了周佛海的软肋。周佛海10岁那年，其父周夔九在福建莆田县典史任上，因严禁鸦片，遭到当地土豪劣绅的群起围攻，被逼上吊自尽。周佛海幼年丧父，母亲马氏没有娘家提携，婆家虽富有，却对这孤儿寡母毫无体恤之心，因此母子几人相依为命，日子过得十分艰难。然而，马氏性子要强，又善持家，集中了家中有限的财力，供应聪颖好学的长子周佛海上学，一直到后来周佛海出人头地。由于这种经历，周佛海对母亲极为孝顺。得到母亲被监禁的消息后，他心中极为苦闷、焦虑。

当时消息传出后，南京、上海的记者蜂拥而至，追问周对此事的看法。他明知是重庆方面做的手脚，却故意装糊涂说："我相信这不是重庆当局直接干的，一定是地方无知者所为，相信不久可以脱险。"言谈之间，似乎在为重庆方面掩饰，其实也在为自己留后路。

当唐生明前去安慰他时，他对唐推心置腹，说因自己落水当汉奸，累及老母、岳父的安危，感到十分内疚。他的妻子坐在一旁，也不住地念叨他如何孝顺，自从母亲被监禁，连日来苦闷极了。

见此情形，唐生明知道策反大有希望。从周家出来之后，立即将所有的情况通报给了重庆。

得到这些情报，戴笠自然是十分欢喜，他趁热打铁，通过周佛海的岳父写信给周。信中，周的岳父转达周母的话，希望周不必做孝子，而要做忠臣，忠于国民政府，不要为周家祖先和子孙丢脸。

信件由秘密渠道转交到了周佛海手中，周佛海心动了。

入秋之后，天气转凉，五谷成熟，百畜膘肥，正是人间共享天地厚德的时节。

苏南人敬鬼敬祖，不说中元节、中秋节，就连七夕节这样有关男女情爱的节日，也被他们当成了奉祀祖先以求福报的好机会。可以说，这段时间里，那些凄苦的孤魂野鬼也有了一年中难得醉饱的机会。

而比起这些孤魂野鬼以及饥寒交迫的下层民众,在上海、南京灯红酒绿的掩映之中,魔鬼们也开始了他们疯狂的盛宴。

既然注定要遗臭万年,那么还有什么可留恋的呢?如今暑热退去,汉奸们便趁着秋凉,沉醉于声色犬马,开始了一次次的疯狂享乐。

可怜的秋蝉,宝贵的生命马上就要终结,何不抓紧机会大肆享受一番呢?

钩心斗角,花天酒地,美女财宝,然后就聚在一起搓半天麻将。

天已经很晚了,窗口有冷风灌了进来,屋里有人打起了喷嚏,家仆赶紧掩住窗子。周佛海今天手气欠佳,心中有些懊恼,冷风一吹,像突然想起了什么,叹了口气说:"湖南人怕是要遭殃了!"

唐生明精神一紧,感到这话十分蹊跷,便用湖南方言问道:"为什么?"

周佛海神秘地一笑,说他得到了一个很可靠的消息,武汉的日军准备最近进攻长沙,目的是去扰乱一下,因为湘北及洞庭湖一带正是快要秋收的时候,准备去抢点粮食,不过不会长期占领,很短的时间便会自动退出。

唐生明听罢,心中激动不已,没想到竟然能在牌桌上得到如此重要的情报。他耐着性子打完麻将,回去之后,立即向重庆作了汇报。

得到唐生明的密报,蒋介石立刻要求薛岳做出新的部署,开始应对日军的大举进犯。

而这,也许便是周佛海向重庆示好的开始。

当然,当时周佛海也未必知道唐生明的真实身份,但有一点他却很清楚,那就是唐生明同戴笠有着非同一般的交情,而唐又长期处在他大哥唐生智的卵翼之下,深受唐生智的影响,不可能轻易和重庆断绝联系。因而,便有意无意地通过唐生明把这个绝密情报传给了重庆。

没过多久,周、唐二人正式取得了联系。以后,通过唐生明等人,周佛海一步步重新归顺了重庆政府。在太平洋战争爆发后的4年里,周佛海听命于重庆方面,暗中资助"忠义救国军",假手日本人毒杀李士群,提供日本军方的绝密情报,限制对国统区的金融战。周佛海此时已看出日本早晚得败,便早早地给自己留了后路。

为取得这些成绩,在深入虎穴的5年里,唐生明几乎每天过的都是刀尖上跳舞的日子，却极出色地完成了重庆给他的策反任务。

抗战胜利后，好友沈醉前来拜访。唐生明的夫人徐来不住地抱怨道，她是一天到晚提心吊胆地过日子，而唐生明却稀里糊涂只知道享福。沈醉认为，这才是唐生明的高明之处，形势虽然很严峻，表面上却装作满不在乎，这样才能应付变幻莫测的外部环境。一直跟在唐生明身边的军统女特务张素贞则说："这是唐生明的长处，真正是'大智若愚'。"

一旁的唐生明听了，什么也不说，只是一根接一根地抽着烟，有时也会轻轻一笑，却从不做任何辩解。

◎ 日军突袭长沙，守军还蒙在鼓里

1941年9月11日，当中国军队几千名将士漫山遍野地突然出现在甘田北面的山坡上的时候，日军第40师团的重松支队顿时陷入了慌乱之中。

一天前，从桃林出发时，重松支队接到了这样的通知："第6师团已扫清大云山方面之敌，沙港河以北不会出现大量敌军。"论战斗力，第6师团是日军中的第一等部队。对于"扫荡"大云山这样的作战任务来说，本来就是小菜一碟，何况又是第6师团负责"进剿"。因而接到上面的那个消息，第40师团自然是深信不疑。再说，他们只是和第6师团接防，根本没有接到进行大规模作战的命令。所以，当漫山密林里突然钻出几千名中国军人的时候，这支日军惊呆了。

1939年6月，第40师团组建于日本香川县善通寺，成军4个月后即赴华参战，属于日军番号排名在30至40之间的"治安师团"。该师团为三联队制，兵力总计14260人，各种马2957匹，汽车138辆。由于第11军内精锐甚多，所以这个治安师团并未被用作主力，只是守备在咸宁、通城一带，一直与大战无缘。此刻，这支经验不足的日军除了接到错误的情报之外，大概也是由于大意轻敌，并未派出有力的搜索部队，因而刚刚走出巢穴不久，便陷入了中国军队的包围之中。

他们面前的对手，正是云南名将鲁道源的新编第10师。

说起来，第40师团和新编第10师也算是老对手了。一年前，在大云山不远，鲁道源曾率部夺回九岭，重创第40师团。九岭是湘、鄂、赣边区的锁钥，居高临下控制湘鄂公路，战略位置十分重要。当年，为对抗太平天国起义军，曾国藩曾上书清廷："欲保长沙，必保九岭。"如今，驻通城的第40师团也看到了这点，因而便在1940年12月4日拂晓，派出了一个精锐的加强联队不惜一切代价进袭九岭。为保住九岭，薛岳把第58军这支劲旅派到了第一线。战斗打响之际，孙渡回任军长，鲁道源被明升暗降，免去兼任的第11师师长职务，专任58军副军长。这下，便惹火了鲁道源，他一怒之下，躲到后方养病去了。

几天之后，守备九岭正面的新编第10师作战不力，防线崩溃，致使日军进占九岭。在这关键时刻，薛岳想到鲁道源善打硬仗，便电令鲁道源赴前线督战。鲁道源恨意未消，竟然说道："我又不是傻子。出征以来，辗转作战，流血流汗，拼死拼活，才把新编第11师的番号恢复，把部队名誉弄好，就不要我干了。现在紧急了，又要我来出死力，我不干。"薛岳听后，好言劝慰道："病也要去，这是为国家民族。你的一切痛苦我知道，我负责替你解除。"鲁道源还是赌气不干，这下脾气火爆的薛岳可算是失去了耐性，他严令鲁道源即刻出发，否则军法从事。鲁道源这才服从命令，连夜出发，扬言在3天内收复九岭。

赶回前线，军长孙渡与参谋长鲁元正在分头收容溃散的新10师官兵。鲁道源恰在此时赶回，58军士气大振，在鲁道源的督战下，立即转入反攻。激战两日，58军最终收复所有失地。

没想到，10个月之后，在大云山的崎岖山道上，鲁道源又碰到了老对手。

日军方面，重松支队虽然配属有三个步兵大队外加一个山炮大队，兵力超过3000人，重火力也较为优越，但陷入重围之后，他们的第一反应却是逃跑。

支队长重松洁大佐抛下担任支队预备队的步兵第235联队第2大队，带着其余部队杀出重围，于12日夜里逃到港口附近，要与在那里苦战的第6师团第13联队换防。但尾随而至的新编第10师迅速与第4军的第59师、第102师联手，完成了对这两股日军的合围。

包围圈里，可是日军两个联队近1万名日军。

此刻，待在武汉的日军第11军司令官阿南惟几接到战报，陷入了忧虑之中。

本来，这位第11军的新任司令官，心中的真正目标乃是几百公里以外的长沙城，

第六章 血水在湘北泛滥

进攻大云山不过是为了掩护大军的集结而已。可没想到,战斗刚刚开始就陷入了胶着状态,两个主力师团三四万人竟被牵制在几座小小的山头之间。这样的结果,实在出乎他的意料,也令他难堪。

几个月前,阿南惟几刚由陆军省次官调任第11军司令官,担负起中国战场上唯一一支战略攻击部队指挥作战的重任。

进入1940年6月,随着法西斯德国的大举进攻,法国溃败,只剩英帝国在欧洲孤军奋战,日本人深受刺激,日本朝野上下一致感到趁火打劫的时候到了。为抓住这千载难逢的机会,保存战力迅速加入世界战争,日本军部在日皇裕仁的要求下,于1940年7月制定了缩减在华兵力的具体方案:

"1940年度平均77万人(年度初期85万人,11月下旬减至72.8万人);1941年度平均65万人(预定华北25万人,华中30万人,华南10万人);1942年度平均55万人(预定华北25万人,华中15万人,华南15万人);1943年度平均50万人。"

日军统帅部考虑到,当侵华日军总兵力降至55万人时,华中仅能保留15万人,这势必要撤销第11军的番号,放弃武汉地区。

为此,日本军部决定迅速解决所谓"中国事变",以赶在兵力缩减之前迅速摧毁中国军队的抵抗意志。1941年1月16日,日军大本营陆军部会议通过了《对华长期作战指导计划》,计划在本年度的夏秋之季给予中国军队的主力以致命一击。

4月17日,陆军省次官阿南惟几被派往汉口,接替在锦江作战(即上高会战)中因指挥不力而被转入预备役的园部和一郎,就任侵华日军中唯一的野战攻击军第11军的司令官。同时,第11军的参谋系统也被更换一新。作为阿南惟几到来的前哨,3月,木下勇接替青木重诚就任第11军参谋长。之后,岛村矩康就任第11军作战课长。

几乎前后脚,深受日皇裕仁信赖的畑俊六再次来到中国,肩负解决"中国事变"的任务,接替西尾寿造就任中国派遣军总司令官。

同一个时期之内,侵华日军竟做出如此重大的人事变动,被派到中国的两位主要将领都是昭和军阀中举足轻重的人物。由此看到,东京对解决中日战争的焦虑前所未有。

一年前,身为陆军省次官的阿南惟几由于不同意放弃武汉地区,曾经涨红了脸咆哮着"不能从皇军流过血的地方撤出去"。既然唱出了高调，那就自己收拾局面吧。就这样，阿南中将便被当作主战派派往武汉，具体负责摧毁中国军队战力的任务。

一到武汉，阿南惟几就向11军幕僚们明确指示，马上研究长沙作战的问题。但到了6月8日，当阿南向他的幕僚问询时，以山口中佐为首，不仅没能拿出计划方案，反而告诫他们的司令官进攻长沙并非智举。山口说，参谋本部部员首藤忠男少佐曾向他讲述过1939年秋季湘赣会战（中国方面称为"第一次长沙会战"）之状况，当时第11军在汨罗江畔陷入危局，连名将冈村宁次都认为形势无法挽回，因而被迫撤军。言下之意，连冈村这样的名将都无法在长沙取胜，换上你阿南又能如何？

阿南惟几听后，不禁面呈怒色，厉声对幕僚们申斥道："攻取长沙与攻取武汉难道不一样？高山、大河何所惧，应立即进行研究。"

在日军高级将领里，阿南惟几素以强硬顽固著称，他之所以能与东条英机等人打成一气，原因就在于他们都是最为极端的军国主义分子。在他们这类人眼里，精神能够战胜物质，只要发挥日军至高无上的优越性，便可以无往不胜。

其实，自甲午战争以来，日军将领就形成了这样的通病。他们只知进攻，不知防御，只有战术，没有战略。冈村宁次号称"头脑优秀"，事实上也是基于对中国军队战斗意志的看低，所以主张进攻大于一切。

想到这是新任司令官的第一把火，第11军的幕僚们个个不再作声，开始认真制定长沙作战的具体方案。

当时，日军第11军共辖7个师团与3个独立混成旅团，总兵力达23万余人。其中，仅战斗力强大的甲种师团就有第3、第4、第6、第13共4个师团。另外，军直属部队达62个，辎重部队有畜力16个中队，汽车34个中队，现有辎重近6万吨。毫无疑问，第11军仍然是侵华日军中最为强大的野战攻击力量。

然而，正当第11军积极准备攻略长沙之际，苏德战争突然爆发了。

日本上下深受刺激，加紧了趁火打劫的步伐，他们一面组织"关东军特别大演习"，伺机侵入苏联；一面痛下决心，武力进占法属印度支那（越南）南部。这样，日军大本营就像进入玉米地摘玉米的狗熊一样，摘一个丢一个，第11军攻略长沙一事也受到波及。东京计划从中国抽调8个精锐师团，加强对苏备战。其中，第11军的第4、第6两个主力师团以及第33师团的荒木支队已在奉调之列，而第3、第13师团两个第11军的王牌师团也要根据战况发展随时准备调出。如此一来，第11军的长沙作战计划就不得不被搁置下来，而年初日军大本营信誓旦旦要一举解决中日战争的雄心，也随着苏德战争的爆发而烟消云散了。

这真像是一群狂热的少年，胸中没有定见，时时被不断变化的外部世界所左右。日军大本营一方面要加入世界战争，四处抽调兵力，大举进行战争动员，一方面又表示"即使国际形势发生变化，解决'中国事变'的根本国策也不会出现变更"。发出这样自相矛盾的命令，让阿南惟几十分恼火。7月底，他派出作战课课长岛村矩康飞赴东京进行协商。

经过一番讨价还价，协商的结果，陆军参谋本部竟收回成命，答应暂不抽调第11军的任何部队。待长沙会战结束后，再作安排。

于是，1941年8月26日，朝令夕改的日军大本营下达了大陆命令第538号：

> 命令支那遣军总司令官为完成当前的任务，夏秋之际在中支（华中）方面可暂时超越规定的作战地区进行作战。

但没过几天，日军参谋本部又改了主意，意图再次中止长沙作战。9月6日，日本御前会议已决定不惜对美国一战。参谋本部作战课课长服部卓四郎便越过中国派遣军，直接向第11军下达了新的指示：

（一）明确抽出的兵力，在南方展开前，凡有直接需要的部队，不得使之参加长沙作战。

（二）要求作战尽快结束。

接到这样的指示，阿南惟几不禁勃然大怒。本来就是在御前会议上制定的大政，没想到在几个月之内，竟被反复更改。最高决策如此混乱，大本营的权威何在？包围在参谋总长、陆军大臣周围的那些佐级军官，不仅个个极端狂妄，而且毫无远见，只凭一时心血来潮，就要挟军部首脑按他们的意图行事。

阿南惟几是过来人，对军部的这一套再熟悉不过。再说，阿南因长期担任天皇的侍从武官，深得天皇的信赖，因此也是个飞扬跋扈的角色，军部的命令他哪会放在心里？那边，军部的命令刚刚下达，这边，他就抗令不遵，当即发动了对大云山的进攻不说，还有意把军部明令抽调的部队用到了战场第一线。

同日军的大多数将领一样，阿南惟几并非是一个优秀的战略家，但在作战方面，却是个善于精雕细琢的行家。刚刚来到11军，他便决定大刀阔斧地改革战术。

1939年9月德军突袭波兰，1940年德军绕过马其诺防线，由法军背后突入巴黎，1941年德军以550万重兵突袭苏联，闪击战无疑创造了人类战争史的一大奇迹。日本军人倾慕德军由来已久，德军闪击战的辉煌更是让他们胸怀激荡。阿南首次统帅第11军这样庞大的重兵集团，也想有样学样，对第九战区的中国军队来一次闪击战。

而造成闪击效果的关键，便是要保证军队集结的隐蔽性。

然而，日军的机动性不够。与德军相比，坦克、装甲车少得可怜，再说湘北多山多水的地形也不适合装甲兵团的展开。有鉴于此，阿南惟几便另辟蹊径，采用声东击西的战法，以"扫荡"新墙河以北的游击区为名，将中国军队的注意力吸引在交战地域，以此为掩护，将主力部队不动声色地调集过来。

就这样，作为中国军队在湘北的最重要的游击据点，大云山便首当其冲成了日军攻击的第一个目标。

大云山位于昌水之北，油港之南，制高点不足1000米，方圆几十公里之内，林深树茂，利于部队藏匿。此时，该地除为第4军与第58军的结合部外，也是中国军队湘鄂赣边区挺进军的游击根据地。自1939年第一次长沙会战以来，中国军队经常派出小股游击部队对岳州一带的日军第6师团进行袭扰。日军苦不堪言，多次扬言要拔掉中国军队的这个前进据点。

为了给中国军队造成压力，也为了与东京斗法，第11军派出了它的头等主力第6师团。

第6师团以凶残嗜杀名闻天下，早在1928年便制造过济南大屠杀，而1937年年底的南京大屠杀，第6师团更是第一元凶。该师团组建于日本九州的熊本，这里地瘠民贫，民风剽悍，成年男子往往以从军为出路。战前，日本人有一句自吹的话：

"天下日本兵第一，日本九州兵第一。"从1937年侵入中国以来，该部转战中国南北，曾率先攻陷保定、南京、武汉等重镇，凶悍为各师团之最，战斗力似乎还在第5师团之上。师团长神田正种今春刚刚上任，自以为所部兵强马壮，自然是睥睨群雄，不可一世。

但刚刚攻入大云山，第6师团的参战各部就沿着羊肠小道，迅速被淹没在莽莽林海之中，彼此失去了联系。

这里的确是游击战的天堂。第6师团的第13联队9月7日早晨自甘田南部进山，在大山里转了3天，一直没能联系上其他方向的部队。10日中午以后，刚刚转到团山坡、港口一带，突然之间枪炮声大作。凭经验，联队长判断出他们已经陷入了中国军队的重围之中。

本来是要虚晃一枪，等第40师团前来接防，没想到弄巧成拙，反被中国军队牢牢钳住。苦战至13日，第40师团的重松支队才匆匆赶来，第13联队不敢再多待一刻，匆忙带着66名伤员，遗弃下大批尸体，趁着中国军队不备，找到一个空隙，凄凄惶惶地逃到了草鞋峡。

第13联队算是逃了出去，但所有的压力都留给了正在加入战场的第40师团重松支队。

重松支队的日军自来华参战以来，还从未经历过如此严酷的恶战。为了赶路，尽快与第13联队接防，支队长重松洁大佐扔下后藤大队，致使该大队被我58军的一部包围，陷入被围歼的命运。而重松洁这边，显然没有想到，他们的前方战况更为糟糕。在这块地域里，以港口为中心，集中了中国军队新编第10师、第4军的一部大约两个师的兵力，重松支队碰到这几支善打硬仗的部队，算是触了霉头。第一天，他们妄图攻下团山坡，可没有几个回合，就被打得后退了数公里。

经过这几年血与火的锤炼，中国军队也在进步，尤其经过整编的部队，越打越强，越打越有信心，开战之初畏敌如虎的情绪已被一扫而空。眼下他们见第40师团这么不经打，更是信心倍增，主动发起了一波波的强攻。

58军是生力军，在攻克石壁桥、五龙桥后，战区长官部为尽快取得战果，便限令58军于13日午前占领港口要地。接到命令后，鲁道源迅即用电话向各团训示："今天是我革命军人尽忠报国之时，现在9时30分，对表！如到12时不将指定阵地攻下，杀团、营长。今日虽牺牲到只剩一人一弹，也一定要贯彻上峰所交代的任务！"敌我激战之际，鲁道源一再鼓励所部"有敌无我，有我无敌"，"不成功，便成仁"。

接近中午，战斗达到白热化的程度，敌我官兵都杀红了眼。日军一支小部队四处奔突，竟然打到了鲁道源的指挥所附近。警卫连长鲁新建跌跌撞撞地跑进指挥所，喘着粗气报告说："敌人已经打到电话总机附近了，可否将总机移向后面？"

低矮的民房里，鲁道源正俯身趴在地图上搜寻可能的突破口。听警卫连长这么一说，他转过身去，厉声喝斥道："情况我明白，你死守总机，移动就杀你的头！"

鲁道源深知，这种关键时刻，部队绝对不能退却。日军号称死硬，只有我们的死硬胜过日军，胜利才会垂青于我们。因此，无论如何都不能退却，胜利都是取决于最后的5分钟。这样死硬的将领，在中国军队中真是不多见。据说，中国军队大将汤恩伯在抗战期间，几乎每次都把指挥所设置在远离前线达数十里的后方，并且为了躲避日机的轰炸，动不动就把指挥部搬离原处，弄得兵找不到将，将找不到兵，致使战机被频频贻误。以至于史迪威就任中国战区参谋长后，便以此为借口，向美国政府讲述中国的高级将领如何贪生怕死，如何腐败无能。经过一番添油加醋的报告，美国政府竟然同意了他撤换所有中国高级将领，由美国军人来担任的荒谬主张。

美国人不知道，在第二次长沙会战中，鲁道源，这位来自云南昌宁县的血性汉子，不顾日军随时都有可能攻到自己身边的危险，镇定自若，坚持指挥，直到最后胜负分晓的时刻。

此刻，还是在那间低矮的民房，鲁道源摁住在地图上刚刚找到的一处高地，这处名叫"团山坡"的高地刚刚被日军突破。他抄起电话对第30团团长邓礼副命令道："你一定要攻克，攻不下也要攻，就是尸体堆成山也要攻。敌人是从你所在的团正面突进，你应负责！"

官兵们见副军长视死如归，一时军心大振，情绪激昂，不顾一切地奋勇前进。团山坡上，日军一个中队的突击队，在我迫击炮与手榴弹的猛烈轰击下，接连倒毙在接近制高点的途中。到了这时，日军的战斗力已使用到了极限，再也无法阻挡我军的攻势了。11时刚过，在友军59师的协助下，终于将目标攻下。

重松洁见大势已去，急忙把部队后撤到轴山岭，在此构建了防御阵地。

几个小时后，夜幕降临，黑暗笼罩了整个大地。重松支队的残兵败将喘息未定，轴山岭四周便布满了尾随而至的中国军队。战斗进行得极为激烈，黑暗之中，日军没了退路，个个拼死作战。尽管如此，还是挡不住中国军队的凌厉攻势。国军官兵都知道胜利就在眼前，因而士气旺盛，奋勇争先，唯恐头功被友军夺走。

夜幕中，几十名中国军人冲到了重松洁的指挥部。重松洁一面喊叫"军旗危险"，招呼卫兵保护军旗，一面拔出战刀，冲入黑夜，加入了混战。双方的血战持续到半夜，枪炮声、喊杀声响彻山谷，毕竟此次摸上来的国军人数不多，在日军的拼死抵抗下，我军士兵渐渐不支，只好带着遗憾退了下去。

当天白天，距此不远的港口以北5公里处，在一个名叫"白羊田"的地方，日军第40师团的主力第236联队、第235联队也陷入了重围之中。

第40师团并不善于山地战。13日早晨，第236联队在徒涉白羊田河之际，突然遭到了多个方向的猛烈射击。联队长龟川良夫大佐急命第1、第2大队并排攻击，可战斗打响之后，两个大队却越打越远，两部之间竟出现了一个很大的空隙。中国军队在与日军作战中，很少能见到这样的破绽，于是当即派出一支突击队乘隙钻入。很快，便突进到日军两个大队的背后，逼近了龟川良夫的指挥部。

又是差了点儿运气。一番混战中，日军第235联队与第40师团主力趁机杀到，龟川良夫的指挥部躲过了一劫。

第40师团师团长青木诚一亲率大部队赶到，眼见部队陷入各自为战的境地，却也无能为力，站在白羊田的北侧高地上，俯瞰着混乱的战场，他对身边的参谋自我安慰道："必须正确看待两联队正面的这种情况，即使是师团本身，也只能做到如此程度。"

师团长都能说出这种话来，看来形势确实不妙。

武汉，阿南惟几不干了。本来大云山之战只是他抛出的诱饵，没想到大战刚启，一个师团的兵力就被拖在了这里。

15日晚，阿南惟几下令将荒木支队配属给第40师团。

荒木支队是调往华北的第33师团的保留部队，该师团在半年前的上高会战中，因受阻之后率先败退，致使第34师团陷入被围歼的境地。此次，该支队照旧继承了这个传统，不肯卖力，善打巧仗。进入战场后，为了躲避枪炮，他们一面拼命地朝着中国军队阵地挖掘战壕，一面沿着战壕攻击前进。这样攻了两天，才接近后藤大队的阵地。而就在这短短的几天里，后藤大队又增加了118人的伤亡。

大云山只是阿南惟几司令官的前哨战场，虽出师不利，但此时用于长沙会战的主力已经集结到位，于是便不再迟疑，迅速发动了对新墙河的强袭作战。

此时，中国的第九战区还被完全蒙在鼓里。

其实，早在一个月前，敌情就有了频繁的变化。但第九战区司令长官薛岳上将大意轻敌，自以为湘北防线固若金汤，日军受到两年前第一次长沙会战的教训，不敢轻易来犯，因而一再误判了形势。

8月13日前后，岳阳方面日军增兵4000多人，炮20余门，木船500只，各种舰艇100余艘。重庆的蒋介石疑心日军将有什么大动作，便电告长沙，督促薛岳查明当前情况。

之后的几天，薛岳连复两电，报告情况属实，但日军并无大举侵犯的企图。

8月14日，长沙发往重庆的"寒申"电称：

"查该敌前似扰乱秋收企图，因我防备严密，岳阳方面至今敌尚未敢轻动。"

两天之后，长沙"铣"电又称：

"敌人近进犯谣传甚炽，据伪维持会消息，其进攻路线为筻口、新强、荣家湾、鹿角等处，会犯大荆街，目的在扰乱及夺粮，并无真正攻击企图等情。除饬属严防并迅速抢购陷区粮食外，谨闻。职薛岳。"

一月以后，当上万名日军及伪军熊剑东的2000人出现在大云山一带时，薛岳的判断仍是"战区当面之敌，除以少数兵力向我扰乱外，似无大企图"。

9月11日，当日军第40师团大举来犯时，第6师团退回原防地。几天之后，日军第4师团1万多人运动到新墙河北岸，已有传言要进攻长沙。而就在这几天，潜伏在上海的唐生明也得到日军要大举进犯长沙的消息。当这个消息传到重庆后，军委会立即通知了薛岳，要薛岳做好相应准备。薛岳置之不理，仍然固执己见，认为日军不过是"扫荡"作战、抢点儿粮食而已。

就在薛岳盲目大意未加戒备之时，9月18日，日军第3、第4、第6、第40师团以及2个支队10余万人，突然出现在杨林街、新墙镇之间的狭窄地域。当天，在猛烈的立体火力支援下，我守军第4军的防线迅速崩溃，日军如潮水一般涌进了新墙河南岸。

薛岳这才明白，日军围攻大云山，使的乃是声东击西之计，目的便是为了掩护大军的集中。在给中国军队造成"扫荡"大云山游击区的假象的同时，以换防为名将大军从各地集结起来。

在日军的闪击之下，薛岳有些手忙脚乱，他急命第4军、第58军、第20军极力堵截南下之敌，第197师力攻由营田登陆之敌，第99军的主力防备汨罗江南岸及湘阴不变，第26军推进至金井、上杉市一带，第10军由衡山迅速北进，在东山、普磺市、浏阳河南岸待命。次日，征得军委会同意，将赣西的第74军调往浏阳与洞阳镇，第六战区的第79军由益阳、石门桥，火速支援湘北方面。

然而，为时已晚，各路大军仓促间根本无法及时赶到指定地区。到了这时，薛岳还没有看清形势的不利，慌乱之中又摆出了与日军进行阵地决战的架势。

未战失先机，昔日守长沙的英雄这次遇到了难缠的对手，一场生死大战在所难免。

◎ 新墙河防线，精锐部队垮了

日军的强袭，发起于9月18日凌晨。

这天是中国的国耻日，也是阿南惟几之子战死在东北的祭日。

冰凉的夜露从枝叶之间滴落的时候，从杨林街到沙港河下游之间约20公里的战线上，日军第11军将45个步兵大队，322门各式火炮一字排开，一举突入了新墙河南岸中国军队第4军的阵地。

此刻，我军第4军也是一支疲惫之师。之前，听到日军将要进攻新墙河的消息，第4军大部由大云山前线紧急返回。10天来的苦战已让他们筋疲力尽，此刻他们正躲在战壕里稍作片刻的喘息。那个夜晚，他们只希望能睡个囫囵觉，天明之后若有日军攻入也好有气力进行抵御。可日军显然不想给他们这个机会。

第4军的许多官兵在睡梦中便做了冤死鬼。日军的攻击太过凌厉，中国军队还未组织起有效的反击，整个防线就崩溃了。

这天晚上，日军第11军司令官阿南惟几中将以愉快的心情写道："统率大军亲视战况，指挥作战，此正其时。殊感光荣，应谢上苍。"

日军的推进速度达到了惊人程度。仅仅在一天之后的19日中午，第6师团就进占了汨水左岸。而其他日军师团，也分头并进，逼近了中国军队的汨水防线。

长沙以北，中国军队的第一道防线仅仅一天便被突破，薛岳遭受了奇耻大辱。

屈原的英灵眷顾着这片染血的土地，难道2000多年后，还要让他再看到亡国灭家的惨剧？

自己造成的痛苦还得由自己来承受。国军守卫部队只能以血肉之躯来为长官的失误埋单。

新墙镇、筻口、潼溪街一线，整个新墙河防线最为惨烈的战斗就发生在这里。

多少年以后，第58军当年的一个排长路保国这样回忆道："我当代理排长好几次，今天补充，明天补充，都没有人了。死太多了。"

也是在晚年，第4军第102师士兵雷定康对当时的惨状还是记忆犹新："一个排上去，死光了，由第二个排上去，硬是一波一波上去，后面有人督战，就这样子打。打到最后呢，好了，师长差一点点就被俘虏了。师长被一个人，被我们一个同事背走了，背出来了。"

他所说的师长即是黔军师长柏辉章中将。对于这个名字，国人也许不很熟悉，但提起遵义会议来，却是无人不知无人不晓。著名的遵义会议就是在柏辉章家的宅邸里召开的。当然，这个历史的机缘，不过是两个敌对势力的一个偶然的交集而已。其实说到底，在众多的历史人物里，柏辉章不过是一个小人物而已。自黔军投入中央军后，柏辉章一直在国民党各个派系的夹缝中生存，虽英勇善战却不被各派系接纳，而1952年留居大陆后，又被错误镇反。由于这种因缘，他以及黔军在抗战中的事迹一直没能进入大众的视野。其实，在抗战中，黔军的表现并不输给其他任何一支中国军队。

一直以来，黔军的战斗力在西南各省军队中，都是排在末流。贵州地瘠民贫，养不起许多军队，军阀们为了节省粮饷，动辄以鸦片代替军饷。本来，贵州有很多被剥削得衣不蔽体的"干人"（穷苦人），很多士兵的出身就和他们相去不远，自出生的那天，过的便是缺衣少吃的生活，身体素质很差，而拿到那些鸦片做"军饷"

之后，身体素质更是可想而知。这样的一支军队，其战斗力之低下可想而知。几十年来，在西南军阀的大混战中，黔军屡吃败仗，极少有翻盘的机会。在大家的印象中，这不过是一群脚穿草鞋，手拿步枪、烟枪的"双枪兵"而已。

可走进抗日战场，黔军却让人刮目相看了。

徐州会战中，友军纷纷败退之际，为了阻击进袭砀山的精锐日军，第102师付出了惨重的代价。几名团长战死，师长柏辉章一只耳朵被震聋，官兵死伤大半。战后，还未整补完毕，又立即投入了武汉会战。在万家岭山区，102师拼死堵截，配合主力完成了一场空前的大捷。

但102师是杂牌部队，历来不受蒋介石的军委会重视，时常被调来调去，哪里战况危急就被调往那里，几年来光他们的上级单位就换了好几个，没有一个稳定的归属。最近，他们刚刚被配属给第4军，第二次长沙会战就爆发了。第4军是守备新墙河的主力，102师分到了最为重要的正面，压力之大自不待言。

日军的进攻重点，首先是新墙镇一带。

新墙镇是紧靠新墙河中段的渡口，虽只有100多户人家，却是日军渡河的必经之处，战略地位至为重要。当时，防守此一地带的是102师的304团。战斗打响后，日军先以重炮猛轰新墙镇，一时弹落如雨，小镇顿时化作一片废墟。日军趁势渡河，304团的机枪掩体多设在小镇两侧的小山坳里，两侧机枪掩体形成的交叉火力，封锁住了新墙河渡口，日军几次强渡都未得逞。

这个时节秋收刚过，天晴少雨，新墙河宽70米，水深仅0.7米左右，便于日军徒步通过。日军见新墙河正面无法攻取，便从304团的右翼强渡过河，建立了前进据点。该团团长许世俊立即组织冲锋，亲自督战，猛冲猛杀，将渡河日军击退。日军的一名军曹逃跑不及，被我军俘虏。押解到师部，经过审问，才知道当面日军为敌精锐的第6师团。

日军的攻势越来越猛。开始的小胜并未给中国军队带来任何好处。日军的骑兵到处穿插猛冲，306团的正面首先被突破。团长陈希周几次告急，柏辉章要他坚守阵地，机动作战，不得后退一步。但日军兵力、火力都占绝对优势，很快，国军防线全线动摇，柏辉章通令各团坚守据点与阵地共存亡，无命令不得擅自撤离后退，并令补充团紧急构筑第二道防线。为紧靠火线督战，柏辉章还把师部推进到了潼溪街附近。

日军的兵力太多,攻势太过猛烈。一时间,我军102师的正面集中了日军第3、第4、第6共三个精锐师团。尽管我军浴血奋战,但还是不能挡住日军前进的势头。在比家山阵地,306团第1营伤亡惨重,难以支持,师部遂派出直属的工兵营前去增援。激战几昼夜,工兵营只剩下营长杨炯以及第3连连长孙逸民以下31人。比家山,这片两年前史华思营全营殉国的山地,再次成了中国军队将士精忠报国的圣地。

而邻近的刘威仪团遭日军围攻,此时也将伤亡殆尽,3个营长就有2个阵亡。第2营代理营长徐锦江率仅剩的18人坚守黄泥港,遭日军骑兵反复冲击,悉数阵亡。第3营在激战中,营长孙国桢阵亡。而还能坚持作战的第1营,也只剩下100多人坚守在古家村,且陷入了日军的包围圈中。

为避免全军覆没,柏辉章在军长欧震的指示下,开始将指挥所后撤到潼溪街。当时,师部的警卫部队只剩下直属工兵营的31人。不料,日军的一队骑兵突然杀到。柏辉章命令工兵营一齐开枪射击,当即打倒敌骑2匹。柏辉章的这个命令显然有违作战常识,工兵营营长杨炯暗暗担心,一旦开枪就会暴露目标,岂不招引日军前来搜山?那时敌众我寡,必将导致全员阵亡。但正在他担心的这会儿,日军骑兵却早已向东北方向奔去。望着敌骑飞驰而去留下的那股烟尘,杨炯煞是纳闷。柏辉章见他疑虑重重,便笑着说道:"我以火力齐发,故作疑兵,使其误认为我有大部队在山上埋伏,避战退走,不然,敌人一定上山搜索。"听了这个解释,杨炯疑虑顿消,不禁对师长心生敬意。

此时,第4军的第二道防线也被突破,正面阻击已经不能奏效,军长欧震见势不妙,便令全军向关王桥以东山区转进,占领有利阵地,以便尔后侧击日军。但命令传达到柏辉章这里,却变成了坚持战斗,全力阻滞日军前进,掩护主力向侧后方转进。

柏辉章听到要拿他们作牺牲,心中大为不悦。但他明白自己的位置,掩护任务如果必须由他完成,能争取点儿援兵也是好的。在电话里,他还是装出笑脸说道:"现在敌人步兵分头攻击我各个据点阵地,敌骑乱窜,连日激战伤亡过重,我师剩下不足1000人,恐怕敌人钻隙突进打乱后方部署,请求派一个团的兵力前来支援。"

电话那头,欧震的回答非常干脆:"军只控制第90师一点部队作尔后决战使用,抽派不出兵力。薛长官有令,当前战场成败,责在我军,我就把这个任务交给你了。"说罢，就挂掉了电话。

欧震这话，真是岂有此理。身为堂堂的一军之长，自己率先撤退倒也罢了，甚至还把责任推给在前线苦战的部下，并且一兵一卒的援兵都不派。这样的作为，实在叫人寒心。

柏辉章放下电话，面呈怒色，却也无奈，只能恨恨地念叨："孤军作战！孤军作战！"

他知道，自己没有背景，贵州老乡何应钦早被架空，远水也难解近渴。眼下，也只好听凭那些嫡系的摆布了。

怨气虽有，但这是在打国仗的抗日战场上，绝不能认怂。他立即拿起电话，通令各部："各团守住阵地，绊住敌人，不得后退一步，直到最后牺牲，也在所不惜。"

打完电话，他转身对参谋长熊钦垣说："欧军长不肯派兵增援，现在火线上兵不满千，营长以下快牺牲完了，剩下一些零星部队各守各的据点，看来支持不久。前线一垮，后面就难以设防。我决定到第305团督战，陈副师长到第304团去，即刻出发，我们已决死效命，师部后方一切事务请你完全负责。"

见师长说得如此悲怆，熊钦垣只得好言安慰说："师长此去，给前线官兵莫大鼓舞，必使一以当百，一定会赢得战局的好转。"

柏辉章苦笑了一下，转身就和陈副师长赶往前线去了。

不必多说战斗有多么艰险。柏辉章差点被俘虏，就发生在这段时间里。好在日军急着赶路，对102师的溃兵并不太在意，柏辉章才算捡回一条命。

两天后，柏辉章率部撤退。途中，后勤部队与随军家属遭到日机轰炸，日军骑兵又沿路追杀。妇女老弱200多人无处躲避，只是挤作一团任由日机轰炸。结果，沿路之上，遗弃了很多随军家属的尸体。其实在战前，102师完全可以先将随军家属疏散到后方，但疏忽大意造成了这个不必要的惨剧。

此战，102师几乎全军覆没。部队撤到浏阳及株洲田心镇，熊钦垣集合官兵清点人数，结果到队军官不满100人，归队士兵只有540多人，损失超过九成。

可是，当他们知道他们的友军一溃千里的情形时，他们又会作何感想呢？友军没有派出一个援兵，只是忙着自己逃命，造成全线崩溃不说，还给第102师带来了灭顶之灾。

日军步、骑兵骤至，中国军队各部望风披靡，各级军官失去对部队的掌握，士兵四处溃逃。有的部队甚至是团长率先遁逃，所部跟着一哄而散。逃到平江、浏阳一带的，经第59师张德能部多方堵截，总算收容了1000多人，但这也不过是溃逃官兵的1/10而已。那些未被收容的上万名官兵，既不见长官收容，又不见自动归队，等到会战结束，大部分竟乘乱溃逃到了醴陵、攸县、株洲、衡阳，而打开地图，这些地方距最北面的新墙河战场已有五六百里之遥。在败退途中，让人感到震惊的是，这些败兵竟出现了前所未有的纪律败坏。他们效法日军，沿途烧杀掳掠，奸淫妇女，一段时期内，湖湘百姓都无法消除对这些败兵的入骨之恨。

这样，一种怪诞的现象便在第九战区迷漫开来。在作战中，很多军、师部队名义上被击溃，事实上因作战伤亡而造成的减员仅1/10，而溃散逃亡者竟超过一半，真正留在战场继续作战的，不过十分之二三罢了。

同样的部队，两年前以"天炉战法"重创日军，士气高昂。今日，却因长官的失误而一溃千里，令人嗟叹。

当然，造成这样的大溃败，也可以说，是日军的战术革新发挥了效力。

阿南惟几吸取上次长沙会战的教训，充分认识到冈村宁次指挥下的第11军所犯的几大错误：（一）兵力分散，以分进合击的战术，在赣北、湘北、鄂南、洞庭湖四个方向发起进攻，用在湘北主攻方向的兵力仅为两个师团，结果被我军层层阻击，决战时丧失战斗力；（二）交通被彻底破坏，日军的装甲车、汽车、重炮都无法顺利通过，既丧失了机动能力，又割断了后勤保障，再加上我军民严格执行坚壁清野，日军野无所掠，致使有效攻势只能保持在10天左右，半个月一过，就不得不打道回府；（三）中国军队以后退诱敌深入，然后包抄决战的战术保存战力，日军无法达成围歼的企图，反而在弹尽援绝之后，给中国军队以可乘之机。

为此，阿南惟几在战术上进行了重大调整。

与冈村宁次的"分进合击"不同，阿南惟几使用的战术为"中央突破"。他集中兵力，只在湘北一个方向上发起攻击。其中，唯一的例外是，他们在上次使用了一个旅团兵力的洞庭湖方面，使用了一个大队进行牵制骚扰。在整个会战中，该大队只发挥了游击作用，并未对主战场造成大的影响。

为了取得闪击战的效果，达成围歼中国军队的企图，日军以步、骑、炮、工、辎重、通信等各兵种编成若干支队，每个支队约2000人，钻隙突进，独立作战，并依靠空中侦察、掩护，与骑兵强袭、便衣队潜入、伞兵突击相呼应，最终达成迂回、包围国军的目的。在这种情况下，国军各部还未来得及做出反应，就被包围、击溃，根本不能达到层层阻击、步步诱击、消耗日军战力的目的。

而在后勤保障方面，日军鉴于道路被破坏，机动能力受限，索性以人代车代马。几十天之内，在伪军及汉奸组织的协助下，他们在武汉周围强征了近15万民夫，配属给每个基层作战单位，每个步兵中队配属了超过30名的苦役，辎重部队配属的更多。他们用人力替代车、马，扛运各种辎重，减少对道路的依赖。同时，日军大量使用新式的开路车、重战车、装甲车，将未被及时放水的旱田轧成临时道路，强迫民夫携带辎重随军前进。这样一来，日军后勤难以为继的难题就被解决了，而其中央突破战术也有了坚实的物质保障。

更进一步，日军为达成进攻的突然性，甚至还使用了最为现代化的辎重运输方式。日军在潼溪街渡河时，先以立体轰炸，后以步骑兵突进，同时日机又在沿河地带空投下大量的橡皮艇，将弹药器材适时空投在备战区，一有机会即轰炸我增援部队。此种立体协同的作战方式，在中国战场上可谓是前所未有。

战争既考验人的耐力，也比拼人的智慧。日军在对战术进行调整之后，中国军队"天炉战法"的优势已经失去，而薛岳还沉浸在第一次长沙会战的胜利里，还想用旧的战法守株待兔，重现两年前的辉煌。

在这一点上，薛岳就和阿南惟几拉开了距离。

日军采取逐次攻略战法，即每占一地，就根据战场的新变化，实事求是策定新的作战指导方案。在迫近汨罗江时，第11军司令部便为策定下一步的方案而争执不下。军司令官阿南惟几主张大军东进，摧毁平江我第27集团军杨森的指挥部，而第11军作战课课长岛村矩康坚持包围侧翼的战术，迅速围歼我正面的第37军。一时间，两人争得不可开交。

阿南惟几陷入了进退两难之中，他知道，这些参谋们是不能轻易得罪的。

在世界各国的军队指挥模式里，日军可谓是一个另类。由于参谋本部代理天皇的最高统帅权，而日军陆大毕业的高材生从事的第一职业也多是军部参谋，以至于参谋出身的军官势力越来越大，甚至到了与军事主官分庭抗礼的地步。阿南惟几追随海军大将铃木贯太郎，长期担任天皇的侍从武官，一直不太为陆军所待见，更何况在"二·二六"兵变后，由参谋集团组成的"统制派"把持了陆军，因此他对这些陆大出身的参谋们不敢轻易招惹。两年前，他便是因为得罪了陆军大臣板垣征四郎，而被下放到中国的山西担任第109师团任师团长。

阿南惟几考虑到，迅速围歼溃退中的中国军队虽不是最上策，作为折中方案也未为不可。虽未马上表态，但他在心里也认同了岛村矩康围歼湘江方面中国军队的计划。

一条意外的情报促使阿南惟几下定了最后的决心。9月20日晨，在日军的进攻方案即将完成时，第11军专门收集破译中国军队情报的特情班突然送来了一份情报。在这份被破译的中国军队第九战区的命令里，薛岳上将仍然按照第一次长沙会战的部署，要求所属各部迅速集结到东部山麓，伺机发动对日军的侧击。他的具体安排是：

> 以第三十七军（第九十五、第一〇四师）于李家塅——麻蜂咀一线，以第九十九军（第九十二、第九十九师）于樟树潭——彭家坳一线，分别占领阵地。命第二十六军（第三十二、第四十一、第四十四师）于金井及其西方地区集结，伺机由东向西侧击南进日军。命第二十军向通城，第三十集团军向后方攻击。

这份命令两天前由长沙发出。日军得到这个消息，真如天上掉下馅饼一般。他们立即派出侦察机进行侦察，结果证实了情报的可靠。

当下，阿南惟几不再犹豫，取消先前的作战方案，对第11军迅速作出了重新部署：

"军决定于捞刀河北方地区捕捉机会歼灭敌军。命第40师团由平江经社港市向洞阳镇迂回，命第6师团由瓮江、三角塘方面向金井方向，命第3师团由麻蜂咀方面，命第4师团与其右翼连接面向东南攻击。"

下午18时，第11军正式下达新的作战准备命令。

21日，天象突变。正午时分，罕见的日偏食出现在人们的头顶之上。太阳变成了月牙，大地上顿时昏黄一片，像是暴风雨来临的前兆，又像是黄昏时分太阳初落时的景象。

当时，湘北战场激战犹酣，第一线的步兵和炮兵在瞄准射击时觉得视线模糊不清，很快，官兵们惊讶于发生的日食。

日本人很迷信，战场上的日军有的跪地祈祷，有的举枪向遮蔽太阳的阴影射击。他们都很恐惧，认为是不吉之兆，更有日本兵猜测家乡发生了大地震，所有官兵似乎忘记了眼前的战争。

而当太阳开始出现豁口的时候，全速赶往战场的中国官兵也不由得停下了脚步，惊恐地盯着天空所发生的一切。

大家都知道，在中国的传说中，日食是阴盛阳衰邪魔出道的表示，难道说此次出师将有什么不利？大家窃窃私语，军官们也有些焦躁，不断地催促着士兵们不准耽搁，不准交谈，赶快赶路。

日食的时间并不长，太阳很快就恢复了原状。大自然神鬼造化也没能阻止人间的战火，战斗很快在一个个战场上重新展开。

第九战区的将士恐怕连做梦都没想到，正是在发生日食的这天，数万名日军主力已运动到我军的侧背，在新市、瓮江、金井一带完成了对我军的攻击准备。

可悲的是，此时长沙城里，薛岳踌躇满志，还在幻想着以"天炉战法"围歼日军。

本来，第九战区长官部参谋处处长赵子立看到日军的集结情况，认为日军此次进攻同第一次长沙会战大有不同，决不能照搬两年前的作战方案。尤其是当他看到薛岳要在汨罗江两岸与日军决战时，心中更是焦虑不安。

面对日军的猛攻，薛岳的第一反应竟是在汨罗江南岸先打一场阵地战，消耗和迟滞日军。为此，他不仅要第26军、第37军在平江以西的浯口—新市—营田—湘阴—临资口一线占领阵地，还命令炮兵指挥官王若卿率战区直辖炮兵，在浯口方面的汨罗江南岸占领阵地，支援步兵，固守汨罗江。

在电话里，赵子立听到如此荒唐的主张，着实吓了一跳，认为这又是南昌会战中罗卓英死守修水以致全盘皆输的那一套战法，但一时之间，他又不知说什么是好。放下电话，赵子立前思后想，总觉得不能不向上面反映自己的想法。

他一面命部下按薛岳的指示拟定作战命令，一面亲自跑到唐公馆，找薛岳当面申述意见。

唐公馆是唐生明的宅邸，第九战区暂时挪作长官部使用。刚刚穿过前庭，走进唐公馆宽敞气派的厅堂，第九战区参谋长吴逸志便兴高采烈地对赵子立说道："哈哈！你看我们把第26军使用上，把炮兵使用上，在汨罗江好好地打个胜仗。如何？！"

赵子立不理这茬，只是严肃地说道："情况怕不是这个样子，我正想向参座和长官说一说参谋处的看法。"

吴逸志正在兴头上，没有看出赵子立心中的不快，以为他要补充什么，便摆了一下手，说道："那你说说看。"

赵子立挪过一把椅子，凑近薛岳、吴逸志说道："日军此次进攻，看情况较上次进攻时的兵力为大，日军进攻的正面，较上次为宽。上次日军虽然兵力没有此次大，但它还是找我们的右翼包围，此次日军的兵力大，将更要找我们的右翼包围。

"我们为了'争取外线'，免受敌人的包围，并能攻其侧背，在汨罗江以南的各逐次抵抗线的右翼，必须向东延伸到三眼桥至浏阳这一条线上。

"我们为了等待第79军、第74军全部到达决战地区，必须争取时间。但争取时间只能用'逐次抵抗'来争取，像上次长沙会战那样，绝不能用'一地持久防御'来争取。如果这样做，我们不打算和敌人决战，但敌人要强迫我们决战，将我们的防御部队击破了，就会影响我们在预定决战地区的决战，有可能重蹈前年守修水、丢南昌的覆辙，万不可行。"

他瞟了一眼薛、吴两人，两人的脸色非常难看。

本来，按照预先的安排，参谋长吴逸志要带着大部分长官部人员撤往耒阳，可吴逸志认为，一开战就把他支到后方，对一个参谋长来说实在是不光彩。结果，在他的坚持下，薛岳让他留了下来。其实，薛岳把他支开并非没有道理。吴逸志此人虽官拜战区参谋长，但实际上并不善于运筹帷幄。这次，好不容易被留了下来，本以为可以大展宏图，却被赵子立的一番话浇了一盆冷水。

赵子立顾不得那么多了，既然箭在弦上，那就索性放开了说吧。

"请考虑这样部署怎样？让第20集团军的第20军由南江桥现阵地，一面逐次抵抗，一面向三眼桥东北转移，尔后待命向汨罗江以北进攻敌后。第58军由新墙河现阵地，一面逐次抵抗，一面向汨罗江以南转移。第26军、第37军在汨罗江南岸的抵抗线，右翼必须延伸到三眼桥对岸。第26、第37、第58这三个军，从汨罗江开始向南交替进行逐次抵抗，至浏阳河南岸转为防御，待命适时向当面敌军主力反攻。"

赵子立停了一下，端起桌上的茶杯，猛然喝了一口，继续说道：

"即让新归本战区指挥的第74军向浏阳东北地区前进，即让第19、第30集团军以一部守备现阵地，以主力从社港市、相公市以东地区前进，待命向西索敌主力攻击。让第10军守备岳麓山及长沙。战区直辖炮兵不宜使用于汨罗江方面，仍使用于长沙地区。"

一席话说得薛岳、吴逸志两人哑口无言。他们不得不承认，赵子立的方案显然也有道理，但与战区眼前的方案相去甚远。薛岳甚至认为，第一次长沙会战并未经过太大的伤亡，便在捞刀河畔收兵而回。此次，日军兵力虽大，只要我军奋力阻击，待日军弹药耗尽，后方联络线又被我退到侧后方的第20集团军切断，日军必然会像上次一样，不战自溃。因而，对赵子立的意见他已听不进去了。

事实上，对于敌情的巨大变化，薛岳并没有看到。

此战一打响，且不说日军在战术方面的变化，单就中、日两军的兵力对比来说，中国军队就已落了下风。

此时可用于湘北方面的中国野战部队，仅有第4、第37、第99、第74、第26军的15个师，而日军则有4个精锐师团另3个支队，共计步兵45个大队，炮兵26个大队，总兵力11万余众。按照日本参谋人员的计算，日军两个大队2000多人可击败我一个师1万人，因而只要30个步兵大队就可完成作战任务，但考虑到我军增兵以及其他不确定因素，便额外增加了15个步兵大队。照这样的兵力对比，中国军队根本无法进行阵地决战。

这时，薛岳如能正视这个敌情，按照赵子立的意见迅速调整部署，湘北的战局或许还能挽回几分。即便不能挽回战局，至少还能减少很多损失。可惜，薛岳一意孤行，先是误判了敌情，接着又错失了良机，一错再错，中国军队的失败命运，此刻任谁也无法挽回了。

日军突破新墙河防线后，仅以小股兵力向汨罗江阵地发起攻击，战斗并不激烈，一切似乎都还在控制之中。薛岳、吴逸志非常高兴,悬着的一颗心慢慢放下了。

但很快,战场形势骤变。萧之楚的第26军打着打着就陷入了日军重围。萧之楚急忙向薛岳报告,请示行止。薛岳暴跳如雷,破口大骂:"为啥让敌人包过来?为啥不打?丢了汨罗江阵地,就杀你!"

萧之楚无奈,只好硬着头皮与日军拼了起来。

日军主力由北、东、南三面围攻26军,总兵力超过20个大队,按实际战斗力计算,5倍于26军,看来日本人已盯住了26军,恨不能一口吞下这支部队。26军战斗力很强,其第32师出自西北军,师长王修身曾做过冯玉祥的卫队旅旅长,以能征善战著称;第41师是徐源泉的部队,师长丁治磐,久经战阵,机警过人;第44师是萧之楚的基本部队,师长陈永也颇有能力。尽管如此,由于敌我实力悬殊太大,26军坚持了两天多,虽给日军以一定的杀伤,但还是被日军击溃了。

紧接着,厄运降临到了37军的头上。洞庭湖与汨罗江之间,形成了一个三角地带,薛岳让37军固守在这片死地里。日军在解决第26军后,行动快得惊人,他们兵分两路,一路指向三角塘,一路迂回到金井侧背,对固守金井的37军进行了合围。此时,37军只掌握了两个师的兵力,即140师与95师,而95师被日军的平野支队牵制在洞庭湖方面,所部防守营田的一个团遭日军偷袭,两个营长战死,阵亡1200多人,战斗力已大为削弱。结果,死扛硬打了一天多的时间,37军也垮了。

日军围攻我26军、37军大获全胜,战场形势已打破了平衡,向日军有利的方向开始倾斜。

此时,薛岳就像一个输红了眼的赌徒一样,眼见两个精锐的军已经垮掉,索性一赌到底,便把刚刚赶到的第10军也拼了上去。同时,他望眼欲穿地盼着第74军、第79军能及时赶到,自外围完成对日军的反包围。

但这个险冒得实在太大了。

第10军的士兵还未整补完毕,就被匆忙拉到了战场。本来,按照蒋介石的意思,第10军是被用来守备长沙城的,但薛岳以继续加强金井方面的兵力为由,擅自将第10军调出用于堵截日军南下。

第六章　血水在湘北泛滥

第10军的集结非常仓促，自衡阳、大堡、石湾等地登上火车，在株洲西北的田心下车。下车后，便以急行军赶往金井一带的战场。当时，连日阴雨，道路泥泞不堪，官兵们不得不在没足的泥水里艰难行进。更糟糕的是，士兵们没有防雨设备，背着的军毯、米袋、弹带，时间不大便被雨水浸透，士兵们的负荷更形加重。官兵们一个个疲惫不堪，边走边打瞌睡，有的甚至走着走着就倒在路边睡着了。等到达金井，由于过度疲劳，很多官兵不待进餐，就鼾然睡去了。

次日拂晓，东方的地平线刚刚露出一抹鱼肚白，四野的黑暗还未完全退去。预10师某营的几十个少年兵聚在一起，正在埋锅造饭，而其他官兵，还都躺在营舍里兀自鼾睡。这些被强征到战场的农家少年，大多还是十六七岁的年纪，绝大多数没有读过几年书，平时只知道樵采农耕、捕蝉捉蟹。来到凶险的战场，就像刚断奶的孩子一样茫然无措。他们或许连警戒都没派出，就一个个围在锅边，焦急地等待着开饭的时刻，就像在家经常做的那样。

日军的骑兵突然冲了过来，饭也刚刚被煮好。

霎时间，人喊马叫，清脆的枪声、刀光与血影，在朦胧的晨曦之中，混为一体。

日军的攻击干脆利落。几十分钟以后，战斗结束。上百具少年的尸体躺在了静谧的晨光里。

汤还在滚着。但此刻却是日本人在享用它们了。

第10军刚刚推进到金井西南，就目睹了第37军的溃败，但随着预备第10师的被敌偷袭，自己的溃败也随之到来。按照薛岳的指令，军长李玉堂将所部整师整团地拨给第37军指挥。结果就像决堤的洪水狂泻不止，中国军队兵败如山倒，第10军增援一个师便被击溃一个师，增援一个团便被击垮一个团。

新兵组成的预10师垮得最早，先是一部遭袭，后来连师部都差点被日军端掉。日军第3师团的骑兵发挥了极强的机动能力，他们专拣中国军队的指挥部打。预10师刚刚放弃第一个指挥所，日军就抢先把第二个指挥所打烂了。霎时间，通讯断绝，指挥失灵，预10师只剩下败退这一条路。师长方先觉这位后来在衡阳让日军胆寒的一代名将，此刻只能含泪收容那些被打伤、被击溃的部下，匆匆退往衡阳。

紧接着，在古华山东麓的一个独立院落里，日军第3师团一队骑兵迂回杀到，190师师部被袭，师长朱岳负伤，副师长赖侍湘少将阵亡，离师部最近的570团溃不成军。占据古华山东北高地的569团见师部遭袭，只对日军打了二十多发迫击炮弹，就慌忙逃去，而其团长彭祝龄更是丢下部队只身逃跑。568团见势不妙，也急忙后撤。

真真的兵败如山倒。随着部下的溃散，第10军和第37军军部就暴露在了日军面前。迂回到金井附近的日军骑兵，得以长驱直入，逼近了两军的军部。

第10军军长李玉堂带着仅剩的一个团，被日军围困在孙家桥。李玉堂这个黄埔一期生，面对部下派兵堵击日军的主张，此刻也只能愤愤地说道："我只当一个团的军长，哪里还有兵力使用？"经奋力拼杀，李玉堂才带着军部连夜逃了出去。

第37军更惨。军长陈沛率部突围，军直属部队被冲散，负责保管军部印信的参谋处书记黄轩不幸殉国，关防印信也随之失落。陈沛带着残兵，凄凄惶惶地连夜南奔。

恰在此时，60师师长董煜带着3000多名残兵及时赶到，37军才稳住了阵脚，但已失去了攻击能力。

60师若不是被配属给第4军防守新墙河，恐怕此时也跟着37军一起报销了。日军对新墙河发起攻势时，60师防守在荑口一带，当天便被日军冲散。经多方收容，60师又集结所部，对日军紧追不舍。结果在19日，被日军杀了一个回马枪。从早晨战至下午，60师再次被击溃，师部与各团、营失去了联系。经参谋主任陈燕茂尽力收容，才得到这3000多人。夜半之后，在一处森林里与师长董煜相遇，部队才勉强恢复了建制。

几天后，正是他们的及时赶到，37军才避免了全军覆没的命运。

为惑乱人心，瓦解国军士气，日军在福临铺附近投下大量传单，说："薛警备司令阁下，欢迎你来共同搞大东亚共荣圈。""第60师已全部投降，师长董煜阁下已被生俘。"又在镇头一带投下传单，造谣说："大头岭之第140师全部被歼，师长、团长全部被俘。"

日军以胜利者的姿态，尽情戏虐着失败的对手。对中国军人来说，这无疑是奇耻大辱。

◎ 74军的"滑铁卢"

日军在不到10天的时间里,对中国军队使用分割包围、各个击破的战术,击退了第20军,击破了第58军,打垮了第26军、第37军、第10军,使中国方面的3个精锐军丧失了战斗力。

赵子立战前所预见的结局大多应验,实在是悲哀。按说,到了这时,薛岳应该就此罢手,让74军、79军退居外线,保持主动。然而,薛岳患得患失,仍然想扳回一局,听不进别人的意见。

赵子立急了,再次找到薛岳和吴逸志理论。

赵子立认为,现在的关键问题,是和日军争夺外线。如果把74军往长沙以东调,那正好是以自己的侧背受敌,使自己进入内线,因而万万不可。如果此时将74军暂停在浏阳河上游东岸地区,待其他增援部队到达后,再一举转入反攻,也许还有反败为胜的可能。

吴逸志却忧心重重地说:"长沙丢了不得了。"

薛岳也认为,上次长沙没有丢失,这次若丢了,有损第九战区形象,因此坚持要把第74军拉到长沙东边,而让79军固守长沙岳麓山,阻击日军进入长沙。眼下仗打烂了,但只要能守住长沙,也还算是能保住一些颜面。

赵子立劝说无效,只好长叹几声,退了出去。

这天是9月25日,经过艰难跋涉,74军终于到达浏阳。当日深夜,薛岳亲自电令军长王耀武急赴黄花市,在春华山、永安市、黄花市沿捞刀河南岸占领阵地。接到这个命令,王耀武不太放心,便打去电话向赵子立确认当面敌情。

赵子立说:"把你的部队向长沙以东拉,我是绝对不同意的。我的意见是把你的部队摆在浏阳东北。敌人将由北向南前进,恰好出现在你们的右侧。你们将要与绝对优势的敌人发生严重的遭遇战,但他们硬要这么做,我也没办法,真是糟糕透了。你们只能自己多留心了。"

听到赵子立的这番忠告,王耀武也感到态势不利。但又想到薛岳在电报里,告知他们26军正在金井、团山一线迎击,掩护74军进入作战地区。况且此刻第九战区中将高参沈久成就在他的身边,此人的目的只有一个,那就是要求下面部队无条件地执行薛岳的命令。因而王耀武思虑再三,还是命令部队日夜兼程,尽快赶到指定地区,争取时间占领阵地。

王耀武不知道,他的这一道命令,犹如一道催命符,给74军带来了自建军以来最为严重的创伤。而这次创伤,仅次于6年以后的那次全军覆灭。

事实上,74军刚刚出动,就已进入了日军的严密监视之中。

9月18日,接到增援湘北的命令后,74军立即分头行动,驻上高的57师为先头部队,驻分宜的58师居中,军直属部队紧随其后,51师殿后,部队分三批从赣北向湘北进发。

74军由于集结部队,调集辎重,以致动作缓慢,直到3天之后才整装出发。当晚23时,薛岳再次打来催促电报:"第七十四军主力,应即向焦溪铺(浏阳西北11公里),另一部应在新安铺(社港市南2公里)集结。"

结果,日军截获了这个情报,次日早晨,被破译出的电文就呈交到了第11军司令官阿南惟几的手里。

得到这个消息的那一刻,日军第11军司令部为之震动。

当时,日军正忙于围歼26军与37军,同时阿南惟几处心积虑要端掉平江杨森第27集团军的指挥部。得到74军出动的情报后,阿南迟疑了半天,最终打消了进占平江的企图,命第6师团迅速折返,堵截74军西进。这样,由于74军的出现,日军的注意力被吸引过去,杨森集团军司令部才免遭一劫。

其实,日军的判断还是慢了一步,他们不知道74军已经进入了湖南境内。当天下午6时15分,日军侦察机报告:"在浏阳—万载(浏阳东约100公里)道路上,浏阳及其东南约40公里之间,有组成梯队的敌军至少7000名,其后续情况不明。前进方向虽未判明,但似向西北方向前进。"

日军第11军参谋部对此进行了研判。很多人都认为这是中国方面的第60军,而对其进攻意图无法判断。

第60军?不知道日军怎么想起了这个番号。其实,这个第60军,就是日军一直所念叨的第74军。

在日军战史里,对中国的第74军有一段如下介绍:"第74军乃王耀武将军指挥的第51、第57、第58师所组成的最精锐中央直系部队,因而受到重视。该军自湘赣会战以来,曾与我第11军历经冬季攻势及其他数次交战。今年2月被指定为攻击军、突击师,无中央命令禁止用于作战或移动。自3月的锦江作战以来,又补充3个团,一直在万载、宜春(浏阳东方约100公里)附近积极进行整训。"

对于74军,很多日军仍是心有余悸。上高会战(即日军所说的锦江作战)后,日军第11军一度士气低迷,便是因为74军的严厉打击所致。此战之后,第11军就盯上了74军,把74军看成了唯一的劲敌。他们把74军称为"虎の子",直译是"虎子",汉语的意思是"虎师""王牌"。

14年抗战中,被日军如此看重的中国军队,只有一个74军。以后,新1军、新6军横空出世,那已是战争的末期了。

阿南惟几虽然骄横,但慑于74军的战斗力,也不敢轻易招惹。

尽管从21日到24日阿南不断收到有关74军的情报,但他也只是命令第6师团拖住第74军,并未轻举妄动。

23日拂晓,骤雨突降,被雨声惊醒的阿南惟几起床之后,先补写日记。此刻,他在日记中仍对74军念念不忘:"敌军以国家处于存亡关头激励人心,将兵力送往战场,第74军也于15时许进入浏阳北方的新开市,全线敌我均呈紧张状态。""此次会战,应在今夜至明晨决定大势,以后对敌第74军应如何处理将成问题。"

已经一天一夜了,阿南惟几在焦虑中仍没有做出决断。

上午10时,阿南惟几赶到第11军作战室,与参谋长木下勇及参谋人员再次讨论74军的问题。

"以后的问题即在于对第74军应如何处理。因敌军为最精锐部队,不与之交战即行撤退,则将被敌利用进行反宣传,须避免此等情况发生。"

下午,当确认中国方面的第37军、第10军被击溃后,日军的当面只剩下第74军这个唯一的障碍,阿南惟几至此才下定决心,给运动中的第74军以有力一击。

但阿南惟几心中实在没底,他并没有一口吃掉74军的野心,只是命第6师团按原定意图,截击74军,最好能歼灭其先头部队。

对此,第11军参谋长木下勇也察觉到了阿南惟几态度的暧昧。他在战后回忆道:"军司令官希望对新来的第74军予以打击,但欲望不要过高,我军越过浏阳西方山地出击，未免显得愚蠢。"

其实，这是阿南惟几为自己预留的退路。日军一向蔑视中国军队，但74军显然是个例外。面对74军这样的劲敌，战胜自然好说，万一战败，该如何善后呢？日后在军界又将如何立足？因此，他明知第6师团是有名的好战之师，接到他的命令只会扩大战事，但还是故意含糊其辞，以应对将来可能出现的麻烦。

74军太难打了。这是一支足以让日军刻骨铭心的部队。

接下来的几天，出乎所有人的意料，战局的发展既超出了日军的想象，也让第74军始料不及。

24日这天，出现了难得的好天气。阴雨停歇，天高云淡，从空中鸟瞰，浏阳西北的蕉溪岭隘道上，57师和58师及军部一字长蛇的队列一目了然，醒目的辎重队列更是无法隐蔽。中午13时，日军侦察机发现有正从浏阳西进的中国军队约200名，傍晚16时55分再报："浏阳—万载间，目视发现有约15000人的敌军大纵队。"随后日机蜂拥飞来，追着这些醒目的目标大举轰炸。

军队开拔前，军作战参谋对部队经过地形未详加研究，更没有安排有效的防空措施，因此在一条上下七八公里、两面石山的羊肠小道上，74军密集的大部队，受到了日机的轮番轰炸。日机系德国的"容克式"战机，这种战机不仅命中精度高，而且仅凭它凄厉的尖叫声就足以慑人心魄。

25日11时，57师的先头部队开到黄花市附近，随即进占春华山至赤石河（春华山西北10公里）一线，做好了迎击强敌的准备。十几个小时之后，57师的主力于26日凌晨到达，58师的蔡仁杰173团也随57师参战。

最先与74军遭遇的，是日军的第3师团花谷先遣队。第3师团原本并没有围歼74军的作战任务，它是奉命经长沙市向金潭附近追击，并在该地渡过浏阳河向长沙以南继续追击前进的，它的行进路线是由北向南。当74军向长沙以东的黄花、永安地区挺进时，正如赵子立所预料，南下的第3师团恰好斜刺里撞上了74军的右侧，双方在春华山意外遭遇。

春华山距黄花市约9公里，离长沙市区以东约30公里。不经意间，两只猛虎在此遭遇，免不了一场惊天动地的撕咬大战。

26日上午9时，正在春华山展开阵势的57师发现，一路日军到达春华山附近，准备南进抢占金潭渡河点，便立即开火截击。这路日军是第3师团花谷旅团的先遣大队，他们的任务只是占领并确保渡口，并不清楚眼前的情况。遭到攻击后，日军起初还以为遇到的是溃散的中国残兵，当遭到重机枪连续猛烈攻击后，才判断是遇到了中国军队的主力，先遣大队大队长池边实大尉不敢恋战，乘守军尚未完全展开，寻找薄弱处向西迂回南下。

几个小时后，花谷旅团的主力黑压压地开到了。

说到花谷旅团的旅团长花谷正，很多人应该并不陌生。1931年，日本关东军发动"九一八"事变时，其主谋除了板垣征四郎、石原莞尔之外，第三个重要角色便是板垣的助手花谷正少佐。当轰炸北大营的炮声传遍整个沈阳后，日本总领事林久治郎的助手前来阻止事变。花谷正当即抽出军刀，对着来人吼道："谁干涉就杀了谁！""九一八"事变就此演变为事实。

从此，作为事变的功臣，这位敢于"以下克上"的日军步兵少佐，10年间，已被擢升为少将旅团长。步兵第29旅团是日军王牌第3师团的主力，花谷正所仰仗的石原莞尔等人如今都已被边缘化，花谷正就任步兵第29旅团的旅团长，只能靠自己在战场上一刀一枪打拼，捞取新的资本。但与74军的这一战，却实在是选错对象。

花谷旅团和第6联队先后自春华山东、西两侧向74军进攻，遭到74军的猛烈反击。在此一地，第3师团遭到了自武汉会战后的首次重创。

春华山东侧155.3高地，日军中川大队在机枪与炮火的协助下，经过激烈的拉锯战，虽然夺取了该高地，但殊不知这是57师的诱敌之计。155.3高地暴露在57师的侧防火力之内，一时间，侵占155.3高地的日军遭到了来自57师的三面火力压制。日军拼死反击，半日内重机枪的弹药就消耗殆尽，第3中队中队长万年良雄被流弹贯穿腹部，当场毙命。关于此战，日军的战史直言不讳地写道："重庆军不断增加兵力，进入左侧意图包围中川大队，受到我重机枪集中火力阻击的敌捷克式机枪射手前仆后继，进行十数次应战后，始从阵地消失。"

西侧日军第6联队的攻击也陷入了困境。当时，日军的尖兵部队第6中队见阵地之上松柏掩映，根本看不出有部队活动的影子，便向联队长重信吉周报告说："敌已退却，不见踪影，就此继续前进。"

但日军从炮队镜里却望见了松林之中，中国官兵微微露出的头顶。"好险！"重信吉周叫道。这样一支"不动如山"的军队，日军还是首次碰到。重信吉周不敢大意，万分小心地安排部队向前推进。

战斗正式打响后，74军凭借坚固阵地，依靠阵地优势发挥火力顽强抵抗。攻击开始后约30分钟，日军第一线不断出现伤亡，虽夺取了中国军队阵地的高台端部，但以后由于密集的火力及国军军官带头顽强反攻，日军的攻击屡屡受挫。激战中，第6联队第6中队中队长下岛正利毙命。

26日，74军在春华山恶战一天。傍晚时，战局开始恶化。受命截击74军的日军第6师团在连绵的山地昼夜急行军，于当天傍晚到达捞刀河畔。与此同时，敌第11军军部再命第40师团进入北盛仓附近，准备参加永安市方面的战斗。一时间，74军腹背受敌，陷入敌人近3个师团的围攻之中，情势危急。

其实，早在永安市的遭遇战中，74军已经出现了不利的端倪。

当天上午，58师赶到战场，原以为友军第26军在原地留守与58师换防，不料友军却是踪影全无，26军早已撤走。无奈，师部只得下令全师在永安市、东林寺、春华山一带展开，巩固长沙—平江大道地区，正面迎战南进的日军。这样一来，防御正面加大，兵力无形中被稀释了不少。

当天15时30分，日军第18联队的森胁大队攻入永安市，我58师当即展开迅猛反攻，令日军也震惊不已。此举，致使该大队日军与跟随前进的第3师团指挥所被隔开。

第3师团师团长丰岛房太郎感到事态严重。他判断，第九战区的中国军队，能发起如此凌厉攻势的，非74军莫属。为支援孤军深入的森胁大队，丰岛立即下令前线各部全力急袭当面的第74军：

第3师团命令要点：

（一）花谷部队应即由春华山方面将面前的敌军向南方压迫予以歼灭。

（二）石井部队（即步兵第18联队）应迅速急袭永安市，然后包围攻击敌之右翼。

（三）塘部队（即塘真策少将指挥的步兵第5旅团）应急速前进与花谷部队联系搜索攻击敌之左侧背。

如此一来，第3师团集中了至少三个步兵联队的重兵，再加上骑兵、炮兵、工兵以及其他的配属部队，在兵力对比上几乎与中国军队达成了1:1的比例。这样王牌与王牌的对决，在中国战场上还是首次出现。毫无疑问，这将是一场至为惨烈的恶战。

当日19时，日军第3师团的战斗指挥所也突入永安市。日军意图乘58师态势尚未恢复之际将其击败，双方在永安南方约1公里的147高地一带彻夜激战。58师在极端困难的情况下，仍继续顽强抵抗。凌晨2时许，凄厉的冲锋号在黑夜中骤然吹响，58师竭尽全力向日军连续发动三次猛烈反攻，日军攻势受挫，森胁大队伤亡惨重，3名中队长中就有2名战死。

黑夜里，永安化成了一座钢铁熔炉，熊熊的火光让天空中的星河也失去了光华。方圆几十里的老百姓，紧闭门窗，伏在床头，侧耳听着远处的枪炮声，度过了一个惊心动魄的夜晚。

永安市的激战给参战的日军留下了难以磨灭的记忆。在他们的战史里，也毫不讳言74军所带给他们的重创：

"到处展开手榴弹战，在燃烧的永安市中进行着凄惨的白刃战。森胁大队的2名中队长战死，攻击受挫。当时，联队所有兵力仅为森胁大队、土屋大队及军旗中队的不过4个步兵中队。于是，石井联队长请求将第8中队归还联队，并立即配属于第1大队。但第8中队初战以来多次激战，兵力丧失过半，仅剩下中队长竹下喜兵卫中尉以下48人。森胁大队长决心拼死战斗，亲自指挥第8中队的一个小队，并由正面部署中队主力潜入敌阵的间隙，一齐发起冲锋，冒着迫击炮的密集炮火潜入敌阵，突破手榴弹的火海。经过激烈的交战后，于27日5时终于夺下147高地。重庆军勇敢进行了多次反攻，但在森胁大队长挥舞战刀带头冲锋下一一予以击退。石井联队长于6时继森胁大队之后攻击前面的敌军。并命令土屋大队（第7中队为基干，配属独立山炮兵第3联队第6中队）'应尽量由东方联系第1大队攻击面前之敌'，准备向永安市东南侧地区攻击的土屋大队，在山炮的紧密支援下，于8时39分向156高地北侧台地发起冲锋，当即占领该地。重庆军在大举进行猛烈掩护射击的同时，反复进行肉搏攻击，展开了激烈的争夺战。在此期间，得到山炮的紧密协助，过午才保住了该地。但第7中队一次丧失了中队长西谷诚太郎大尉以下全体干部，中队的伤亡达到

60余名。"

26日这一天,第3师团死伤惨重,仅战死的中队长就达到了5个。第3师团至少有一半部队丧失了战斗力。阿南惟几得知第3师团伤亡惨重的消息后,在日记中竟发出了"不忍使该师团再向株洲追击"的哀叹。

但取得这样的战绩,74军的代价也极为惨重。

当晚,日军从侧翼突破春华山,58师被日军包围切割,开始全线溃退。部分溃兵一路退向长沙,出现在黄花市的74军司令部附近。日军尾追而至,猛攻黄花市,同时以伞兵在黄花市以南空降,并派出便衣队及汉奸四处活动,破坏电线,鸣枪扰乱。

27日拂晓,军部遭到袭击。王耀武此刻身边只有一个卫队排的兵力,只得向外突围。卫队排长为掩护军长,腿部中弹被日军俘虏,他对日军大骂不止,一个日军军官抽出军刀将其劈杀。数尺开外,王耀武与第九战区中将高参沈久成躲进路边树林里,在黑暗中侥幸躲过一劫。

与此同时,在洞阳村歇宿的51师一部,还未投入战场,就在微明的晨曦中,遭到了第6师团友成联队的围攻。该部猝不及防,只好仓皇败走。

27日中午,为挽回不利态势,57师步兵指挥官李翰卿亲率军预备队一个团,自春华山北向东出击。此时,日军后续部队陆续赶到,日机的轰炸也更加猛烈,两军的战斗达到前所未有的激烈程度。战至下午,李翰卿及部下1000多人均壮烈殉国。

到了这时,任凭74军如何骁勇,却独木难支,已经无力回天。

从26日晚到27日,日军第6师团由东北向西南压向刚刚到来的51师,第4师团在击破95师后,也以一部压向了57师的左翼。

这样一来,74军就将陷入日军两个多精锐师团的包围之中,面临着全军覆没的危险。

薛岳得悉战况,万分震惊。如果再不让74军突围,这支王牌军就会毁在他的手里,那他将成为千古罪人了。

27日17时,薛岳紧急命令74军于当日夜间,撤至洞阳、横江、小埠港一线,相机向西北方侧击日军。

接到命令后,51师与57师摆脱了日军的纠缠,顺利撤出战场,58师则因已陷入与敌混战之中,战斗激烈,损失惨重,难以迅速脱离战场。58师在第二次长沙会战中参战官兵约11 900人,伤亡超过40%,其中阵亡将士近10%。57师也伤亡近半,阵亡步兵指挥官李翰卿以下1000多人。只有51师因参战较晚,才以轻微的损失躲过一劫。

击溃了74军,阿南惟几和11军上上下下激动不已。他们清楚,此刻在前往长沙的路上,已经没有多少障碍了。

当日下午,早渊支队渡过浏阳河。16时25分,日军一支小部队冲入长沙城。35分钟后,早渊支队主力紧随而至。长沙城东北角,新开、经武两座城门也落入了日军手中。

当日20时,岳州日军第11军战斗指挥所发表消息:"我军早渊部队已于9月27日下午6时25分冲进长沙城。"

29日,日军第4师团主力进入长沙城。

同日上午,日军第3师团又以战死3名中队长、重伤1名大队长为代价,攻入了长沙以南的中国军队后方基地株洲。

全面抗战4年多来,长沙这座最为坚固的民族抗战堡垒,终于落入了日军手中。

其实,对于日军第11军来说,侵入长沙城,只是一种精神上的胜利,顺便过一把进占长沙城的瘾,毕竟冈村宁次都没能达到这一目标。

第11军前进指挥部里,阿南惟几中将阴晴不定的脸上终于浮现出了笑容。

◎ 全线反击,日军又被赶回新墙河北岸

准确地说,日军此次只能说是攻入长沙,远不能叫占领。就是攻入长沙的这两日,日军也是备受煎熬。

就在第4师团与早渊支队攻入长沙,与中国军队进行巷战的时候,湘江西岸岳麓山上的国军重炮突然发威了。

岳麓山上的6门重炮,都是购自德国的150毫米榴弹炮,仅炮筒就有一个菜盘子那么大。德制武器的精良,乃是举世公认。自日军攻入长沙北城起,到日军撤出长沙城,数天之内,我重炮连续发射500多发炮弹,长沙北城几乎被夷为平地,日军在

这期间，几乎都是在躲炮弹。

第4师团原以为可以享受占领者的丰厚回报，不曾想得到的都是猛烈的炮击和激烈的巷战。

第4师团组建于商业传统浓厚的大阪一带，其官兵少受皇国史观熏染，在作战中一向以贪生怕死著称。其第8联队因在日俄战争中屡战屡败，以致在日军中荣膺"败不怕的8联队"称号，而第4师团也因整体战绩欠佳，更是被称为"奸诈的商人师团"。后来，"诺门坎事件"爆发，第4师团被紧急调往前线。途中，走得异常缓慢不说，士兵们也一个个以生病为借口，纷纷躲到医院里去。结果，还未到前线，第4师团就出现了几千名"病号"。

此次进攻长沙，第4师团上下知道又是一场恶战。在嘉鱼登陆时，便开始有人用老一套办法先后脱离了战场。中国军队第11挺进队碰巧捉到了3个逃跑的第4师团士兵，在他们的日记、家书中，竟数次出现"久戍异国，嗟怨悲哀，恐不生还"等怨言。

第11军也深知这支部队的内情，因而开战之后，并未将第4师团当作攻击的主力，只是让他们跟在第3、第6师团后面捡便宜。尽管如此，他们还是借口路况欠佳，路不好走，推进得最为缓慢。在整个中日战争中，通观中、日两军，恐怕这是唯一一支借口路不好走而延迟进军的部队。不过说实话，当时的路况确实糟糕。中国军队实行后退决战的策略，将湘北一带道路挖断，水田蓄水，仅有的道路只是宽约1.5米的黏土路，路面铺石部分仅有40厘米宽，水田里的水漫过路面，泥泞不堪。日军由于物资匮乏，所穿的大皮鞋都是猪皮制成，与牛皮相比，猪皮更容易吸水，因而走在泥水路上，日军脚上的皮鞋不是吸水膨胀，便是鞋面绽开，走起路来煞是狼狈。借口路况不好以致行动迟缓，这也罢了，但一遇到中国军队的顽强抵抗，他们稍事攻击便裹足不前，甚至网开一面，盼着中国军队自行撤走。

配属给第4师团的早渊支队见第4师团如此无能，深以为耻，不愿听从第4师团师团长北野宪造的指挥，处处显示自己是代表第13师团参战，因而在第4师团被牵绊在浏阳河一线的时候，便擅自脱离第4师团的指挥，独自冲入了长沙城。北野宪造见头功被抢，心中虽然不快，但也无可奈何。好在第4师团并不太在乎军人的荣誉，该什么速度就什么速度，一切都按自己的方式来。

第六章 血水在湘北泛滥

国破家亡之际，不能保护自己的母亲、妻儿，对于任何一个血性未泯的男人来说，这都是不可忍受的奇耻大辱，更何况湖南人。湘湖自古出豪杰，就在湘北大地一片混战时，生性倔强的他们一定会有惊人之举。

浏阳县的普迹乡，一群好男儿不堪受辱，凑集了几十把大刀长矛、生锈的鸟枪，竟歼灭了日军的一个巡逻分队。

说起来，事情的过程竟和黑泽明的《七武士》有些相像。不过，这群瘦弱的中国农民，并没有依靠任何的外部力量，靠的只是他们的勇敢和智慧。

当时，日军的一个巡逻分队20来人，整天牵着一匹白马，在大道上晃来晃去。当地的两位农民，其中一位绰号"庚驼子"，恰好窥见了这队日军。他们见只有这队日军在大道上来回巡逻，并没有其他部队前来接应，便断定这支日军是孤军深入，并无后援，机会好了可以灭掉。

他们没有耽搁，当即约集30多名村民，备好各种武器，无非棍棒刀叉之类，甚至还有几条鸟枪，悄悄靠近了这股日军。

这支日军也是命里的劫数。在中国的占领区里，他们骄横惯了，根本想不到那些怯懦的中国农民竟然敢于反抗。在巡逻的间歇，他们挤入一家民舍，端起酒碗，啃着骨头，大喝大嚼了起来。按照在军营的习惯，他们将所有的枪支都一溜儿摆在了门口。其实，日军之所以会这样做，也不单是大意轻敌，而是日本军队认真刻板的个性，导致他们在军队训练上极其严酷，做起事来头脑僵化，以至于在大吃大喝时还不忘把武器摆放整齐，原因就在这里。

这个习惯坑惨了他们。农民们手攥各式武器，突然将他们包围起来。农民们也非常聪明，他们虚张声势，一边燃放鞭炮，一边大呼杀敌，制造出巨大的动静。屋内的日军顿时乱成一片，他们以为遭到了中国正规军的包围，便一个个仓皇逃出，想夺回门口的枪械进行反击。然而，已经没有机会了，等待他们的只剩下死亡。

门口、窗前，到处站满了手拿武器的农民。日军逃出门口的，他们见一个杀一个，见两个杀一双。跳窗而逃的，早有勇士等待多时，日军刚刚跳下窗户，好几把刀枪鱼叉就一起插入了日军的身体。

一名日军趁乱逃脱。勇士们唯恐其逃回报信，便拼命追赶。追到浏阳河畔，那名日军躲在筒车水坝边，趴在地上瑟瑟发抖。勇士们一拥而上，当即将其乱棍打死。

就此，日军的这支巡逻队一个不剩，全部被歼。而这群农民勇士却无一人伤亡。消息传开，轰动了整个浏阳和第九战区，一时间可谓是大快人心。

湖南似乎要把不屈和神奇进行到底。9月底，湘北战局发生了微妙的变化。

日军刚刚攻入株洲，增援而来的我军暂编第2军乘火车适时赶到，全军不待休整即转入反攻。

29日子夜，第79军赵季平的暂编第6师从常德赶到岳麓山。稍事休息，即于清晨5时许，东渡湘江攻入长沙城，与日军第4师团展开了巷战。战至中午，日军气焰受挫，中国军队开始稳住阵脚。薛岳即令第74军、第99军分途向永安市、石子铺猛攻。第37军、第10军由浏阳河南岸攻敌侧背，以包围此一地带的日军。同时，命第26军、第72军、第4军、新3军等，向犳狗坳、路口畲、上杉市、麻林市、万家铺、新安铺一线急进，以围堵突围回窜的日军。

中国军队像是睡醒了的雄狮，精气神随着反攻的到来，立刻焕然一新。

此时，日军粮弹均已告急。此前他们尽管使用了一个师团的兵力维护补给线的安全，但在我第27集团军的侧击之下，日军顾得了东顾不了西，疲于招架，根本无法维持正常的运输补给。在宜昌方面，第13师团被我军分割包围，也陷入困境。阿南惟几有鉴于此，便命令部队急速撤退。

10月1日午后，长沙日军开始向北撤退，中国军队各部立即展开追击。

一时间，自湘江、浏阳河一带直到新墙河两岸，中、日两军再次陷入了混战之中。

79军98师作为一支生力军，一马当先杀入敌阵，紧紧咬住早渊支队不放。日军担任后卫的第40师团回头阻击，两敌合力将98师压迫在湘江东岸。

98师背水苦战，师搜索连抢占鹤羊山，誓死抵抗。日军对鹤羊山连续发起猛攻，守军顽强阻击，连长余应勇阵亡后，继任的张连长、吴排长等也相继阵亡，最后仅剩排长郑昌言率15名战士坚守阵地。

当夜，副师长向敏思为打破危局，亲率10名战士冲过石子铺的日军据点，与湘阴方面的第99师取得联系，相约共同夹击日军。

10月1日中午，在向敏思的亲自督率下，98师奋勇猛击，战果辉煌，击毙日军步兵第116联队第1大队大队长川崎进少佐，次日上午，击毙第2大队大队长横泽三郎少佐。第116联队接连战死2名主要指挥官，全军陷入混乱。98师趁机猛攻，日军死伤枕藉，纷纷溃逃。

与此同时，第4师团担任后卫的第61联队第11中队，在长沙北站以东2公里处被我军包围。一番混战，该部日军死伤惨重，即将全军覆灭之际，第3大队的援兵到了，两股日军残兵直到次日中午才乘隙溃逃出去。

第11军为尽快脱离战场，由洞庭湖驰援宜昌，阿南惟几中将将目光瞄向了湘阴。败退之际，这位军司令官并未慌乱，头脑十分清醒。当时守备湘阴城的为我99师295团1营，兵力单薄。

3日拂晓，平野支队500多人，以3架飞机作掩护，在湘阴城北箭毛嘴、马头山一带强行登陆，守军奋力阻击，日军进攻受挫。上午9时，日军12架飞机前来增援，并施放毒气，战局方稍向日军倾斜。但晚7时许，我援军赶到，立即投入反攻，日军不支，再次施放毒气，一时间战斗极为胶着。

阿南惟几见湘阴久攻不下，心中焦虑，即派荒木支队前去增援。荒木支队是调往华北的第33师团遗留在华中的一部，该部有一个加强联队的兵力，支队长为第33师团步兵团长荒木正二。长沙会战爆发后，荒木支队先是增援大云山的第40师团，后又担任日军运输线的守备，一直没有参加大战，还保持着相当完备的战斗力。因而，荒木支队几千人马的到来，无疑给湘阴守军增加了巨大的压力。

4日中午，自长沙北逃的第4师团主力也杀到了湘阴城下。敌我兵力对比日军优势巨大。但士气已回来，守军不畏强敌，誓死抵抗。从中午战至下午，湘阴城内房屋大半被毁，军民死伤惨重，但守军誓与湘阴共存亡，拼死反击，日军一时竟不能得逞。战至下午4时，日军在伞兵的配合下，多路猛攻，我守军与敌展开了惨烈的巷战。3个小时后，终因敌众我寡，自营长曹克人以下，1营官兵悉数阵亡，湘阴城落入了日军手中。

晚上9时许，薛岳接获前线战报，得知日军拼命突围，深知机不可失，便命令第4、第58、第20军自东向西，第99、第79军由南向北追击日军。

5、6两日，在汨罗江以南、捞刀河以北，日军在被中国军队追着屁股猛揍了几天之后，刚刚渡过汨罗江，又掉进了第27集团军的预设阵地里。

6日子夜，我第58军、第4军将所部分成若干袭击队，埋伏在日军退路的两侧，只等日军一到就发动袭击。凌晨3时左右，日军前卫进入埋伏区，中国军队突然杀出，日军猝不及防，乱成一团，我军乘势冲杀，日军人马互相践踏，死伤惨重。

天亮之后，日军拼死北窜，在新墙河沿岸，再次遭到了中国军队的截击。

其实，早在半月前，日军攻破新墙河防线后，第27集团军就开始了有声有色的游击战。他们深入敌后，或者炸毁日军的弹药库，焚毁日军的粮仓，或者铺设地雷，截断电话线，或者围歼、袭击日军的小股部队，使日军的后勤补给处于难以为继的状态。湘北激战期间，湘鄂赣挺进纵队甚至还打到了汀泗桥，广大民众纷纷配合，手持撬杠、木棍、绳索，牵着耕牛，在统一指挥下，撬的撬，拉的拉，将南自赵李桥、北至蒲圻中火铺的铁道，整个翻了个遍。有的地方铁轨、枕木全被抬走，电线全被剪断，只剩下一些光秃秃的电线杆，有的地方甚至连电线杆都被拔出来抬走了。

这样，在我游击战与正规战的配合下，日军尽管想尽各种办法，后勤补给仍难以为继，全军疲惫不堪，失败在所难免。

同第一次长沙会战一样，第11军初战大捷，攻进了长沙。但败退却伤亡惨重，混乱不堪。阿南惟几此刻体会到了前任冈村宁次的痛苦与无奈。10月8日，日军大部已脱离中国军队的围歼，退到了新墙河以北。中国军队见失去了地利，也停止了追击。持续了一个多月的战火终于熄灭。

中秋已过，天气转寒，整个湘北的山山水水，都被埋藏在草木的苍黄之中。战场上好像什么都没有发生过似的，恢复了往日的平静。

熊熊燃烧的火堆旁边，中国军民欢声笑语，饱餐着日军伤毙的军马肉。

这个说："是日本侵略者用马肉祝贺我们的胜利。"

那个说："我们伤毙日军人马都多，可算是笑谈渴饮匈奴血。"

也有人什么都没说，只静静地凝望着远方的天空，将杯中的酒水倾倒在了地上。或许死难的战友还未远去，就在众人的身边，他们也会笑着加入这场欢宴。

醉了，醉了。将士们倒在松软的枯草上，天上的星河顿时倾泻了下来。刚要伸手去抓，却鼾然睡去了。

◎ 反攻宜昌，陈诚坐失良机

国民党各派系内，"土木系"的首脑陈诚有很多绰号。

在他还是旅长、师长时，陈诚因身材瘦小，其貌不扬，经常被同僚和下级称作"陈矮子""陈小鬼"。1930年，陈诚仅仅32岁，就被任命为第18军军长，被人戏称为"童子军"军长。

陈诚又是个有名的"救火队长"，哪里战局无法维持，便会被蒋介石派到那里，有时黑锅也得自己背。1938年，他在武汉卫戍总司令任上，丢失武昌。1939年，在第九战区司令长官任上，丢失南昌。1940年的枣宜会战，结果又失宜昌。不到两年的时间里，在陈诚的指挥下，中国军队连失武昌、南昌、宜昌三座重镇，由此，陈诚又被人讥讽为"三昌将军"。

其实，真实的陈诚并非如别人讥讽的那样。他坚毅果敢，是个真正的军人，甚至可以说他是个性格强硬的将军。

1940年，宜昌失陷。宜昌是重庆的东大门，距重庆仅480公里，它的丢失对重庆震动极大。据说，14年抗战中，蒋介石感到危机最为深重的，便是这段时间。

1940年7月1日，随着形势的变化，重庆军委会重设第六战区，蒋介石再次想到了陈诚，便任命陈诚为第六战区司令长官。

重设后的第六战区，辖境包括鄂西、鄂中、鄂南、湘北及湘西、川东、黔东等地，地位超过了其他各战区，其重要性大有后来居上之势。在一次重要会议上，蒋介石甚至当众喊出了"军事第一""第六战区第一"的口号。

陈诚过去因为兼职太多，且多次受到临时派遣，东奔西走，再加上陈诚自恃有蒋介石撑腰，时常让人感到盛气凌人，一来二去便遭到很多人的嫉恨。陈诚插手军政，和何应钦形成矛盾。陈诚扩张军中势力，又和关麟征等黄埔少壮派水火不容。陈诚进入三民主义青年团，遭到康泽等复兴社势力的抵制。在多次碰壁之后，陈诚恍然明白，原来老头子不过是在利用他制衡各方面的势力，谋取平衡，又怎么会让他一家独大呢？每每思虑至此，陈诚便有点心灰意冷。在他看来，与其留在中央四处得罪人，还不如独统一方，专心战事，同时积蓄个人势力。

此次，就任第六战区司令长官，正合他素日的心意，一时间也是满心欢喜。于是，他再次上书蒋介石，请求专任地方职务。

蒋介石工于权谋，也不愿陈诚的势力越来越大，如今陈诚主动提出去掉兼职，蒋介石自然乐得批准，当即免去陈诚中枢方面的职务，专任第六战区司令长官兼湖北省主席。自此，从1940年8月起一直到1944年年底接任军政部部长为止，陈诚一直独踞一方。

当时，湖北共有71个县，富庶地区多已沦陷，湖北省政府所能管辖的，仅有鄂西南、鄂北多山地带的31个贫穷县。在恩施上任后，陈诚亲自制定《湖北建设计划大纲》，确定了一个5年建设计划。具体举措，除扶植地方自治、实施计划教育、惩办土豪劣绅、严禁鸦片流通等重要举措外，还实行了所谓的"二五减租"政策。这个举措，对于国民政府来说，也是破天荒之举。

不过，军人出身的陈诚，上任之后最为关心的还是军事问题。

1940年8月7日，第六战区长官部刚刚到达恩施，陈诚就拟定了一个腹案，准备将日军各个击破，相机收复荆州、宜昌、武汉。

陈诚的野心不可谓不大，但国民党军队所固有的一些弊病却让他极为苦恼。

首先是部队缺额问题。他到任后发现，第六战区所属各部队，每团实战人员仅400余人，缺1000多人，以此类推，每师大约缺3000人，每军缺1万多人，整个战区合计约缺10万人。部队缺额太多，名义上一个军，实际上战斗力还不及一个师。

而军需问题，则更为严重。一仗打下来，伤亡累累，惨不忍睹，而长官们却昧着良心，照旧冒领军饷，克扣伤亡官兵的抚恤金，以致战败之后，有些人腰缠巨万，大发国难财。

比起冒领军饷，冒领军粮贻害更多。部队缺额严重，官长冒领军粮，增加人民不应有的负担，致使军民交恶。而部队里的腐败分子，冒领军粮以自肥，士兵却长期处于半饥不饱状态，因此又导致官兵对立。此外因运输困难，军粮补给缓不济急，军中常闹粮荒，有时官兵每天仅能吃上一顿饭。

这样的军队怎能打仗！不能打仗的军队又怎么帮助他实现军事上的梦想！

但痼疾已深，陈诚想要改变，却发现仅凭一己之力实是回天乏术。

他想雷厉风行地去做事，却让养尊处优的部下们一个个叫苦不迭，各种军令、政令都在软磨硬泡中大打折扣。国民党人腐化严重,陈诚爱做长篇讲话,为锻炼大家的意志,他每次都要求与会者在灼热的阳光下曝晒一两个小时。有人嫌他矫情,就利用他的名和字,作了一联以示讥讽。上联为"陈词滥调",下联为"诚者斯言",横批"辞不多修"。他知道后,无奈地叹气说:"很好,以后我少说两句就是了。"

当然,不管结果怎样,陈诚还是尽了最大的努力。

在整军经武一年后,1941年7月19日,陈诚电呈蒋介石,提出了一个反攻宜昌、沙市的计划,攻击开始日期预定为8月15日。

这一计划,得到了苏联名将崔可夫的高度认可。崔可夫时任蒋介石的军事总顾问,他评价陈诚是国民党最优秀的将领之一,陈诚主持拟定的反攻计划,"是一个完全可以接受的、几乎是完美无缺的作战计划"。

崔可夫此言,包含了很大成分的溢美之词。当时,苏德战争刚刚爆发,苏联前途未卜,最怕日本关东军从背后袭击苏联。为避免两线作战,苏联自然想到了借重中国的力量,希望中国军队能主动发起大规模攻势,以在中国战场吸引、牵制更多的日军。

而在陈诚这边,不知是听了崔可夫的鼓动,还是复仇心切,7月28日,陈诚电告蒋介石:"战区将继续完成攻势准备……并提前实施之。"

但蒋介石的回电却给陈诚浇了一瓢冷水。

此时的国际形势,别说是苏联前途未卜,中国也好不到哪儿去。日本向美国频频施压,要求美国接受日本侵华的既成事实。美国人视德国为其主要敌人,仍实施重欧轻亚的政策,真的竟有人利令智昏地压迫中国向日本妥协。当然,并不是所有的美国当政者都主张对日本妥协。但美国态度的暧昧,却是不争的事实。

在此极其微妙的关头,蒋介石自然不愿生事,他需要的只是静观其变。因而,陈诚的求战意识再强烈,也只是剃头挑子一头热,蒋介石的回电说得很干脆:"国军以诱敌参与国际战争,以利尔后攻势之目的,不宜过早向敌发动攻势……其部队移动,应暂停止。"

两个月以后的9月20日,日军大举进犯长沙,湘北战局吃紧,为牵制日军,形成外线作战的优势,蒋介石才电令各战区适时发动反攻。

但直到26日,蒋介石才下达正式攻击的命令:

"恩施陈(诚)长官、老河口李(宗仁)长官、上饶顾(祝同)长官、长沙薛(岳)长官:极机密。命令:兹规定各战区按照有日加强部署电令,开始攻击之时间如下:(一)第三战区于俭日开始攻击。(二)第五战区于感日开始攻击。(三)第六战区于卅日开始攻击。仰即积极准备,遵限实行勿得延误为要。"

此时,距陈诚提出建议的8月15日整整延迟了40余天,距长沙会战的爆发也已有10日之久。而更为不利的是,日军第11军打击、消耗中国第九战区主力的意图已达成,即将从长沙前线撤退,第六战区反攻宜昌已失去最佳战机。

宜昌位于长沙上游,是长江交通的咽喉要地。日军一年前占领宜昌后,从宜昌起飞的日机给重庆造成了极大的威胁。中、日双方都极重视宜昌要地。

对宜昌城的攻击开始于9月28日11时许。

驻守宜昌一带的一直是日军精锐的第13师团。第13师团在第11军里编制最大,共计四个步兵联队,炮、骑、工、辎各一联队,总兵力达26214人。开战前,第13师团被抽调走7711人,组成了早渊支队,用于长沙方面的作战。尽管如此,当中国军队发起对宜昌的反攻时,第13师团仍是一个有18503名重兵的精锐师团。再加上附近的第39师团以及2万多伪军,宜昌方面日军的力量仍然不可小觑。

但陈诚这次为一雪丢失宜昌之耻,动了真格,仅用于宜昌方面的兵力就达到了15个师。但不幸的是,陈诚顾忌日军39师团支援宜昌,故决定首先攻击第39师团,将其与宜昌隔开,再以主力攻下宜昌。此方案太过保守,以第六战区12个军、34个师的强大兵力,完全可以两步并作一步走。如此布置,贻误了战机,却给了阿南惟几喘息之机。

宜昌以西地区隔长江俯瞰宜昌市街,沿江一带绵延有长达20公里的山地丘陵,位置之重要自不待言。这些山地丘陵相对高度多在50米至300米之间,日军步兵第58联队及山炮兵第1大队便固守在这里。

进攻宜昌,必先夺取宜西。中国军队自28日发起攻击后,到30日午夜随着第94军的到来,战斗达到了最高潮。

94军的攻击极为惨烈。在炮火的配合下,94军发动了持续整整一夜的强袭。日军阵地之前,设置了一道通电的铁丝网。中国军队官兵扛着棉被,迫近之后迅速将棉被盖在铁丝网上，不顾对面日军倾泄过来的弹雨，强行翻过铁丝网，迅即冲向敌阵。日军困兽犹斗，知道败退之后便是全军覆没，因而凭借着数千兵力，依托有利地形，拼死顽抗，将中国军队的一波波攻势压制了下去。天亮后，中国军队见攻击不能奏效，便纷纷撤下阵来。几十名我军官兵撤退不及，被日军包围在一块凹地。这些官兵情知不妙，还未等日军靠近，便聚在一起拉响了集束手榴弹。望着血肉横飞的惨烈场面，日军惊得目瞪口呆，他们想不到，他们所引以为傲的武士道精神，今天也会在他们一向轻视的中国军人身上出现。

这一夜，94军投入了84个连的重兵，外加配属的4个炮兵团的100门火炮，猛攻日军的一个加强联队。在兵力与火力对比上，国军明显占据优势。但很可惜，第六战区以一个满员的甲种军彻夜攻击，还不能击破日军的一个加强联队。虽予敌以重大杀伤，却没能攻下阵地。

但在其他地区，中国军队各部快速穿插，超越前进，对日军各部完成了分割包围。

在龙泉铺一带，从9月29日开始，第75军的一个师与第32军两个师将日军第65联队分割包围，逐点歼灭。

在双莲寺地区，从29日凌晨开始，第75军的预备第4师、第6师、第13师以36个营、12门火炮的强大兵力，不分昼夜地进行猛攻，也将日军的一个大队割裂包围。

在宜昌南部被长江围绕的广阔的波浪形地带，驻有日军第104联队的第一大队。自29日半夜开始，彭位仁第73军的第77师进入该地，郑洞国第8军的第5师又随后加入，弹头烧红了夜空。日军拼死阻击，甚至连辎重兵、工兵都担任了主要的作战任务，仍不敌国军的强大攻势，连失鸡子山、古老背等要地。日军被我处处截断，严密包围，已失去了相互联系。

宜昌城内，日军第13师团师团长内山英太郎方寸大乱。他做梦也没想到，第六战区如此之多的中国精锐师一齐将攻击力量汇聚在宜昌方面。以他现有的力量，是万不能抵挡得住的。可11军主力远在湘北，远水解不了近渴，只能自己救自己了。可眼下他手中已无一支可用的战斗部队。为保障司令部的安全，一筹莫展的内山，只得把勤务兵、卫生队以及医院里的轻伤病员都拉了出来，七拼八凑组成了一个所谓的宜昌防卫队。

这个宜昌防卫队共有388人，但当内山英太郎与参谋长秋永力前来动员，才发现这388人竟无几人有实弹射击、拼刺刀的经验。

内山英太郎中将绝望了。

捉襟见肘之时，只能拆东墙补西墙了。为保障宜昌防卫队的四周安全，内山命神森山炮兵第1大队抽调出两个山炮分队，各置于东山寺东北方的茶店子以及东南方1000米处；又从宜西地区警备队抽调出一个山炮分队，置于长江对岸的五龙口附近，担任宜昌守备队的侧防；同时，又命步兵第104联队抽出一个山野炮分队，随时担任茶店子、镇镜山等处的侧防。

结果令内山英太郎更加失望。

拂晓前，东山寺一带突然出现一声枪响，正在睡觉的宜昌防卫队顿时被集体惊醒，端起步枪朝着前方胡乱射击起来。1公里之外的第13师团司令部听到枪声，以为中国军队突入进来了，顿时慌乱紧张到极点。结果，日军忙活了半天，也不见一个中国兵攻来。经调查，一个士兵道出了实情："心情紧张，为了寻求安慰所以才射击。"

内山英太郎被扰得心烦意乱，他知道以宜昌防卫队的现状，中国军队随时都有可能攻到他的司令部里。此时，只有援兵才能救他于水火之中。

4日，第一支援兵到达宜昌，但这支"援兵"却让内山英太郎哭笑不得。在城内的战斗即将进入高潮之际，日本东京浅草的演出慰问团突然冒了出来。一时间，内山英太郎顾得了头顾不了尾，他索性把演出慰问团与当地的日侨、军乐队编在一处，包括妇女老弱在内一个个分发给武器，担任起了宜昌市内的警备。

内山英太郎不知道末日会在哪一刻来临，但他肯定清楚，中国军队已经做好了准备，每时每刻都有可能攻入宜昌城中。

10月2日晚22时，陈诚接到蒋介石电令："六战区应不顾任何牺牲，务于三日内克复宜昌。"陈诚接到命令后，马上再次调整攻击部署，令第2军第9师最迟于5日晚，乘隙突入宜昌城，确保对宜昌城的占领；第2军主力乘第9师攻入宜昌时，前后夹击，围歼城内日军。

李延年的第2军到来得很晚，原因在于一开始蒋介石并不同意使用第2军。先是，陈诚在反攻部署中，已令第2军按作战部署开进，但蒋介石得知情况后，当即批示:"第2军不准使用。"陈诚接到批示后,于9月27日再次请示军委会:"第2军如不参加,则主攻方面无法形成重点……该军已开进配置,倘再抽回,恐影响士气,并牵动整个计划。"

军令部长徐永昌位高但非蒋嫡系,他的话蒋介石能接受。他也同意陈诚的意见:"所请尚属实情,拟请准予备案。"参谋总长何应钦在复核时,采取了不管不问的态度,只批示"请委座核示"。蒋介石见众意难违,才同意动用第2军。

至此,第六战区在宜昌方面集中了四个军的兵力,即第2军李延年部、第8军郑洞国部、第32军宋肯堂部、第94军李及兰部,形成了对宜昌的合围态势。

发起总攻前,为激励官兵奋勇进攻,陈诚还特别规定了奖赏标准:夺敌一分队之据点1000元,一小队之据点5000元,一中队之据点1万元,一大队之据点5万元,一联队之据点20万元;克复宜昌并确实占领者,50万元;克复当阳、荆门、沙洋、沙市、江陵,并确实占领者,各30万元;首先占领各要地城镇的部队,应得其赏洋的1/2。

赏格不低,关键就看有没有本事拿了。

10月3日,为迅速完成作战目的,陈诚更是下达手令,督促各部奋力作战。

10月6日至7日,中国军队在宜昌北面展开9个师的部队,西面展开3个师,南面展开2个师,共14个师的精锐部队,将日军第13师团各部牢牢钳制在各个据点里,完成了分割包围的部署。陈诚为保万无一失,再令各军急攻鸦雀岭、土门垭、杨岔路、荆门、当阳等要地,以牵制外围日军,掩护我军主力进攻宜昌。

6日黎明,第9师在驱散了日军的前哨之后,攻到了日军的东山寺阵地。日军的宜昌防卫队在长达几公里的正面防线上,每隔10到20米布置一个队员警戒。面对满坑满谷的中国军队,日军的这些毫无战斗经验的后勤人员根本无力阻挡,时间不久,多处阵地就被我军突破。

在胡家大坡,中国军队一个营携带数门迫击炮,冲入了日军的阵地。该地的日军是第13师团卫生队的小行李班,兵力约50人。在中国军队的猛攻之下,该部迅速被冲散,阵地被中国军队夺占。之后,四五十名我军官兵迅速越过阵地棱线,准备由东山寺西进,冲击第13师团司令部。日军守备队队长铃木善太郎大佐见势不妙,急命炮兵进行阻击。500米之外，日军的迫击炮接连打来，这支中国军队顿时阵脚大乱。日军发射的并非是普通的炮弹，而是糜烂性与窒息性的毒气。我军官兵猝不及防，由于没有配备防毒面具和防毒衣，不少人中毒倒地。为避免不必要的伤亡，便急忙退了回去。

战场的其他地方，第9师的攻击也不顺利，他们猛攻了一阵，便在9时以后，退向了东面的蜂子岭一带。当时，该部国军并不知道前方不远就是第13师团的司令部。第9师缺乏一股韧劲，错失了可能到手的大功。

当日午夜，国军重新集结力量，再次向东山寺阵地发起了猛攻。

此时的态势已不比昨天早晨。由于日军抽回的一个山炮大队投入战场，我军的攻击难度明显增大。天亮之后，我军为减少伤亡，只好再次退了下去。

两次攻击东山寺，最终都功败垂成，着实让人扼腕叹息。

有打得不好的却也有打得好的。当夜，中国军队的别动队表现得就相当出色。

7日午夜，陈诚命55师与195师各组织一支五六十人的别动队，分乘5只民船，从长江西岸的西坝岛起锚，以夜色作掩护，悄悄靠近了对岸的石子沟。此时日军正忙于东山寺的阻击战，无暇顾及此地的防务。两支别动队上岸时，根本没有遇到任何抵抗，就溜进了宜昌市区。

宜昌城区不大，很快，别动队队员一个个手持大刀，摸到了第13师团司令部附近，对其发动了奇袭。内山英太郎得报，极为惊恐，急命第104联队抽出一个加强中队进行阻击。经过一天的激战，直到次日17时，日军大肆施放毒气，将化装成便衣的国军别动队多数毒死，才算稳住了阵脚。

此战，让内山英太郎中将真切地感受到了失败的危险，他甚至有了末日来临的感觉。

其实在此之前，内山英太郎就曾判断，中国军队将于7日夜发动对宜昌的总攻，于是便重新作出部署，意图集中剩余力量，与中国军队作最后一战。由于通信被切断，内山的命令只能派人口头传达。

与此同时，内山英太郎的亲笔书信也由一名中尉交到了第3飞行团团长远藤三郎手中。信中，内山哀叹道："师团已抱定玉碎之决心，但战略兵团的全部灭亡，不仅极大地影响全军的士气,而且也会玷污本师团的光辉历史。关于善后对策,拟直接与飞行团长面晤,务乞前来宜昌。"

第13师团是日军的第一流部队,1937年9月自上海侵入中国以来,一直作为侵华日军的主力师团,接连参加了日军对上海、南京、徐州、武汉、宜昌等中国要地的进攻。一个整师团被歼,在中日战争中还未曾有过,这无疑会给整个侵华日军带来极大的震动。

当日9时,第3飞行团已经结束了对第11军的掩护任务。接到信件后,飞行团长远藤三郎决定亲赴宜昌。

而岳州的第11军参谋长木下勇得到宜昌方面的战报后,也由于担心第13师团全军覆没,忧虑得彻夜难眠。

此时,第11军的主力还在新墙河以南被中国军队追着打,根本无法抽调兵力支援第13师团。

之后的几天,无论是对于中国军队,还是陷入被动的日军,无疑都是至关重要的时期。

时间一分一秒地过去,双方的焦虑都达到了顶点。

10月8日破晓,对困守宜昌的内山英太郎中将来说,希望降临了。

迎着东方的朝阳,前线中国军队清楚地看到,一架日机降落宜昌。陈诚判断这是日军第11军派来传令的飞机。湘北日军看来向宜昌伸出援手了。基于这个判断,陈诚决定抓住最后的机会,赶在日军援兵到达前拿下宜昌。为此,他任命第2军军长李延年为宜昌攻城司令,统一指挥围攻宜昌的中国军队各部。同时,命第33集团军以有力一部增援在沙洋方面苦战的第8军;命凌兆尧的游击部队兼程挺进十里铺,破袭道路阻敌增援;命第39军侧击当阳西进之敌;命第73军、第2军全力以赴,尽快攻击当面之敌,克复宜昌城。

事实上,陈诚的判断一点不差,这架飞机由汉口连夜飞来,机上的主要乘员正是日军第3飞行团团长远藤三郎少将。

宜昌城内,两人相见之后,眼中竟闪现出了泪花。

内山英太郎握着远藤三郎的手哀求道:"已经下定决心,连医院的患者也派到战线上了。司令部内人员不断出现伤亡,士气影响甚大。但愿在机场尚能使用的期间内,即使是一个分队的兵力也可,希望给予空运。"

当时,宜昌的日军机场已经处于中国军队的炮火威胁之下,远藤三郎少将也够意思,不计安危,答应了内山英太郎的请求。为挽救第13师团,他几小时后即在炮火中飞往荆门。在那里,经第39师团师团长澄田赉四郎批准,第39师团的一个小队和一个机枪分队将被空运到宜昌城内。

傍晚18时许,该部日军45人飞临宜昌机场。在我炮火轰击下,这股日军强行着陆。此时,内山英太郎见到这队日军的到来,竟兴奋地喊道:"这是天降神兵。"

然而,内山英太郎只是高兴了一会儿。这支小队刚刚投入东山寺战场,在中国军队的猛攻之下,小队长福岛少尉就被打死,所部也死伤殆尽。

到了夜半,东山寺的战斗达到了整个战役期间的最高潮。

中国军队对东山寺志在必得,在得知日军的配备情况后,李延年即命第76师及新编第33师各抽出一个主力团,由第76师师长王凌云少将指挥,由宜昌东面猛攻东山寺。

王凌云出身于豫西民团,所部第76师即由河南民团改编。该部久经恶战,曾在淞沪、南昌、桂南会战中多次重创日军,但自身也多次付出惨重代价。在国民党军界,由于河南从未形成有力的军阀集团,因而王凌云无所依傍,只好在夹缝中艰难生存。不过,豫西这片水土养育出来的人大多实诚厚道,冲锋陷阵从不讨价还价,颇有些愚勇的味道。李延年正是看到了王凌云的这个长处,便把最艰巨的攻坚任务交给了他。

王凌云确实也不负重托。第9师由于连日奋战,此时已精疲力竭,王凌云两个团的生力军适时杀到,攻击一线顿时士气大振。王凌云以一团对据守慈云寺、东岳庙的日军展开猛攻,以掩护第9师的右侧背,以另一团作为预备队。而第9师则抽调出精干力量,组成三个突击营,分由胡家大坡、东山寺、大娘子岗向宜昌城钻隙突进。

一时间,星光微明的暗夜中,中国军队将士如潮水一般,涌向了日军的防线。

此时已是9日凌晨。第2军的突击营沿着通往东山寺的道路突进,径直杀进了日军兵器勤务队的阵地。兵器勤务队的第2小队小队长佐藤准尉跳出阵地,发了疯一般,挥舞着战刀将我军的一名轻机枪手砍翻在地,但与此同时,还未等他做出第二反应，我军一名士兵的刺刀就挑开了佐藤的肚腹。

另一名同样也姓佐藤的少尉见势不妙，急忙带着兵器勤务第一小队其他人前来增援。已经控制住阵地的我军突击队，根本不给日军以喘息之机，快速将这股日军围歼殆尽。那名佐藤少尉也可悲地做了异国之鬼。

几乎与此同时，其他方面的中国军队也有不少攻入市区，与日军展开了激烈的巷战。

宜昌城内的中国军人越来越多，胜利似乎就在眼前。

取得这样的战果，真是得之不易。仅东山寺阵地前，中国军队将士的尸体堆成了一座金字塔。连长、排长在前，班长、士兵在后，中国军队前仆后继，承受住了日军山炮与毒气弹的密集轰击，终于将东山寺拿了下来。一名殉国的连长，在他随身携带的一本精致的日记本里，写满了对部下的信任，表达出在明天的双十节攻克宜昌的必胜信心。

然而，这份双十节的献礼，却在日军一个大队援兵的到来后，化成了泡影。

得到两名指挥官战死，阵地被中国军队攻占的消息后，第13师团真有末日来临之感。他们除加强司令部的直接配备外，咬着牙把手里的最后一支援军铃木大队投入战场。

铃木大队隶属于日军柴田旅团步兵第65联队，此时控制有第5、第7两个步兵中队，一个机枪中队，一个无线电分队，勉强达到了一个大队的编制。10月7日午后，铃木大队先以一部分乘16辆载重汽车向土门垭急进。但没走多远，就被我军第5师截住。一天一夜之后，在独立野战重炮兵第15联队的两门100毫米加农炮的协助下，趁着夜色掩护，才冲进了宜昌城内。

铃木大队不同于临时拼凑的宜昌防卫队。这支精锐野战部队的到来，让已经付出较大伤亡的我军突击部队难以招架。战至拂晓，日军集中30余架战机，凌空向我军轰炸扫射，并大规模投掷毒气弹，我军伤亡骤增，只好再次退下阵去。

宜昌城内，中、日两军陷入胶着局面。宜昌外围，第六战区各部仍在全面进攻、阻援。

从8日晚到9日凌晨，第2军第13师按照部署，继续向杨义路进攻。稍后，第73军也加入这个方面的攻击。第32军以一部钻隙夺取金巴岭、雨林包，主力继续围攻土门垭、丰宝山的日军。第94军的两个师,于凌晨2时,向宜西的日军第58联队再次发起了猛攻。

而第77师在击退由玉泉寺向鸦鹊岭增援的日军后,继续向玉泉寺附近展开围攻。暂编第5师在连克石套子、临江寺等据点的同时,又将十里铺以南的荆(州)、沙(市)公路破坏,以迟滞东面日军的增援。第8军的第15师向沙洋挺进,将该地的汉(口)宜(昌)公路破坏殆尽。

攻击发起10天来,敌我双方拼尽全力,均死伤惨重,疲惫至极,所谓胜利取决于最后5分钟,此时已到了这个关键时间节点。

连日来的激战,尤其是作为第13师团司令部屏障的东山寺阵地的失陷,令日军第13师团师团长内山英太郎深感前途渺茫,他甚至认定他可能成为第一个在战场上全军覆没的师团长,尽管他极不情愿。为此,早在10月7日夜间,他就命参谋长秋永力准备好师团长以下幕僚、各部长的自尽场所:

(一)烧毁步兵第104联队军旗。7日夜军旗一旦送回,即安置于地下壕内,旁边准备一罐汽油。

(二)烧毁机要、秘密文件。

(三)决定师团长、幕僚、各部长的自尽位置,做好预备及烧掉尸体的准备。

(四)致军司令官的最后电文的拟稿。

3天以后,当中国军队的突击队攻入宜昌城时,已经完全绝望的日军第13师团发出了致第11军的诀别电:

(一)全体官兵,已竭尽全力为皇国奋斗到底。

(二)已竭尽全力,于昭和十六(1941)年十月×日做了如下处理(用汽油烧掉)……

(三)使在留侨民及慰问团与军共同行动,实属不胜遗憾之至。

（四）皇国官兵均竭尽军人的天职，高呼大元帅陛下万岁后死去。

第13师团参谋长秋永力在拍出这份电报后，唯恐11军为顾忌颜面而封锁消息，官兵的牺牲不能被国人知晓，还命令专属副官："师团长、参谋长战死时，应即组成敢死队，突破敌军重围，将此信送到对岸步兵第58联队联队长处，向大本营报告。"

做出这样的安排后，内山英太郎等人已经绝望，只待中国军队杀到的那一刻，便剖腹自杀。

但中国军队突击队规模不够，加之毒气和大雨救了日军，他们的"英勇"表演才没有成为事实。

拿下宜昌的关键时刻，蒋介石的干涉再次影响了前线决策。

10月8日，蒋介石"庚电"第六战区，突然要求停止攻势：

"国军为使尔后作战有利之目的，第五、第六战区，应于蒸日（10日）夜同时停止攻势，迅速恢复原态势，并依既定守势计划完成部署，准备敌人之反攻……如在蒸日前我军克复宜昌城，则以一部占领宜昌附近高地，控制宜昌，主力仍应依既定守势计划，完成部署。如敌向宜昌城反攻，我军不易确保时，即将宜昌化成焦土，使敌无占领之价值……"

一天后，蒋介石再发一电，又将截止日延后了一天。电文说："8日电令第五、第六战区，于十日夜停止攻势，应延至十一日夜实施，仰即严饬所属，限于十一日前，尽最大努力猛烈攻击，完成任务为要。"

蒋介石之所以会下达这样的命令，原因很简单：长沙会战已经结束，日军即将返转，宜昌作战不仅失去了策应第九战区湘北作战的价值，而且一旦第九战区拖不住日军主力，第六战区中国军队还有被日军反包围的危险。

陈诚内心窝火，一个战区几十个师攻不下日军一个残缺师团防守的宜昌城。同时，他也很无奈，知道再硬撑下去终不是办法。但他实在心有不甘，于是便趁最后期限到来之前，集中全力作最后一搏。

10日凌晨，第13师突入杨义路，攻入了宜昌市区。同时，第2军各师自9日22时开始攻击，激战到10日凌晨3时，完全克复了胡家大坡、大娘子岗、慈云寺等据点。第9师的3个突击营接着昨天的任务，再次攻克了东山寺、土城等地，突入宜昌城，与日军展开了激战。第94军的第55师也有所斩获，拂晓之前攻克了南津关。

在宜昌外围，第26集团军在当阳以西地区，第20集团军在宜昌以东继续围歼分散在各个据点里的日军。

当天，陈诚与江防军总司令吴奇伟一道，继续调兵遣将，督率所有兵力围攻宜昌。在征得蒋介石的同意后，陈诚不惜血本，甚至还把守备三峡要地的第18军也调了过来。

宜昌的攻城战已到了最后关头，内山英太郎已命部下烧掉了所有的机密文件，做好了集体自杀的准备。

垂死之人必然疯狂。当时宜昌恰巧驻有日军一个毒气大队，宜昌还是毒气生产基地。毒气弹要多少有多少。内山英太郎孤注一掷，发动了前所未有的毒气战。

从凌晨到当天下午，日军以炮兵发射、飞机投掷毒气炮弹、直接撒播毒气原液等方式，对进攻的中国军队实施了最高强度多批次的毒气战。

统计整个战役期间，日军共发射了约1000发黄色弹（糜烂性毒气）、1500发红色弹（窒息性毒气），造成我军1600多人中毒，600多人阵亡。

其间，最大规模的毒气投放以及伤亡，都是发生在战斗最为激烈的10日前后。

10月11日，重庆的中央通讯社以《我军攻入宜昌，敌机竟投毒弹》为题，记述了10日下午的一次毒气战：

【中央社宜昌战地十日下午五时急电】我攻入宜昌之各路部队，正对城内残敌继续扫荡之际，敌忽派飞机三十余架，于十日下午三时飞至宜昌市区上空滥肆轰炸，并不顾人道，投掷毒气弹，因使我官兵中毒者颇多。

日军大规模使用毒气弹，令中国军队陷入混乱，一时攻击受阻，只能保持原有态势。

更出乎意料的是，宜昌突降暴雨，正在猛攻宜昌的中国军队各部不得不停止攻势。而正是由于这次耽搁，13师团残敌得到了宝贵的喘息之机，宜昌之战最终功败垂成。

第六章 血水在湘北泛滥

最佳的时机已经丧失了。此刻，大批日本援军纷纷出现在赶往宜昌的路上。

早在8日晚，日军第3飞行团团长远藤三郎返回汉口，见到了刚刚由岳州前线返回的阿南惟几。他把内山英太郎的话又复述了一遍："第13师团师团长及幕僚等已决心一死。"

阿南惟几除为第13师团担忧外，第一反应却是，重创第六战区主力的时机到了。

阿南惟几的野心很大，他认为已经给第九战区造成了重创，此时如能再给第六战区以致命一击，那么他将是此次会战最大的赢家，创下连败两支中国精锐野战军的纪录。

打定主意，阿南惟几于当晚22时即命第11军各部迅速向宜昌推进。

这样，从9日开始，第39师团统一指挥所部并早渊支队、佐佐木大队、一宫支队由沙市方向向宜昌进攻，第4师团也顾不得休整，连夜向沙洋镇急进。

10日夜，日军第39师团数千人，突破中国军队封锁，艰难到达当阳。

11日，日军第4师团与早渊支队的前锋已到达荆门、河溶、孝感等地。

形势骤变，重兵围城转眼变成了强敌环伺。形势演变至此，陈诚只好按照蒋介石的命令，于当日调整部署，命各部迅速脱离战场，恢复原有态势。

接获命令，第六战区各部万般无奈，带着攻城留下的创伤和疲惫，也带着心中那股遗憾和失落，黯然退出了宜昌城。

反攻宜昌，中国军队以绝对优势的兵力，攻击一个残缺师团防守的宜昌，本如瓮中捉鳖，应无不能成功之理。但以接近日军3倍的伤亡，历时半月而不能拿下一座孤城，实在让人惋惜。陈诚再次痛感军纪如不整肃、军队训练不加强，日后想打胜仗无异痴人说梦。

唯一让人感到宽心的是，中国军队的这次反攻，和昆仑关战役一样，确实是一场主动进攻、与敌硬拼的血战。比起那些碰到日军便不战自溃的军队，多少还能让人聊以自慰。

◎ 秋后算账，总有替罪羊

不知从何朝何代起，衡山取代安徽的齐云山成了五岳的一尊。

几千年来，在中国人的印象中，每当严冬来临，就会有无法计数的飞禽齐集衡山，将衡山作为躲避严寒的庇护所。

时空流转，弹指之间，已是20世纪40年代。随着来自日本的入侵，衡山更是被注入了新的生命。从1938年到1944年，衡山都是连接中国南方各个战区的枢纽。数次策定中国战略走向的最高军事会议，都是在衡山召开。不夸张地说，衡山就是民族命运遭遇严冬时，中华民族躲避灾难的庇护所，更是民族抵抗意志的孕育地。

深秋，北方的寒流开始侵袭整个大陆，虽然严寒无法深入到衡山一带，但它的余波还是给深山带来了一些变化。

树叶满山满谷，开始变黄变红，秋风也转而凄厉起来。走进山道，埋没在遍山的苍黄之中，定力再好的人也不免生出几分愁绪。

第二次长沙会战结束后，第九战区大大小小的将领得知蒋介石到来的消息后，一个个疑虑不安：莫非又是秋后算账来了？

1941年的10月16日，第三次南岳军事会议在衡山召开。

一开口，蒋介石的疾言厉色就震惊了全场：

"我这次听了你们的报告以后，所最感耻辱痛心的一点，这就是证明我们将领无耻，军心已死，真是抗战前途最大的危机……

"最近两年以来，我们一般将领一天一天的堕落，一天一天的失败，其所以还能维持现在这样抗战局面者，大家要知道：这并不是我们什么事都行，更不是我们真正能够苟且侥幸；而完全是由于敌人无用，如果敌人真有能力不断进攻，那我们今天还能在南岳开会吗……

"本委员长现在所最感恐惧的就是，唯恐部下精神堕落，纪律废弛。目前无论就国际形势与敌国内情来讲，可以说我们抗战已经获得了胜利，但检讨我们内部的情形，败坏至此，实在是危险万分。"

山上冷风嗖嗖，屋内也没有什么保暖措施，众人听了这话，都不觉打起了寒战。

第六章 血水在湘北泛滥

蒋介石刚刚由桂林飞来。在桂林，他洋溢着笑容，在中央军校第六分校做了一次演讲。军校年轻的学员们，还是首次亲近他们仰慕的校长。当时他们的感觉，真是如沐春风。

但从桂林到南岳，这短短的几百里路，蒋介石的心境却发生了翻天覆地的变化。

先是10月13日，铁道运输副总司令蒋锄欧致何应钦、俞飞鹏的密电称：

"总长何、后勤部长俞、铁运部总司令：3127密。据战地民众口称：一、敌军退走时，奸杀烧抢，无所不为，尤以掳去妇女为多，掳去黄牛亦复不少，杀的猪、牛，只要四条腿，鸡、鸭仅要两脚，有四句口号：'吃的牛和鸡，睡的美貌妻，烧的房和屋，杀的蠢东西。'可见其残暴达于极点。二、我军为搜抢觅食，亦有枪杀民众与奸掠之事。至于被敌机炸死、骑兵枪炮所毙者颇多，甚至为其威严，不战而走者，不在少数……查民众遭此蹂躏之后，痛恨已深，因是而利用之，则抗战前途当有把握。职蒋锄欧。"

随后，杨森第27集团军在上呈军委会的报告中也不无痛心地写道：

"……各部队官兵纪律太坏。此次各部溃散官兵，普遍奸掳烧杀，甚至部队前进转进中，在部队长官率领下，亦有之。（此种情况）较之上海抗战一役溃散蔓延数百里，有过之无不及。盖当时仅溃散不归队，尚无此普遍奸掳烧杀也。部队官长平时教育之不良，约束之无方可以概见。

"奉行命令不彻底，甚至对所受任务取巧规避。各部常因战斗情势恶劣之际，对命令多取怀疑态度，毫无自信能力，不肯排除万难，尽最大努力，以致迟疑徘徊，希图一己苟安，不顾整个战局。例如，担任侧击及非敌主力方面之攻击部队，每以一个军或师辄为敌数百人所抑留与牵制，不肯取断然手段歼灭或驱逐敌人，而保持对峙状态。甚至在此战局极度紧张时期，不肯拼命与友军协力，反抛弃任务，率部遁入深山，事前并不通知上级指挥部与邻接有关友军，而将有线、无线通信停止，故意隔绝，致命令无法下达。事后见敌已退去，始出面电询战况敌情者，大有人在，似此规避取巧在抗战的今日，殊不应有……"

这两份报告几乎同时被送到了蒋介石的案头。可以想象得到，得知自己夜不能寐、一心整军的部队无能无耻到这种地步，蒋介石的心中该是何种滋味。

这边怒火未平，那边第九战区司令长官薛岳更令蒋介石恼火。

第二次长沙会战结束后，薛岳为掩饰失败，竟谎称第九战区"歼敌四万余，死伤枕藉，并俘敌二百六十九名，掳获战利品甚多"。言下之意此战虽败，但予敌以重大打击，两相对比，似乎可以功过相抵。

对于这些伎俩，蒋介石心知肚明。在10月20日的会议上，他先就日本组成东条军人内阁做了一番国际形势的分析。突然话锋急转，当着众多高级将领的面，异常激愤地说道："像这次长沙会战，我们有这样雄厚的兵力，有这样良好的态势，我们一定可以打败敌人，一定可以俘虏敌人很多的官兵，一定可以缴获敌人无数的军械！即使没有一万俘虏，也总应该有一千！一千没有，总要有一百！一百没有，少而言之也应该有十人，但是你们现在连十个俘虏都没有！如何对得起自己的职守……要知道：现在并不是我们打不过敌人，而是由于我们高级将领的精神堕落，胆识太差，不研究，不上进，只知道做官，而忘却了我们革命军人的本务！"

薛岳面红耳赤，不知如何是好。毕竟打了败仗，挨骂是活该。

这已经是薛岳第三次当众挨骂了。10月16日，蒋介石的讲话也丝毫不留情面，直接点了薛岳的名字："我在二十五六日最后几天，还和薛长官电话说过：如果到不得已的时候，一定要准备和敌军在长沙城内巷战。但你们这次除在捞刀河方面曾与敌人一度作战以外，长沙东南面的工事可说完全没有，就连城墙工事也一点都没有，不只是城内核心工事没有设备，而且连城郊附近的复廓工事也没有……此次会战中，差不多一般军长师长，一发现敌人，立刻就使用很多的兵力去迎击。这就证明你们平时在战术上和胆量上完全没有修养，不仅比不上敌国的高级将领，而且比不上他们的下级官长！"

蒋介石把第九战区的高级将领骂得一无是处，作为第九战区的最高负责人，薛岳自然是首当其冲。

到了10月17日，会议的气氛更加恶劣。主席台上，蒋介石的脸色非常难看。

他一开口，就是痛斥战区长官在指挥上如何无能：

"你们看，这一次我们金井失守，敌人已经广播出来，而我们战区长官部还不知道；金井过来就是高桥，再过来，就是上杉市。这样重要的地方失守，已经隔了一天，而我们司令部还不知道，那无论你部队如何精强，而情报不灵，指挥失策，结果也非失败不可！

第六章 血水在湘北泛滥

"长此下去，你们的缺点不能改进，业务不能进步，将来必致彻底的失败！不要说作战不能获胜，就是获胜也完全是侥幸的，设想敌人现在如果从中国退出去，那我们一般高级将领的骄傲还了得！老实说：我们这种情形，将来说不定要蹈阿比西尼亚亡国的覆辙！当1896年意大利军队侵略阿比西尼亚之时，因为地形和气候的关系，久战无功，所以他自动退去，而阿比西尼亚竟自以为战胜了意国，就骄矜傲慢，夜郎自大，放肆无忌，对于国防仍不注重，而且毫不戒备。所以等到意大利发动第二次侵略的时候，阿比西尼亚就完全覆亡！我们现在的情形，是不是差不多呢？照我们现在一般将领不虚心、不确实的情形，如果我们今天侥幸能使敌人退出中国，那我们一般高级将领还不自以为是不世之功吗？而使我们的后一辈国民，还不忘今天的内忧外患、存亡危急的国难，而骄矜自大吗？这于我们国家民族的前途，就真是万分危险！"

第一次长沙会战获胜，薛岳被捧上了天。此次长沙会战失败，却遭到如此责骂，真正是冰火两重天。对这一切，薛岳还是第一次碰到。

蒋介石对薛岳的不满始于9月29日。

27日，薛岳还在报称第九战区歼敌33600人。但两天之后，蒋介石安排在薛岳身边的元老蒋锄欧就秘密电称："伯兄廿八日早抵渌口，未曾掌握预备队与通信，致指挥不灵，防空情报失效。"

薛岳字伯陵，"伯兄"显然指的是他。

这封电报的意思很明显：薛岳丢下大军，临阵逃脱。而仅仅就在一夜之前的27日，由于薛岳的指挥失误，最精锐的74军遭到了前所未有的重创。接到这个报告，蒋介石心疼之余，心中的不满可想而知。

而对这些，薛岳也极为清楚。

为了逃脱罪责，他把责任推到了26军军长萧之楚身上。

早在10月11日，第九战区在上呈军委会的战斗详报中，薛岳就狠狠地告了萧之楚一状：

"沙市街战役，新十六师右为新十五师，左为三十二师，以我三师之众，对最初数百后增至两千余之敌，实占绝对优势，不难歼灭，但结果受敌各个牵制，各个逆袭，致不成功。"

新16师、新15师是川军王陵基的部队，战斗力本来就差，再说王陵基本是蒋介石特意怀柔的对象。而32师则不然。32师出自早已四分五裂的西北军，师长王修身能征善战，所部战斗力较强，在沙市街竟有这样的表现，实在是无法向国人交代。

更进一步来说，26军本来受命掩护74军的侧翼，结果74军还在半路之上，26军就已不见了踪影。后来，74军猝然应战，遭到重创，26军无论如何也脱不了干系。

薛岳见蒋介石咄咄逼人，矛头不断指向他一人，便有些坐不住了。他索性撕破脸，把责任全部推给萧之楚不说，甚至还一再放话要枪毙萧之楚。

对于这一切，蒋介石洞若观火，并未给薛岳机会。对于薛岳的为人，蒋介石十分清楚，"好名、喜功、文过、刚愎"。当初薛岳在贵州省主席任内，为树立自己的政治声望，以惩戒贪污为借口，枪毙了一个县长。不料，这位县长本不该死，一旦被薛岳无辜处决，闹得全省82个县长联名告他，弄得他威信扫地。

蒋介石素以善于、敢于收拾杂牌军著称，他麾下的各路将领也以此为己任。但此时是抗战的最艰难时期，为安抚那些容易离心的杂牌军，蒋介石自然不能轻举妄动。单就第九战区而言，司令长官薛岳，副司令长官杨森、王陵基都是地方军阀，而部队之中，仅川军、滇军、西北军、黔军等地方部队就超过了一半，如果这次拿萧之楚开刀，必然会引起负面反应。这对善于权谋的蒋介石来说，得不偿失。思来想去，他只好拿自己的嫡系开刀。如此，这次南岳军事会议必将事半功倍，既能起到敲山震虎的作用，又能保持他的最高权威。

最初，蒋介石的目标是第10军和第37军。但两份地图救了他们。

会战中，邹洪的暂编第2军缴获一份日军地图，上面以日语注明："大头岭之140师及大头岭以西之兴隆山敌牟龙光部队十分顽强。"这份地图呈交给蒋介石后，蒋一看便明白了个大概，当场表扬道："第140师栗山巷、大头岭之役，能抵御敌人的主力进攻，这不是第140师强了，而是敌人弱了，今后各部要学第140师奋力抵抗的精神。"

37军逃过了整肃，第10军也如法炮制，将另一份地图呈交军委会。

这份被缴获的日军地图显示，在第10军尤其是所部预10师正面，竟标示有日军3个半师团的番号。看到这样的兵力对比，蒋介石也不好再说什么，当即转变语气说:"现在证明,第10军预备第10师阵地前的敌人,有3个半师团的兵力,预备第10师就是铜墙铁壁,也难以阻挡敌人的前进。预备第10师能抵抗一天,已算不错。"

结果,对第10军的惩处,只是将军长李玉堂撤职留任,戴罪立功。果然,几个月以后,在另一场长沙会战中,第10军重创日军,才算洗刷了前耻。

这样,桌底下的小动作耍到最后,74军就成了唯一的靶子。

就在会议的前一天,即10月15日,蒋介石分别召见了王陵基和王耀武。这是蒋介石的一贯手法,他要从侧面摸清楚各方面的动向,以便从容掌握局面。早在74军被冲垮之初,王耀武便已经将自请处分发给战区长官部,长官部将这份电稿上呈侍从室,蒋介石看过了,心里先有了几分好感。蒋介石一向认为,王耀武能顾全大局。这次,王耀武自请处分,更是让蒋介石对自己的判断深信不疑。

蒋介石问了一些军务,忽然岔开问道:"听说你部58师廖龄奇曾去江西完婚?"王耀武不知何意,只能老实回答是。蒋介石又问:"廖龄奇跑回祁阳干什么?"王耀武答:"这点学生不知,只是从战区长官部的通报中得知廖师长是在家乡祁阳被逮。"蒋介石"哼"了一声:"此次战败,虽不是你部完全责任,但74军乃全军观瞻所在,我不能不严肃纪律。"王耀武一看不妙,赶紧揽过责任,说:"学生有负校长重托,恳请校长严责。"蒋介石:"知耻近乎勇,昔日曾文正公靖港投水实非轻生,乃是知耻。你的报告我已经批复了,不日薛长官就会拿给你,我希望你效法曾文正公,绝地重生,百折不挠。"王耀武:"学生绝不敢忘记校长训诲。"

就这样,蒋介石轻轻放下了王耀武,但廖龄奇的名字一经点出,便是在劫难逃。

说起来,廖龄奇也是黄埔系中难得的将才。

廖龄奇,1904年生,湖南祁阳人,其父本一介寒儒,廖自小便随父游学四方。1925年,廖入黄埔四期政治科,毕业后又远赴英国,在英国参谋学院留过学,能说一口流利的英语。在黄埔军人中,有如此学历的,并不多见。但如果仅止于此,廖龄奇也不足以跻身黄埔战将之列。

事实上,从北伐开始,廖龄奇无役不从,骁勇善战更是为人称道。

1926年8月底,北伐军进攻汀泗桥受挫,第4军叶挺独立团紧急驰援。当时,廖龄奇在该团中任连长，他身先士卒，猛打猛冲，不慎右臂受伤，却坚持不下火线。结果战后，右臂不治残废，终生以左手写字。此后，以88师营长的资格参加"一·二八"抗战，又因功升为团长。

"八一三"抗战爆发后，88师进驻南翔。战斗部署中，第264旅旅长黄梅兴不幸殉国，廖龄奇在炮火中接任旅长。尔后，廖龄奇挥师猛进，全力进攻日军的核心阵地爱国女校。此战的惨烈，不是亲身经历，实难形容。廖龄奇率部坚守阵地80多天，与262旅的力战相辉映，以致日军广播竟称88师为"闸北可恨之敌"。

1938年，廖龄奇被调到74军，重新投入老上司俞济时的门下。在万家岭战役前不久，他接替邱维达担任58师172旅旅长，次年升任副师长，俞济时和原58师正副师长被相继调离后，廖龄奇便顺理成章当上了师长。

廖龄奇虽能战善战，堪称将才，但却有一个致命的弱点。在国民党将领中，廖龄奇和酆悌一样，都是恃才傲物，不善交际。换句话说，就是人缘不好。

早在88师时，廖龄奇便由于刚正不阿而得罪了孙元良。

1938年南京失陷以后，88师师长孙元良因作战不力，要被追究责任。结果，孙元良经过底下活动，反而被蒋介石任命为第72军军长。

按说到此，事情应该告一段落。不料，88师以廖龄奇为首，一大批中层军官集体上告孙元良的种种劣迹。蒋介石迫于各方压力，才勉强批准临时羁押孙元良29天，但释放之后不久，就被任命为第20军团副军团长。

廖龄奇没有顾及孙元良的背景。孙元良的叔父孙震，乃川军大佬，同盟会会员，还是蒋介石在保定军校的前辈，更关键的是孙震在川军中拥蒋最卖力。

北伐途中，南昌战局紧张之际，孙元良抗命不遵，致使北伐军严重受挫。第6军军长程潜追究责任，直接说道："要是不法办孙元良，这北伐也不用伐了。"蒋介石为了应付程潜，表面上同意将孙元良枪决，背后却资助孙元良去日本暂避一时。1928年，蒋介石下令组建国民政府警卫师，下辖两个旅，其中第二旅旅长就是孙元良。"一·二八"事变后，更是接替俞济时，就任德械师88师师长。

廖龄奇意气用事，一再控告孙元良，这就和孙元良结下了死结。

到了74军，廖龄奇不顾前车之鉴，又得罪了新任军长王耀武。

廖龄奇对王耀武态度傲慢，以致善处人事的王耀武和廖的关系闹得很僵。

不仅如此，1939年第一次长沙会战后，第58师伤亡颇多，因人员补给问题，廖龄奇又得罪了薛岳、王耀武两个顶头上司。

积怨越来越深，发展到后来，廖龄奇竟连薛岳的账都不买了。其实一开始，薛岳对廖龄奇还是颇有好感的，薛岳一向喜欢能打仗的将领。当初，听闻廖龄奇丧偶，薛岳当即托参谋长吴逸志出面，把表妹介绍给了廖龄奇。但廖龄奇忒不识相，即便是不愿意，借口也可以找出很多，可廖龄奇却偏偏来了一句："我历来不搞裙带关系！"这一下，不仅让吴逸志深感难堪，还招致了薛岳的恼恨。

这样，从1938年进入第九战区，到1941年的第二次长沙会战，短短3年间，廖龄奇就得罪了战区的三个手眼通天的重要人物。

其实，以廖龄奇这样的个性，放在美、英等国，也不失为巴顿、史迪威那样的人物，但他偏偏又生在这个苦难的国度。在我们这个国度里，人生的最大任务之一，便是去处理人际关系，而廖龄奇作为黄埔政治系的佼佼者，竟然没有这种能力，这就为他的命运埋下了太多不可预知的变数。

他的把柄很快就被人抓住了。

1941年的上半年，廖龄奇鸿运当头。先是，他于三四月份，到岳麓山参加军官训练团学习。在此期间，上高会战爆发，由张灵甫代行师长之职。此番第二次长沙会战之前，廖龄奇又请假到吉安结婚去了，大战爆发之际，正是廖龄奇新婚燕尔之时。

当副师长张灵甫带着58师从江西的分宜到达湖南境内时，新郎廖龄奇才依依惜别蜜月中的新娘，驱车赶回前线报到。刚刚接手部队，58师就在激战中伤亡惨重，并被绝对优势的日军包围切割，但是大部分依然突围而出。之后，廖龄奇抗拒了战区要58师退往浏阳的命令，自行将一部由湘阴港渡浏阳河，集结于镇头镇西南许家桥、土桥及南门坝，收容以团、营乃至连为单位突围的部队。收容完毕之后，廖龄奇强行拦下一列火车，将残部拉到株洲整理，自己则顺道回祁阳探亲去了。不巧，在火车上廖龄奇竟碰到了九战区的一名高参，这名高参事后向薛岳进行了告发。

廖龄奇身为一师之长，大战期间一度离开部队，如果戴上一顶"临阵脱逃"的帽子，那将引来杀身之祸。

南岳，寒气越来越重，山景愈显萧瑟，望着外面不断飘零的树叶，廖龄奇的心情抑郁到了极点。

薛岳、王耀武落井下石，带头攻击他居功自傲，不听指挥，更有人告他临阵脱逃。廖龄奇委屈万分，自以为是"天子门生"，径直跑到蒋介石那里想为自己辩白。

蒋介石此刻情绪烦乱，脾气暴躁，而且他最恨部下跟他辩解。抗战期间，重庆当局成立物资局，统管抗战物资，由何浩若担任局长。一次，蒋介石讯问何浩若，指责了何两句，何浩若辩解了一句，蒋顿时大怒："强辩，强辩。"随之摔门而去。过了一会儿，蒋介石的秘书萧自诚到外间办事，看到何浩若还傻呆呆地站在原地不动，就问他为什么不回去，何浩若说："委座要枪毙我，我等候委座的发落。"原来，蒋介石的官话说得欠佳，"强辩"二字在他那颇具特色的宁波方言里，竟被何浩若听成了"枪毙"。何浩若听差了音，还以为蒋介石真的要拿他如何。萧自诚将何浩若原话说给蒋介石，蒋介石也被逗得笑了起来，随即放过了何浩若。

而对于嫡系将领，蒋介石更是粗暴。他视嫡系将领为自己的私人子弟，动辄以家长自居，往往是一语不合，就会对他们拳打脚踢。嫡系将领们挨打之余，还给他们校长的打人招数起上诨名。如果挨的是掌掴，就起名为"熊掌"，如果是脚踢，就命名为"火腿"。他们挨打之余，还会以此为荣，因为只有"天子门生"与最亲近的人才会有此待遇。有时候，"自家人"闲聊时就会彼此问候："今天你吃的是熊掌还是火腿？"说完苦笑不止。像邓文仪、戴笠这些特务头子，挨打挨骂简直是家常便饭。而汤恩伯身为统兵大将，手提大兵数十万，有时也不免被蒋介石踹上一脚。而被打之人往往还能美上几天。

廖龄奇实在是不识相，蒋介石明明在气头上，他还要往枪口上撞，结果可想而知。

蒋介石认为廖龄奇丢了他的脸，拆了他的台，本已极为恼怒，不意廖龄奇不请自来，更是火冒三丈，当即喝令"滚蛋"，不予接谈。廖龄奇赖着不走，不停地喊报告，要求申诉，蒋介石更加恼火，起身便去开会，廖龄奇仍然追着喊"报告"。蒋介石无奈，即喝令宪兵将廖"押起来"。

消息传到会场，廖龄奇立即成了箭垛。霎时间，墙倒众人推，自薛岳以下，或借此打击蒋介石的嫡系，或虚构事实，为自己开脱罪责，或鉴于将领作战不力，大声疾呼，要求杀一儆百。这样，嫡系将领与杂牌军将领众口一词，要求严惩廖龄奇。

蒋介石又气又恨，当即动了杀机。

第六章 血水在湘北泛滥

10月21日，闭会典礼。

按照惯例，会议将要结束的时候，蒋介石便会宣布奖惩名单。蒋介石拉长了声调，说道："现在要正式宣布此次长沙会战的赏罚令。"

霎时间，全场大小将领一个个屏息肃立，紧张到了极点。

（一）第七十九军渡河进攻长沙之先头两团，每团准各赏洋五万元，其出力官兵，即呈报核奖。

（二）第七十四军第五十七师李指挥翰卿阵亡，其家属应予抚恤五万元。

（三）营田、湘阴、芦林潭覆没之部队官兵姓名与战绩，应先行特报。第一九七师五九〇团二营少校营长刘虞卿，与该营机枪二连一排中尉排长黄治国殉职，应予奖励，照例抚恤。又第九十九师二九五团一营少校营长曹克人率部守备湘阴城，殉职官兵，应予特奖，由薛长官查报，再行核办。

（四）第十军一九〇师副师长傅湘阵亡，抚恤五万元，并立传。

（五）第一九〇师朱师长岳受轻伤，由司令长官拟定办法呈核。

（六）第五十八师师长廖龄奇临阵脱逃，应即枪决。

（七）第一〇二师退后之各团长与政工人员，究竟是否临阵逃跑，有无被俘情事，限半月内彻底查报。

悬在众人头上的剑终于落了地。闹了半天，临阵怯敌、指挥不力的将领如此之众，到最后却只有廖龄奇一人受到了严惩。意外之惊喜。

会议刚刚结束，廖龄奇便被执行了死刑。

当时，大会秘书长贺耀祖有意保全廖龄奇性命，遂将手令暂时压下，想等蒋介石息怒，再趁机挽回。不料，宣判后的次日，蒋介石就对外宣称廖龄奇已被枪决。贺耀祖知道已经无法挽回，便急令宪兵团执行了对廖龄奇的死刑。

临刑前，廖龄奇留下3份遗书，一份致其母处理家事，一份嘱其新婚之妻改嫁，一份致其表弟，嘱结算师部账目，并要求将这3份信函抄呈蒋介石审阅，表示他至死仍对校长忠诚。然后，对负责执行的宪兵团长说："我自参加革命以来，效命疆场，身上7处负伤，才升任少将师长。我即使犯了临阵脱逃的罪，也应经军法会审，依法处决。今听信几个人的不实之词，轻率给以处决，我是于心不甘的。"

廖龄奇被枉杀的消息传开后，58师上万名将士，无不痛哭流涕，大呼冤枉。其时的情形，颇像高仙芝被谮杀时，三军将士齐呼冤枉的情景。当时，官兵义愤填膺，几乎要酿成兵变，幸亏各团团长晓以大义，耐心劝说，才慢慢平息了下来。

不久，副师长张灵甫接任师长，173团团长蔡仁杰被提升为副师长，58师的3位团长王伯雄、何澜、邓竹修对最高当局失望之极，竟集体辞去职务，退出国民党军界，以为无言的抗议。

廖龄奇身亡之后，蒋介石再上衡山，询问廖死前都说了什么。宪兵团长心眼很好，当即谎称说，廖要他报告校长，没有好好报效，有负教育之恩，将死之际深感惭愧。

蒋介石听了，什么也没说，呆立窗前。

宿鸟倦飞，斜阳惨淡，满山的苍黄模糊成了一片。

片刻，他指示对廖龄奇依阵亡将官例给予抚恤，家人享受烈属待遇。

蒋介石是发现了冤情，还是仅仅出于对黄埔系的关照？不得而知。

廖龄奇做了牺牲品。两个多月后，当第三次长沙会战空前的捷报传遍大江南北时，人们也许会感到，廖龄奇的死未尝没有一点价值。

这个答案，当然会让我们有些纠结，但这毕竟是历史所能给出的答案。

第七章

丰年好大雪

1941年12月,日军对珍珠港美国海军发动了一场空前成功的偷袭,但他们想不到换来的是战略上一塌糊涂的失败。日军细菌战大揭秘。当他们得意忘形地再次进攻长沙,这场美梦注定是一场惨痛的地狱之旅。

◎ 战争，从一场错误的胜利开始

一场空前成功的战役，换来的却是战略上的一败涂地。

大致了解"二战"历史的人都不难猜出这是日军发动的偷袭珍珠港、将美国拖入战争的疯狂举动。难道他们不知道挑战美国这个庞然大物的后果？知道。知道为什么还这么干？没人知道。日本的军国主义者本身就是一群不可理喻的怪物。

更加不可理喻的是，他们明明是穷凶极恶的侵略者，但他们几乎毫无例外，都把自己想象成了受害者。

1947年12月26日，在远东国际法庭上，东条英机不愿伏罪，一再狡辩说："由于英、美、荷对日本施以压力，威胁日本的独立与自存，所以发动了战争。因此，大东亚战争是日本的自卫战争。"

同样是站在被告席上，第二次近卫内阁的外相松冈洋佑也一再狂妄地叫喊，是美国人把他们逼上了绝路。

这种叫嚣毫无新意，他们的声音，其实早在3年前，就被英国政客奥利弗·利特尔顿说了出来。说来，他们在法庭上的表演，最多也只能是利特尔顿发言的回音而已。

1944年6月20日，奥利弗·利特尔顿时任英国军需生产大臣，在伦敦的美国商会的一次茶话会上，他不顾可能引发的非议，口无遮拦地说道：

"所谓美国被拖进战争是历史上编造的骗局。美国已经把日本驱赶到这种境地，即压得日本人已经不得不在珍珠港进攻美国人了。"

这句话，连带珍珠港事件在内，把美国所遭受的战争创伤都看成了一种阴谋论。因此，此言一出，当时曾引起了西方舆论的轩然大波。

不管以上的说辞孰是孰非，战争的发动者逃不掉历史的审判。但当时在下定决心对美开战方面，日本最高当局还是经历了一番痛苦的挣扎。

一开始，日本人并未打算要与美国决死一战，他们只想趁火打劫，夺取南洋上的无主地。作为试探，他们首先决定进占法属印度支那（越南）南部。

一年前，他们武力进驻了印度支那北部，结果美国除了外交抗议以及轻微的贸易禁运外，几乎没有作出其他的反应。据此，日本陆军参谋总长杉山元判断，可以在避免使用武力的前提下，和平进驻印度支那南部。

松冈洋佑作为外相深知利害，反驳道："那样做的话，就要刺激英、美，英国就要进入泰国，这是十分明显的。"

杉山元听罢，晃着粗大的脑袋，很干脆地说道："我认为情况不会是那样。"

松冈洋佑非常清楚，东南亚是美、英列强的核心利益所在，一旦将军队派往中南半岛，均势就会打破，美、英决不会善罢甘休。对杉山元愚蠢的想法，松冈毫不客气地坚持说："派兵进驻不仅对法属印度支那有必要，对泰国也有必要。不过，向这两地派兵会给缅甸、马来带来影响，英国一定会动手。"

杉山元从骨子里就轻视文官，便不耐烦地说："我方如果力量大，我想对方不会动手。"

军令部总长永野修身突然插话了，他的语气比杉山元还要蛮横。他说："在法属印度支那和泰国建立军事基地是必要的。谁妨碍就坚决揍他好了，需要打就打。"

松冈洋佑叹了口气，他知道对这些大兵有理也讲不清，气愤之余竟对统帅部的领导能力提出了质疑："我预言几年后的事，不会不中的。插手南方要闹出大乱子，统帅部长能保证不出乱子吗？识时务者为俊杰。以前我是个南进论者，但今天我转向北方了。"

内相平沼骐一郎害怕松冈泽佑的话会刺激军部，赶紧出来打圆场说："现在日本最要紧的是，要想方设法阻止美国参战。"

松冈洋佑最担心的便是美国参战，但他又清楚地知道美国不好对付，直觉告诉他一旦进驻印度支那南部，战争很快就会到来。就此，他最后一次表明了态度："我完全同意内相的意见。再补充几句，从各方面情况来看，美国总统正在企图把美国拖向参战，不过也许美国人不愿跟着走，这还有一线希望。但是，美国总统这个人，即使明知非常勉强的事，也要死乞白赖地搞成功。他当选后又连任两次，不也终于搞成功了吗？罗斯福最善于蛊惑人心，阻止美国参战恐怕是不可能的。日本是一贯坚持三国同盟的，但还是继续努力到底吧。"

一时间，松冈洋佑突然感到，自己对罗斯福的评价是不是有些过分？早在几个月前的4月10日，在莫斯科停留期间，松冈洋佑就曾对美国驻苏联大使说："美国总统是个赌徒,这是一般公认的。因此,美国总统不能为了世界和平劝一劝蒋介石停止战争吗?"

诚然,美国的罗斯福总统老奸巨猾,手段高明,但比起杉山元、永野修身这些战争狂人来说,毕竟还是冷静、理智许多,值得尊敬的。

松冈洋佑无力地瘫坐在带有靠背的椅子上,无奈地屈服了。

日本人把军队派到了印度支那(越南)南部,进驻了金兰湾。

结果,美国人的反应虽然强烈,但似乎也没有松冈洋佑预料的那样严重。他们对日本实施了石油禁运以及半真半假的资产冻结。

直到这时,美国人还没有真正打算与日本开战。

按照美国人的想法,他们现在需要的不是战争,而是依靠战争发自己的财。眼下,他们并不想过分刺激日本,他们不愿在日、美之间爆发战争,他们更不愿日本进攻苏联,他们只愿日本依然被牵制在中国。1941年到来后的大半年里,作为美国的三军统帅,罗斯福总统更为看重的是德苏战场与大西洋的安全。

1941年3月15日和16日,在新斯科舍半岛以东5海里的地方,美国的一支运输船队被德国的两艘巡洋舰击沉。这一事件促使罗斯福总统、马歇尔将军视线重新投向了德国身上。罗斯福认定,大西洋是最关键的地区。5月14日,他在信中安慰丘吉尔说:"除非希特勒能在那里取胜……他最终无法在世界的任何地方赢得胜利。"此前,1941年2月和3月间在华盛顿举行的英、美政府官员秘密会谈中,英国曾强烈地要求美国舰队驶往新加坡,以加强对日本的威慑力量。对此,美国拒绝了。

事实上,让罗斯福感到头疼的还不是与盟友的分歧,问题更多的还是来自国内。

几年来,他为诱导美国人加入战争煞费苦心。

根据盖洛普民意测验,从1939年9月"二战"爆发,到1940年5月德军席卷西欧,长达8个月的时间里,竟有超过96%的美国人反对干预战争,漠视欧洲各国惨遭纳粹的践踏。美国人是自私的,公理和正义比起他们如日中天的美元,几乎一文不值。纵使罗斯福总统手段再多,也无法给这个世界带来和平。

所以,最初的罗斯福只能从外围来威慑日本。

在对日本进行经济制裁的同时,罗斯福总统还实行了一项军事措施。虽然不能参战，但必要的军事威慑还是可以有一些的。1941年8月14日，他命令9架B-17轰炸机取道中途岛、威克岛、莫里斯比港和澳大利亚的达尔文港，开拓通往菲律宾的空中路线。这些轰炸机于9月12日安全抵达目的地，更多的飞行中队也紧随而至。美国计划在1942年3月前布置4个重型轰炸机群，它们将包括272架飞机、68架后备飞机，外加130架P-40高级驱逐机。

这些战机能向北飞行，轰炸日本，在符拉迪沃斯托克（即海参崴）加油后，还可以继续飞往阿拉斯加，然后再飞返菲律宾，美国参谋长联席会议主席马歇尔将军在1941年9月的一次电话谈话中说："这实际上能迫使日本人后退，并将必然阻止他们进攻马来群岛。这或许能使他们认识到，他们不敢贸然进攻西伯利亚。而且，我认为，这在很大程度上可以迫使他们退出轴心国。"

但美国人失算了。他们喜欢冒险与讹诈，可日本人比他们更长于此道。

事实上，包括罗斯福总统在内，绝大多数美国人都未能理解日本人的绝望心情和他们的决心。就像日本人对美国人所表现出来的轻视一样，反过来美国人也低估了日本人的能力。

时间很快到了1941年的10月中旬，美、日两国又在外交谈判中对峙了两个月。

其间，松冈洋佑被逐出了内阁。习惯了集体生活的日本人，似乎不太习惯那些特立独行的个人，石原莞尔富于先见之明，不愿扩大中日战争，很快就被他的上级和下级联手搞了下去；松冈洋佑反对"南进"，而当印度支那（越南）危机爆发后，他又预知日美战争不可避免，和谈根本无望，结果被众人撵出了权力核心。

赶走了松冈洋佑，近卫文麿、杉山元有什么好办法吗？近卫把赌注压在了外交谈判上，杉山元则代表军部要求尽快开战。

正是这个杉山元，7月底他和永野修身一唱一和，威逼政府同意驻军印度支那南部，当时他还认定美、英不会干预，结果却让他丢尽了脸面。现在，他在永野修身的撺掇下，又要不惜对美一战了。

在9月6日的御前会议上，政府和军部达成了妥协，如果进入10月中旬谈判仍然没有任何结果，就立即决定开战。

一个月的时间很快就耗尽了。

这时正赶上日本皇纪2600年。日本政客们天真地把自己看成神的子孙，他们把自己开国的历史追溯到了神话传说的时代。从传说中的神武日皇开始，他们的历史进入了第2600个年头。数字给人一种神秘感，每到一个整百整千的年份，人们总会有些焦虑不安，总觉得会发生些什么，而对于喜欢自我麻痹的日本政客来说，这一点表现得尤为明显。

在中国的华北，自新任司令官冈村宁次以下，侵华日军的华北方面军一个个极其兴奋，叫嚣要在皇纪2600年到来之际，"剿灭"以八路军为主的中国游击武装，以作为对日本皇室的献礼。

在中国沦陷的首都南京，以侵华日军总司令畑俊六为首，也希望在这个特别的年份一举解决中日战争。

而在日本国内，盛大的庆典更是接踵而至。

10月11日，日军在横滨海面上举行了特别阅舰式，同月21日，又在代代木练兵场举行了特别阅兵式。身为大元帅的裕仁，逐个参加了这些仪式。接着，11月10日举行了皇纪2600年典礼。次日，召开了皇纪2600年庆祝会，这些极其盛大的活动都是在皇宫前，在日皇、皇后驾临下举行的。在一次古色古香的仪式上，日本首相近卫文麿宣读了献给日皇裕仁的祝寿词。文章袭用中国古代的四六文体制，对日皇极尽奉承神化之能事：

"天皇陛下聪明圣哲，允文允武，夙绍祖宗之丕绩，宵旰图治，弘文教，整武备，威光所被，昭明之化，遍及天下，亿兆臣民皆浴雨露之惠。方今面临世局之骤变，（我皇）或出六师于异域，或结盟约于友邦，以确立东亚之安定，促进世界之和平。此洵为绝大之盛德，旷古之大业，莫不契合皇祖肇国之宸意与神武天皇创业之宏谟。臣等生享盛世，仰此隆运，不胜感激忭跃之至。"

但命运的玩笑很快就开到了近卫文麿身上。他的祝寿词刚刚宣读完，政治生命再次宣告终结。

连日来，杉山元、东条英机接连造访，质问他为何不履行9月6日的御前决议，立即对美开战？

近卫文麿只是想拖上几天，说服这些赳赳武夫，但东条英机等人并未给他机会。10月14日，陆军大臣东条英机托企划院总裁铃木贞一跑到近卫的府邸传话，公开要求近卫下台。

近卫文麿，这位日本国最为老牌的贵族藤原氏的正派嫡传，此时受制于这些战争狂人，更准确地说，由于他的天皇对他失去了耐心，只好黯然神伤，第三次宣布了内阁总辞职。

近卫文麿倒台之后，内大臣木户幸一便再次走到了前台。

说起来，木户幸一才是真正的实力派，近卫文麿、东条英机、小矶国昭等权力人物都是由他在幕后推举出来的。打一个比方说，近卫文麿、东条英机、小矶国昭等人不过是跳跃在舞台上的木偶，而操纵这些木偶的便是木户幸一。

木户幸一家世显赫，他是明治元老木户孝允之孙，比日皇裕仁大10来岁，少年时代就是皇储裕仁的玩伴兼仆从，因而，他和裕仁的关系非常亲密。在一些重大问题上，裕仁对他几乎是言听计从。

关于继任首相的人选，一开始，企划院总裁铃木贞一认为眼前的局面，只有皇族出面才能控制得了，他主张推东久迩宫稔彦王出来组阁。

东久迩宫是裕仁的远房叔父兼姑父，出身于日本最有势力的皇族伏见宫一系，作为裕仁最为重要的亲信，20年代他曾代表裕仁到处网罗羽翼，参与扶植以"统制派"为核心的昭和军阀集团。1938年还曾率第2军参加武汉会战，在军政各界拥有广泛的影响力。

但对于铃木贞一的提议，木户幸一却当即予以拒绝。

他说："万一在皇族内阁任内发生了日美战争，这就严重了。就是说，把近卫文麿首相由于某些重要原因而不敢实行御前会议的问题，让皇室成员之一的皇族来实行，万一达不到预期的效果时，就怕皇室会成为国民怨恨的对象。"

其实，早在1940年欧战波及到西欧之际，日本皇室就已经预见到日本必然加入世界战争。为避免将来一旦战败由皇室来承担责任，闲院宫载仁亲王、伏见宫博恭王两位皇族就分别辞去了参谋总长、军令部总长的职务，遗缺由杉山元、永野修身替补。要知道，在此之前长达10年的时间里，日本陆、海军其实一直都是由皇族来控制的。

既然皇族要逃避责任，那么就只好推出外人来做炮灰了。

木户幸一看中的人选是陆军大臣东条英机。

东条英机这个人，很多日本人都把他看作一个愚勇、呆板的人物。据说，他脾气暴躁，手段毒辣，权力欲强，深得军部少壮派的拥戴。

10月17日，在专事推举首相人选的重臣会议上，参加会议的10来位前日本国内阁总理大臣，一开始谁也没有想到要把他推举出来。在这些前首相的印象中，东条英机不过一介武夫而已，哪里有什么政治头脑。他们想到了宇垣一成、东久迩宫等人，但谁也没往东条英机身上想。

但绕了一大圈，木户幸一还是把东条英机推了出来。大家见木户亮出了底牌，知道这是天皇裕仁的意思。此时，除了"九一八"事变时的首相若槻礼次郎、"二·二六"兵变时的首相冈田启介还表示担忧外，其他人都默不作声。

当天下午，日皇裕仁召见东条英机，下达了组阁谕令。

谕东条陆军大臣：

命卿组织内阁。当恪守宪法之规定。朕深感国家局势极其严重。此际陆、海军尤应紧密合作。后当再召见海军大臣，以此谕之。

随后在休息室里，木户幸一传达了新的谕令："适聆陛下谕示，陆、海军应协力合作。有关基本国策之决定，陛下旨意不必拘泥于九月六日御前会议决定，应更广泛、深入审度内外形势，慎重予以考虑。谨奉命转告。"

东条英机感激涕零，当即表示要肝脑涂地以报圣恩。

让东条英机就任首相，这完全是裕仁的意思。几天之后，裕仁对木户幸一在更替内阁中所起的作用表示了嘉奖。末了，他神秘地甩下一句："不入虎穴，焉得虎子。"

东条内阁亮相后，相关国家无一例外，都把它视为"军人内阁"。

世界舆论对日本军人素无好感，而东条英机恰恰又是日本军人的代表。东条一上台，美国人就开始对和谈绝望了。

近卫文麿在任的时候，美国人还对日本抱有一线希望，不想把美日关系搞到绝路上去。尽管在9月6日，日本已做出了谈判一旦破裂就立即开战的决定，但至少在文官集团的主导下，谈判还有回旋的余地。但军人内阁的出现，却让和谈那最后一丝微光彻底熄灭了。

也许，到了此时，美、日双方都在拿和谈做幌子，以掩饰各自的战争准备。只不过，美国人做得不露痕迹，而日本人则相对拙劣。

11月1日，东京再次召开了一次军政联席会议。

会议开始之前，从上午7点半开始，东条英机与参谋总长杉山元会谈了大约1个小时。东条英机主张和战并举，而参谋总长杉山元则主张立即开战，两下里意见相左，事情变得糟糕起来。在日本陆军内部，军政和军令系统产生如此严重的意见对立，确是罕见。看来，是战是和，连那些战争贩子们都被弄得焦头烂额了。

战后，很多国家的文字都把东条英机描绘成了一个战争狂人。其实，即便是恶魔，在真正要去荼毒生灵之前，也要先去考虑一下策略问题。

20天之前的10月12日，在近卫文麿的府邸，东条英机拒绝从中国撤军，对面前的近卫文麿首相咆哮道："支那（中国）事变造成数十万人阵亡、数倍于此的遗族、数十万伤兵，以及数百万军队和一亿国民在战场和国内艰苦奋战，同时耗费国帑已达数百亿……撤军产生战败感，影响军队的士气，驻军必须明确规定下来。"

这天，正是近卫文麿50岁生日。进入知天命之年的他，原本要趁着生日的喜庆气氛，说服军部的那些顽固分子。但听了东条英机的话之后，他所有的信心都荡然无存。

眼下，自己做了政府的负责人，东条英机才体味到近卫文麿的不易。但这一切都是谁造成的呢？东条也有些糊涂了。不过，他不能多想，因为联席会议已经正式开始了。

从1日的上午9时一直到次日的凌晨1点半，在这次长达16个小时的会议里，日本的军政要员围绕着三个方案展开了激烈的交锋。这三个方案是：

第一方案，不开战，卧薪尝胆继续备战；

第二方案，立即决定开战，以战争解决问题；

第三方案，在决定开战的前提下，作战准备与外交谈判同时进行。

一开始，有人按照第一方案，主张答应美国的要求，从中国和法属印度支那（越南）全面撤军，放弃大部分侵略所得，恢复到1937年7月以前的状态，进而卧薪尝胆，韬光养晦，待羽翼丰满后再与美国决战。

对此，军令部总长永野修身第一个跳出来表示反对：

"这是最下策。美国将日益加强军备，加强包围圈，加强援蒋援苏活动。而日本却越来越软弱下去。和战的主动权总是掌握在美国手里，日本的国防危险万分。目前想特别请大家理解和认识的根本问题是，日本对美战争的时机就在眼前，失去这个机会，战争的主动权就将任凭美国来掌握，而不再归我掌握。"

藏相贺屋兴宣承认永野修身的话有道理，但又害怕陷入持久战。他说：

"当然，那时南方的战略要地已经归我占有，但两年以后，即美国发动决战时，我方就将在军需和其他方面遭受许多困难，所以我认为没有确实的把握。不知诸位见解如何？"

永野修身表示他主张战争也是迫不得已的：

"军令部本来是想极力避免日美战争的。后来，世界形势的演变和政府的施策使事态发展到目前这种进退维谷的局面。事到如今，军令部只好认为日美战争已经不可避免。既然对此有了精神准备，所以正在寻求万全之策。关于日美战争的前景，前天已经说过，如果敌人企图打短期战争，这是我们最希望的。我方截击敌人，确信可以取胜。但是战争不会就此结束，十有八九将会变成长期战争。在打长期战争时，战争的第一年和第二年，由于确立了打长期战态势的基础，这一期间有胜利把握。三年以后，将根据海军力量的保持和增强，国家整个的有形无形的军事力量以及世界形势的演变等条件来决定胜负，所以无法预测。"

反对马上对美开战的外相东乡茂德，适时抓住永野修身最后一句"三年以后无法预测"这个漏洞，说明国际形势的不利，不主张以战争解决问题。

最为死硬的主战派是参谋总长杉山元，他见众人疑虑重重，便细数开战的好处：

"通过南方作战占领菲律宾、荷属东印度、新加坡、缅甸等地，其结果，一向依靠英、美支援继续抗战的支那（中国），受援路一被切断，很有可能被迫放弃抵抗的念头。对于苏联，利用冬季进行南方作战，可以使北方的威胁得到缓和，下年春季以后可以采取适当措施。所以在战局上目前无需作过多的考虑。"

听着杉山元不负责的胡乱假设，不少人微微摇头、叹气。身为负责财政的大藏大臣贺屋兴宣对军人们急于建功的心情根本不加理会，他和杉山元、永野修身两人针锋相对，一发话就像一桶凉水浇在了两人身上："如果作战两年还有信心，三年以后就没有把握的话，那么一旦日本海军打了败仗，就将无法确保南方资源，另外也很难说两年后支那（中国）一定会垮台。如果能估计到两年内的情况，那么第三年以后的情况不是大体上也可以估计出来吗？"

对此，永野修身只是一再重复，能负责任答复的就是上述那些。

作为新任政府首脑，东条英机见外相、藏相和军部如此对立，既不能表态，也不知究竟该如何决断是好，只得对军部的意见做了一个总结。他说：

"政府谅解，统帅部能负责任阐明的范围，只限于开战后两年内有胜利把握，第三年以后则无法估计。"

没有人会傻到听不懂的地步，谁都知道，以这样小的把握，开战的风险无疑更大。

沿着东条英机的思路，东乡茂德进行了最后的劝阻：

"美国正在进行备战，但军需生产尚未得到扩充。所以美国不致先挑起战争。至于欧洲战争结束后各国会联合起来对日施加压力的说法，不过是庸人自扰，并不足取。因此我认为，如果日本卧薪尝胆不先动手，美国不会立即进攻日本。"

但日本军人却不具备文官的思维，永野修身认为冒险更符合当前的实际：

"语云：'勿图侥幸。'将来的事现在还不清楚，但统帅部不能设想敌人不来进攻就高枕无忧。如果再过三年，美、英在南方的防御力量就将日益增强，而且其军备也将更加雄厚起来，那时我们将更加困难。"

此时，永野修身的思路拐到了过去。日清战争（中日甲午战争）、日露战争（日俄战争）都是靠冒险取胜，日本之所以能进入列强俱乐部，就是拿国运做赌注而换来的。如今，日本的国力已是今非昔比，再冒一次险也未为不可。

但永野修身错了，他没想到，中日甲午战争并非是与中国举国作战而取得的胜利，而是仅仅击败了李鸿章所统帅的淮军。至于日俄战争，由于当时俄国爆发了托洛茨基的革命运动，才给了日本可乘之机。

听了永野修身的谬论，贺屋兴宣叹了口气，知道再说无益，便改口问道："那么，什么时候开战能够取胜呢？"

永野修身回答得很干脆："就是现在。机不可失，时不再来。"

杉山元见永野表明了态度，立即信心大增，他不顾和东条英机的意见分歧，主张立即开战："我认为，在此期间通过外交谈判调整邦交几乎是不可能的。与其这样，莫如现在就根据第二方案下决心开战，把整个外交谈判作为寻找开战的借口和掩护军事企图的工具倒较为合适。"

杉山元和永野修身这两个最著名的战争贩子，事实上也并非一窍不通，他们也清楚，局势发展到了这种地步，已经没有挽回的可能了。美国的要价太高，日本如果按照美国的要求，放弃大部分侵略所得，恐怕绝大部分日本人都不会答应。况且，既然最终不免一战，那么对于石油储备等战略资源正在一天天减少的日本来说，只有尽快开战才能在开战之初就把握主动权。在决战到来之际，要想以小博大，以弱胜强，唯一的选择就是先发制人。

参谋次长冢田攻犹豫再三，下定决心站起身来突然大声插了一句："希望把重点放在事关国家兴亡的作战问题上，放弃外交谈判的念头，立即下决心开战。"

东乡茂德和贺屋兴宣交换了一下意见，然后说道："在下这样的决心以前，还是希望想方设法进行最后的谈判，这是一赌拥有2600年历史的日本国运的生死关头。那种掩饰军事企图的外交谈判不能搞。"

一方非要开战，一方坚决反对，作为政府首脑和陆军代表，东条英机左右为难。最后，双方之间又是一个妥协，事情又回到了近卫文麿下台前的状态。会议的结果和9月6日的决定如出一辙，就像上次决定要在10月中旬对美开战一样，这次又把开战的日期延迟到了12月1日零时。

11月2日傍晚，迎着深秋的冷风，东条英机、杉山元、永野修身3人走进了肃杀的宫殿内。在天皇跟前，东条英机声泪俱下，将会议的结果报告给了他们的天皇。

得到这个结果，不知道裕仁作何感想。近卫文麿就是因为出现了这个结果而两次倒台，东条英机又能比近卫强上几许呢？

3天之后，再次召开御前会议，裕仁决定"决心对英、美、荷一战"。而两个月前的9月6日，在那次御前会议上，裕仁批准的奏议是"不惜对英、美、荷一战"。二者并没有什么不同，内容也如出一辙。

绕了一个大圈子，事情又回到了原点。

接下来的一个月，美、日两国的外交人员你来我往，煞有介事地进行着一次次的外交谈判。

美国人明白，战争已经不可避免，但他们希望不要来得太早。日本人还存有些许的侥幸心理，希望美国人没有发现他们的企图。

双方都想在战争最有利于自己的时机爆发。

谈判拖到11月27日，日本收到了赫尔备忘录的全文。在此之前，日本驻美武官已经打来了报告，介绍了赫尔备忘录的要点，并指出谈判已经完全无望。日军大本营和政府在27日的联席会议上，定于12月1日召开御前会议，决定日本的最终命运。

赫尔备忘录要求日本无条件放弃一切侵略所得，废除日、德、意三国条约，恢复到1931年之前的状态。

日本人恼羞成怒，认为这是美国人对日本帝国的羞辱。可是，他们从未想过，他们想要的结果岂不是对中国的羞辱？

昨天，也就是11月26日，美国总统罗斯福得到陆军部长史汀生的报告，侦悉日军的5个师团在上海港外上船，航赴台湾以南。其实，从11月6日开始，日军大本营就已经分别向中国派遣军、南方军、南海支队下达了攻占香港与东南亚各要地的作战命令。接到命令后，南进各部队纷纷潜往预定的作战地区，进入了战备状态。当然，如果谈判出现转机，这些部队也许会停止行动，掉头返回。

得到这个报告后，罗斯福大为震怒，当下就对日本人失去了所有的耐心，他愤愤地说道："这正是日本方面背信弃义的证据。"联想到这两天蒋介石的抗议与愤怒，丘吉尔的期待与不满，罗斯福痛下决心，不再对日本抱有任何希望，一天之后就通过赫尔备忘录，宣告了日、美谈判的破裂。

其实，出现这样的结果，关键还在于越来越多的美国人已经醒悟过来，他们了解到了日本人欲壑难填的本性。

在日、美进行谈判的最后一个月里，日皇裕仁的战争机器甚至对瓜分世界都做了一番计划。按照他们的设想，在第二次世界大战中，日本将和德国平分整个世界。如果战争取胜，日本将获得包括印度在内的印度以东直至加勒比海的广大地区。

至于美国，投降后将在名义上保留落基山脉以东地区的主权，而由日本任命的阿拉斯加总督，将统治艾伯塔、英属哥伦比亚和华盛顿州。

而最终，在这一切得以实现之后，日本就会和德国展开一场终极战争。这场战争结束之后，就会出现一个由日本主导的单极世界。

弹丸小国日本竟有如此大的野心，真不知他们的底气从何而来？越来越多的美国人开始支持总统的想法了。在这几个月里，已经有超过60%的美国民众倾向于不惜一战。而仅仅在一年前，罗斯福在竞选第二次连任时，还不得不屈从民意，竭力把自己打扮成一个孤立主义者。

如今，赫尔备忘录终于让美国迈出了关键的一步。

当然，这个备忘录被日本人看成了最后通牒，他们早已失去了耐心，他们要行动了。

12月1日午后2时，凛冽的寒风在东京的街头呼呼作响，一幢幢木质建筑也跟着狂风，开始微微颤动。路边高大的乔木裸露着黑乎乎的躯干，还未掉落的两三片枯叶在枝头上不住地发抖，好像随时都会掉落。路上行人稀少，今天不是个适合出行的日子。连太阳都被吹得浑黄不明，行人们裹紧了外套，把头缩进外套里，顾不上打量对面的过客，一个个迎面错开，走向了相反的方向。

东条英机、杉山元、永野修身、东乡茂德、贺屋兴宣这些日后的甲级战犯、战争的发动者，此刻正缩在温暖舒适的轿车里，呆望着车窗外的街景。

"获得此等荣誉重于泰山，肉身之死则轻于鸿毛。"

"枪身上刻有菊花徽章，即是陛下所赐，爱护它要胜于爱护生命。"

车队靠近了戒备森严的皇宫，近卫师团的兵士肃立在寒风中背诵《军人敕谕》。

到底是青年军人，底气充沛，声彻云霄，东条英机等人找回了年轻时的感觉。对于《军人敕谕》，东条等人再熟悉不过。它是明治十五年（公元1882年）由陆军大佬山县有朋等人起草，日皇明治颁给军人的诏谕。

今日，再次听到这些熟悉的训词，东条英机等人不禁感慨万千。"肉身之死轻于鸿毛"，死亡不过是进入了下一个轮回，能够为皇国尽忠而死，岂非是三生有幸？今日，即将决定日本的生死存亡，这些人心中不免多了几分悲壮。

走进皇宫东一厅，早有内大臣木户幸一迎在那里，大家各自落座，等到日皇裕仁在北边的台级上南面而坐后，大家又不觉把身子挺了挺，各自盘算着讲话的分寸。

会议的基调早已被定了下来。毫无疑义，今日决定开战，所要确定的仅仅是开战日期和细节。

不过，参加御前会议的要员们，知道天皇对开战还是有些疑虑。

此前一天，日皇裕仁专门召见了他的年仅26岁的幼弟三笠宫亲王，就对美开战征询他的看法。

1934年在日本陆军士官学校时，三笠宫的老师便是那个日后出了名的战争狂人辻政信大佐。两人臭味相投，当时就结为至交。毫无疑问，三笠宫并不是个和平使者，他的态度再明显不过。

本来，东条英机、杉山元、永野修身这些武夫一再叫嚣开战，木户幸一、东久迩宫这些亲信也是出了名的好战分子，决策的天平早已倾斜。可一旦想到拿国运做赌注，裕仁的心中也是纠结不已。

"打虎亲兄弟，上阵父子兵。"此时，生性多疑的裕仁对外人实在不能放心，索性就把亲兄弟找了过来。

其实，他完全可以找来他的那个颇有才气的大弟秩父宫雍仁亲王。

7月份，秩父宫一派的头号智囊堀场一雄就任总体战研究所负责人。经过两个月的研究，堀场一雄预言："南方战争的本质是长期战，国力不堪负担，而且在长期战中苏联定将起来，国家就将无法对付。"

然而，且不管秩父宫的主张到底有没有远见，单就"秩父宫"这个名字就让裕仁心生嫉恨。

日本皇室由于长期近亲结婚，以致出现了很多难以对外人言的遗传病。作为日本皇位的头号继承人，裕仁也承继下来了家族遗传的拖脚病。如果他的其他兄弟也是如此，他的心理也许能平衡一些。可那个比他仅仅小1岁的大弟秩父宫，却偏偏没有这种疾病。毫无疑问，这是个要命的反差。更要命的是，秩父宫开朗聪敏，热衷体育，得到不少人的暗中拥戴。

他们的师傅、日本著名的"战神"乃木希典对秩父宫表现出一种发自内心的偏爱，这让裕仁嫉妒得发狂。

明治皇帝晏驾之际，新皇嘉仁登极，年号大正。以乃木希典为首，一些人极力推举秩父宫为皇储。最终，乃木败北。为避免将来受辱于裕仁，乃木便以追随死去的皇帝为名，沐浴之后在明治皇帝的签名照片前剖腹自杀。

这一切更让裕仁对自己的大弟心生嫌忌。

弟兄之间常常为了财产继承反目成仇，更何况是无上权威的皇位。

其实，即便是兄弟之间没有隔阂，裕仁也不大可能改变开战的决策。

裕仁在少年时代，一边接受了盛行一时的社会达尔文主义，一边又带着强烈的优越感，把他的老师杉浦重冈的话牢牢记在了心里。

杉浦重冈说："欧洲产大米甚少。亚洲的几个国家盛产大米，但质量很差，不能与我国的大米相比。因此，我对世界的其他部分，尤其对欧洲人，表示惋惜。"

尽管连他的盟友希特勒都毫不客气地将日本人视为次等民族，但裕仁还是固执地相信，既然在日本这片土地上盛产着人间最为优质的大米，而欧美人连质量较差的大米都吃不上，那么又怎能自诩为上等民族呢？多么怪诞的理论。

这个想法在他的心中冲撞了多年，也纠结了多年。现在美国人咄咄逼人，寸步不让，他难道不该用战争来了却这个心结？

为慎重起见，11月29日上午，他不顾东条英机的反对，召集重臣共进午餐。参加午餐会议的重臣有8名前首相、1名议长、5名政府首脑，他们是前首相若槻礼次郎、平沼骐一郎、广田弘毅、近卫文麿、林铣十郎、阿部信行、冈田启介、米内光政以及政府方面的东条英机等人。众人一边小心翼翼地咀嚼饭菜，生怕触犯了皇家的仪轨，一面应付着裕仁的各种询问。话题很快就转到了是否对美开战的问题上。

结果让裕仁更为纠结，重臣们不是委婉地表示反对，就是含糊其词模棱两可，明确表示支持的，只有广田弘毅以及阿部信行、林铣十郎三人。裕仁食之无味，匆匆吃过了饭便把这些人打发走了。

然而，他必须最后拿定主意。箭在弦上不得不发，此时再走回头路已经不可能了。既然自己的皇祖父在国力微弱的情势下还能击败清国（中国）与露国（沙俄），难道自己就不能创造更大的辉煌吗？

裕仁野心勃勃而又优柔寡断，是战是和举棋不定，其结果只能让这最后一次御前会议来决定了。

大殿内，东条英机第一个作了御前发言。他的声音短促有力，作为天皇的大臣，

第七章 丰年好大雪

头脑出不出众不太重要,关键要坐有坐样,站有站样,仪容威严,声音高亢。东条英机完全符合这个标准,他的声音在大厅里回荡着:

"美国要求帝国无条件接受赫尔备忘录,如果帝国屈服于美国的压力,则不仅将丧失帝国的威信,不能完成结束支那(中国)事变的使命,而且结果势必使帝国的生存和独立也陷入危险境地。因此,十分明显,依靠外交手段已经完全不能贯彻帝国的主张。另一方面,美、英、荷、支(中国)等国愈发加强其对我国的经济、军事压迫,无论从我国国力的角度来看,还是从作战的重点来看,都绝不能允许这种状态继续发展下去。尤其作战方面的要求,更不允许再继续拖延时间。事已至此,为了打开目前危局,以求生存和独立,帝国已到了不得不对美、英、荷开战的地步。

"支那(中国)事变已经4年多,而今又将毅然开始大规模战争,使陛下操心,实在感到不安。但仔细想来,我国现在的战争能力反比支那(中国)事变前有所充实,陆、海军官兵的士气愈加旺盛,国内团结愈加巩固。举国一致,誓死奉公,足以克服国难,这是我坚信不疑的。"

挤压着胸腔里的气流,东条英机声音高亢。此时的他,无法想象此后4年不到,日本帝国便轰然倒塌,万劫不复。

接着,外相东乡茂德、军令部总长永野修身、枢密院议长原嘉道依次发言,鼓吹开战的必要性和正义性。

和惯常一样,极少参与御前讨论的日皇裕仁,终于作出了对美、英、荷开战的决定。此时,时间的指针定格在公元1941年12月1日16时。

至此,经过3次御前会议,历时3个月,日本人终于定下了开战的决心。

随后,参谋总长杉山元和军令部总长永野修身并排走到裕仁跟前,由杉山元上奏,就开战日期请求裕仁的批准。

裕仁批准了杉山元的上奏。

开战的日期定在了12月8日。

东京时间12月8日凌晨1时40分,当御学问所里高频率收音机响起激昂的流行音乐时,内大臣木户幸一匆匆走了进来,他带着颤音,向仰卧在躺椅上的裕仁报告说,一支特混舰队已经向马来亚的克拉地峡实施了炮击。

1个小时45分钟后，当克拉地峡黑暗的森林开始涌入大批日军的时候，正在享受早茶的珍珠港美国海军官兵们，刚刚迎来一个新的美丽的星期日。但很快，他们就跌入了无边的死亡地狱。

袭击开始后的25分钟内，美军太平洋舰队至少有90艘舰艇遭到了打击，其中大多都沉入了海底。当天的袭击，共造成2403名美国人丧生，其中绝大部分为军人。

上午7时，日军大本营以临时"新闻"插播节目，发布了日本陆、海军于该日拂晓，在西太平洋上同美、英军队进入战争状态的消息。

稍后，第一批500多名日军攻入了菲律宾的巴坦半岛，麦克阿瑟品尝到他军事生涯中的第一次惨败。

11时37分，日皇裕仁批准宣战布告。11时40分，宣战公告同时用无线电广播的形式，对美、英、荷三国正式宣战。

午后，在武力的威逼下，泰国对日军敞开了大门。

午后3时30分，日军第38师团开始攻击香港，并在几小时后进驻租界。

就这样，战争以日本的大获全胜开局了。正如4年前攻陷中国的首都南京时的情景一样，日本国内陷入了空前的狂欢之中。此后的几年里，日本新生儿的名字中，大多有"征"字和"胜"字。

一时间，山本五十六成了日本的英雄，至今仍为一些人，尤其是日本人所推崇、礼赞。

但对于这次偷袭行动，包括执行者山本五十六在内，很多日本军人都发出了不同的声音。海军的一个预备役军官说："这个行动犹如当你在为河马筑堤围坝，在排放堤坝内的一半存水时，却又对它刺了一枪。"激怒河马后果很严重，那激怒美国呢？

袭击开始前的11月11日，山本五十六给他的一个前辈写信说："我发现我的处境是多么奇怪，我现在不得不在一个与我个人信念截然相反的决定中领头带路。我别无选择，只有全力前进。"山本很有先见之明，他知道自己是个可笑的悲剧英雄。

而之前几天，当即将发动奇袭的消息由日本驻罗马大使遮遮掩掩地通报给意大利外交部长齐亚诺后，这位墨索里尼的女婿一回到家，就在日记中感叹道："这意味着罗斯福的策略得逞了。"

他们的担忧成为了现实。

珍珠港事变爆发的当天,美国总统罗斯福向国会提交了一篇战争咨文。他面色凝重,台下的议员们一个个屏息凝视,听他说出了第一句话:"昨天,1941年12月7日(美国时间)——是一个奇耻大辱的日子——美利坚合众国遭到了日本国海、空军蓄谋已久的突然袭击。"他动员美国人民全体参与战争,要求对日立即宣战。美国的参议员除一票反对外,其余全部通过了开战决定。

事变的消息传到英国后,英国首相丘吉尔极其兴奋地写道:"就在这个时刻,我知道美国已经参战了,并且已经深深地卷进去了,只有拼死一战。我们毕竟胜利了……希特勒的命运已经注定了。墨索里尼的命运也已经注定了。至于日本人,他们将被碾得粉碎……我百感交集,躺在床上为我们的得救和感恩安然睡了一觉。"

事后,在一次国际会议上,罗斯福对丘吉尔和斯大林说出了自己的心里话:"要不是日本人进攻,要使美国人民卷入战争是有很大困难的。"

毫无疑问,日本人在战术上获得了空前成功的同时,在战略上却一败涂地。日本人所谓的胜利与辉煌,也只如流星划过天空,耀眼却短暂。

◎ 武士并无道:大规模的细菌战

"731部队"这个让中国人刻骨铭心的名词,其实出现得很晚。

自1933年日军在中国的东北建立这支细菌战部队开始,直到1938年,很长一段时间内,它的名字一直是以部队长石井四郎家乡的名称来命名。石井家是千叶县加茂村的大地主,细菌部队的雇员也多来自加茂村,因而早期这支细菌部队便被叫作"加茂部队"。1938年9月,"加茂部队"正式迁移到平房,它的名字也被随之改为"东乡部队"。这是因为,部队长石井四郎的崇拜对象便是日本海军名将东乡平八郎。到了1941年8月,为加强隐蔽性,"东乡部队"才被更名为"满洲第731部队",下辖满洲第643部队、满洲第162部队、满洲第673部队、满洲第543部队4个支队,分驻牡丹江、林口、孙吴、海拉尔4个地区,人员编制超过3000人。"731部队"这个建制在历史上虽然仅仅存在了4年，但却成了人类文明永远涂抹不去的耻辱。此外，由于这支部队差不多成了恶魔石井四郎的私人部队，因而又被许多人称为"石井部队。"

在很多人的想象中，像石井四郎这样的恶魔，应该也和那些死硬的军国主义分子一样，蔑视肉体崇尚死亡，可事实上却并非如此。

与敢于实施各种泯灭人性的活体实验、无视他人生命相反，此人爱惜自己，却贪生怕死到了极点。吃香瓜时，石井四郎会掏出一块消毒棉，用5个手指捏着，小心翼翼地在瓜皮上擦了又擦。有一次在火车上，有乘客见他总是先用消毒棉擦净手指，然后再拿起苹果吃，就把他当成了苏联间谍而加以告发。而好色成性的他，在玩弄那些年轻漂亮的艺妓时，总是先要用消毒棉擦净她们的身子，或者泼上一杯清酒，对那些艺妓进行消毒。

洁癖让他有些变态。不仅如此，石井四郎还是个日军中罕见的贪官。一直以来，像东条英机、辻政信这些昭和军阀的代表人物，虽然都是些嗜杀好战之徒，但还能做到清廉不贪。而石井则不然。当时，日本陆军中央每年拨给731部队的款项都要超过1000万日元，但每年结余的二三百万日元的巨款都会不翼而飞。石井掌管细菌部队将近10年，聚敛之巨可想而知。要知道，当时的日元远不像今天这么毛，当时日军每年的军费开支不过100亿日元，而摊到每个野战师团身上的年度预算也不过是几百万日元。也就是说，他一年贪占的钱可以达到二三万人的一个师团一年的军费，这是何等庞大的一笔费用。在日本，石井可算是空前绝后的大贪。1942年8月，日本军部在查实石井的贪污事实后，立即将他由浙赣会战的前线召回，免去了其731部队部队长的职务。

可笑的是，石井四郎冒险贪来大把的钞票，便疯狂地外出嫖妓。石井常常白天睡大觉，晚上连副官也不知会一声就溜到长春去眠花宿柳，有时甚至还跑到沈阳，一去就是好几天。如果恰在此时关东军司令官发来了紧急通知，他的副官就会派出亲信到长春的大街小巷，盯着酒馆的招牌逐家查访石井的踪迹。每进入一家酒馆，副官们就会问上一句："石井部队长在这里吗？"

不过，就是这样一个充满矛盾的角色，头脑却出奇的优秀。如果他能把才华用在和平事业上，也许会成为一个杰出的学者。但他却偏偏把才华都用在了人类最邪恶、最卑劣的行动上，就必然蜕变成了一朵恶之花。

石井四郎在鼠疫菌寄生跳蚤的体内，发现了存在保护膜保护这一科学现象，发现了跳蚤继续繁殖的理想周期。毫无疑问，这是医学史上的重要发现。这个成果如果能在医学上得到和平开发，那么鼠疫这个人类防疫的顽疾就会很快被克服。

但结果却恰恰相反，石井四郎把它开发成了杀人利器。

在高倍显微镜下，鼠疫杆菌呈长条状，霍乱菌呈蝌蚪状，而伤寒菌则像浑身长毛的毒虫一样。在实验室里，它们即便不被人看作什么可爱的小玩意，但至少不会把它和杀人的武器联系起来。

历史上，在文艺复兴以前，欧洲曾经历过一场毁灭性的鼠疫。那场灾难，造成了几千万欧洲人丧生，使欧洲锐减了超过1/3的人口，在欧洲人的心中留下了极为惨痛的记忆。欧洲人提起那场灾难，都会情不自禁地把它叫作"上帝的惩罚"。

基于这个惨痛的记忆，欧洲各国都严禁鼠疫武器的研发利用。

但在这个星球上，日本人似乎总是一个例外。他们无所顾忌，为了目标什么手段都可以拿出来使用。

既然部队长石井四郎对鼠疫菌情有独钟，制造鼠疫武器就成了731部队的首选。

为最大限度地发挥病菌的杀伤力，石井部队穷极各种不可告人的卑劣手段，最终发现跳蚤是最佳的传播物。

跳蚤的活动能力自不必言。它生命力强，繁殖速度快，活动范围广，移动速度快，只要能让跳蚤感染上鼠疫杆菌，加以培育，再投放到作战地带，细菌战就能收到不可估量的效果。

为此，日军的细菌部队在东北发了疯一般到处征集老鼠，以尽快生产出成百上千公斤的鼠疫跳蚤。

他们先把通过人体试验得到的高毒性鼠疫杆菌注射到老鼠的身上，然后捉出一两只放到一只铁罐里并牢牢捆住，接着往里面投放跳蚤。这些饥饿的跳蚤一旦进入铁罐，就会凭着直觉吸附在老鼠身上，不断地吸血，不断地繁殖。在731部队里，这样的培养铁罐竟有4500多个，短短两个多月的时间就能生产出几十公斤的带菌跳蚤。

几十公斤是个什么概念？今天的人居室华美而又卫生，很难见到那些让我们的祖辈烦恼的跳蚤。根据笔者的模糊记忆，它的个头大概要比鼠标箭头（光标）还要小上几圈，而且在饥饿状态下，分量也会很轻。几十公斤的跳蚤，总该有几千万只吧。把这些鼠疫跳蚤一次性投放到人口密集的城市街区，其结果想来也令人恐惧。

但这却是日本人所希望看到的。

从1939年开始，为取得不战而胜的战果，日军在中国大地上前后进行了几十次细菌战。

1939年夏秋之交，为阻滞苏军的机械化部队，石井四郎亲率一支200人的细菌战部队，在诺门坎一带投放了大量的细菌武器，但对于地广人稀的草原地带，细菌战的效果并不理想。

次年，从9月18日到10月7日，又是石井四郎带着100人对中国的浙江省进行了6次细菌战。此战的恶果，致使宁波市内最为繁华的一条大街成为死亡之街。在此后的二三十年内，宁波市内这条名为"开明街"的大街，因为无人居住，而被宁波人称为"鼠疫大街"。而邻近的义乌市，一年之后疫情开始爆发，直到1943年，疫情仍在周边地区流行。

可以说，在原子弹还未用于实战之前，细菌武器便是最为恐怖的杀人武器。

这次，他们的目标是常德。

常德，这座洞庭湖西畔的湘西北重镇，地处湘、鄂、黔、川四省交界。在宜昌失陷后，常德就成为第九战区与第六、第五战区的后方联络线。更进一步说，它还是陪都重庆与整个南方战线的最重要的交通枢纽。通过这里，湖南的大米可以被源源不断地运往湖北和重庆，而来自重庆的补给，也由此运往第九战区。

对于中国来说，常德是如此重要，日本人早已看在眼里。第二次长沙会战后，日军便把打击的目标锁定住了常德。

同长沙一样，常德注定要成为一座英雄的城市。不过，就像长沙经历了一场"文夕大火"一样，常德一开始先是一场飞来的横祸。

为阻断常德这个交通枢纽，731部队派出以第二部细菌试验部部长太田澄大佐为首的100多人，其中包括30多名日本的医学专家，在1941年对常德进行了两次细菌战。

11月4日，趁着湖南秋冬、季节晴朗少雨的天气，731部队的远征队由南昌出发，再次飞到了常德上空。

关于这天731远征队的行动,日军参谋本部派往中国派遣军的联络参谋井本熊男在其日记中写道:

> 接到目的地方向天气良好的报告,增田美保少佐驾驶97式轻型轰炸机于5:30出发,6:50抵达目的地。因浓雾,所以降低飞行高度进行搜索。800米高空出现云层,于是决定在1000米以下实施投撒。投撒过程中盛装投撒物的箱子展开不充分,最后将其投入洞庭湖内。投撒物为鼠疫菌跳蚤36公斤和一些准备一同投撒的谷物。
>
> 11月6日,常德附近出现中毒事件(日军一飞机在常德附近进行投撒,接触了投撒物的人都有强烈的中毒反应)。
>
> 11月20日,爆发大规模鼠疫,各战区均全面收集卫生防疫材料。

执行投弹任务的增田美保,同大多数日本陆军官兵狰狞的形象大不一样,至少从外表来看并不是什么凶神恶煞,相反还有几分英俊,并且增田美保拥有医学博士的头衔,但身为细菌战的执行者,当他把罪恶的种子撒向人间时,他就变成了丑陋阴险的恶魔。

几千万只跳蚤以及有毒谷物投撒到了常德市区,日本人就像农民播撒种子那样自然,尔后狞笑着飞离了常德上空。不久之后,一切确如井本熊男所说,常德爆发了大规模的鼠疫。

在接下来的几个月里,一群群穿白大褂的防疫人员频频出现在常德街头。在大街两旁密密麻麻的小巷里,他们紧张地进进出出。街上的市民可以清楚地看到,他们每人一手紧握一根细长的金属管,一手攥紧一个便携式的手压泵,不住地用手挤压着。水压泵喷出的水柱很急,大街小巷像下了雨一般,到处湿漉漉的,空气中弥漫着刺鼻的药水味儿。市民们明白,这是医疗救护队在喷撒灭菌药水。

自从11月4日日军飞机光顾常德8天之后,城内就开始莫名其妙地死人。

11月4日那天,是农历的九月十六。早晨破晓时分,大雾弥漫,睡眼惺忪的市民突然听到了尖利的空袭警报。

他们匆匆穿上衣服，一个个翻身下床，寻找躲避空袭的安全处所。

他们透过遮蔽物的缝隙看到，一架日军的巨型飞机由东向西低空飞来，在市区上空盘旋三周后，迅速由西门外折返回市中心的上空。

很奇怪，日军的这架97式轰炸机并没有投下炸弹，而是自飞机的两翼急速坠下一股股烟气。

很快，市民们就知道了那些烟气是些什么东西。空袭警报解除后，市民们战战兢兢地跑了出来，看到满地的谷子、麦粒、大豆、高粱以及烂棉絮块、碎布条、稻草屑等物。这些东西，从市内的鸡鹅巷、关庙街、高山巷、法院街一直到东门外的五铺街、水府庙一带，布满了大部分城区。

市民们虽然不知道它们到底是些什么东西，但也清楚日本人绝对不会安什么好心，要给中国人送来什么救济物资。

人们凭着直觉，把这些破烂扫集归拢，除警察局提走一点以备检验外，其余均就地焚毁。随后，常德地方政府立即将情况通报给湖南省政府，并派专人将两瓶毒物送往长沙化验。与此同时，常德警察局又将日机投下的一包谷麦，就近送往东门外的广德医院进行了化验。

次日，广德医院的化验结果显示，日机空投物中有类似鼠疫杆菌存在。于是，急电省卫生处报告详情，请他们即派专家前来检验，并指导防治工作。

接下来的几天，没有发生人员感染的情况，常德方面没有进行消毒防疫，长沙方面也并未太在意。

但常德的老鼠却一只只都病了，它们最先成了日本人投放病菌的受害者。

老鼠是一种极其机敏的动物，它们之所以能在人类眼皮底下建立一个地下王国，靠的就是它们超强的生存能力。然而很奇怪，今天它们竟然也和人类一样，流行起了瘟疫。

死去的老鼠在大街上随处可见。有的病鼠步履蹒跚，见到行人也不躲避，以致不少被行人践踏而死。显然，它们死前非常痛苦，身体极度虚弱。不过，它们在垂死之际爬来爬去，到底在寻找什么呢？市民们街谈巷议，惊疑布满了每个人的面孔。但由于还未有人出事，并且日机投放的东西几乎都已被焚烧一空，所以大家也只是表示奇怪而已，并没有意识到一场灾难即将降临。

第七章 丰年好大雪

现在的我们都清楚，得了病的老鼠燥热难耐，它们爬来爬去，是在满城找水。就在它们找水解渴的这段时间内，常德城的水源遭到了病菌污染，常德的大街小巷爬满了有毒的跳蚤。

老鼠死得差不多了，接着就是人类了。

第一个染病的常德市民叫蔡桃儿。

这是一个美丽的名字，名字的主人刚刚12岁，豆蔻年华，她是关庙街一个铁匠的女儿。12日早晨，母亲背着她来到广德医院急诊。

昨天晚上9时，蔡桃儿刚刚爬上床铺休息，忽然浑身寒战，发起高烧，在周身疼痛中哭闹了一夜。一大早，身为铁匠的父亲或许由于活计太多而脱不开身，更可能的是他以为女儿得的仅仅是普通的感冒，父亲还是把责任都推给了妻子，让妻子一个人把女儿背进了广德医院。

毕竟是十几岁的少女，体重少说也有六七十斤。当母亲把蔡桃儿背进医院的病房时，已经是大汗淋漓了。母亲一边操起袖子为女儿擦汗，一边喘着粗气向医生解释着昨晚所发生的一切。

医生感到事情蹊跷，当即取出针管，在蔡桃儿身上抽取了少许血液以及腹股间的淋巴结液。在提取物涂在玻璃片上进行染色检查后，医生惊恐地发现，玻璃片上竟有少许两极染色较深的杆菌，与日机空投物中所发现的杆菌极其相似。联系到蔡桃儿所在的关庙街一带正是日机投下谷物最多的地方，而连日来大量出现死鼠，医生据此判断，蔡桃儿得的正是鼠疫。

医生所担忧的最坏的状况出现了。他们知道，只要有第一例人类患者，紧接着就会像洪水决堤一样，出现大范围的感染者。

他们不敢怠慢，当即就把蔡桃儿送进了隔离病房。

那个年代，鼠疫几乎就是绝症。当时在全世界范围内，恐怕只有通过活人而进行实验的日军第731部队才拥有相应的疫苗与血清，普通的受害者一旦得了这种怪病，即便是进了医院，也只有听天由命的份儿。

12日夜，蔡桃儿病情恶化，辗转到13日上午9时，蔡桃儿在她的人生花季还未到来之前，就过早地凋谢了。此时，距离蔡桃儿发病仅仅不过36个小时。

蔡桃儿死后，鼠疫如洪水决堤一般，在人群中蔓延了起来。

先是在关庙街、鸡鹅巷一带，连续有多人发病猝死。其中，蔡桃儿的母亲和女儿接触最多，没有几天就紧随女儿而去。

紧接着，疫情在整个市区爆发了。染病人数一天天增多，平均每天都在10人以上。发病后，往往是一人感染，全家遭殃。

事态严重到这种地步，湖南的卫生部门再也不能坐视不理了。其实早在11日，在常德方面的一再请求下，湖南省卫生处就派出了一个50多人的医疗防疫队。到达常德后，他们立即召集市区各机关、团体、学校代表开会，宣布成立常德联合防疫处。会上，他们制定了七项措施对可能爆发的疫情进行控制：

（一）迅速设立隔离医院，收治发热和可疑的病人。同时向全市人口进行预防注射，并发给注射证。

（二）敌机空投物类最多的鸡鹅巷、关庙街、高山巷划为疫区，派兵警戒封锁，断绝交通，不准居民外出，直至疫情消灭时为止。在封锁期间，居民日用生活物资，指定购买地点，分别供应。

（三）在常德全市开展灭鼠灭蚤工作，动员市民捉老鼠，并规定死鼠应烧埋，活鼠应上缴。

（四）在常德西门外郊区建造火葬炉，专门焚烧疫病尸体，以免鼠疫蔓延。

（五）加强疫情报告管理。除公私医院、诊所一律登记病号，以便随时查核发现鼠疫外，并规定居民、旅社，凡有染病发热者，必须报告防疫处派员调查，以便鉴定是否鼠疫患者。

（六）为防止疫病外传，在船舶码头、汽车站及通往乡村的交通线上设立检查站，凭预防注射证方准外出。

（七）开展防疫卫生宣传工作，并组织防疫卫生检查。

计划虽好，但落实起来却非常困难。

首要的问题是，省政府不愿拨款。一开始，当听说需要的款项超过10万元时，湖南省政府便推脱疫情尚未核实，经费预算无所凭借。随后，蔡桃儿等疫病患者相继出现，省政府借口是地方性事件，应由常德地方当局拨款办理，又说事属战争性质，应由中央政府统筹拨款。到后来实在推脱不下，便只答应拨付2万元来搪塞责任。

这样一来，就耽误了防疫与救治。在四周都被水沟围起来的临时医院里，收治的120多名病人，由于缺乏药物和护理，大部分不治身亡。熬到最后，只有少数体质健壮的人才幸免于难。

而对于火葬、注射疫苗等防控措施，一般民众都出现了抵制情绪。

中国人一向是死者为大，政府权限再大，也不敢对死人有丝毫的不敬。旧时官府若要开棺验尸，都要冒很大的风险。一旦出现闪失，负责官员就会乌纱不保。如今，常德的联合防疫处竟然要对死人进行火化，普通民众无论如何也是想不通的。父母之身竟然被化为了灰烬，魂魄还能在哪里安居？很多民众对火葬怕得要死，他们宁愿隐瞒疫情，宁愿被感染上鼠疫，也不愿按照防疫处的指示，对死去的亲属进行火化。更有人趁着夜色掩护，偷偷溜出城去，将死去的亲人埋入土中。有的见风声太紧，索性就把死者埋在了自家的菜园里。

情急之下，防疫处只得强制执行火化。他们到处掘坟，将已经掩埋的尸体挖出来火化，360多具染病尸体得到了有效处理，这也算是亡羊补牢，多少有些挽回。

那年月，防疫注射也是个新鲜事，民众顾虑很大，不少人甚至拒绝注射。有人为逃避注射而偷偷爬过城墙出城，有人则花钱去买别人的注射证以证明自己健康。结果，一个买了注射证的布商，将疫情传到了邻近的桃源县。几天之内，桃源就有十四五人染病身亡。防疫人员急忙由常德前往防治，历时半月，才将疫情控制住。

此后，历经5个月炼狱般的煎熬，直到1942年的3月，常德的疫情才缓和下来。在此期间，常德无辜丧生者竟达1000多人。

然而，这只是细菌战的开始。

在使常德成为半死亡地带后，日军又企图大规模攻击中国腹地的战略要地，这些城市包括濠州、丽水、玉山、衢县、桂林、昆明、南宁等南方重镇。

1942年的浙赣会战，日军开展了一次战略层级的细菌战。此战，不仅使浙江的许多战略要地成为死亡地带，致使中国军队无法开展有效的抵抗活动，而且细菌战的危害还持续到数十年后。

1941年夏，冈村宁次就任日军华北方面军司令官后，在开展毁灭一切的"尽灭作战""包围歼灭战"的同时，也对中国军民进行了大规模的细菌战。

当时，日军在华北有一支防疫给水部队，即甲1855部队，大量地采用战俘和平民进行细菌试验和活体解剖，并在中国的河北、山东、山西、河南、绥远、宁夏、陕西等地散布霍乱、伤寒、鼠疫、炭疽等病菌，引发瘟疫，以此来打击抗日根据地中国军民的抵抗意志。

1943年，日军的细菌战达到了新高。为毁灭八路军在晋冀鲁豫的抗日根据地，日军在鲁西将霍乱菌撒入卫河，随后决堤引发洪水，结果洪水所到之处，瘟疫就迅速流行起来，227500名中国军民因此丧生。

但天道悠悠，日军毫无道德底线的倒行逆施并不能动摇中国军民的抵抗意志，相反，逼上绝境的中国军民只能是有进无退，抵抗到底。

就在常德的鼠疫肆虐最烈的那半个月，常德附近的一支军队已经悄然开到了长沙城下。在那里，他们和兄弟部队一道，给进攻长沙的日军带来了一次前所未有的重创。

我们不应忘记，长沙的大捷，其实开始于常德的劫难。

◎ 擅攻长沙，11军美梦变噩梦

第三次长沙会战，一个发生在11军内的间谍案曾引起不大不小的轰动。故事的主角是一个叫"明白"的中国女孩。

当那个被叫作"明白"的女孩在日军中厮混了几个月后突然从军中消失时，与她相识的日军官兵虽然感到有些奇怪甚至惋惜，但由于战事紧张，这个短小的插曲很快就被人忘得一干二净了。

直到几十天后，当大败而归的日军开始追究责任时，"明白"却突然成了"中国的玛塔哈莉"。

本来，很多传闻都说日本的女间谍如何如何厉害，像河野菊子、川岛芳子、南召云子、李香兰等，但中国也有出色的女间谍，而且在打入日军内部获取所需情报后还能全身而退，这着实让自诩纪律严明的日军受辱蒙羞。

"明白"的猎物是一个叫吉田的中尉。

吉田中尉是日军第6师团的一名中队长，据说身经百战，颇为勇武。身边的很多下层官兵都把他当作战斗英雄，多次模仿他的战术。第二次长沙会战末期，第6师团担任第11军的后卫，中国军队在后面猛砍猛杀紧追不舍。吉田中尉的中队落在了最后面，不得不与中国军队的敢死队展开了肉搏战。结果，吉田中尉的臀部被中国军队的手榴弹炸开了花，被部下抬进了汉口的日军陆军医院。这所医院雇用了很多护士，其中大部分都是年轻的中国姑娘。

照顾吉田中尉的，正是后来被称为"明白"的那个女孩。

她刚刚高中毕业，能说一口流利的英语。在吉田的眼中，她衣着简朴，性情温顺，眉目传情，善解人意，对人常带三分浅笑。从认识起，她就总是戴着一个精美的发结，从未见她取下过，这多少有些让人不解。但联想到年轻女人爱美的天性，吉田就越发感到她的可爱。

日军里的那些当兵的，哪里见过什么正经的女孩。他们被训练成了一台台战争机器，他们只是一名"皇军"，个人的感情并不重要，关键是能为天皇战死沙场。

但这个女孩的出现却改变了一切，她如一缕春风，也像一汪清水，令人心旷神怡，吉田逢人就说："她简直美如天仙！"

大约3个月后，吉田伤势好转，从医院返回驻地，继续担任中队长。女孩舍不得和他分离，当然更真实的情况也许是，吉田已经离不开她了。女孩从陆军医院退职，跟着吉田回到了部队。日军的那些大兵们看到中队长领回了这么一个如花似玉的情侣，个个羡慕嫉妒、兴奋异常。

女孩和日军一样，吃住在阵地上，不论日军要求她做什么，她都会立即回答"明白"，然后飞快地做好。日军对她颇有好感，时间一长都称呼她为"明白"。

在这里，"明白"很快就和上百名日军打成了一片。日军见她做事勤快利索，人又温顺漂亮，很快就被她的女性魅力所征服。很多人有事没事，都要凑到她的跟前，跟她套套近乎。闲聊中，这些日本大兵有问必答，话是一个比一个多。不过，这些日本兵也奇怪地发现，"明白"总是戴着同样的一个发结，而且不许人碰。

转眼就到了11月底，第三次长沙会战爆发，第6师团奉命朝长沙进发，"明白"

却突然间失踪了，没有人知道她去了哪里。这一走，却把吉田中尉闪得很久回不过神来。

战后，日军的情报机构认定，对日军动向，中国军队之所以有详尽的了解，很可能就是那个叫"明白"的中国女孩所为。

据此，吉田中尉被控有助敌行为，由军官降为一等兵，并且被遣送回日本。吉田的同僚惊恐之余，这才明白，"明白"原来是一个机警的间谍，她是重庆派来的。他们纷纷传言："她老是戴一个发结，而且不许别人碰，是不是里边藏了一个微型话筒呀？"

其实，这不过是一个小小的间谍故事罢了。战争年代，军队中的卧底、间谍不知有多少，"明白"再怎么出色，也不会是导致11军遭受重创的主要原因。更何况"明白"只是潜伏在一支野战部队几个月，充其量只是获取一些一般情报。引起轰动只是因为她潜入的是一支野战部队，面对的是一群清一色的日本大兵。

两个多月前，日军第11军击败中国的第九战区军队，曾攻入了长沙这座让日军垂涎的名城。司令官阿南惟几曾志得意满，毕竟他令中国第九战区的军队遭到失败，算是报了第一次长沙会战战败的一箭之仇。

但阿南惟几不知道，中国军队蒙羞忍耻，时刻都在等待着报仇雪耻的机会。

1941年9月，得到长子蒋经国发自赣南的电报，宁波日军跑到溪口掘毁了蒋氏祖坟。蒋介石痛愤之下，差点昏厥过去。两年前，日军为了打击蒋介石的抵抗意志，曾专门派出战机飞临蒋介石的老家，将蒋介石的发妻毛福梅炸死。

蒋介石明白，他与日本军国主义结下了不共戴天之仇，根本没有和平共处的余地。此仇不报枉为男儿，为此，他使出了霹雳手段。

10月中下旬的第三次南岳会议，蒋介石一气之下，枪毙了有临阵脱逃之嫌的嫡系将领廖龄奇，引起第九战区上下震动。

11月15日，蒋介石命军委会提供给"韩国光复军"一切所需装备与粮饷，极力扶植韩国的抗日运动。

同时，在1941年的最后几个月里，从蒋介石、薛岳到一般将士，深刻反省，积极备战，已经做好了迎接下一次大战的准备。

而他们的对手，日军第11军司令官阿南惟几，几个月来一直沉浸在胜利的喜悦中。他有理由为自己的胜利骄傲，冈村宁次号称日军中最有头脑的名将，却在第一次长沙会战中栽了跟头，而他作为冈村的继任者，顶着军内的流言非议攻进了长沙，还有什么能让一个前线将领更兴奋的呢？

这种状态持续到11月下旬，阿南惟几却为一件意外之事受到了很大的刺激。当时，正在南京参加侵华日军各军司令官会议的阿南，风闻总司令部里到处议论说："长沙作战，反而给予敌人以反宣传的材料，很是不利。"

阿南惟几的自尊心很强，听到总司令部里居然有这种论调，显然是在否定他的战绩，一时愤懑不已。他知道他接手11军后一直有人不服，在背后指手画脚，巴不得他吃败仗。他连夜走进中国派遣军副总参谋长野田谦吾的寝室，向野田表示了愤慨。回到武汉，愤愤不平的他，暗下决心要抓住机会重新攻占长沙，给总司令部里那些说他闲话的人一些颜色看看。

机会很快就来了。

12月8日，日军第23军开始进攻香港。中国方面应港英殖民统治当局的请求，将湖南的暂编第2军、第4军悄悄运上了火车，向广东方面调动。而在东南亚方面，中国军队也正在准备从云南攻入法属印度支那（越南）。

13日，日皇裕仁心血来潮，突然问参谋总长杉山元："围绕进攻香港，对于广州和九龙半岛方面，有无中国军队反攻的忧虑？"

日皇的过问，与侵华日军的期望不谋而合。他们正忧虑南方开战以后，侵华日军的地位会急剧下降，他们急于通过战斗来展示自己的重要。日皇这一过问，各方面毫无疑义，当即就通过了进攻湘北牵制广东方面的作战计划。

本来，为了支撑南方战场，日军大本营决定从第11军抽调出第4、第6两个师团，以及独立第20混成旅团、第33师团的荒木支队以及第3师团的3个大队，这样第11军将被抽调走28个步兵大队，兵力锐减至58个步兵大队。如此一来，第11军不仅大大降低了野战能力，更无法应对武汉周围100多个中国野战师的威胁，甚至宜昌等要地不得已时都要主动放弃。

对此，阿南惟几极为不满，经过讨价还价，日军大本营只得将精锐的第6师团留了下来，同时从太原增派来第9混成旅团（4个大队），第11军的兵力又恢复到了71个大队的态势。

尽管如此，第11军一下子减少了近两个师团的野战力量，进攻能力明显受到限制。考虑到此次进攻湘北意在牵制，而中国在湘北的守军仅有第20、第58、第37军3个军7个师，因而第11军参谋长木下勇主张以第6、第3、第40师团的主力为基干，投入23个步兵大队、8个山炮兵大队以及配属部队，大约6万人，牵制中国军队，要求攻击到汨水时即返回。

此方案，不仅符合战略意图，对11军来说也算轻松，中国派遣军总司令部当即予以批准。

但作为日军第11军的统帅，阿南惟几想的却不只是这些。

12月18日，汉口第11军司令部里，阿南惟几希望在攻到汨水后，趁机再攻长沙。日军第11军参谋长木下勇、副参谋长二见秋三郎听司令官的话与派遣军的命令不相符，就坚决反对道："进攻长沙违背方针，第一线的气氛是否一致？全体将士有无完成的信心？"

但木下勇、二见秋三郎两位参谋长的质疑并不能改变什么，阿南惟几司令官很快找到了同道者。第3师团师团长丰岛房太郎见到木下勇后，不住地抱怨司令部的作战计划，要求进攻长沙。木下勇明白，这是因为上次长沙会战，第3师团在外围浴血奋战，而第4师团却兵不血刃地进入了长沙，夺了头功不说，还大肆劫掠，收获满满。对于这样的结果，第3师团十分不满。以至于在这次集结过程中，第3师团的士兵早就放出狂言："我们师团，这次是开往长沙的。"

争执在持续，只能走着看了。24日夜，日军第11军参战各部如期攻到新墙河南岸。日军的进展似乎比较顺利，但伴随着25日的风雪，第6师团却在龙凤桥遭到了中国军队第20军133师的顽强抵抗，第40师团的龟川联队也在陈家桥附近遭到20军与58军各一部的联合阻击。20军是守备新墙河的主力，几天的战斗，133师的两位团长周炳文、徐昭鉴负伤，营长王昭奎为掩护部下撤退中弹殉国，而134师由于担任公路据点的阻击任务，伤亡也同样不轻。

阿南惟几见攻击顺利，再攻长沙的念头便更加固执地占据了他的大脑。此刻，中国军队的抵抗是否顽强，对他来说关系不大。他念念不忘的还是长沙，他对参谋

第七章 丰年好大雪

长木下勇说:"从一般面临的敌情考虑,极易进入长沙、株洲,那样对牵制广东才会有更大作用。"

但驻守香港的英军却不配合,他的话刚刚说完,香港方面的战事就已经结束了。

25日17时55分,香港英军决定投降,19时20分双方停火。

第11军进攻长沙显然已经失去了意义,前线各部应该立即返回。但阿南惟几满脑子都想着再次攻占长沙,给那些说闲话的人一点颜色看看。他对长沙的渴望已到了痴迷的程度。

他仍然强辩说:"香港虽然已被攻占,但在今后数日中,敌人仍然存在着发动攻势的很大危险。我军在此对中国军队进行牵制,如果稍有松懈,就不能说是完成了任务,需要更坚定的信心。"

此时已是深夜,屋外风雪呼啸,屋内温暖如春,阿南惟几坐在火盆旁边,被炭火烤得浑身发热。他的话刚出口,就突然意识到自己的理由太过牵强,害怕面前的参谋长木下勇,作战主任参谋岛村矩康会集体反对,于是涨红了脸,一口气说出了进攻长沙的五大好处:

"给予蒋政权以无声的威胁;把向南方集结的兵力牵制在北方,使其有湖南随时可能受到袭扰之感;表明皇军尚有余力;使湖南民众感到重庆军不足依靠;予第六战区以威胁。"

阿南惟几毕竟是司令官,木下勇、岛村矩康这些参谋主官再怎么不乐意,但眼见司令官已经铁了心要打,单凭口舌之争是无法挽回的,于是便勉强同意了阿南的主张。

阿南惟几喜出望外,次日一早便向南京的中国派遣军总部拍去电报,申请批准将战线扩大到长沙。同时,他还把刚刚由华北调到武汉的独立混成第9旅团调来,以将日军第一线的进攻兵力扩大到27个步兵大队。

中国派遣军总部的批示很快就下来了,结果让阿南惟几大失所望,总司令部否决了他的提议。阿南看罢电文,握紧拳头猛捶了一下办公桌,那张胖脸因扭曲而显得狰狞起来。

从27日开始,湘北一带大雪突降,汨水两岸一片洁白。这样的大雪,在湖南这样的地方,几十年来都难得一见。

日军第3师团急于切断中国军队的退路,以重演上次围歼汨水守军的局面。他们不顾风雪严寒,向我99师阵地发起了猛攻。99师轻车熟路,依靠事先构筑的星状据点,迟滞第3师团达两天之久。28日夜间,第3师团突破99师的防线,迅速向福临铺进攻,妄图再次在此堵截第37军,将其围而歼之。

次日,第6师团也杀到汨水南岸,所部第13联队在鸭嘴山、第23联队在飘风山遭到37军的顽强阻击。37军上次吃亏太大,此时报仇心切,竟从山上跑下,将第13联队的指挥部包围了起来。日军在飞机的配合下,苦战一日才将中国军队击退。37军谨遵长官部的命令,不与日军恋战,见战况不利,就主动撤向后方,消失在了茫茫风雪之中。

30日,日军第40师团在遭遇中国军队轻微抵抗后,也顺顺当当地渡过了汨水。

此时,很多日军官兵都相信"这次作战是为了牵制香港,到31日止,可能反转。"

但已经渡过了汨水,再渡过前面不远的捞刀河、浏阳河,长沙就会唾手可得。

岳州城里,阿南惟几等不及了,他腆着肚子,粗壮的短腿在屋里来回不停地走动着。几十分钟的激烈挣扎后,他决定独断专行,不经总司令部同意,就下达了进攻长沙的命令。

做出这个决定仅仅用了几十分钟的时间,也可能是几分钟,昭和军阀以下犯上的强硬作风,在此又得到了淋漓尽致的展现。

当天傍晚,阿南惟几的命令迅速下达给了各个一线兵团:

第11军 命令

(一)敌有向长沙和金井方向退却之迹象。

(二)军决定以主力向长沙方面追击。

(三)第3师团应迅速由近路向长沙追击。

(四)第6师团在击溃麻石山、鸭婆山附近之敌后,应以主力追击槊梨市之敌,另以一部向长沙方面追击。

(五)第40师团以一部留在浯口附近,主力进入麻峰嘴附近后,应向金井急进。

（六）独立混成第9旅团应向关王桥急进，一并指挥泽支队在汨水以北，掩护军左侧背的安全。

命令下达后，骄狂自大的阿南惟几，这时也感到了兵力不足。仅仅用一个独立混成旅团5000人的兵力来掩护第一线侧背的安全，显然是太过冒险，于是他又从独立混成第18旅团紧急调来一个独立步兵大队。

此时，由于连日雨雪，新墙河以南的道路大部分被水淹没，日军后勤断绝，第一线日军只能依靠出发前所携带的120发步枪子弹进攻长沙。而迭经战斗，这些弹药已经耗去了不少。在这种情况下，负责后勤的第11军副参谋长二见秋三郎，当夜在得到进攻长沙的命令后，在日记中愤愤地写道："乃自暴自弃之作战。"

不过，阿南惟几却是信心十足。眼下，汨水以南，长沙以北，中国军队只有第37军、第99军、第30集团军，负责长沙城防的只有一个第10军，这些军队不是在第二次长沙会战中遭受过重创，就是素质低下的杂牌部队。阿南甚至认为，对付这些残兵败将，也许只要皇军攻到，他们就会自行崩溃。

作为统兵大将，最忌讳的就是轻敌和受情绪支配。可悲的是，阿南惟几这两样都占了。

阿南惟几的头脑远远不及他的前任冈村宁次。两年多前第一次长沙会战，当第11军相当顺利地接近捞刀河时，冈村立即就嗅出了前面的危险。他不相信长沙如此重地，中国军队竟会让他轻易靠近，他判断前面很可能是个圈套，于是他悬崖勒马，立即止住了第11军的攻势，从汨水南岸逃了回来。

阿南惟几现在所面对的情况和第一次长沙会战十分相似，但阿南求功心切，只想尽快拿下长沙，以打击总司令部对第11军的非议。更何况，中国军队的精锐第74军、第4军都远在广东和衡阳，剩下的都是些老弱病残，凭借着第二次长沙会战大胜的余威，眼前的战局，他感到胜算远远高出危险。

但阿南惟几严重低估了中国军队的能力和决心。

中国军队受第二次长沙会战失败的刺激，总结经验教训，再次使用了"天炉战法"。与第一次长沙会战相比，这一次用得更为纯熟。

从11月下旬到12月初，第九战区探知敌情，赣西日军减少，湘北日军增加。

最初，第九战区对这些情况颇为怀疑，认为第二次长沙会战刚刚结束两个月，日军虽然获胜，但也伤亡惨重，不可能再次发起进攻。

12月8日，局势突变，日军全面进攻香港和东南亚地区。第九战区结合之前的敌情，这才明白日军要配合南方战场，必定要对中国军队发动牵制性攻击。

第九战区报仇雪耻的机会来了，而且来的还是老对手。全军不再含糊，立即进行战前准备。

第九战区为这一天的到来其实早就有所准备。第二次长沙会战后，第九战区就以"天炉战法"为指导，对下一次会战，以及中国军队的对策做了周密的计划。

第九战区认为，日军如果再来进犯，其进兵策略会有两种安排：一是全力由湘北进犯，重点保持于左翼，对我军右翼取包围攻击；一是主力由湘北进犯，重点亦指向左翼，但各以一部分由南昌、武宁、通城进犯，以策应其湘北主力的作战。

于是，第九战区分别制定了两个指导要领：

（一）敌以全力由湘北进攻时：

预定在长沙外围与敌决战，决战时重点保持于长沙以东地区。

湘北守军于敌人进攻时，首先应利用既设工事拒止敌人。尔后一面采取逐次抵抗以消耗、迟滞敌人，一面以主力向伍公市、沙市街以东外线转移，同时以一部向梅仙、平江以东外线转移，一部分别潜伏于汨罗江、捞刀河间各偏僻地区。当敌军大部队通过后，各潜伏部队自动起来攻袭敌后并阻止其撤退。至总反攻时，待命以一部向西进攻，扼守汨罗江北岸，阻断敌军退路，以主力向捞刀河以北进攻，使围攻长沙之敌不得退过捞刀河北岸。

赣中、赣北守军，于敌进攻时以一部守备原阵地，以主力向浏阳以东地区前进，于总反攻时待命由浏阳地区向长沙以东攻击。战区直辖各军，以一部及炮兵占领长沙、岳麓山核心阵地，构筑坚固工事而确保之。直辖各军主力于总反攻时，待命由株洲、普迹地区向长沙以南攻击。湘北各挺进部队，于敌开始进攻后，在新墙河以北扰乱敌后；俟敌主力渡过汨罗江后，转移至新墙河以南地区活动，尔后阻挠敌军的撤退。鄂南挺进部队于敌攻击开始后，集中力量向蒲圻—临湘线、崇阳—通城线不断攻袭破坏，扰敌后方。

（二）敌以主力由湘北进犯，各以一部由南昌、武宁、通城进犯时：

第七章 丰年好大雪

（略）

计划周密，预案完备。阿南惟几惦记着长沙，薛岳惦记着雪耻，两个老对手各自憋足了劲，要在严冬的长沙地区再决胜负。很快，第九战区便开始具体行动。在湘北民众的配合下，他们在预设战区彻底破坏道路，实施空室清野。同时，设置纵深伏击阵地，诱敌深入，计划以尾击、腰击、侧击、夹击等各种方式消灭敌人，使这一地区成为一个"天然熔炉"，将日军围歼于内。

果然，日军在攻破新墙河防线后，集中兵力由湘北进犯，而赣西方面仅仅使用了一个大队进行牵制进攻。第九战区迅速按照第一套方案，依次实施"天炉战法"的各步骤。

当然，在具体实施上，第九战区小心谨慎，诱敌深入而尽量不露痕迹。

日军攻来，也不能让他们太过顺利地进入决战地域。如果日军长驱直入，不仅影响我军士气，造成全线崩溃的印象，而且也会让日军产生疑心，不肯轻易进入伏击区。

好在我军做得十分巧妙，在5天的诱击战斗中，一方面且战且退，有时也进行顽强抵抗，让日军欲罢不能；另一方面又示之以弱，将生力军隐藏起来，在战场上摆出一些残兵弱旅，让日军有利可图。

从第二次长沙会战来看，日军的指挥官阿南惟几也并非无能之辈。只是阿南求功心切，犯了兵家大忌，而我军的战术又技高一筹。对这一切，日军没能识破。

这样，1941年即将结束的时候，中国军队顺顺当当地把日军引诱到了捞刀河畔。

此时，蒋介石害怕薛岳沉不住气，重蹈第二次长沙会战的覆辙。12月30日，蒋介石致电薛岳，提醒他不要与日军在长沙以北缠斗，而要将日军诱入长沙，再一举歼灭之。

其实，蒋介石的担忧完全是多虑了。第九战区和蒋介石的主张本就不谋而合，几乎是在蒋介石的指示发来的同时，薛岳就已做出了类似的部署。

这天，雨雪消停，天空放晴。

苦于冰雪的日军，此时齐呼"天助我也"，连第11军持谨慎态度的参谋们也大声叫好，以为天公相助。可他们哪里知道，这场美梦代价高昂，迎接他们的，将是一场地狱之旅。

◎ 初露锋芒的"泰山军"

日军渡过新墙河,向长沙猛扑而来,第九战区安排防守长沙的,是急调而来的第10军。

第10军正在衡阳茶山坳一带整训,接到长官部的命令,全军立即整队待发。但在此紧要关头,他们的军长却突然人间蒸发了。

第10军的军长正是李玉堂,黄埔一期生,与山东同乡李仙洲、李延年号称"山东三李",深受蒋介石的信赖。

第二次长沙会战中,第10军因上级指挥不当而被日军击溃,事后追究责任,李玉堂被撤职留任。会战中第10军均已拨归第37军指挥,它被击溃和李玉堂本无关系。无罪获咎,李玉堂深感委屈,在接到处分令后不久,就撂挑子回家闭门谢客了。

如今,局势危急,第10军却没了军长,薛岳不得已,只好亲自请他复出。不料李玉堂并不买这位司令长官的面子,一直不为所动。直到蒋介石的电话打来,僵局才得以打破。

蒋介石在电话中问:"你是第10军军长李玉堂吗?"

李玉堂大声回答:"报告委座,是的!"

蒋再问:"你是黄埔学生吗?"

李玉堂朗声再答:"报告校长,是的。"

蒋说:"那好了,那么长沙就交给你了。"

不等李玉堂反应过来,电话就被挂断了。

蒋介石简单的几句话,包含着对李玉堂这个学生的认可和信任,这让李玉堂感激涕零。

12月30日,李玉堂不再犹豫,立即赶回长沙城内的坡子街军部,和参谋长蔡雨时一道,制订了保卫长沙的作战计划,并召开新闻发布会,公开表示要与长沙城共存亡。

此时的李玉堂压根没想到,这一仗将成为他军事生涯的巅峰之作。

第七章 丰年好大雪

按照作战计划，第3师外加长沙警备司令部所属部队，以主力占据长沙内城，另以一个团控制于城东南角，阻击东门之敌；预10师以黄土岭为核心，占领水陆洲、猴子石、金盆岭、黄土岭、林子冲、左家塘、半边山一线，阻击日军由城南进犯；第190师占据左家塘、杨家山、鞍子山、湖碛渡、复兴寺、新河正街一线，阻击日军向城北进犯。

同时，李玉堂还命令各部，储备充足的粮弹，迅速完成工事，做好战况恶化被日军分割包围后各自为战的准备。

接到作战命令后，第10军三个师的师长都知道此次不同以往，各个都做好了以身殉国的准备。他们都离开了位于城内核心阵地的指挥所，亲临前线督战。

其实，岂止是这三个师长，在长沙前线的中国军队将士，自战区司令长官薛岳上将以下，各军事主官、参谋，甚至连地方上的长沙市市长和各县县长都坚守在第一线，抱定了必死的决心。

12月30日，战区司令长官薛岳上将在长沙城西的岳麓山，向蒋介石发去了决死电：

> 渝委员长蒋：盅密。第三次长沙会战，关系国家存亡，国际局势之巨。本会战职有必死决心、必胜信念。为捕拿战机，歼灭敌人，获得伟大战果计，经规定下列三事，分电各部遵办：（1）各集团军总司令、军长、师长务确实掌握部队，亲往前线指挥，俾能适时捕拿战机，歼灭敌人。（2）职如战死，即以罗副长官（罗卓英）代行职务，按之（前）计划围歼敌人，总司令、军、师、团、营、连长如战死，即以副主官或次级资深主官代行职务。（3）各总司令、军、师、团、营、连长倘有作战不力，贻误战机者，即按革命军连坐法议处，绝不姑宽。以上三事谨电，鉴核备案。薛岳。

很快，刚刚从繁重的外交事务中脱身的蒋介石，看到侍从参谋送来的这封决死电，一时深为感动，当即通过侍从室回电：

"兄能具此决心，督励所部，良堪欣慰。当此友邦并肩作战之际，甚盼此次会战能获得决定性之胜利，以为我国革命军人争得无上之光荣也。"

此时，恰逢美、英新败，日军在太平洋上所向披靡，如果长沙会战一战而胜，那将令蒋介石和中国军队何等荣耀，美、英等国还敢再低看中国？这情形，蒋介石知道，薛岳也知道。只要能打赢此仗，让他干什么都行。

当时，薛岳把指挥所设在与长沙城区仅一江之隔的岳麓山上，本来预10师要与第73军的第77师一道，共同拱卫薛岳的战区指挥部。但第10军仅以两个师守备长沙，明显兵力薄弱。第10军参谋长蔡雨时少将得知77师已经到达岳麓山，长官部的安全已经有了一些保障，便征得李玉堂的同意，瞒过薛岳，私下里将预10师调过湘江，充实长沙的守备。不料，当预10师的人马渡过一半时，薛岳的电话就打到了蔡雨时那里。

薛岳质问蔡雨时："第10预备师怎么过江了呢？"

蔡雨时知道来者不善，自己擅自将长官部的卫队调开，将长官部置于危险境地，以薛岳的火爆脾气怎肯善罢甘休？于是，他硬着头皮解释道："友军先期到达长沙，可接岳麓山阵地，预备第10师过江接防第3师之一部，长沙可以确保……"

电话两头的空气凝固了下来，薛岳沉吟了片刻，最后说了一句："你小心你的脑袋。"就把电话挂断了。看来，为确保长沙，薛岳少见地默认了一个军参谋长的胆大妄为。

这样，护卫长官部仅剩下77师这支杂牌部队，薛岳的安全成了问题。一般来说，在这种情况下，作为地位极为重要的战区司令长官，完全有借口将指挥部撤至后方，即便不撤到后方，也可以后撤几十公里。

但薛岳是个血性男儿，他并没有做出这样的选择。第二次长沙会战的失败对他的刺激太大，他知道此次如果自己不能亲临一线，中国军队的士气就无法激励起来，击败日军洗刷前耻的愿望就会落空。那时，他这个"百战名将"，又将如何面对国人，面对三军？

事实上，自发出决死电的那一刻，薛岳就已经做好了一切准备，静待最后时刻的到来。而相比之下，别说其他的战区司令长官、集团军总司令，就连号称死硬的敌酋阿南惟几，也仅仅是把前进指挥部设到了岳阳，而岳阳到长沙的距离是150多公里。

行动胜于语言，薛长官所做的一切，守军将士都看在了眼里，全军士气高昂，都已做好了与长沙共存亡的准备。

第七章 丰年好大雪

会战开始后，为防止出现逃兵，九战区长官部严格军纪，派宪兵团在湘江西岸设置执法队，长沙城内一线官兵无故渡江者，一律就地枪决。结果，在长官们"决死一战"的决心感召下，第10军全体官兵以及后来参战的第77师竟无一人临阵脱逃，这实在是一个奇迹。

重庆。湘北的战局时刻牵挂在蒋介石的心头，尤其长沙城，决不能在眼下这个节骨眼上有任何闪失。

而守长沙的第10军两个月前刚被日军击溃过，士气、装备、兵力均未恢复，他们能顶得住吗？

1942年1月1日，日军攻到长沙城下的这天，《联合国家宣言》正式公之于世。

在美国白宫参与签字的中国代表宋子文，当即把消息报告给了蒋介石。

蒋介石这位民族主义者，此刻竟喜极而泣。他立即想到，在此美、英列强在南方战场一败涂地的时候，如果中国军队能在长沙击败日军，那么中国的底气就更足了。

次日，为激励第10军的士气，蒋介石专门致电在长沙督战的薛岳与第10军全体将士：

> 长沙薛长官、李军长玉堂、周师长庆祥、朱师长岳、方师长先觉，并转全体官兵钧鉴：我第10军官兵，两日来坚守阵地，奋勇歼敌，殊堪嘉慰。此次长沙会战之成败，全视我第10军能否长期固守长沙，以待友军围歼敌人。此种光荣重大任务，全国军民均瞩目于我第10军之能否完成，亦即我第10军官兵成功成仁之良机。敌人悬军深入，后方断绝，同时我主力正向敌人四面围击，我第10军如能抱定与长沙共存亡之决心，必能摧破强敌，获得无上光荣。望激励所部，完成使命，无负本委员长及国人所期为要。

电文到达长沙的时候，长沙古城已陷入至为惨烈的战斗中，整个城市已经变成了一座巨大的焚尸炉。

日军一开始就把进攻的重点放在了城南，城南守军预10师首当其冲，与日军展开了空前惨烈的激战。

12月31日夜,预10师匆匆渡过湘江,在长沙南郊作了三线配备:第29团占领金盆岭至猴子石一线为第一线;第28团占领白沙岭至修械所一线为第二线;第30团占领第3师与预10师的连接线为第三线,兼做师预备队。

1日零时刚过,刚刚进入预设阵地,第一线的第29团就与日军发生了前哨战,第29团团长张岳群即令部队猛烈还击。

天亮之后,日机数十架前来增援,战斗更加激烈。整个上午,日机去了12架,又来12架,川流不息轮番轰炸。阵地附近的民房被炸起火燃烧,炸弹、炮弹、手榴弹爆炸后的烟尘,与房屋燃烧的滚滚烟火,混成一片,遮蔽了半边天空。阵地十几米以外,几乎没有可以看得清的东西。趁着浓烟,日军第3师团之的野联队的几千名步兵冲了过来。

本来,第10军把防御重心放在了东郊与北郊,根本没有想到日军会进攻南郊。南郊的预10师在第二次长沙会战中受创最重,屡经整补此时也只有7000来人,因而南郊的防守最为薄弱。不料,日军第3师团乘虚而入,师团长丰岛房太郎以有力一部绕到东山渡过浏阳河,向长沙南郊发起了突袭。

长沙城西邻湘江,东、北两面是浏阳河,日军把主攻方向选在长沙南面,用意再明显不过。他们要将守军挤压在城区与江水之间,然后围而歼之。

但第10军早已做好了准备,日军这样的攻击虽然出人意料,但还不至于给第10军造成灾难性的后果。

关键在于预10师能否扛得住日军的猛烈攻击。

日军第3师团号称王牌,一向是侵华日军的主力师团,战斗力极强,此时已被抽调走一个步兵联队,变成了三单位制师团,参加会战的也仅有6个步兵大队及山炮、骑兵、工兵、辎重兵各一联队,兵力不到2万人,但挟上次战胜之威,此次对长沙又是志在必得,因而攻势极其猛烈。

仅仅过了一个上午,第29团首先顶不住了,阵地很快就被突破,团长张岳群偷偷溜回了师部。当他听说师长刚刚处决了一个营长,顿时吓得面如土色,还未见到师长,就远远地躲了起来。尔后,经人巧妙转圜,才捡回一命。

当时,那名营长见日军来势汹汹,还未接战,就跑到方先觉那里来请示。方先觉什么也没说，叫他在外面等着，随即手令师部田琳，将此人押到师部后面的城墙根下就地枪决了。全师官兵听到后，很多人都吓得毛骨悚然。此后，前线阵地即便是战至最后一人，也没人再敢擅自后撤。

严肃了军纪，方先觉其实比谁都清楚战况的危急，他立即动用了葛先才这张王牌。

葛先才毕业于黄埔四期，年轻时丧偶，终身不复再娶。葛先才天生将才，用兵不拘一格，对于军校教育，常常讥讽为纸上谈兵。

葛先才和方先觉是老搭档，方先觉做营长、团长，葛先才就是副营长、副团长。对葛先才的指挥风格，方先觉最是熟悉不过。一到恶战、险战，葛先才总能力挽狂澜。此时，前线危急，也只能把葛先才派过去了。

他要通了葛先才的电话，拧着眉头说道："艺圃（葛先才字），现在看你的了！我全力支持你，第29团立即收容整理，统归你指挥，第30团随时可以调用，你一定要顶住呀！"

电话那头，葛先才答道："报告师长，请你放心，我们不能在薛长官面前丢脸。"

听了这话，方先觉的脸色才有些好转。

当晚，正当前线的危情开始缓和之时，薛岳的电话打了过来。他先询问了一番战况，随后直截了当地问方先觉："你能守几天？"

方先觉打算硬撑到底，就说："我能守一个星期。"

薛岳不太相信这种可能，接着问道："如何守法？"

方先觉说："我第一线守2天，第二线守3天，第三线守2天。"

薛岳说了声"好"，就把电话挂断了。

身旁的参谋们听到这番对话，无不感到惊异。第29团不到半天就垮了，照这样打下去，能守上3天就不错了，师长凭什么敢下这个赌注呢？但他们都知道师长个性刚强，此时也不便再说什么，一个个面面相觑。

就在大家沉默不语的时候，忽听方先觉喊来副官主任张广宽，把一封信交到他的手中，带着颤音说道："这封信，马上派人送到后方给我家眷，无论如何明天以前要送到。"

说着，挥了挥手，让张广宽拿着信退了出去。

张广宽多了个心眼，他看到师长神色不对，知道这里面必有缘故。于是，与师政治部科长杨正华商议后，偷偷拆开了信封，里面的信笺竟是一封遗书。

原来，方先觉师长早已做好殉国的准备了。

方先觉做出这样的抉择，绝非一时心血来潮，其实由来已久。

方先觉，字子珊，安徽省宿州市解集乡方家村（原属徐州萧县）人。此地紧邻徐州，扼豫、皖、鲁、苏四省枢纽，自古为交兵之地，民风剽勇，犷悍不羁，多出帝王将相。自秦末刘邦以后，曹操、刘裕、黄巢、朱温等都出自附近一带。方家村靠山面湖，湖名"老汪湖"，古称"陴湖"，湖南岸即是著名的垓下古战场。相传楚汉相争末期，刘、项两军曾踞老汪湖对峙。四面楚歌、八面埋伏之际，西楚霸王兵败自刎。后人怜惜西楚霸王，在湖北岸将项羽的妃子青姬安葬，名为"青冢"。隔湖相望，在老汪湖南岸又建有霸王城，今天虽已湮没，但地名犹存。

生长在这个英雄之地，方先觉耳濡目染，自幼便有尚武精神。方先觉爱看社戏，当地社戏一开演，他就会早早挤进戏台前面的看场。戏台上演的多是枪棒故事，什么《孙膑大破庞涓》《关公与曹操》《岳飞抗金》等。久而久之，孙武、关羽、岳飞这些武家圣人就成了方先觉崇拜的对象。一天听戏回家，方先觉竟哭闹着要弃文习武。因为在这个10来岁的少年看来，运筹帷幄、纵横沙场才叫有出息。但方家是书香门第，父亲方为宝为清末秀才，一向看不起那些舞刀弄枪的武夫，所以他拒绝了儿子的这一要求。

但方为宝最终还是没能束缚住儿子。方先觉在连续读完小学、中学后，1924年9月考入上海法政大学法律系。然而半年不到，方先觉就离开了上海法政大学，考入黄埔军校第三期步兵科。

方先觉身高1.85米，面皮粗厚，高大威猛，一口浓重的徐州方言，同学们都称他为"方大个"。这个"方大个"，秉性刚强，嫉恶如仇，在黄埔就读期间，因带头殴打军校一名贪污伙食费的军需官而被校方开除，一度失去学籍。后来，勉勉强强被北伐军接收，因英勇善战，渐次做到连、营长。不久，攀上顾祝同这棵大树，经过10余年的历练做到了预10师师长。

第二次长沙会战爆发后，新兵组成的预10师紧急驰援第37军，结果连战皆败，方先觉的指挥部被日军骑兵两度冲垮，方先觉只得饮恨南撤。

此次日寇再犯，方先觉报仇心切，一面激励官兵"能坚持最后5分钟就是胜利"，一面决心玉石俱焚，给妻子周蕴华写下了遗书。

这封遗书并没有出众的文采，有的只是对家国的一片赤诚。方先觉在遗书中说：

"蕴华吾妻：我军此次奉命固守长沙，任务重大。长沙的存亡，关系抗战全局的成败，我决心以死殉国。设若战死，你和五子的生活，政府自有照顾。务令五子皆能大学毕业，好好做人，继我遗志，报效党国，则我含笑九泉矣！希吾妻勿悲。夫，子珊。"

杨正华、张广宽两人偷偷看过后，深为师长的气节所感动。此刻他们才明白，师长之所以能给薛长官作那番保证，原来早已做好了以身殉国的准备。为给后世留下一段佳话，由杨正华执笔，当即拟就一篇新闻稿，交给一个部下连夜送到《长沙日报》社。第二天早晨，《长沙日报》出来后，头版头条就是《方师长誓死守土，预立遗嘱》，正文之下，遗嘱也同版刊出。结果，这个消息被刊出后，许多人被感动得痛哭流涕，更多的人对守住长沙又多了几分信心。

将有必死之心，士无偷生之念。和师长方先觉一样，预10师的将士也抱定精忠报国的信念，决心以行动来证明他们的忠勇。

次日凌晨1时30分，日军经打靶场夜袭坞家庄、小林子街。守军虽奋勇抵抗，连续肉搏，但终因敌众我寡，在一个小时后阵地陷落。第30团团长葛先才得悉后立刻命部下阮营长率所剩80多人，乘日军进攻混乱之际，猛烈反击，又迅速将阵地夺回。

3时20分，日军重新集结兵力，再次来犯。预10师命29团留下一营，固守原阵地，其余各营由团长率领，全力迎击小林子街之敌。激战至5时许，日军死伤惨重，攻势受挫，被迫向东溃逃。此战，30团牺牲甚重，副团长陈新善中校、团附曾友文少校均壮烈殉国。

而日军在这一天的激战中也损失惨重，其中，窜入白沙岭的加藤大队一部，被我28团围困在民房区内，在火攻和肉搏战中，日军大队长加藤素一少佐以下100多人悉数被歼，无一漏网。

加藤大队是第3师团的直属部队，擅长夜袭，是日军公认的精锐部队。当时，加藤大队和的野、石井两联队并列，担负同等重要的战斗任务。日军万万没有想到，一支善于夜战的精锐之师，刚刚攻到长沙城郊，就遭受了如此惨重的损失。

看来，第10军的战斗力丝毫不逊于对手第3师团，在兵力对比相当的情况下，仗打成这样,至少也是旗鼓相当。

打扫战场,加藤素一的尸体很快被发现。守军一看军衔是个少佐,当即就对尸体进行了搜检。结果,从加藤尸身上得到的第6联队《加强作战编成装备指示》表明,此战日军携带的弹药粮秣甚少,战力严重不足。

薛岳拿到这份文件,敲着桌子兴奋地说道:"虽仅一张薄纸,却比万挺机枪还重。"为鼓舞士气,长官部立即将此项敌情和文件通报了守军。

此时,日军还蒙在鼓里,他们认为加藤素一不可能轻易阵亡,他一定还在中国军队的包围之中。第3师团此后几天的战斗,其中的一个目的就是"全力以赴夺回大队长"。

这两天的战斗,除了南郊以外,城东、城北几乎都未经历大的战斗,看来日军把主攻的方向放在了南门。但到了1月3日,随着日军全部投入战场,战火迅速蔓延各处,战况达到最为激烈的程度。

这天早晨,形势大变,第6师团赶到长沙城北,与第3师团联手将长沙城包围了起来。

第6师团直到30日傍晚,才接到进攻长沙的命令。那时,他们正在汨水南岸,按照第11军的指示围歼我第95师,离长沙还有两三天的路程。而第3师团由于提前获得指示,已经逼近了长沙。对此,第6师团师团长神田正种大为愤慨。

本来第11军参战各部,唯有第6师团是满员参战,而同为第一等师团,第6师团的凶悍也在第3师团之上。按照常理,担任长沙主攻的自当是第6师团。即便退而求其次,也应该是第6、第3两师团齐头并进,共同拨取头功,而第11军司令部竟不加考虑,把夺取长沙的先机给了第3师团。

第6师团组建于九州,穷乡僻壤,第3师团出身于名古屋,富庶地区。可见,军部也是嫌贫爱富,第6师团虽然打起仗来凶悍至极,但却不被上司待见。作为南京大屠杀的元凶,看来第6师团不仅是中国人,而且也是日本人嫌弃的对象。

当然,在第6师团看来,那就是不公,他们尤其不满第3师团。

第6师团师团长神田正种为了抢功,命令各联队不眠不休,急速向长沙进发。这命令简直是发疯,这支军队也疯了。之前,他们每天还能睡3个小时,现在连1分钟都是一种奢望了。

不可否认，日军的训练极为苛刻，他们的耐力也远非中国军队能比，但他们的士兵不是铁打的。这样不眠不休、不吃不喝，虽然可以满足武士道的虚荣和官长的贪欲，但蔑视战争规律和科学，最终坑的还是他们自己。

此时，随着第6师团加入战斗，日军兵力已达两个师团约4万人，而我军第10军仅仅是2万人，敌我兵力对比是2:1，守军的压力急剧增大。

日军自恃兵强马壮，不待休整便兵分数路，以炮兵为重心，各附一部步兵紧随在后，向守军阵地发起了猛攻。

眼看第一线阵地岌岌可危，中国军队的炮兵发威了。从岳麓山一直到第一线阵地，战区、军、师各级炮群集中火力，向日军进行压制性反击。

岳麓山俯瞰长沙城，是长沙一带的制高点，第九战区的5门德制150毫米榴弹炮就设在岳麓山上。那年月，150毫米榴弹炮就算是炮兵中的巨无霸了。一开炮，就把日本人打得胆战心寒。

本来，由于道路被破坏，日军带来的火炮就少，而中国军队除步兵炮外，仅榴弹炮、山炮、重迫击炮就有四五十门之多。这次，中日炮兵火力易位了。

由于早就料到日军会再次进犯长沙，炮兵指挥官王若卿在平时就把功课做足了，将长沙城内外的地形地物做了一番精准的测量，设定了作战区域，标定了射击诸元，一打一个准。战斗中，长沙守军各师又和他们保持有专线联系，前线一旦有求，两分钟后，炮弹的爆炸声就能从敌阵里传来。

这天的炮战，第10军军属炮兵、师属炮兵也不甘落后，架起各式火炮，发挥近战优势，对日军进行炮火覆盖。这些炮弹打得既狠又准，日军的骑兵受到重创，步兵也遭受了很大伤亡。

南门冬瓜山、修械所一带，我守军得到炮兵支持，越战越勇，对攻入阵地的的野联队第2大队反复逆袭竟达数十次。此战，日军第2大队大队长横田庄三郎中佐、的野联队副官神野一郎大尉战死，第5中队的军官全部被击毙或击伤，一个精锐步兵大队几乎伤亡殆尽。而攻击浏阳门的石井第18联队，由于弹药缺乏，不得不和守军展开白刃战。第10军平时十分重视刺杀格斗，战前由师长、参谋长亲自担任教官，严格训练，士兵的刺杀战术十分娴熟，因而在白刃战中，丝毫不落下风。日军人困马乏,被守军杀得人仰马翻,纷纷溃退。

遭此挫败,日军部队长愤恨之余,竟迁怒于侦察兵未将敌情探明,将其就地处决。

下午2时,日军不甘于失败,重整队伍,展开了更加激烈的白刃冲锋。双方混战在一起,守军炮兵失去了优势。外围阵地,日军率先打开了缺口,北门开福寺失守,东门袁家岭失守,南门冬瓜山失守。中国守军战前已有命令,谁丢了阵地谁夺回来,否则提头来见。各部稍做调整即转入反攻,各阵地失而复得。

黄昏,日军步兵接连涌过浏阳河,其军势大振,重新展开攻势。战至深夜,守军因外围阵地已参差不齐,遂收缩防线,退居第二线阵地,重组防御。要命的是,关键时刻,第二线的重要据点陈家山却不慎丢失。

陈家山位于长沙北门外,与北门互为犄角。第6师团进攻北门,受到陈家山守军的侧击,伤亡惨重,攻击受挫。入夜,日军利用夜间地堡内瞭望视角过小的弱点,一个一个匍匐潜行到山下,等天明守军松懈之际,一举攻下了陈家山。

陈家山失守,第6师团与第3师团连成一线,完成了对长沙城的合围,这态势对坚守北门极为不利。军长李玉堂急命第190师师长朱岳督率所部,全力夺回。但日军轻重武器已经运至山顶,守军反攻3次,虽伤亡惨重却未能奏效。

日军攻取陈家山后,开始向守军第二线阵地进击。3日天亮以后,第3师团炮击清水塘、小吴门、浏阳门、识字岭,第6师团攻击油铺街、湘雅医院、兴汉门、邮政局仓库。日军炮兵虽然遭到压制,但步兵久经战阵,非常凶悍,守军渐渐不支。

说实话,日军步兵的单兵素质很高,远非中国军队能比。他们经过严酷的训练,不少老兵能一边匍匐前进,一边射击,这是根据"一战"中大量的攻坚作战而总结出来的作战姿态,以这种姿势作战,对突破工事防御十分有效。

从日俄战争后,日军就已经废除大规模集团冲锋的战术,那只能成为对手的靶子。日军的冲锋,都是五六个人一个小组分散开来,以轻机枪为中心行动,这样就能有效地分散阻击重机枪的火力,减少伤亡,提高步兵的使用效力。

渐渐地,日军的兵力优势和战术优势开始占据上风。在几万名日军的疯狂进攻下,长沙城多个要地岌岌可危。

守卫湘雅医院的第569团团长符志豪告急,190师师长朱岳亲临兴汉门督战。南门第30团团长葛先才告急,预10师师长方先觉督战于南门口。识字岭告急,第3师师长周庆祥督战于天心阁。

第3师师长周庆祥对识字岭守军团长张振国说:"你我都是军长提拔的,长沙守不住,军长就挽不回来了,于公于私,我们都说不过去。"

张振国深知此战关系重大,即便不是为了保全李玉堂军长,也要为了抗战前途决死一战。他没有多说什么,明明白白地向周庆祥表示,要与阵地共存亡。

周庆祥非常感动,拍着对方的肩膀说:"好样的!我陪着你。"

说完,即命炮兵对杨家山、妹子山、窑岭的日军进行炮火压制,张振国团长加派两挺重机枪封锁窑岭至识字岭的道路,阻断日军增援,并向识字岭增兵一个排,几番恶战,识字岭阵地才得以保全。

但日军并不容易对付。下午4时许,第3师团的工兵部队在韭菜园一带穿墙凿洞,溜进了市区。位于藩后街的第7团发现后立即进行截击,位于小吴门内原何键官邸的569团的一个营也跑步赶来,加入截击。而缺口之内,日军的后续部队还在源源不断地涌入。第3师第8团由南向北,190师一部由北向南合力封锁缺口,终于隔断了内外之敌。

这样,第3师团进入城内的部队被我瓮中捉鳖,一场惨烈的巷战就此展开。

两年多以后,第10军能在衡阳大战中给日军造成高达5.6万人的伤亡,也得益于此战的工事作业。

李玉堂对工事的构筑极为重视。赶回长沙后,他知道时间不多了,就整天待在阵地上督修工事。他放下架子,亲自矫正地堡的位置和射击孔的方向,规定火网的编成。饿了就在阵地上啃馒头喝白开水。部下官兵受到感染,一个个豁了命一般,日夜不停地进行施工。

长沙的工事构筑得非常巧妙,它采取地堡式连环构筑,西面依托湘江,北、东、南三面形成一个半圆形。工事由外向内,层层构筑,越往里强度越高。最外围在长沙郊外,层层向里,直到城中心的核心工事。这里是最后的决战之地,其核心工事构筑得最密最强,在通往各个方向的街道口,都有铁丝网鹿砦封锁,街道两旁来自地堡和建筑物内的交叉火力形成了严密的火网。

临近北街的守军工事,除在街中心十字路口筑成坚固的机枪掩体,以交通壕与房屋联系外,其余均在屋内的墙根处凿开口子作为射击孔,再挖掩体覆盖上,形成一个个由二层掩体构成的地堡。这样的好处,既能对空掩蔽,使日军的炮火失去效力,又能在房屋被炮弹炸倒之后,反而增加屋内掩体的厚度。这种战术,中国军队在台儿庄巷战中曾经采用过。这次第10军如法炮制,再次获得了成功。

日军攻入城内,立即受到守军各个角度的火力攻击,一时之间无处藏身。加之因道路破坏,携带的重武器较少,无法对地堡实施破坏性轰击,因而只好采取越堡攻击的办法,将成班成组的兵力横插到各个地堡之间的侧面建筑物里,对我地堡进行火力封锁,妄图断绝堡内守军的饮食。但日军没有想到,守军早在进入地堡之前,已经做好了与地堡共存亡的准备。地堡里面,早已预存了充足的粮弹和饮水。

日军地面攻不下来,只好求助飞机投下烧夷弹,但守军早有应对,事先已经构筑了隔火道,烧夷弹没有发挥作用。

日军的飞机又想对我据点进行定点轰炸,但中、日两军纠缠在一起,日军飞机不能确定轰炸目标,无法协助步兵作战,只好把炸弹都投在了湘江两岸和岳麓山上,日军的空中优势也无法发挥。

此刻,日军只好放弃任何幻想,要想获胜只能不怕牺牲,拿命去换了。

最为激烈的巷战发生在八角亭和南正街一带,在这里除了守军的交叉火力外,守军还与日军展开了白刃战。战至最后,第10军的炊事兵、司号兵都自动拿起武器,冲入了敌阵。

冲入的日军以工兵为主,对巷战并非一窍不通,他们见势不妙,就想夺取制高点,以摆脱截击部队与地堡火力的双重打击。于是日军爬屋登高,守军也爬屋登高,在两幢楼房之间对射。激战至夜,日军苦战无果,只好转入防御,固守待援。

长沙城下,胜利的天平开始向第10军倾斜。此时,日军的后勤已被截断,失去了弹药补给,而这几天的激战,日军除了伤亡惨重、毫无进展外,不少部队的弹药也快耗尽,攻击部队士气低迷,无法再战。

但第3师团师团长丰岛房太郎是个榆木疙瘩,他不敢面对现实、面对失败,更不愿就此放弃而被他人耻笑,仍然幻想着能在接下来的一天半天里,突然出现奇迹。

当天傍晚,他向阿南惟几报告说:"敌有四道防线,在街道上设有碉堡,同时又凭借房屋，防御极为顽强。目前在师团右翼方面，已展开巷战，不久，或可取得战果。"

但阿南惟几给他的却是一道撤退命令，他命令长沙日军务必在4日夜向北反转。

其实一开始，阿南惟几的想法并不是这样。早在元旦那一天，阿南就通过无线电侦译，得知了第九战区合围长沙日军的作战命令。但阿南实在是狂妄，他并不相信此刻第九战区还有兵力合围自己的几个师团。但连续几天，长沙外围的中国军队越聚越多。到了1月3日，外围的中国步兵师已经增加到了20多个。日军第11军的参谋主官，以木下勇为首，极力要求阿南立刻下令撤军。阿南原本就是师出无名，抗命擅攻长沙，胜了还好说，若部队损失严重，那所有的锅都得他来背，他不敢再往下想。见事已至此，只好咬着牙向前线下达了撤退命令。

可第3师团师团长丰岛房太郎心有不甘，他要求将战斗再延迟一天。阿南惟几不愿再承担更大的风险，当即就拒绝了。

丰岛房太郎又派人联系第6师团，希望第6师团能助他一臂之力。结果，第6师团师团长神田正种却恨恨地答复说："我们的意见，应按军部的命令行动。"

就这样，成了"狗不理"的丰岛房太郎，不愿就坡下驴，还想在撤退之前，作最后一搏。

1月4日，他们集中了所有的炮火对城区进行射击，炮弹的命中率十分惊人。在国货陈列馆第三层有一朝北窗户，日军炮兵误以为是守军的炮兵观测所，一连三弹都是从窗户入口打进，命中精度直追今天的制导导弹。

日军的新一轮攻击准备得十分充分。他们集中炮火、掷弹筒轰击守军掩体，但守军的工事太过巧妙，射击孔都是从沿墙根凿开，那些轰击根本无法奏效。日军这才想到用三七平射炮进行轰击，结果墙根之上满是炮洞，守军退至兴汉门。

城南再次吃紧，回龙山失守，预10师副师长孙明瑾前往督战。浏阳门吃紧，第3师参谋长孙鸣玉前往督战。其余各师正、副师长无一例外，都在前线陪着部队拼死一战。这是一支优秀部队才有的战斗意志和团队精神。

午餐时分，李玉堂正和参谋长蔡雨时对坐吃饭。一块弹片忽然穿过玻璃窗打在了饭桌上，两人惊愕之余，只见盘盏俱碎，李玉堂的一根筷子也被折为两段。发了半分钟的愣，蔡雨时问："是不是换一个位置？"李玉堂一边嚼着馒头，一边用手抓着咸菜，神色安然地说："不动，不动。"蔡时雨稍稍定了定神，又心有余悸地说：

"那我们就快点吃。"李玉堂端起饭碗,喝了一口稀饭,淡然地说:"不用,不用。"

这顿饭,只有馒头、稀饭、咸菜,李玉堂以手代箸,一手拿馒头端稀饭,一手抓咸菜,照样吃了个肚饱。

这虽是个战斗中的小插曲,但消息不胫而走。部下们得知后,无不感佩万分,兵法云"不动如山",李军长不愧是大将之才。

而城南第30团的修械所阵地上,由于战况惨烈到了无以复加的地步,他们的午饭吃得更是糟糕。

第30团在第二次长沙会战中伤亡惨重,仅余500多人,每连平均下来,只有50多人。此时,屡经激战,连仅剩的500多人也所剩无多。

不能老这么被动挨打,打出去或许能有奇效。为了稳住阵地,葛先才决定集中剩余的力量,以攻为守主动向日军发起逆袭。

他要通了28团的电话,28团固守在城墙之上。在电话里,他对该团团长陈希尧上校说:"本团准备改取攻势出击,请你命令城墙上的火力,居高临下阻止敌人增援部队。"

接着,在电话中命令各营长,准备全团出击,听到团部冲锋号,即刻开始猛攻。不惜任何牺牲,有进无退,违令者杀。

布置完这些,葛先才才给师长方先觉打去电话,他说:"据目前战况看来,敌人兵力火力皆较我有绝对优势,敌人还有飞机助战。我们能否支持到外围友军向长沙合围之期,实难以肯定。因此,我决计出击,以攻代守,攻其无备,或者有稳定战局之可能。"

方先觉答道:"你的见解没错,但敌势太强,出击恐难奏效,反更加重危机,你须慎重。"

接着他又说:"另有一案,将你30团撤至城墙上,可减少伤亡,你看怎样?"

这个主张,葛先才当即予以拒绝:"此案虽是唯一减少伤亡的措施,但绝对不可后撤。后撤只有南城门一条通道,撤入城内时,官兵争先恐后,部队一定会自乱,而且敌我咫尺之隔,我一后撤,敌必尾随跟进,那才是真正危险。我都考虑过了,也准备好了,军人应有冒险犯难的精神,不计后果决心出击,我再不向你请示,也不要你增援,你只当30团死光了。请你报告军长,说我不习惯挨打,发了蛮性,非出击不可，破釜沉舟与敌一拼，一切责任自负。不是敌死，就是我赴黄泉，决计与敌偕亡。"

方先觉听他说要去送死，心头猛然一震，在电话中不住地喊："先才！先才！"想要阻止他。但葛先才根本不加理会，挂断了电话。

睡在地上的卫士韩在友听说要采取攻势，猛一翻身坐起，把他驳壳枪内的弹夹取出，换上满满的20发弹夹，再将预备弹夹填满子弹，紧紧子弹带。他走到葛先才身边问："团长用手枪还是驳壳枪？"

葛先才望着他笑笑："要冲锋出击，你的精神来了？"

韩在友笑而不答，拿给葛先才一支德造20响连发驳壳枪，并将一个装满子弹的预备弹夹，放入葛先才军服的右边口袋中，另外数十发放进左边口袋中。

刚走出数步，他又突然折返回来，将右边口袋中的预备弹夹拿出，改放进左边口袋。

葛先才感到疑惑，沉下脸问道："你这是干什么？"

他挠挠头皮说："预备弹夹在左边口袋，你换弹夹时快呀！"

葛先才这才反应过来，笑了一声说："总算你聪明了一次。"

听到夸奖，他低头笑笑，往前走出十几步，站在葛先才前面。葛先才明白他的意思，他站在前面，是想为葛先才挡子弹。

此时，冲锋号声骤然响起。冲锋的时刻到了。

葛先才身先士卒，加入到了敢死队之中。

此时正是午饭时间，某连的一名准尉特务长带着5名炊事兵，挑着篓桶前来送饭送水，恰巧此时听到冲锋号音响起，霎时间激发了斗志，一名炊事兵大喊道："伙计们，我们加入冲锋杀敌去！"

大家同声赞道："好哇！特务长你看着饭菜，我们去杀几个鬼子。"

5人将挑着的篓桶往地上一放，各人拿着自己的扁担，撂下傻了眼的特务长，喊一声"杀"，快步加入到了敢死队的行列。

霎时间，各营、连十几支军号一齐响起。伴随着雄壮凄凉的号音，敢死队呐喊着向敌冲去，杀声、号声、密集的枪炮声，搅在一起，撼天动地，声势惊人。

占据此地的日军是的野联队的第8中队，这是的野联队仅剩的一支预备队。从凌晨2时到现在，中、日两军已在此经历了4次反复争夺，日军也是伤亡累累，不堪再战。此时，中国军队突然杀声四起，日军绝想不到守军还有力量发动反击，错认为中国的大部队杀到。他们的枪声全部停止，丢下中队长黑田巽以下上百具尸体，一个个掉头狂奔。第30团冲出了约1公里，才以号音停止。而日军为了逃命，狂奔了两三公里才停下来。这时，岳麓山上的火炮见到了机会，也开始发威。隆隆炮声向敌猛轰，打得日军东藏西躲，到处乱窜。

第30团终于稳住了阵地，今天这已是第5次从日军手中夺回修械所高地，而连同之前的战斗，这已是预10师第11次从日军手里夺回修械所。

30团撤回了原阵地，而那5名冲进敌阵的炊事兵，一个不少都眉开眼笑地走了回来。他们每人手持一支缴获的"三八式"步枪，走回放饭菜之处，顿时傻了眼。当时只顾抢夺日军的枪械，手中的扁担却被扔在了阵地上。现在没了扁担，这饭菜又怎么挑起来呢？

葛先才站在不远处，望着他们微笑。

一个炊事兵向团长喊道："团长别笑话我们了，我们用敌人的枪挑饭菜可以吗？"

葛先才收住笑容，同意让他们破一次例，但不能损坏枪械。

他们一个个喜形于色，将枪膛内的子弹退出，放入口袋中，用枪身挑起饭菜兴冲冲而去。

南门发生的激战，正巧被岳麓山上的薛岳看到，他在电话中问李玉堂："南门外出击者，是哪一支部队？"

李玉堂说："预10师葛先才团。"

薛岳极为高兴，说："攻得好！攻得好！葛团长了不起。"事后将葛先才晋升为少将，赏法币5000元。

次日，湖南各大报纸均用大字标题，将30团弃守为攻、主动出击的战斗经过，有声有色地描述了一番。尤其是《湖南日报》，打出了一行头号大字标题：《葛先才团长，赵子龙第二》。

葛先才突发灵感的杰作，受到何种夸赞都不为过。第10军、预10师以巨大的牺牲，守住了孤城长沙，将士们兑现了战前"与阵地共存亡"的诺言。但他们的伤亡确实惨重，战至最后，第30团只剩下了58人。而整个预10师，从元旦硬拼到现在，

第七章 丰年好大雪

从开进长沙时的7000人锐减到2000来人，减员超过70%。其他两师虽然压力相对较小，但也伤亡过半。第10军誓与长沙共存亡，以这样的伤亡程度坚守住阵地，足可以让他们挺直腰杆，挺起胸膛。

中午过去不久，日军的炮兵就被我岳麓山的野战重炮摧毁殆尽，战场形势已大为改观。薛岳趁机又将一个喜讯通报给李玉堂："外围各军已全面反攻。第4军已抵暮云市、大托铺，第73军已由乔口渡过湘江……望再坚持一夜。"

李玉堂爱兵如子，能与士兵同甘共苦，几乎每饭都与士兵蹲在一起吃。第二次长沙会战李玉堂被屈含冤，官兵们早已愤懑不已，早想拼死一战，给军长及第10军洗刷前耻。

长官部的消息迅速传遍了整个前线，第10军将士群情激奋，高呼"苦战一夜，打退敌人，守住长沙，要回军长"的口号，追赶着从岳麓山上打向敌阵的一发发炮弹，和日军展开了最后的激战。

5日凌晨，枪声由密而疏，战场上一片死寂。

第10军将士正在纳闷时，长官部的电话突然打来了。长官部的参谋通报说："我湘北第27集团军杨森等部，已从平江山区出击，断敌归路，其他部队均已出动，长沙地区的敌人有撤退模样。敌如撤退，你军无追击任务。"

消息传来，大家紧绷多日的心，一下子松弛下来。官兵们相互庆贺，都说薛长官这次真地道，没让第10军承担追击任务，总算给第10军留下了一些种子。

敌人已经败退了。

第10军守城将士呼喊着，一个个面目黢黑，军装破烂，走出了战壕与掩体。

战场上的硝烟还未散尽，红彤彤的太阳照在了每个将士的脸上。呼吸着清冷的空气，就在他们庆幸自己逃过一死的时候，战场上的景象却让他们惊呆了。

1938年以后，长沙城再次变成了焦土。

从城里到城外，残垣断壁之中，目力所及到处都是日军的死尸死马，军大衣、军毯、武器，被扔得满地都是。几天来，他们只顾作战，根本没有注意到战场竟是这样的狼藉。

冬日的阳光照得人暖烘烘的，打了这么多年仗，这样的情景还是第一次看到。一时之间，他们不知道是该激动还是悲愤。

他们看到，这些日军的死尸大都完好无损。以往日军总会将战死者的尸身焚化，来不及焚化时至少也要截取一些体位如手指、耳朵之类，但此次却有很多全尸，这只能是日军兵败如山倒仓皇逃命才顾不上这些阵亡者。不仅如此，在阵地上，还可以看到几具剖腹自杀的日军军官尸体，以及因作战不力而被捆绑起来处死的日军尸体。

在长沙县政府所在的莲花池，打扫战场的士兵们发现了奇怪的一幕。战时，日军的野战医院曾设立于此。走进院内，一块30米见方的地方有新土隆起，第10军官兵感到好奇，立即动手挖开，结果让他们大吃一惊。新土下面是一个大坑，里面横躺竖卧，堆放着几十具烧残的日军尸体。这些残尸均用黄呢子大衣裹着，有的怀揣太阳旗，旗上密密麻麻满是千人针和各种字体的签名，有的怀揣着别人的断手，翻着灰白的眼珠瞪着已经看不到的天空。有的头上仍旧戴着钢盔，取下钢盔，里面还镶嵌着一尊小木佛像。显然，这是医院集中处理的战死者，因条件所限，烧得不够彻底，反让人看了深觉恐怖。

战斗刚刚结束，重庆军委会就电令长沙守军："战场不动，等待各国驻华使节团前来参观。"3天后，参观团来到战斗最为惨烈的修械所高地，看到满地的枪弹碎片，以及日军的大量死尸，使节们深感赞佩，不住地点头称快。重庆军方的宣传工作也在改进。如此胜仗，就该让外国人来亲眼看看，他们的话，最能让傲慢的西方新闻界信服。

会战结束后，军委会向第10军颁发"泰山军"的荣誉称号，其所属3个师也分别颁授"民族荣誉"旗。李玉堂被取消所有的处分，提升为第27集团军副总司令，获二等宝鼎勋章，并被授予青天白日勋章，成为该勋章的第95位获得者。而第10军参谋长蔡雨时少将也获得重奖，作为他不顾压力敢于调用预10师，为固守长沙奠定基础的奖励。而方先觉、葛先才两人，一个被提升为第10军军长，一个被提升为预10师副师长。

至此，第二次长沙会战带给第10军将士的耻辱被彻底洗刷干净，他们获得了新生。两年半以后，带着这份辉煌，他们还要在长沙以南200公里的地方，创造新的更大的奇迹。

◎ 蜂拥合围，湖南成日军的坟墓

败退的日军，突然发现连渡河都成了问题。

第6师团师团长神田正种老奸巨猾，1月3日刚刚开到长沙，他就未雨绸缪，分出步兵第45联队控制了槊梨市的渡河点。尽管如此，次日早晨我第26军蜂拥而至，还是将日军第45联队和辎重第6联队围困了起来。此后，随着中国军队第30集团军的三个师加入战斗，第6师团陷入了苦战。经两天拼死力战，第6师团才算保住了渡河大桥，仓皇逃过了浏阳河。

相比之下，丰岛中将的第3师团就没那么幸运了。

4日晚，第3师团随同第18联队，带着700多名伤员，向东逃向浏阳河。但此时，东山镇渡口早已被我第79军第98师占据，渡桥也被该部炸毁。在中国军队的机枪封锁下，日军多次强渡均未成功，死伤惨重。当时，日军急于逃脱，战况十分激烈，浏阳河两岸的竹林，竟被枪弹齐刷刷地打断。

5日黎明，第3师团的工兵联队在中国军队的猛烈射击下，不得不冒着当活靶子的危险下河架桥。突然，中国军队的一发迫击炮弹落在日军的临时指挥所里，瞬间就将第18联队的军旗炸飞，军旗卫兵的上半身也飞向了半空。第3师团师团长丰岛房太郎从里屋仓皇跑出，大声喊叫道："我来保护军旗。"在日军中，军旗乃天皇亲手颁赐，人能死，军旗不能损毁，更不能丢。

第3师团的另一路的野联队的境况更惨。

的野宪三郎联队从4日傍晚开始败退，其先头部队刚刚逃到清水塘西北侧，突然听到有人用日语盘问："谁？"走在最前面的是负责毒气弹的田中象二中尉，很自然地就把问话者当成了自己人，脱口说出了"我，我"几个字。不料，话音刚落，回答他的却是一阵猛烈的轻重机枪弹雨，日军猝不及防，当下死伤一片。

原来，这是我第4军第59师的一个营，已在此等候日军多时。他们的指挥官显然受过良好的教育，略通日语，没想到在此派上了用场。

第4军其他部队循声而动，向的野联队各部展开攻击。的野联队在长沙作战中伤亡最重,粮弹耗尽,此时已无力反击。眼看中国军队就要逼近军旗,日军联队长的野宪三郎拔出战刀,命部下以军旗为中心摆成圆阵,必要时与中国军人同归于尽。

的野宪三郎逃过一命。关键时刻,该联队第2大队赶到,掩护主力突围,的野联队才逃脱了被歼的命运。

激战持续到5日下午,第3师团在飞机以及第6师团的掩护下,仓皇渡河,逃到曹家坪、槊梨市之间。入夜后,日军丢下大量尸体逃出包围圈。

两个师团的主力虽然逃过浏阳河,但由于中国军队第4军从侧后杀到,他们的辎重联队却陷入了重围之中,遭到了被围歼的命运。

1月6日,日军陷入了前所未有的混乱。尤其第3师团,此刻已与第11军和第6师团都失去了联系,这让阿南惟几焦虑万分,担忧第3师团是否遭到了围歼。

事实上,第3师团大部已经摆脱了浏阳河畔中国军队的阻击,仅有一支步兵和辎重联队还在重围之中。但为何与第11军断绝了联系,原因却是师团长丰岛房太郎突然被战场撤职。

临阵撤职,对于任何一个日军将领来说,都是奇耻大辱。第3师团新任的师团长高桥多贺二即将到达岳州,听到这个消息,丰岛房太郎顿感晴天霹雳一般,瘫软在了地上。丰岛明白,这是军司令官阿南惟几为推卸战败的责任,拿他做了替罪羊。丰岛羞愤之余,索性断绝了与军部的一切联系。

11军军部,司令官阿南惟几中将心中苦涩,愁容满面。他一直没想明白,为何自己的面前会突然冒出这么多的中国军队。一开始,从各方情报判断,中国军队能赶到支援的最多三四个军10个师左右,没想到最后却是占据绝对优势的30个师的中国军队。

事实上,当长沙的激战进行到第四天(即1月4日)时,中国军队的合围大军就已到达了指定位置,逼近了长沙。此时,第20军在平江东北,第37军、第58军在高桥以北,第30集团军主力在浏阳附近,战区直辖第4军在醴陵、株洲一带,第79军也到达东山渡口,第73军在岳麓山且一部已经加入战斗。另外,沿湘桂路开来的一个战车营也即将到达。

形势极其有利,战机稍纵即逝。薛岳的第九战区长官部认为,此时如不反击,

第七章 丰年好大雪

万一日军迅速撤退,将丧失战机,导致前功尽弃。于是,薛岳一刻也不敢耽搁,立即下达了总反攻令,命令各部:

(一)罗副长官为追击军总司令,指挥第26、第4、第73军于微日(5日)拂晓前开始,以第26军由牌楼铺、东屯渡经枫林港、麻林桥、梁家桥(福临铺东北8里)、麻峰嘴、栗山巷、长乐街道,向长乐街、伍公市追歼败逃之敌。第4军由阿弥街、左家塘,经东屯渡、石灰嘴、青山市、福临铺、李家坡、双江口道,向新市、兰市河追歼败逃之敌。第73军由长沙经石子铺、马鞍铺、新桥、栗桥、马山神、武昌庙、骆公桥道,向骆公桥、归义追歼败逃之敌。

(二)杨副长官为堵击军总司令,指挥第20军、第58军在象鼻桥(含)、福临铺、栗桥(含)自北向南堵击北溃之敌,不得任敌由长乐街、骆公桥间渡过汨罗江北窜。

(三)王副长官为东方截击军总司令,指挥第37、第78军在枫林港以北、长乐以南地区,自东向西截击北溃之敌。

(四)第99军军长傅仲芳为西方截击军总司令,指挥第99军及第140师,在石子铺以北、新市以南地区,自西向东截击北溃之敌。第197师固守原防。第99师之一部固守湘阴、营田。

围追堵截,薛岳布置任务井井有条,必欲置老对手阿南惟几于死地。恰在命令发出前后,第4军在株洲以北与日军小股部队战斗中,一架日机把一件通信袋误投到第4军阵地上。通信袋里的文件显示:日军打算两日内攻下长沙,而两日后再攻不下就将向北后撤。第九战区长官部得到这个情报后,一面立即通报给第10军,坚定第10军的信心,一面命令外围各部要不顾任何困难,超越前进,务于两日内攻到长沙。

外线各军得令后,听说日军在长沙苦战后已是强弩之末,因而群情激奋,士气高涨,不顾行军疲劳,迅即向各处日军发起了攻击。

近水楼台先得月,第10军由于伤亡惨重,没有承担追击任务,但刚刚加入长沙战斗的第77师却一马当先,第一个投入了追击的行列。

77师师长韩浚，黄埔一期生，早年曾加入中共，后来脱党，渐次做到国军第77师师长。77师由湘西土著改编而成，原本纪律败坏，喜欢劫掠，名声一向不好，驻地百姓讥讽他们是："三元改守礼（该师代号），害人害到底，城里抢现洋，乡下要白米。"韩浚上任后，立即严加整顿，部队的素质和军纪才有所好转。

第三次长沙会战刚刚展开，第九战区把第77师调来长沙，分担第10军的守城任务。在薛岳眼里，大战在即，多一个人就多一分力，何况77师还是三湘子弟兵。岳麓山长官部，薛岳对他十分客气，夸赞说："你这个师的战斗力很强，士气很高。"让韩浚十分感动。当时，长沙战事达到了最高潮，前线十分吃紧，薛岳当即就把77师调拨给了第10军。孰料，第10军坚守数日，眼看胜利在望，害怕77师分功，就把77师晾在了一边。对此，原本渴望一战给全师正名的韩浚愤懑不已。

日军一败退，韩浚抓住机会，带着77师英勇奋发，急起直追，直到汨罗江畔才停止攻击。

与77师的行动相呼应，国军其他部队第79军、第4军、第99军、第26军、第37军、第30集团军都纷纷出动，将日军堵截在捞刀河、浏阳河之间达3日之久，直到7日日军才向汨罗江败退。但从捞刀河到汨罗江不到50公里，日军受到围追堵截的干扰，竟走了一个星期，而这一个星期可以说是日军的地狱之旅。

7日晚，阴云散去，明月高悬，日军的行踪完全暴露在我军的攻击视线内。

这天夜里，第73军已抵达青山市苦竹坳附近，第4军、第26军已追至枫林港以北地区，第99军已抵达新开市附近，第20集团军在影珠山、福临铺、古华山一线占据阵地，而第37军除以一部围歼第40师团第236联队外，主力则在脱甲桥、学士桥截击日军。

这样，日军再次进入了中国军队的包围圈，被围歼的危险如影随形。

其中，境况最惨的是第40师团。

与第3、第6师团这些王牌相比，第40师团明显战力低下。早在1月2日，第40师团本部跟随第236联队（龟川联队）刚刚进入金井附近的大山塘一带，就被我第95师包围。经过连日激战，伤亡惨重的第40师团本部，扔下所有的伤员，留下龟川联队作掩护，仓皇突围而去。担任掩护的龟川联队随即被紧紧包围，弹药只剩参战之初的20%，步枪子弹每人不过10来发，手榴弹每一分队只有1—2枚。这样，龟川联队几乎弹尽援绝,被第40师团遗弃了。

大山塘的激战彻夜不停,龟川联队由开战之初的3000多人锐减至500多人。更艰难的是,数日来,在饥寒、不眠不休以及激战的多重打击下,部队已经到了崩溃的边缘。

7日破晓,刚刚迎来新一天的黎明,龟川联队的末日也随之来临。我军开始收缩阵线,长沙县鼎功桥北的双华尖上的60名日军,遭到我军数百人的猛攻。不到一刻钟,该股敌人就被打死了一半,其余也很快就被肃清。与此同时,龟川联队第2大队遭我军奇袭,其水泽大队长,三宅、关田两中队长被击毙,另有12名军官死伤,士兵也伤亡殆尽,该大队已基本被歼。

持续到8日晨,该联队向第40师团报告"我第一线损失达450名",能够战斗者不到100人。此时,第40师团也是自身难保,师团长青木诚一所能给予的增援,仅仅是给龟川联队补充了30发步枪子弹和数枚手榴弹。次日,当第40师团完成掩护任务,前去救援龟川联队时,龟川联队只剩下四处躲藏的20来个残兵,可以说是全军覆没。

此战的尾声,第40师团的一个炮兵中队企图逃窜,我军第95师的一个营立即将其包围,经过一夜血战,该中队被全歼。两名残兵窜入红薯窖内顽抗,我官兵就将一把半干松枝点燃,用竹竿顶入窖内。不出两分钟,这两名日军就乖乖地爬出红薯窖,被我军俘虏。

金井之战,第95师扬眉吐气,打了一个像样的漂亮仗。在他们的阵地上,收拢的日军遗尸就达326具,俘虏日军108人,缴获步枪144支,轻机枪16挺。自抗战以来,95师第一次实实在在地品尝到了胜利的滋味。

岳阳日军第11军前进指挥部,阿南惟几司令官心绪不宁,甚至有几分狂躁。自下令放弃进攻长沙开始后撤,中国军队反击、追击的决心和速度完全出乎他的意料。坏消息一个接着一个,眼见伤亡到这种程度,阿南惟几再也坐不住了。如果第3、第40师团不迅速突出重围,遭到全歼,那他在日本战史上就会落下千古骂名。他咬着牙下令第6师团和第9混成旅团在青山市以北阻击第27集团军,同时派出飞行队前去增援。

本来，第6师团经几番恶战才死里逃生，突出了重围，但这个命令却让他们重新往陷阱里跳，他们岂能愿意？

1月8日傍晚，第6师团师团长神田正种在犹豫了多时后，不得已按照阿南惟几的命令向青山市以北进发，果然很快就被追踪第3师团的中国军队7个师团团围住。

与第6师团一样，同时担负解围任务的独立混成第9旅团首先在影珠山一带遭到了重创。

影珠山位于长沙东北部，南北走向，长约7公里，方圆30多公里，横亘在长沙、汨罗两县之间。在此地界内，共有大小峰峦70多座，主峰海拔500多米。

影珠山居高临下，控制长岳（长沙至岳阳）古道，当时山上已有第20军、第58军主力固守于此。日军若想顺利突围，必须夺取此山，排除来自山上的火力侧击。

日军独立混成第9旅团是一支生力军，在山西时经常和八路军交战，山地战的经验比较丰富。该旅团因长沙作战需要，刚刚被调来武汉，处于第11军那些赫赫有名的野战师团中间，原本想好好地表现一番，免得被人小看。但他们长于中小规模的游击战，根本没有大兵团作战的经验。刚到影珠山，他们就拿出了在山西的一套老办法，派出一支精兵进行夜袭。

这支夜袭部队是一支临时集成大队，共有两个中队的作战步兵220人，炮队、通讯、卫生兵等数十人，总兵力接近300人。该大队由独立步兵第40大队第1中队中队长山崎茂大尉率领，连夜向影珠山中国军队阵地发起了突袭。他们从影珠山南麓向山上进攻，冲到离山顶不到300米，才停止了攻势。山上老庙，正是国军新编第10师的师部所在地，师长鲁道源见日军夜袭，夜间敌情不明，只得赶紧率部撤退。山崎大尉志不在此，当他得知影珠山的制高点559高地还在此处西南数百米时，立即停止向老庙的攻击，转而向559高地攻击。

第58军军长孙渡很快摸清了敌情，他当机立断，亲自督战展开反击，山崎茂所率大队被围困在半路。战至天明，除一部数十人窜到20军的阵地被守军全部击毙外，困在58军阵地上的山崎大队主力，除了一个名叫斋藤的军曹逃脱外，其余全部被歼。

此战，一个山崎集成大队，精锐步兵近300人，仅一夜功夫便全军覆没，震惊了日军。

得知山崎大队全军覆没、第9旅团出师不利的消息后，11军司令官阿南惟几中将一天之内都未能稳住心神。当他在司令部里怒责第6师团推进过慢贻误军机时，他似乎忽略了一个更为严重的事实：第6师团已经陷入了数万中国军队的包围之中。

从8日晚开始，先是第6师团本部带着服部联队以及一个直属大队，被割裂围困于麻林寺一带，至9日上午，担任前卫的第13联队也陷入我第4、第73、第26军重围。

对于此次接应作战，第6师团师团长神田正种中将原就心存疑虑。部队新败，兵员锐减，弹药也不足，更要命的是10来天连续作战，士兵体力已达极限，如何去面对士气正旺的对手？战场的演变印证了他的判断，所以一遭包围，他立刻下了突围回撤的命令。可局面比他想象的还要坏。

入夜之后，第6师团本部直接遭到攻击。一时间，第6师团的指挥部四周，手榴弹、步机枪子弹、迫击炮弹一齐炸响。神田正种立即命令所有人员，包括文职人员投入战斗，而神田则端坐在屋里，听着枪弹撞击墙壁的声音，静待着最后时刻的到来。夜战，中国军队也有顾忌，因而不够坚决，让神田捡回了一条命。黎明前，竹原部队突破中国军队阻击，进入到第6师团本部附近，第6师团的指挥部才得以保全。

与此相比，日军第13联队的遭遇就没有那么幸运了。中国军队把攻击的重点对准了第13联队，从9日到12日，经过4天的苦战，第13联队大部被歼，残部逃到福临铺。

其间的1月10日，得知第6师团陷入重围，阿南惟几大为恐慌，他又命第3师团的石井联队前去救援。这真是一个可笑的命令，第6师团为援救第3师团陷入了重围，而第3师团又不得不反过来援救第6师团，阿南中将此刻显然已是方寸大乱。

苦撑到14日，日军各部才渡过汨水，逃出包围圈，向新墙河逃去。

第三次长沙会战的谢幕战发生在了龙凤桥南。

等待在此的，是第37军的140师。本来，按照蒋介石的指示，我军要乘胜北进攻击岳阳，但新墙河与汨水之间兵力空虚，因而140师又被调到了新墙河南岸，担任堵截任务。

日军第3师团眼看生还在望，遂集中兵力，依靠8架飞机，拼尽最后的力量冲破我军阵地，杀到了对岸。检点战场，140师阵地上的数十具日军死尸，竟无一人随身带有子弹。而被俘获的十几名日本兵，竟饿得连路都走不动，却一再请求中国军队不要用大刀砍杀他们，中国军官哭笑不得，便用日语安慰他们说："我军只杀日本军阀，不杀俘虏。"战俘们听了，泪流满面。

第3师团逃脱后，其他日军也随后跟进，在两天之内陆续逃过了新墙河。

第三次长沙会战就此结束，中、日两军各自退去后，湘北大地再次恢复了往昔的平静。

此战，日军伤亡奇重。第九战区的战报称：日军阵亡33941人，负伤23003人，伤亡总计56944人，伤亡率超过了80%。

日军此战的确死伤惨重，第3师团步兵第18联队被俘的两名士兵供称："此次以第3师团第18联队伤亡最重，全联队仅余四五百人，第12中队除剩10余人外，全部被歼，其他各联队伤亡亦重。该师团此次伤亡之重，为历次战役所未有。"

在第二次长沙会战中，第18联队曾夜战永安市，给第58师以重创。而两个月之后的此次会战，第18联队便遭到报应，一个精锐联队将近4000人，仅有四五百人逃过新墙河，几乎所有的中队长、小队长尽皆战死，部队几乎被打残了。以此推断，第3师团由于在围攻长沙的战斗中死伤最重，逃窜时又屡遭围攻，其死伤减员不会低于80%。

而日军其他参战部队，比如被围困时间最久的第40师团龟川联队，更是在伤亡殆尽后才被解救出去。至于第6师团，虽然情况稍好一点，但被围困在汨水沿岸达一个星期之久，差点被全歼，伤亡情况也不会好到哪儿去。独立混成第9旅团也遭到了罕见的重创。

自中日开战以来，日军承认的会战失败，第一次是上高会战（日军称为"锦江作战"），第二次便是此次的第三次长沙会战（日军称为"第二次长沙作战"）。

以往，日军无论遭受怎样的打击，即便是在台儿庄、昆仑关诸次恶战中，也从未出现过士气崩溃的局面，但第三次长沙会战却是一次例外。日军第11军由于伤亡奇重，而其中受创最重的便是第6、第3师团这两个王牌中的王牌，再加上逃跑途中犹如地狱般的苦难行军，日军下层官兵的信心彻底崩溃，不少曾经死硬的士兵第一次丧失了日军必胜的信心。第11军被彻底打残了。在以后的3年时间里，他们再未向长沙方向使用一兵一卒。

此战，让国际舆论再次对中国刮目相看。当此同盟国在亚太地区遭受犹如雪崩般大溃败之际，当日军被美、英等国传得神乎其神、不可战胜之时，中国军队却独放异彩，欧美的舆论，尤其是各国政要们，第一次深切感受到了中国人所带来的震撼。

尤其难得的是，蒋介石刚刚被任命为中国战区最高统帅，英国人心有不满而怪话不断时，长沙大捷堪称一记漂亮的回击，让质疑者立刻闭上了嘴巴。

美国总统罗斯福由衷地赞道："盟军的胜利，全赖华军长沙大捷。"

英国《泰晤士报》亦称："盟军胜利，全靠华军英勇作战。"

英国《伦敦每日电讯报》说得最为传神："际此远东阴云密布中，唯长沙上空之云彩确见光辉夺目。"

此战，让美国人看到了中国抗战的巨大潜力，看到了中国对日军无可比拟的牵制作用。

长沙城，成了中国抗战的英雄城。长沙大捷，成了东方战场黑暗中现出的第一缕胜利曙光，富有魅力而灿烂无比。

◎ 进"世界四强"的底气

历史有时候很会开玩笑。

"卢沟桥事变"爆发后，世界各国几乎所有的舆论都认为中国抵抗不了多久。而武汉会战以后，连有"中国通"之称、明显同情中国的美国驻华武官史迪威上校都悲观地预言，中国顶多再能支持6个月。

接下来的一个时期，欧战爆发。德国疯狂轰炸英伦诸岛，当时除英国人自己以外，也很少有人相信英国不被德国所侵占。一位名叫魏刚的法国将军根据法国败亡的经验，毫不客气地预言道："不出三个星期，英国就会像一只小鸡一样被人拧断脖子。"

接着又一个时期，除了苏联自己以外，又是很少人认为俄国的抵抗能够持久，因为俄国开阔的东欧平原，极其有利于德国装甲部队的驰骋。一段时期内，欧美的报纸普遍认为，俄国的表现并不会比法国好上多少。

结果，他们的预言一个个都落空了。中国坚持了下来，而且时有惊人之作。英国坚持了下来，等来了诺曼底反攻。苏联坚持了下来，成为一个决定战争走向的强国。

更加冲击世人想象力的是，中国这个近代以来被称为"东亚病夫"的东方大国，在惨遭西方列强踩躏长达100年后，一夜之间竟然成了"世界四强"之一。

1942年1月1日晚上，美国白宫，以中、美、苏、英4国为首，其他22国随后，《联合国家宣言》正式签署发表。

签完字后，美国总统罗斯福叫住中国代表宋子文，第一句话便是："我们大家欢迎中国为四强之一，希望贵部长转告贵国政府！"

华盛顿的祝福令重庆的蒋介石眼眶发热。为这一天，中国无数的仁人志士抛头颅洒热血，前仆后继，今日终于得偿所愿。但激奋之余，蒋介石也清醒地认识到中国力量薄弱，基础落后，恐怕还不能算一个名副其实的强国。要真正让人看得起，必须自己奋斗不息。

没过几天，喜讯再次传来，蒋介石就任盟军中国战区最高统帅。

长沙会战的捷报来得太及时了，蒋介石顿时有了底气。在一次会议上，他不无骄傲地宣称：

"当此反侵略各国战事初期失利之时，我们在长沙方面能获得如此空前的胜利，不仅可以告慰全国民众，而且可以告慰于世界友邦！"

当然，这一切不仅源于长沙大捷的出现，也是对中国长达5年艰苦卓绝的独立抗战的认可。

1942年1月6日，在宣读年度国情咨文时，面对着众议院黑压压的国会议员，罗斯福赞颂："英勇的中国人民……在四年半的时间里，经受了轰炸和饥饿，一再打击了侵略者。"他的话音刚落，会场里便爆发出热烈掌声。

1942年，一项民意调查表明，有80%到86%的人相信，中国在战时和战后可以可靠地同美国合作。当年5月，当被问及丘吉尔、蒋介石、斯大林三人谁最得到美国人民支持时，结果有23%的人支持蒋介石，24%的人支持丘吉尔，30%的人支持斯大林。而在几年前，有谁能够想到，一个屡遭欺凌的古老国家的领袖，在世界第一强国美国国内的舆论里，竟能和丘吉尔、斯大林这两个大人物平分秋色？

而更令人咋舌的是，两年以后，在美国的一项民意调查中，当被问及哪些国家在一个国际组织内应拥有最大的发言权时,结果63%的受访民众将中国与美国、苏联、英国相提并论。

蒋介石知道,中国的身价在飙涨,这主要得益于中国军队在战场上的表现。

在对日本人的认识上,他认为自己有先见之明,而美、英的政治领袖则远不如他,在一次公开会议上,他毫无顾忌地说道:

"我早就讲过:以英、美在东方太平洋上的疏于防备,如果一旦日本向英、美进攻,必如秋风之扫落叶,无法抵御。因为日寇已经是20年来处心积虑要夺取英、美在太平洋上的领土和权利,而英、美还以为日本为黄色人种,区区小国,只能欺侮中国,而必不敢向他们进攻。因此,日本之与英、美,一个是处心积虑,有了20年侵略的准备;一个是虚张声势,疏忽懈怠,轻视敌人。如此,不待接战,胜负之势已定。这种危机,英、美自己反不知道,而德、意是早已知道的;我在7年前看到墨索里尼的演说,他早已认为日本必将进攻夏威夷,占领南洋各地,英、美必将遭受日本无情的攻击!而英、美近几年来还是夜郎自大,不加戒备,以为只要用恫吓的手段,就可使日本屈服或妥协。因此,就有这次作战的挫败!"

蒋介石之前的确多次警告过欧美,但却被西方国家认为是想转嫁战祸。话锋一转,蒋介石总结道:"但就这初期的战争来看,对于英、美诚然不利,不过就我们中国的立场或是整个同盟国的形势而言,则不唯无害,而且有利。因为英、美两国在太平洋上如果不打败仗,那他们就不知道日本的实力,更不知道我们中国的坚强。他们经过这一次惨痛的教训,才认识我们中华民族之不可轻侮。我们中国的声威与地位,就在于无形之中特别地提高起来了。"

当时西方有人有心无心地说,中国在成为"四强"之一后,就将替代日本,成为亚洲的领导者。对此,蒋介石十分警惕,他否认了相关说法。并且,连"领导"这个词都非常忌讳,他拒绝使用"领导"这个词,而把对亚洲被压迫民族的帮助称为"扶持"。

蒋介石此时深知中国的实力,底气并不足。他害怕沾上帝国主义国家的嫌疑,从而招致世界强国的嫉恨。

但说归说,蒋介石对于成为亚洲的领导者这个倡议,内心里当然还是很受用的。

2月9日，蒋介石携夫人宋美龄出访印度，借调停英、印冲突之机，开始了中国进入"四强"之后，首次介入亚洲事务的尝试。

对此，英国人非常恼火。丘吉尔这个坚定的殖民主义者，一向看不起有色人种，本就对中国加入"四强"心怀不满，此次蒋介石竟公然管起英国的家务事来，令丘吉尔羞愤不已。

但蒋介石代表的是正义，英国人无法公开反对，只能暗中阻挠。

蒋介石夫妇到达印度后，开始了长达近20天的访问行程。其间，从印度殖民当局、各党派领袖一直到普通民众，对于蒋介石一行都是十分热情的，无论谈话或其他一切行动表现，都是真诚坦白的。尤其是一般社会民众，见了蒋介石等人，如同见了自己的同胞一样，表现格外的亲热。

在新德里停留的第三天，尼泊尔国王得到消息后，立刻派他在印度的王子向蒋介石表达致敬欢迎之意，并将他自己亲自猎获的一张虎皮赠予中国政府。尔后，蒋介石从新德里再到印度与阿富汗交界之处视察国防要塞，当地的藏族同胞、尼泊尔人，尤其是不丹各族长老，许多年过80岁的老者，都来欢迎蒋介石一行，并显得格外亲热。

当蒋介石与印度朝野各党派、各宗教领袖、各王公会谈时，他们都把中国5年来的独立抗战，看成亚洲人最光荣的一件事，有形无形之中，无不流露出同情仰慕之情。

蒋介石明白，他之所以能够获得如此热烈的欢迎，当然和两国的历史情结有关。中、印两国同为文明古国，同样是人口大国，同样饱受殖民主义之苦，并且两国有长达2000多年的文化交流史，其间从未发生过一次武力冲突，这种悠久的和平邦交，在世界范围内都是极为罕见的。

但除了这些天然因素外，更大的原因还在于，印度人在蒋介石身上寄予了某种期望。

早在太平洋战争爆发后的第三周，蒋介石就拟定了一个电报，恳请美国人转告英国。电报说："这一次世界大战——尤其是太平洋战事爆发之后——英国必须彻底了解现在局势，绝非第一次世界大战仅仅限于欧洲战场可比！今后太平洋战事，正在英、荷两国殖民地内进行，所以英、荷两国对于各殖民地内的民众——尤其是对于广大的、有历史有精神和潜伏力量的民族，一定要从速赋予实权，采取切实的方法，使其力量得以充分发挥。然后才能使太平洋所有的各个民族，群策群力，来挽救目前的危局!"

本来,蒋介石此行的目的,一方面固然在要求印度民众,放弃不合作主义,取消其非武力抵抗侵略的政策,而能与同盟国共同一致,武力参战;但另一方面也希望英国政府,尽早宣布印度自治,并保证将来到了战后,可以完全独立,这样一定能鼓舞印度的民心,发挥印度人力物力的伟大作用。

中国政府要帮助印度实现独立,印度人自然是心领神会。

在这种默契中,蒋介石会见了印度的各界领袖。

当然,他第一个想要见到的,便是"圣雄"甘地。

本来,英国政府已被甘地的不合作主义弄得焦头烂额,对蒋介石调停英印关系抱有一定的期望,因而当蒋介石提出要拜访甘地时,英国政府也满口应允。

但到了印度之后,印度总督却节外生枝,他不让蒋介石去访问甘地,而要甘地到新德里来拜访蒋介石。

蒋介石很不高兴,当时就对一位英国朋友说:"我们东方人的习惯和西方人不同,照我们中国的道理,只有行客拜坐客,不能叫坐客来拜行客,而且东方人对敬老尊长的礼节是很注重的。今年甘地70余岁,要约他远道来访行客,这是说不过去的。所以我必须先去拜访甘地,这一点我早已向贵国政府说明,且已获得了同意。"

蒋介石又说:"如果我作为英国当局,在太平洋战争发生的一周之内,我立即要宣布印度自治;现在战争爆发已经两月,而英国政府对于改善印度政局毫无表示,此乃失策!"

此言一出,英国人惊恐不已,他们本就怕中、印串通一气,合力对付英国。听了这话,对蒋介石的要求,更是坚决拒绝。

蒋介石认为,既然同盟国有求于甘地,希望甘地能够领导印度民众加入同盟国作战,而不是甘地有求于同盟国,希望同盟国给印度带来什么利益,那么于情于理,蒋介石都应该先去访问甘地,才便于商讨一切问题。

但按照殖民政府的意思,他们已经习惯于将印度人当作二等公民。假如蒋介石到甘地家去拜访甘地,就会把甘地的地位提得太高,使英国将来难以应付。

事情僵持了下来。后来甘地写了一封信给蒋介石,信上说,他是一个不自由的国民，但除了不能离开印度之外，他愿意和蒋介石在任何地点相见。

蒋介石立即答复他，访问团在回国的时候，会取道加尔各答去看泰戈尔的故居，如果他愿意的话，可以在加尔各答相见。

几天后蒋介石到了加尔各答，甘地如期来会。两人的历史性谈话，长达5小时。

蒋介石问他，他所提倡的不合作主义，是目的还是方法？是消极的还是积极的？

甘地回答说："我的不合作主义，乃是一种方法，若讲到实际目的，我不仅要与世界爱好和平的人类合作，而且要与英国人合作。"

蒋介石明白，甘地的不合作政策，不是消极地仇英，而是要积极地与英国合作。英国人平时宣传甘地不愿与他们合作，实在是一种殖民主义者的偏见。

得到甘地这种保证，蒋介石感到对英国人已有了交待，便把努力的方向转到了印度与日本的关系上。

美国人有"门罗主义"，日本人为了控制亚洲，也有样学样，搞了一个"亚细亚主义"，他们的第一步骤便是"大东亚共荣圈"。日本人看到了英国和印度的矛盾，便想借机分化印度，以许诺印度独立为条件，使印度成为它在南亚的盟友。

如果日本的图谋实现，中国被三面包围，生存环境将更加恶劣。到了那时，不仅得不到任何外援，而且日本还可以从各个方向攻入中国。所以，蒋介石必须要弄清印度人对日本的态度。

两下交流，印度人的态度非常明确，一个政治领袖明白无误地告诉蒋介石："我们绝不是反对抗战，亦不是要反对英国人，而是反对英国对印度现在的政策。但是印度全国人民，对于英国帮助中国抗战，不仅不会反对，而且是尽力赞助。然而现在我们所能赞助的，只限于精神上和情感方面的同情而已。除此之外，我们所有的人力物力，都操控在英国人手中，所以我们无能为力。不过对于凡与中国抗战有不利或有妨碍的事情，我们是不做的。"

蒋介石还不放心，又接着问道："目前太平洋战争，如果日本战胜，那日本和德国也许要会师印度，你们印度将怎样应对呢？"

甘地说："我们很清楚，我们印度这块肥肉，不仅日本想要来吞噬，而且德国更是垂涎已久！"

蒋介石又问："你们还是要等到德国或日本侵略进来之后，希图由德、日侵略者手中求得解放自由还是愿意直接从英国手里解放出来呢?"

甘地明确地说:"我们当然愿意从英国手里直接地解放出来。我们印度绝对不容许第二个统治者再来统治我们。如果我们印度一旦为德、日所统治,那我们解放的日期就更渺茫了!"

他怕蒋介石不放心,又坦白地告诉蒋介石:"在日本没有侵略中国的东北三省之前,我们印度民族对于日本有过一番热烈的希望,希望他能做亚洲弱小民族的救星,担负起解放亚洲的使命;但自从他们侵略你们的东北三省之后,我们从前这种幻想完全消失了!我们印度国民现在对日本的厌恶心理像对德国一样,没有什么东、西人种之别。日本人所谓'大东亚新秩序'这些骗人的话,在我们印度是绝对不会产生影响的。这10年以来,我们一贯地同情中国,尤其是自从中国抗战之后,我们全印人民,无论何党何派,无不希望中国早日获得胜利,早日得到独立!无论何人,绝不致有妨碍中国抗战的行动,所以凡是违反中国利益的事情,我们印度人不但不肯做,而且是不忍做的。"

蒋介石看到他的反日态度这么坚决,心中大喜,顺势亮出了自己的底牌:"你们既然看清了这一层,就应该与我们中、英、美、苏四国联合起来,共同一致,来抵御德、日的侵略,以期将来在反侵略阵线上取得确实的地位,这才是印度民族求得解放的光明大道。"

但这位印度的政治领袖却不以为然,他不相信英国人的道德水准。他说:"我们印度民族无论在主义与民族精神以及各种环境上来说,当然是要积极地参加反侵略方面的。但由于过去历史的教训,使我们不能不有所踌躇。在第一次世界大战的时候,我们印度对德国抗战并不是不努力,对于打倒当时的德意志帝国,实在是有很大的贡献!而且英国在当时,曾经允许在战后给予我们自由,但是战事结束之后,英国竟不履行诺言。而当时世界强国,也没有哪一国肯替我们印度说一句话!这未免使我们印度人太寒心了!"

蒋介石拿出了中国老大哥的气派,对他保证说:"现在这一次世界大战,与上一次世界大战,形势完全不相同了!这一次大战,有为你们印度最切近的兄弟之邦的中国参加;我们中国向来是济弱扶倾、重信尚义的。何况中、印两国到今天不仅是利害一致,而且是命运相同的,有我们中国的自由,绝不会没有印度的自由,这一点你们应该不必再有顾虑!"

蒋介石知道印度人容易说服,问题只是出在英国人身上。于是,在离开印度之前的2月21日,蒋介石发表了《告印度国民书》,敦促英国允许印度自治:

"余对盟邦英国政府特致诚挚之期待,余且深信我盟邦之英国将不待人民有任何之要求,而能从速赋予印度国民以政治上之实权。俾能发挥精神与物质无限之伟力。印度此次参战,因为求取反侵略民主阵线之胜利,实亦为其本身自由之得失有莫大之关系,余以客观地位,认为此乃于大英帝国有益无损最贤明之政策也。"

对于蒋介石的言行,英国人恨之入骨。他们预感到,中国这个昔日的泥足巨人,竟然要在英国元气大伤、日本走向衰弱时,乘虚而入领导亚洲。

但愤恨归愤恨,英国已经无可挽回地衰落了,印度问题的解决别无办法。最终,英国人只好顺水推舟,承认了既成事实。

能为印度求平等,那中国就更不必说了。几经努力,1942年10月10日,中华民国的双十节,蒋介石自豪地向全国军民宣布:美、英自动废除在华之不平等条约。

此时,距1842年中国第一个不平等条约中英《南京条约》的签订,恰好是100年。一个世纪的苦难历程,100年的翘首企盼,几代人的不屈抗争,中国的殖民枷锁终于打破。中国"世界四强"的名头这才多少有些实际内容。

当年的11月12日,国民党第五届十中全会开幕,蒋介石动情地说:

"各位同志也许觉得这是本党责任之所在,虽然有了这种成就,也不足为奇。但本人常常想到:一件事要成功是很困难的,而失败却是很容易,尤其是我们此次废除不平等条约得以成功,各位现在也许不觉得如何难能可贵,但是我们后一代的国民和同志,回想本党现在领导国民革命废除不平等条约所经过的痛苦和艰难,其认识一定比我们现在深刻得多!"

时间流逝了近80个多个年头,今天的中国早已崛起。当我们再去回味这段话时,无不为当初的苦难和艰难感慨万千。

第八章

面子的代价

> 日本轰炸珍珠港,粉碎了美国人的和平幻想。他们对日本本土实施了第一次大轰炸,对中国抗战给予援助,并派来了中国战区的参谋长。尽管中国军队第一次入缅作战失利,浙赣会战遭遇罕见的惨败,但也导致了日军"五号作战"计划的破产。
>
> 战略相持就是在比谁能熬过谁。

◎ 日本第一次挨炸

一直以来，大和民族似乎都是一个不善于掩饰自己的族群。尤其他们的一些政客很少顾及他人的感受，一切行动，完全以自己的标准为归依。

1931年的"九一八"事变，日本招来了世界舆论的一致谴责。日本人惶恐之余，反而摆出强硬姿态，妄图以此来压住外界的声音。

1933年2月日本退出国联时，时任贵族院副议长的近卫文麿发表了一篇题为《改造世界的现状》的文章。正如他一贯所说的那样，他声称像日本这样富有活力和开发力的国家却一直局限于狭小的领土，从而不得不承受低水平生活的痛苦，而像澳大利亚那样的国家虽然只有极少的人口，却被赋予广阔的空间和丰富的自然资源，这是国际关系中的不公平。

"如果和平与公正是基于试图永久维持建立在这种不合理基础上的现状的话，这又算什么和平与公正？总之，世界大战就是满足于维护现状的各发达国家坚持和平，反之，反对现状的国家则成为侵略者。把这种冲突称之为正义与暴力间的斗争，乃是伪善的说法……西方列强想以和平的名义来反对日本在'满洲国'的行动，或把日本称为和平与正义的敌人实属谬误。"

强盗逻辑在他嘴里却是振振有词。更可怕的是，这位青年政客说出了大多数日本人的心里话，他很快就得到了年轻的昭和天皇的赏识，被看作日本政界日渐升起的明星。

有近卫文麿打头阵，日本外务省次官重光葵也公开叫嚣："作为一个'穷国'，我们必须为自己保留一个国家的生存权利以待国际正义成为现实。我们的大陆政策是要保证此种权利。只要世界上不存在国际正义，该政策就是公正的。"

日本的政客们真是敢想。他们要在各国间重新分配世界的土地，保证在全球范围自由取得原料和市场。在日本国内甚至有人妄言，让中国人掌握丰富的天赋资源，而不让日本人帮助开发有违天意。在他们的逻辑里，对他们有利的就是正义。否则，就是受到了欺侮。

第八章 面子的代价

1937年"卢沟桥事变"爆发，迅即在上海等地燃起熊熊战火。美国总统罗斯福为了敲打日本，于10月5日在芝加哥作了著名的"防疫演说"，号召孤立破坏和平的国家，矛头直指日本。次日，美国国务院发布了一项重要声明，美国已得出同国联相一致的结论，那就是日本在中国的行动违反了九国公约和巴黎条约。

日本授权外务省发言人河相发表声明辩解说："按照'穷国逻辑'，日本的政策是正义的：世界是全人类的。诚实、勤劳的人民有资格在地球的任何地方幸福生活。然而事实上懒惰的人民基于他们过去的累积仍然享受着舒适的生活，而一些诚实、勤劳的人民却被剥夺了这样的权利。还能有任何比这更不公平的事吗？近50年来日本人口增加了一倍，一直不得不为其狭小的本岛寻求出路。但日本移民遭到各国的禁止。美国拒绝接受我们的移民是违背人类的天然原则的，日本人民对这一种族歧视已经表示最严重的遗憾。然而世界上'穷国'与'富国'间的固有矛盾的事实依然存在。对资源和原料分配不均的抱怨正在不断上升。如果分配不均不能得到纠正，如果'富国'拒绝穷国分享生存的权利，那么也许只有战争能解决这一矛盾。"

这是赤裸裸的强盗逻辑。地理大发现以来，欧洲的殖民主义者也还知道打着文明、博爱的幌子。而日本人却不然，他们连这些遮羞布都一把扯去，公然要求分享，甚至以战争相威胁，让世人看清了他们的野蛮本质。

作为一个深谋远虑的杰出政治家，罗斯福明白，这是一些无法与现代文明共存的政客。1940年年底，在确认自己大选获胜，即将第二次连任美利坚合众国总统后，罗斯福立即决定与日本摊牌。

他先是在经济上对日本进行了打击，限制日本对废钢铁等战略物资的进口。紧接着又高调宣布，将租借给中国1亿美元的军用物资，以支持中国抗战。次年，罗斯福一面与日本虚与委蛇，展开了长达一年的谈判，另一方面又暗中让一批优秀的空军官兵退役，在陈纳德少将的领导下，在中国昆明组建了闻名遐迩的"飞虎队"，以重建中国遭到毁灭性打击的空军力量。同时，美国决定提供给中国1000架飞机、30个师的装备等军事援助。

事实上，日本人也深知美国的厉害，不敢贸然发动与美国的战争。日本著名的战略家石原莞尔按照《法华经》的预言，并结合世界大势与日美力量对比，认为日美战争爆发的最佳时机是20年后的1950年代中期。因此，美国人提出谈判的要求，日本人也不得不接受。

但此时的罗斯福早已失去了和谈的耐心。1940年年初的时候他还曾希望放日本一条生路，可日本人自以为占了上风，对美、英的建议毫不领情。然而，当美国人态度开始强硬时，日本人又不得不乖乖地回到了谈判桌前。罗斯福对这种反复无常的行径极为反感，再加上经过一年多假借谈判，美国的战备已经基本完善。所以，在日本人对谈判的期望值大大增加之际，罗斯福就给日本人下了最后通牒，要求日军无条件撤出中国和法属印度支那，不得承认汪伪政权和伪满洲国，废除德、日、意三国同盟，恢复到1931年以前的状态。

直到这时，日本政客们才大梦初醒，承认对美战略误判。谈判失败，剩下的最后一条路就是对美开战了。

12月8日（美国夏威夷时间7日）清晨，一场人类历史上的空前奇袭在美国的夏威夷突然爆发。

消息传开，世界震惊。但奇怪的一幕是，与战争相关的主要国家竟然是皆大欢喜。

日本人自不必说，自日俄战争以来，这是日本民族优越感的顶峰一刻。几天之内，整个东京街头，狂欢的气焰甚至融化了冬季的冰雪。

伦敦的丘吉尔高兴得流下了眼泪。美国终于参战了，英国肩头上那沉重无比的压力马上就要被美国扛下了。

而重庆的大街小巷，更是像过节一般，烟花鞭炮放个不停。中国终于熬到了出头之日，中国的抗战终于和世界大战连成了一片，日本的覆亡指日可待，中华民族的惨烈牺牲最终有了回报。

受到偷袭的不少美国人也很兴奋，得到珍珠港受到攻击的消息时，陆军部长史汀生的第一个反应竟是"我们得救了"。他不无感慨地说："现在由于日本人在珍珠港对我们的进攻，所有问题一下子都解决了。我的第一个感觉就是得救了，优柔寡断就此终结了。凭借危机以使全体国民团结起来的方式出现了。事到如今，国民的团结用不着担心了。过去在不爱国者身上表现出的冷漠和分裂，现在已经消失得无影无踪了。"

罗斯福总统的顾问霍普金斯说得更加露骨："我们都相信：归根到底敌人是希特

勒，不用武力绝不能打败他。我国早晚必须参战，而日本给了我们这个机会。"

这真是战争史上的奇观。和战争相关的任何一方，无论是发动战争的一方，还是受到侵略的一方，都像是注射了兴奋剂一般，相信上帝的天平在自己这一边。

这中间，最为得意的当属日本无疑。不到半年，日本陆军即以不到30万人的兵力，横扫了中国香港、马来群岛、中南半岛，而其海军为所欲为，炮舰所指，几乎囊括了整个西太平洋的所有岛礁。一时间，日军气焰之盛，融化了整个亚洲和太平洋。

美国人是不会咽下这口气的。一旦喘过一口气，他们的报复将更大胆。这次，他们把报复的目标指向了日本本土。

这次东京轰炸，在军事上美国虽未指望能给战局带来重大改观，但在精神上的意义却极为重大。

战争爆发以来，除了中国军队在第三次长沙会战中给日军以重创外，盟军在太平洋战场可谓是连战皆败。盟军的诸多名将如麦克阿瑟、亚历山大等，此时还只能作为日军的手下败将，让寺内寿一、山下奉文、本间雅晴这些狂人成就大名。

为了扭转这种不利局面，罗斯福总统听从了军方的建议，大胆采取了以航空母舰作为作战平台进行战略轰炸的行动。

当时，美国陆军航空队的双引擎轰炸机由于航距所限，不足以飞到日本本土，而海军的舰载轰炸机都是单引擎的，作战范围小，海军的航空母舰又不能在没有制海权的情况下游弋到日本近海。不过，海军还是有人才的。据海军作战部的参谋佛朗西斯·洛中校的观察：陆军的双引擎轰炸机能从航空母舰起飞。经过多番测试，美军证实了B-25米切尔型轰炸机拥有从航母起飞，在轰炸日本后飞越东海在中国降落的能力。

随即，美军授命杜立特中校全权负责此次行动。在短短的一个月的时间里，杜立特一面进行训练飞行员的工作，一面对B-25轰炸机进行了针对性的改装，加装副油箱使载油量增加一倍，尽量拆除不必要的设备减轻重量。

就这样，4月18日清晨，背对着初升的朝阳，在距离日本本土以东650海里的太平洋上，杜立特一行16架中型轰炸机依次从"大黄蜂"号航空母舰上起飞，各自携带着4颗500磅的炸弹急速向西飞去。

此时，日军虽然得到美军航空母舰出现的消息，但估计美军使用的海军轰炸机航程没有那么远，因此并未把袭击放在心上。结果，美军全数的轰炸机成功地飞抵日本，并且超低空飞行，对东京、横滨、名古屋和神户的油库、工厂和军事设施进行了轰炸。

老实说，这次攻击并未给日本造成多么严重的打击，日本只受到了一些轻微损失。但毫无疑问，它却使日本人第一次尝到了挨炸的滋味。

1942年4月18日深夜，阴云密布，月黑无光，正值梅雨季节，天地之间一片沉寂。一阵急促的电话铃声突然打破了静寂，中国第三战区参谋处长岳星明少将从熟睡中一骨碌爬起，拿起电话，只听见电话那头一个严厉的声音命令道："立即通知当地政府和驻军，协力营救迫降跳伞的美国飞行员。"岳星明听出电话那头的声音，正是来自战区司令长官顾祝同上将。

原来，当天白天，由杜立特中校率领的美军特别飞行中队16架B-25轰炸机，从16特混舰队旗舰"大黄蜂"号航空母舰上起飞，连续轰炸了日本东京、名古屋、大阪、神户等城市。然而，由于燃油不足，飞机无法返回母舰，所以轰炸之前，美国军方就先期通告了中国方面，要求迫降在浙江的衢州机场，然后飞往桂林，加入陈纳德的"飞虎队"，转为中国的空军力量。中国白捡了一个美军轰炸机中队，还能帮助美国盟友，就痛快地答应了。

但是由于美机飞来的时间有所提前，中国方面也未接到相关通知，加之第三战区得到一个误传情报，称将有大批日机前来轰炸衢州机场。因而阴错阳差，当晚衢州机场熄灯灭火，关闭一切导航设施。当杜立特他们飞临衢州上空时，只见漆黑一片，又值下雨，根本找不到机场和跑道，竟在杭州和衢州之间来回转了很久。最后燃油耗尽，杜立特等人万般无奈，只好在钱塘江两岸和天目山一带跳伞或迫降。

岳星明接到命令，深知司令长官深夜打来电话，此事一定非同小可。于是，他不敢怠慢，迅速召集地方和军队负责人，连夜进行全面搜索。

一周之后，以杜立特中校为首的60余名美军飞行员大多陆续被找到，并被安全送到第三战区的总部上饶，得到顾祝同等中国将领的亲切慰勉。之后，经过一番治疗、休整，被辗转送到重庆。由于这次行动成功地鼓舞了美国人的士气，扭转了"珍珠港事变"以来的连战皆败的失败气氛，杜立特一回到美国就被当成了民族英雄，由罗斯福总统授予象征美国最高荣誉的国会勋章，并连升两级，提升为准将。凭借此战，杜立特名垂青史。

然而，为了救助他和他的部下，中国军民却付出了不小的代价。

当时，三门县新婚农民麻良水、赵小宝夫妇正在屋里歇息，突然从外面传来"轰"的一声巨响，连房子都被震得抖动起来。

他们以为又是日本人来轰炸了，赶忙牵着手冲出屋门，跟随村民们往山上跑。在山上等了许久没动静，他们才小心翼翼下山回家。

在经过自家猪圈时，赵小宝发现乱草堆里有动静，仔细一看发现里面藏着人，吓得惊叫了一声，急忙躲到了丈夫背后。麻良水马上飞奔着进屋拿来马灯和一把鱼叉。他用鱼叉挑起乱草，发现草堆里面藏着4个黄头发蓝眼睛的外国人，正在那里瑟瑟发抖。夫妻俩当时惊得目瞪口呆。他们生在穷乡僻壤，哪里见过这阵势，一时也有些发懵。

这4个外国人见他们都是老实巴交的农民，知道得救了，便一个个从乱草中站了起来，其中一个用手比画了半天，麻良水也拿着鱼叉和他们比画。过了一会儿，麻良水夫妇才弄明白，刚才的那声巨响正是他们驾驶的飞机，坠毁在附近的檀头山岛海面上的声音。

麻良水知道他们是打日本鬼子的，赶忙把他们让进屋里。其中一个人从行囊中掏出一幅满是英文的世界地图，指着美国的位置比画着。赵小宝跑进内室，翻出几套父亲和丈夫的衣服，递到4人面前，示意他们穿上。他们双手接过衣服，每人分了两件，把身上的湿衣服换下。为了招待这几个特殊的客人，赵小宝从碗柜中拿出了结婚那天没有吃完的几碟小菜，又从邻居家里借了4个鸡蛋，给他们做饭。饭菜一端上桌，美国人便狼吞虎咽地吃起来。看来是饿坏了。

为了能让这几个飞行员睡个好觉，新婚不久的这对农家夫妻就把婚床让给了他们，自己睡在屋外为他们放哨。第二天天还没亮，麻良水夫妇在4名美军飞行员的带领下，找到了失散的另一名飞行员。傍晚时分，赵小宝从村里借来一条小船，掩护飞行员们转移。为掩人耳目，赵小宝让他们都穿上渔民的衣裳，并用草木灰涂抹在他们脸上。漆黑的夜色中，伴随着吱呀的划桨声，船很快就到了石浦南田韭菜湾。靠岸后，正遇上了三门县自卫队的队员，5名飞行员被安全送至三门，后又转送临海，经过几番辗转，最终回到了美国。

但另一路救助却是一个惨烈的结局。

18日黄昏，渔民叶阿桂摇着舢板靠岸时，发现3个美军飞行员浑身湿漉漉地瘫在沙地上。叶阿桂偷偷把他们带进城里，藏到乡长杨世森家。

次日，在杨世森的策划下，3名飞行员一副渔民打扮，混在10个村民中向爵溪镇东门口走去。刚到东门口，就被日伪军哨兵发现。带队的刘成本当机立断，催着大伙赶紧绕开日军驻扎的茅洋，往县城方向跑。不料，未至白沙湾，一队日军已荷枪实弹站在那里。

"死也不能让日本人把飞行员抓走！"刘成本迅速将3名飞行员藏到路边的苇草丛中，10名壮汉义无反顾地迎着日本兵走了过去，站成一面人墙。"嗒、嗒、嗒……"日军一阵扫射，10人齐刷刷地倒在了海边的沙滩上，殷红的鲜血被海浪卷进了大海。这3名美军飞行员也未能幸免，落入日军手里后，一人在茅洋被残杀，其余两名被解往上海，其中一人死于狱中，一人抗战胜利后获释回国。

半个世纪后，这些被救的美军飞行员，始终没有忘记中国农民的救命之恩。他们来到中国，向他们的恩人真诚地致谢。美国政府在一次大型空军纪念会上，还把这些当年的恩人请到美国，授予荣誉勋章。

杜立特中队的轰炸，带来的不仅是同盟国士气的高涨，更重要的是它击碎了日本军国主义者的神化梦。

历史上，日本几乎从未遭到外敌入侵，即便是忽必烈鼎盛时期，由于台风的影响，元朝东征日本也未能成功。因此，日本人坚信，他们是当之无愧的神选民族。

美军的此次轰炸，毫无疑问大大震撼了日本人的民族自信心。日本人上至天皇，下至平民，在惊恐不安中，一心要寻求报复。

然而，他们无力对美国本土进行报复性轰炸，就把气一股脑都撒在了中国人身上。日本军部匆忙叫停了所有正在实施的一系列作战计划，悍然发动了旨在摧毁浙江军用机场的浙赣作战。

浙赣会战，一场原本不在计划内的大会战，就这样被一次突发事件引燃了。战火终于烧向了一直在与日本人打游击的国民党第三战区。

◎ 史迪威绰号"尖刻的乔"

"珍珠港事变"的消息传到重庆，黄山官邸的蒋委员长激动不已。

走出居室，眼前是肃穆的青山，大雾不住地在苍松翠柏间翻来滚去。他知道，中国的抗战已走出危局，胜利已指日可待。

4年多来，多少个不眠之夜，他就像是黑夜中的行脚人，不知路在哪，有多远，何时才能天明。无助、无望是最令人痛苦的。

作为一个弱国的领袖，蒋介石算是真正体味到了坚持抵抗的不易。

武汉会战后，中国的海军、空军精华毁灭殆尽。中国辛辛苦苦建立起来的几支飞行大队虽然战绩辉煌，但敌我实力悬殊，几经消耗，已经所剩无几。而海军，本来就实力弱小，几经战阵已早早夭折。海军广大官兵不是被编入其他军种，就是作为游击部队，深入敌后去布置水雷，以最后的技能杀伤侵略者。

中国所能依靠的，最终还是对装备依赖较小的陆军。大仗小仗几年打下来，陆军的士气不降反升，各级官兵的战术素养也有所提高，广大官兵不负众望，多次予日军以重创。其中，像冬季攻势、上高会战和第三次长沙会战等，都迫使日军改变了战略走向，丧失了解决中日战争的信心。尤其是第三次长沙会战，日军折戟沉沙，大败而归。11军这支所谓的"常胜军"从此一蹶不振，连日军高层都不得不哀叹："一部分官兵动摇了必胜的信念。"

比起开战之初，中国陆军的战斗力着实提升了不少。开战之初，日军骄狂至极，他们的参谋在制订作战计划时，动辄以一个大队对付中国的一个师，并且屡屡奏效。但到了1940年前后，即便是日军最为精锐的11军，也不得不以两个大队来对付中国的一个师。尽管如此，在上高会战、第三次长沙会战中11军还是遭到了惨败。尤其是上高会战，中国军队几乎就是以1:1的兵力对比，给日军的两个半师团以重创。

但是，蒋介石清楚，1940年以后，国民政府局限于西南、西北一隅，民生艰难，国力枯竭。更为可恨的是，苍天不佑，继1937年西南各省粮食连年增产以来，1940年以后，却是灾害相继，连年减产。一些不良商贩，囤积居奇，再加上国民政府的吏治腐败，走私横行，国统区的物价竟然飞涨了数百倍之多。一时间，弄得怨声载道，民不聊生，直接威胁到国民政府的统治。

不仅如此，伴随着中国军队的巨大消耗，国民政府的征兵工作不仅越来越困难，而且兵员素质也以惊人的速度下降。由于国统区物资的匮乏，大部分民众都处在半饥半饱的状态，以至于被征来的兵员，大多是骨瘦如柴，病弱不堪，很难形成有效的战斗力。相持阶段，中国和日本都在咬牙熬着，比着最后的耐力。

蒋介石何尝不知道这些，中国人民为了保种卫国，为了夺回失去的尊严，已经牺牲了太多太多。

终于，日本人利令智昏，逼得美国不得不正式参战，蒋介石终于有了熬出头的感觉。

熬出头，盼来了美国人的援手，可也给蒋介石带来了新的麻烦。

事情出在史迪威身上。

美国援助中国，实在有厚此薄彼之嫌。战争期间，中国从美国仅得到8.45亿美元的援助，而同期给予英国的援助却是300亿美元，给予苏联的援助也接近100亿美元，这本身就显示出了美国对中国的轻视。但艰难困苦中的中国有求于人，蒋介石对这份嗟来之食也不好表示不满。

可是这份嗟来之食也并非那么容易下咽，作为美援的附加条件，美国政府却把史迪威塞给了中国。

史迪威早年长期生活在中国，能讲一口流利的中国话，算是个"中国通"。史迪威看惯了中国社会的百态，认为中国乱象横生，官贪吏虐，民不聊生，远没有到达民主阶段。他常说："3.999亿的中国人是好人，剩下10万是贪官污吏。"不可否认，史迪威是个正直的理想主义者，但他的言论并非是站在与中国人同等的水平线上。他对中国的帮助，同很多美国人一样，带着先进文明对落后文明的那种优越感。而他的耿直、不善交际也为他的命运埋下了祸根。

3月初，史迪威来到陪都重庆，一下飞机，就在中国官员的陪同下，驱车赶到德安里官邸，觐见了中国战区的最高统帅蒋介石。

刚见到蒋介石，他就不合时宜地宣布了自己的一大堆头衔：（1）美国总统的代表；（2）驻华美军司令官；（3）驻华空军司令官；（4）对华租借物资监理官；（5）滇缅路监理官；（6）中国战区参谋长。史迪威一再强调他是美国总统的代表，而有意忽略他作为蒋介石的参谋长这一职务。

蒋介石听后，十分不悦，之后就成了礼节性的客气寒暄。史迪威走后，他一个人坐在会客室里，面色阴沉，久默不语。看来初次与史迪威见面并没给蒋介石留下什么好印象。

不久，史迪威又来拜谒。蒋介石问史迪威中国战区全部情况应如何估计？又问今后应如何拟订作战计划？再问联合参谋处应如何组织？史迪威均含糊其词，未作正面答复。蒋介石不禁诧异，对这样的参谋长他该如何使用呢？他能用得动吗？

更令人不安的是，蒋介石很快便发现了两人之间一个很大的矛盾点：史迪威是典型的美国军人，崇尚进攻。但蒋介石深知今天的中国形势，仅凭自己的力量能守住阵线、拖住日军就是胜利，怎可能主动发起进攻，去打那些无把握之仗？所以，当史迪威不顾中国的实际，没过几天就提出中国军队可东进夺取武汉，南进夺取河内的作战计划时，蒋介石的恼怒可想而知。

蒋介石终于忍无可忍了。他当着史迪威的面，就中国武装力量的使用问题发表了两个小时的演讲，让史迪威这个参谋长目瞪口呆。按蒋的说法，在战术上，要用3个中国师对付1个日本师团。如果日本人发起进攻，则要用5个中国师去对付1个日本师团。蒋要求史迪威稳妥行事，让日本人采取主动。只有当日本人的攻势停顿，开始后撤时，中国军队才能发起反击。蒋甚至警告史迪威，在任何情况下都不要集结部队，否则中国军队有被歼灭的危险。

道不同不相为谋，古圣先贤的至理名言此时应验了。没多久，史迪威与蒋介石的关系日趋恶化，直到水火不能相容。"什么命令！"史迪威在日记中骂道，"一头蠢驴！"史迪威在美国军界，素以尖刻著名，1929年6月他回到美国任本宁堡步兵学校战术系主任时，在此曾获得"醋性子乔"的绰号。他尤其喜欢给他瞧不起的人取绰号。他为中国战区最高统帅精心挑选的绰号是"花生"。"花生"一词在美国口语中指"无聊的人"。并且，他还捎带上何应钦、陈诚等人，轻蔑地称他们为"一篮子花生"。

3月8日，日军攻陷缅甸仰光，滇缅路局势危急。英国政府和殖民当局不得不舍下脸面，请求中国火速派兵支援。

英国人真是自己打自己的脸。早在几十天前，中国军队为了挽救这条唯一的生命线，已经将大批精锐部队集结在中缅边境，准备随时开进缅甸。但盎格鲁-撒克逊人为了维护他们仅存的颜面，竟拒绝中国军队越境。

在他们看来，100年前，作为第一个打进中国国门的殖民帝国，英国人无论如何也不至于沦落到靠中国人来拯救的地步。

这就是典型的殖民者的心态。

而在美国人看来，把精力放在远东事务上，本是迫不得已，他们心目中的真正敌人乃是德国的希特勒。但由于英国人对他们东方利益的强调，美军总参谋长马歇尔上将也不得不进行一番敷衍。他把老部下史迪威提升为中将，去协调盟军在远东的作战。而史迪威不管这些，当然他也不知这里面如此复杂的恩怨，还是决定立刻进军缅甸。

但蒋介石却有自己的打算，他要保存实力，用在中国的持久抗战上。

3月10日，史迪威向他辞行时，他正告这位来自美国的参谋长：

"我军此次入缅作战，能胜不能败，盖第5、第6两军为我国军队之精锐，苟遭败挫，不但在缅甸无反攻之望，即在中国全线欲再发动反攻，滇省与长江流域后备不坚，亦将势不可能，故此项出师之成就，绝不能视为两三个军战争之效果，其胜败之机，不独足以决定全部军心之振颓，且足以影响全国人民之心理……"

同时，他又怕史迪威独断专行，太过跋扈，就告诫他："今愿掬诚奉告，恕我率直：第一，国军对外人最初印象，辄以外人不了解中国人之心理，故应切戒有任何举动足以证实彼等之判断，然后逐渐使彼等感觉将军与一般外人不同，确能了解彼等，则此后措施事半功倍矣。第二，应深知国军对英军之态度，此点尤宜特别注意，深信将军入缅之初，我方军官慎于发言，必不愿尽情吐露其对英军之感想。然坦白奉告，彼等稔知英军在中国香港、新加坡、马来亚、仰光等处之行动，实已丧失其对英军之信任。"

事实上，蒋介石不但对英国人没信心，没好感，也已对缅甸战局失去信心。他打算命令远征军且战且退,保存战力,以期保卫云南,阻击日军由云南攻入四川。因此,他强烈主张,远征军的主要任务为保卫曼德勒。曼德勒距仰光较远,约为500公里,而距云南国境则较近,中国军队的增援与给养比较便利。

史迪威满口答应,但一到缅甸就变了卦,把中国远征军一字排开,要与日军决一死战。哪知道英军只顾自己逃跑,他们的本意只是要保住印度,根本无心在缅甸再战,结果中国远征军侧翼暴露,差点被日军围歼。

远征军仓皇败退。等到退出缅甸,清点人数,10万远征军损失大半。史迪威不仅不引咎自责,反而把责任全部推到中国将领的身上。

同时,他开始有计划地夺取对中国军队的领导权。

廖耀湘等人退至印度边境时,前来迎接的史迪威的参谋长柏特诺上校说,从现在起,你们就是Stiwell's boys(史迪威的孩子),不再与杜聿明有任何隶属关系,也不能再听他的任何话与任何命令。

针对退到印度的两个师,他决心清除营以上的中国军官,改由美国人担任。他甚至当着廖耀湘等人的面,盛赞中国下级官兵勇敢善战、能吃苦耐劳,斥责中国营以上军官腐朽无能,弄得廖耀湘等人个个怒火中烧。

史迪威的这番举动,惹得重庆的蒋介石火冒三丈。谁都知道,军队是他的命根子,史迪威不过是一个外来的参谋长,竟然要夺他的军权,是可忍孰不可忍!

就这样,蒋介石开始收拾史迪威了。

平心而论,史迪威作为一个一线的指挥官大概还能胜任,但作为一个统帅却是绝对不够格的。

蒋介石再怎么不行,他在战术水平、指挥能力上,也许真如史迪威所说,只是一个连长的水准,但他毕竟具有驾驭全局的权威。

在日本军界,日本兵家石原莞尔动辄嘲笑东条英机为"上等兵",讥讽他只有保管12挺机枪的能力。不用多说,这话说得惟妙惟肖。不过,史迪威对蒋介石的那些羞辱,却是言过其实了。

同为美国人,陈纳德对史迪威做出了恰如其分的评价:"史迪威的中国使命无疑是把难度最大的外交工作放到了一位战时职业军人的肩上。他是一名陆军战士,性格粗犷,勇猛无比。在敌人的炮火下指挥军队作战,他有如闲庭信步。"

接着,陈纳德又指出了史迪威缺乏战略眼光的一面:"我与史迪威的全部交往让我相信,他总是把自己完全看成一名陆军军人,而根本不明白他作为外交官的基本职责,他也没有那份耐心去弄明白这一切。"

对蒋介石来说,1942年的上半年就在和史迪威的扯皮中浪费掉了。毫无疑问,这给正在进行中的浙赣会战带来了一定的消极影响。

◎ 兰溪,地雷战的噩梦

浙赣会战的爆发不仅对蒋介石来说有些意外,对日军来说也是突如其来的任务。本来,1942年4月初,日军中国派遣军为"推动治安工作"的开展,决定对南京附近的广德、宁国等地的中国部队发动进攻,名为"第19号作战"。

但美军的空袭却打乱了这个计划。4月21日,日军大本营通知中国派遣军"中止第13军的作战("第19号作战"),准备浙江作战"。当时第13军已经下达了"第19号作战"命令,临时改变战役计划显然有些儿戏,故中国派遣军总司令官畑俊六向总参谋长杉山元建议:目前"19号作战"已准备完毕,一旦中止,将造成统帅上的困难,仍望按原计划执行。"

畑俊六显然没意识到日本挨炸后军部面临的压力。22日,杉山元以不容置疑的语气命令道:"根据全面形势,必须立即摧毁浙江机场群。为此,立即中止第13军的'第19号作战',迅速转入摧毁机场群作战。"

4月30日,大本营下达了"大陆命"第621号命令:"中国派遣军总司令官应尽快开始作战,主要是击溃浙江省方面之敌,摧毁其主要航空基地,粉碎敌利用该地区轰炸帝国本土之企图。"同时下达了"大陆指"第1139号:"预定以地面兵力攻占的敌主要航空基地,主要有丽水、衢州、玉山附近的敌机场群及其各种设施;对于其他机场群,则根据我航空兵部队情况,及时控制或破坏。""攻占上述丽水、衢州、玉山附近敌机场群后,在一定时期予以确保。在形势不允许确保时,可将机场及其他各种军事设施和主要交通线等予以彻底破坏后,返回原驻地。"使用兵力,"以第13

军的主力和从第11军及华北方面军抽调的部分部队组成,以40余个步兵大队为骨干"。

畑俊六和第13军司令官泽田茂对大本营的作战企图及兵力部署颇有看法,认为破坏机场后再撤回来,对手很快即可修复利用,而且仅以击溃敌军为目的也太消极。于是擅自作出决定,改变作战目的及部署,增大使用兵力,扩大作战规模:"以歼灭重庆军第三战区之敌为主要目的,占领飞行基地为次要目的","以80余个步兵大队为骨干"。其中,以第13军使用58个大队从杭州方面向东部第三战区进攻,以第11军使用27个大队从南昌方向夹击第三战区,以策应第13军。到6月中旬,北方面军又将2个大队增调给第13军。这样一来,浙江战役就变成了浙赣战役,总计使用兵力达87个大队,兵力超过20万人,约为大本营原定方案的2倍。

日本大本营见畑俊六和泽田茂如此好战,虽有不满却也无可奈何。两年前,两人还在把持陆军中央的时候,杉山元是中国的北方面军司令官,东条英机、冢田攻、阿南惟几等人也都有过类似经历。如今,两人只不过和杉山元、东条英机调换了一下位置而已。谁都有过自作主张的时候。何况,眼下各路人马势均力敌,各有各的山头,东条英机、杉山元虽然做了"统制派"的领袖,但也只是招揽了一批少壮派军人而已,像寺内寿一、畑俊六、冈村宁次这些幕后推手,东条英机等人无论如何也是惹不起的。

基于这种内情,东条英机等人尽管蛮横,但也不敢轻易得罪这些大军头。寺内寿一自始至终都在做他的南方军总司令官,没人敢去招惹。同样,西尾寿造把位置腾出之后,畑俊六也做了将近4年的中国派遣军总司令官。其势力之大,由此可见一斑。

其实他们想的并不完全对。对于浙赣会战,畑俊六其实并没有太大的兴趣。而泽田茂就任13军司令官一年多来,几乎每次都是在和中国的游击武装作战,所谓胜之不武,很难为他换来赫赫战功。此次得到这个机会,他倒是想好好把握,通过攻城野战,给中国的第三战区以毁灭性打击。尤其是当他听说中国军队开始重视第三战区的防务,将精锐的74军、26军调来浙江的时候,心中更是激动不已。他知道,若能给这两个军以致命一击,无疑就会在日本军史上留下重重的一笔。于是,他睁着仅剩的一只眼睛,率领所部向浙江各地开始了疯狂进攻。

13军所部多达5个师团又4个旅团,人多势众,攻击实力甚至不在11军之下。泽田茂信心满满,把十几万人一字排开,气势汹汹向金华、义乌一带杀来。

由金华、兰溪向西为衢州,向南则是丽水、温州,金华、衢州、丽水等地均有机场,金华处在这3个要地的枢纽位置,自然就成了日军进攻的首选。

此刻,防守金华、义乌一线的为国军88军何绍周部、暂编第9军冯圣法部,两军同属于李觉的第25集团军统辖。

3人都是一时名将。李觉是湘军老将,曾率部多次重创日军,而冯圣法在74军58师师长任上,以所部伤亡殆尽的代价,与日军两面作战,立下万家岭大捷的第一功。何绍周是何应钦的侄子,何应钦膝下乏嗣,何绍周被视若己出,不过何绍周却并非纨绔子弟,在14年抗战中,他曾多次出生入死,立下赫赫战功。

不久前,李觉因上高会战的优异表现,刚刚被提拔为25集团军总司令。不过,李觉还没高兴几天,就感觉到这个集团军总司令的宝座不是那么好坐的。

冯圣法、何绍周都是国民党的亲贵,两人都有自己的后台和靠山,李觉根本指挥不动他们。

不过,内斗归内斗,真要和日本人打起仗来,这些高级将领还是不含糊的。

一年前,何绍周由湖北调来浙江,率部在金华、义乌一带打游击。打游击对八路军来说是拿手好戏,对国军来说却实在不易,短短几个月内,何绍周曾数次遇险。

一次,日军集中兵力进行"扫荡",88军见日军来势凶猛,便想以水代军,将一座水库扒开。结果由于铁路路基较高,未能达到预期目的,反而给日军留下了一条便道,日军就沿着铁路路基向四周活动。

当时,何绍周正率领着仅有的一个警卫连匆匆赶路。军部译电主任卢锡林突然发现前方几百米处有钢盔晃动,便一把将何绍周按在地上。何绍周不明就里,还以为卢锡林在和他开玩笑,非常恼火,当即狠狠踹了卢锡林一脚。卢锡林用手指了指前方,何绍周这才发现敌情,赶快趴在地上。其他官兵见势不妙,也赶紧趴下。万幸日军忙着赶路,并未发现这边的动静,匆匆从何绍周等人前面走过,何绍周这才算逃过一劫。

没过几天,何绍周率部驻扎在一个村中。消息走漏,村子突然被日军三面包围,幸好天色已晚,日军以为何绍周已是囊中之物,所以围而未攻。何绍周当机立断,下令半夜时分由水淹区突围。也是天公作美，当晚无星无月，野外一片漆黑。何绍周率部每人拄着一根木棍，探着被水淹没的田埂，带着部队悄悄摸了出去，这才大难不死。

此次日军大举进犯金华，何绍周被临时授命统一指挥金华一带所有中国军队。当时，除了金华外围的88军外，布防金华、兰溪的分别是第10集团军的79师、63师。

开战伊始，第三战区本打算在金华一带与日军决战，但蒋介石和重庆军委会看到日军兵力强大，由杭州到金华纵深太浅，遂变更了第三战区的部署。在开战3天后，即5月17日，严令第三战区：嘱将王耀武、丁治磐、王铁汉三个军，集结于衢县附近，切勿搁置于金华、兰溪一带，被敌逐次消耗，我军方针意在衢州决战，不可变更。

顾祝同一向以服从领袖著称，接到命令后，他立即改变部署。留置第79师与63师固守金华、兰溪，配合外围的第88军以及挺进第一纵队，逐次消耗日军。如果日军攻势过猛，即转入敌后活动，断敌补给，以策应衢州方面的决战。

这种布置，其实就是在模仿长沙会战所使用的"天炉战法"，也就是蒋介石所说的磁铁战术。即将日军诱至浙西重镇衢州，待日军疲敝之际，再进行四面合围。

按照这样的作战指导，何绍周的压力其实并不大。但他不甘心在金华轻易放过日军，于是便命令金华、兰溪守军各显神通，各尽所能给日军以最大程度的杀伤。

兰溪的63师赵锡田部战斗力较强，部队中老兵多。由于师长赵锡田和顾祝同是连襟，颇得顾祝同的照顾，所以装备、兵饷都容易得到补充，部队士气较高。

大规模会战还未开始，63师就打下了日军的一架侦察机，赢了个好彩头。

当时，63师忙于构筑工事，经常遭到日机的轰炸。为此，63师特地设置了一处伪装工事，专门用来吸引日机投弹。由于害怕工事暴露，即使日机前来搜索，中国军队官兵也不敢进行还击。结果日机更加恃无恐，经常在中国军队阵地上进行超低空飞行，连山头上的树梢都常常被飞机的发动机所刮动。

一日黄昏，日军的一架中型侦察轰炸机又来骚扰，进行低空侦察。63师187团某连机枪前哨唯恐被其发现，遂举枪射击，恰巧击中了日机油箱，致使日机当即起火逃窜。次日，接到寿昌方面的通报，得知这架日机在逃到寿昌上空时坠毁，机上4人全部死亡。由此，63师得到1万元的奖金，师长赵锡田下令为全师每人购买一双胶鞋，又买了几十头猪加餐庆贺。

未战告捷，全师上下大受鼓舞。他们一面努力构筑阵地，一面大量敷设地雷。

多年来，在国人的记忆里，八路军及游击队曾多次上演精彩的地雷战。不用多说，这些地雷战大长了国人的士气，大灭了日军的威风。但很少有人知道，1942年的浙赣会战中，一次意外的机遇造就了国军一次精彩绝伦的地雷战。

当时的中国，虽说不能制造飞机、坦克、重炮等重型武器，但制造手榴弹和地雷技术却是有的。抗战期间，中国军队对地雷和水雷的制造、运用非常普遍。

5月中旬，日军第13军迅速攻陷桐庐和义乌，同时为破坏中国军队的运输能力，大肆轰炸浙赣线各车站，义乌车站被全部炸毁。此时有一列载有1000多枚地雷的火车，因日机轰炸金华车站，被迫疏散到金兰铁路支线上来，一时进退两难。63师知道后趁机前去交涉。眼下这地雷就是个烫手的山芋，随时可能将火车炸上天。结果没费多少口舌，这1000多枚地雷便被悉数弄来。而63师中有好几个连长、排长都是毕业于黄埔军校第15期工兵科，对埋设地雷很是内行。这批地雷为四号甲雷，引爆方法有4种：一种轻压即爆，炸散兵用的；第二种重压才爆，炸车辆马匹用的；第三种是用绳索引拉的；第四种为电动装置，专供预埋伏击。他们在埋设地雷时，把这些方法都用上了。

由于当时乡民都已逃往他处，不用顾虑会误炸乡民，因而在这几位工兵专家的指导下，山上、路上、树上、屋里，处处都摆下了地雷阵。在不久后的作战中，这些误打误撞的举措，竟然发挥了神奇的威力。

63师不仅有地雷阵辅助，其工事构筑也是颇具特色。

兰溪的工事构筑开始于年初2月份。当时63师经过对兰溪地形的考察，决定在这里构筑一个钩形阵地。他们计划以兰溪城为核心阵地，由第187团构筑和防守。从兰溪城折向东北，沿石骨山向北延伸约10公里，构成一个侧面阵地，由第188团构筑和防守。另外，第189团和师直属部队则驻守兰溪东郊和金（华）兰（溪）铁路之间，作为师预备队，并协助其他两团构筑工事。

自抗战以来，中国军队的防守思想一贯是一线式防御。这样平均分配兵力，在强敌面前不仅容易被各个击破，即便是在兵力充足的情况下，也容易被日军的锥形突击战术所打垮。

针对这种现实，中国军队的一些优秀指挥官都在改进思维，力图在战术上有所突破。第九战区以司令长官薛岳为首，群策群力想出了把游击战、运动战、阵地战结合在一起的"天炉战法"。而驻守兰溪的63师也不甘人后，他们就想出了在阵地战中如何击败锥形突击战术的战法。

63师的这种配备形势，在战术思想上吸取了欧洲战场上盟军对德作战的经验。它打破了一线式和圆圈式防守的老观念，可以使侧面阵地与核心阵地互为犄角，火力相互交叉，兵力互相支持，使敌人无法找到攻击重点，并且由于有1/3兵力作为预备队而存在，因而在某处战事吃紧时，可以抽出相当大的兵力进行支援。这种配备韧性十足，最能对付日军的锥形攻击方式。以我之重点对敌之重点，日军的优势自然无形消解。

这个计划报到第三战区长官部，顾祝同和第10集团军总司令王敬久都表现出了浓厚的兴趣。他们亲临兰溪，经过实地勘察，认为该计划甚佳，当场就批准了这个计划。

于是大战之前，63师官兵便开始了长达数月的工事构筑。在工事的具体施工上，官兵们各显神通，妙招层出，展现出了很强的创造性。

由于铁丝网缺乏，63师的阵地前沿无法构筑有效的障碍。官兵们长期驻扎此地，知道兰溪东郊的北山山区，长有大量树干生有尖刺的树木。便向当地乡民大量收购老树更新和整枝时砍下的废枝干，布置在阵地前沿，和铁丝网错杂在一起，构成很强的鹿砦。

另外，188团2营5连连长底柱是侗族人，祖传一种用毒草制毒竹签的技术。在中国的武侠小说里，湖南、贵州的侗族人一向以用毒著称。从底柱连长对毒性的熟悉来看，武侠小说里的情节并非完全是虚构。在兰溪农民的协助下，他们将大量砍伐毛竹时剩下的枝梢，制成毒竹签。63师的弟兄将这些毒竹签插在路上，覆以伪装，日军根本想不到除了地雷这种现代武器外，竟然还有尖刺、毒竹签这些原始武器，为杀伤、消耗日军起到了巨大的作用。

5月15日，日军大举进犯。当天，63师师长赵锡田、副师长唐肃、188团团长邓光锋来到侧面阵地上检查工事。

第2营营长韩正礼一面随同带路,一面详细介绍工事、地雷等情况。在石骨山坐下休息时,副师长唐肃忍不住夸赞说:"这工事虽然不是钢筋水泥做的,但不比南京郊外的国防工事差。"

师长赵锡田接过话题说:"南京的工事可惜没用上,敌人把主力避开我军的坚固工事,绕道先攻芜湖。而唐生智指挥的缺点是对侧后方的威胁太敏感,才仓促撤退,造成那么大的损失。"

大家都知道南京之役的惨烈,言语中唏嘘不已。这番话无疑引起了大家的亡国之恨,一时陷入沉默。

营长韩正礼的一句话打破了这沉寂,他突然发问道:"敌人若是和南京一样,不攻打我正、侧面阵地,而从兰江西岸绕到后面攻兰溪,我们花费了这么多人力物力岂不要落空?"

这一问,3人登时愣了,他们还没有认真考虑过这种可能。过了半晌,师长赵锡田才说:"兰溪东郊的好地形都被我们占领了,敌人来了无踏脚的台阶。日本人战术上是内行,他会眼睁睁吃这个亏吗?"

可为保险起见,他还是命令韩正礼迅速将岩头山与石埠岭之间的前进阵地填平,以便引日军来攻。同时,他又命令邓光锋团长速派第3营向桐庐挺进,边打边退,把敌人引到石骨山来。

众人这才体会到老子所谓"将欲取之必先予之"的道理,原来师长打算以退为进,将敌人诱至既设阵地,使其不致形成其他攻击重点。韩正礼想到这里,不敢迟疑,急忙赶下山去,迅速带人把前沿阵地的原有工事悉数毁坏。同时,调整火力,向估定的敌火力据点进行试射,将射击单元的数据记录下来,以便夜战时用。事毕,韩正礼还在岩头山上留下一个班的前哨火力,日军一到就迅速撤到主阵地报告敌情。

5月24日,激烈的枪炮声由远而近,渐渐逼近兰溪。这天,188团第3营营长涂犹龙在距兰溪东北不到20公里的石渠市和日军打了一整天后,率部退了回来,日军大部队紧追而至。

进攻之前,日军先派出侦察机沿着我石骨山阵地进行机枪扫射,紧接着又用轰炸机四处投弹。守军知道这是日军惯用的侦察伎俩,意图引出我军的火力点,以便调整他们的兵力配置。守军识破日军的意图,便对日机的骚扰置之不理。

接着，日军以步、炮协同，进攻我距兰溪城约5公里的大坞村188团第1营阵地，同时以岩头山、石埠岭两高地为据点，集结兵力准备进攻63师石骨山主阵地。至此，日军已完全落入我63师的预设计划中。

次日晚，日军聚集在岩头山和石埠岭的村庄里，杀猪宰牛，漫天炊烟。对近在咫尺的中国军队阵地竟毫无顾忌，可见其骄横狂妄之态。

日军骄狂，却给了我军机会。入夜后，188团2营营长韩正礼下令将8门迫击炮推到阵地前沿，每门炮配足200发炮弹，按事先测定好的数据，不间歇向岩头山、石埠岭高地发射。一时间，炮声大作，日军的战马四处惊窜，第2营设在秘密地点的地雷被同时引爆，轻重机枪也一起向日军猛烈扫射。次日清晨，日军在飞机和炮火的掩护下前来收尸，为了搬运尸体，附近村庄的席子、门板被搜索一空，可见其死伤之重。

通过搜到的日军尸体上的番号牌，63师才知道这批日军正是13军的主力第15师团。吃了这一记闷棍，15师团前卫部队的攻势一停就是两天，他们在等待大部队的到来。

日军没料到，这一次受挫，却给他们带来了难以承受的伤亡。

5月18日，日军第13军根据截获的中国军队电报，得知暂编第9军将向东阳东南方的金华地区撤退。13军司令官泽田茂杀心顿起，企图紧追第9军，将中国军队围歼在金华地区。

命令刚刚发布完，令中、日两军都没想到的是，日军第13军水上司令部官兵所乘坐的大型机艇在浦阳江上触雷沉没，艇上11人阵亡，数十人受伤，泽田茂与他的参谋长损失了大量参谋人员，但他二人倒躲过一劫。

这是我军残余的海军官兵的杰作。海军的舰艇虽然绝大多数都已沉没，但海军官兵并未灰心绝望。他们分布在敌后大大小小的游击区，一边制造水雷，一边将水雷秘密设置在水道之中。14年抗战中，长江流域的江河无论大小，他们都在要害水域布置了高灵敏水雷，结果也取得了不小的战绩。总计有上千艘日本舰艇触雷沉没，此次泽田茂的水上司令部被炸沉没，不过是中国海军众多杰作中的一例而已。

毫无疑问，13军的水上司令部触雷沉没，给泽田茂造成了很大的打击。他把火气撒在了116师团身上，以行动迟缓、不听约束为由对其进行了训斥。

这给前线的日军各部指挥官以极大震动。

尤其是第15师团师团长酒井直次，眼见友邻的第70师团对金华的攻击已见效果，而自己的部队竟被阻挡在了小小的兰溪城外。要知道，70师团不过是刚由混成20旅团扩建而成的第四等师团，兵微将寡，实力弱小。两个师团担当同等的作战任务，号称13军主力的第15师团竟然不如一个初出茅庐的"小弟"，这让酒井中将情何以堪？他一边督促军队迅猛进攻，一边亲自赶到兰溪前线进行督战。当然，他没料到，这一去竟成了他的不归路。

事实上，早在几天前的18日，恰好是泽田茂发布在金华围歼中国军队命令的那天，中国统帅部已作出了放弃金华、兰溪决战的意图。而此时，只要15师团的先头部队在受挫之后，给予守军以有力一击，我守军63师就有可能放弃抵抗后撤，兰溪便唾手可得。

但日军并不知道中国守军的意图，他们还在做围歼中国军队于金华、兰溪地区的美梦。

5月27日，15师团的主力赶到，不待休整便开始全面进攻中国守军的阵地。

日军由于25日在63师侧面阵地损失甚大，所以一开始先向石骨山的188团发起了猛攻。大坞村的第1营首当其冲，该营第1连连长陈锁才和机枪连连长均负重伤，营长黎殿臣向团部告急，团部命预备队第3营于当夜偷袭石渠市的日军后方，石骨山第1营的压力才有所缓解。

不久，日军见第1营阵地久攻不下，便集结兵力猛攻188团第2营阵地。日机先是以大量燃烧弹烧毁我第2营的毒刺鹿砦，同时对我重机枪掩体和掩蔽部进行狂轰滥炸，并且集中炮火进行猛烈的饱和轰击。空炮火力从上午7时一直打到中午，日军步兵趁机向我阵地猛扑，其先锋率先由鹿砦缺口处跃入。而第2营的鹿砦布置了好几层，日军的燃烧弹只是烧毁了第一层，根本没有毁掉第二层、第三层，因而日军的步兵刚刚冲过第一道鹿砦，地面的毒刺、毒竹签就起了作用。不少日军一个个脚底洞穿，被扎得叫苦不迭。这时，我侧防重机枪从秘密火力点向敌猛射，这些日军前进不能，后退不得，只能躲到死角拼死抵御。日机和炮兵因双方距离太近也无法进行协助。直到黄昏以后，困在鹿砦里的日军才利用夜色的掩护退了下去。

日军见侧面阵地久攻不破，只得再次调整主攻方向，把攻击重点转向兰溪城的

187团核心阵地。日军也杀红了眼,依仗兵力、火力的巨大优势,猛攻187团阵地。双方混战,伤亡均重。战至最后,敌我进入白刃肉搏战。与此同时,金华方向也有大批日军沿着金兰铁路向兰溪急进,63师急忙派189团的主力去守备铁路。

兰溪守军兵力渐弱,兰溪城眼看就要不保。

酒井直次中将恰在此时赶了过来。

从浙东出发,沿途路过风光秀美的富春江、浦阳江,酒井直次所部进展都十分顺利。具有一定汉文化修养的酒井,原打算战斗间隙能赏风吟月,他甚至要去拜谒东汉高士严子陵的钓台。哪曾想,一座小小的兰溪城竟挡住了他的脚步,让他的情趣败坏无余。

5月28日上午,酒井直次带着师团指挥部赶到前线。为了保证安全,他专门派出一个工兵分队,搜索并清除前面的地雷。当时,骑马前进的顺序是卫兵骑兵、步兵尖兵、15师团的间濑参谋、中国派遣军总司令部的古谷金次郎参谋、酒井直次、酒井的专职副官、15师团参谋长川久保、15师团的参谋吉村,后面不远处跟进的是一些后勤人员。这班人自以为有工兵扫雷,便放胆前进。

经过石骨山下一处有华表石柱的墓地时,63师188团2营埋伏在此地的一个机枪班恰巧发现了酒井直次一干人。他们以为这是前来搜索的日军前哨部队,觉得与其被日军发现被动挨打,倒不如先下手为强。于是这个班的轻机枪和步枪一齐开火,当即就有日军坠马毙命,酒井等人仓皇逃窜,四散隐蔽。哪知道,恰好又逃进雷区,一时爆炸声四起,人仰马翻,血肉横飞。188团2营4连听到爆炸声匆匆赶来,准备集中机枪猛击中了埋伏的日军,没想到日军没有像往常一样组织还击就悄悄撤走了。

原来,酒井直次一行中第一个挨炸的就是酒井本人。当时,地雷爆炸之后,酒井惨叫一声,从马上摔下,军马也同时倒下,整个马腹都被鲜血染红。15师团参谋长川久保赶紧从马上跳下,跑到酒井近前,只见酒井坐在地上,双腿伸开,左腿皮肉已被完全炸掉,露出白花花的腿骨,再往下看,脚心已被炸碎。此时,中国军队的枪声又起,川久保赶紧命人抬起酒井逃命,途中一面命人止血,一面派人去找军医。

15师团的军医都分散在野战医院的各包扎所里,过了半天,15师团的军医部长才匆匆赶来。但酒井直次失血过多,刚要进行输血,恰好外面又响起了地雷的爆炸声,15师团的后勤军官又中了埋伏,几人死伤。经过这番惊吓,酒井彻底没了脉象,输血、人工呼吸已经无济于事。这个给中国人带来无尽灾难的侵略者，就这样呜呼哀哉了。

酒井直次的阵亡，是日本现代陆军建军以来第一个战死在第一线的师团长，这给整个日军13军的打击可想而知。13军司令官泽田茂大为震惊，为了不影响士气，在整个作战期间，酒井的死讯一直秘而不宣。

酒井直次一死，日军恼羞成怒，为了报复，对兰溪城开始了更为猛烈的攻击。

在日军的疯狂进攻下，守军被逼跃出掩体，与日军进行肉搏战。但守军毕竟寡不敌众，渐渐不能支持，连续失掉几个重要据点。虽然有些据点失而复得，但63师的伤亡已达极限。在战斗中，188团第2营第5连连长底柱阵亡，6连连长路钦治负重伤，机枪2连连长吴楚才失踪，全营伤亡超过1/3。而作为日军的进攻重点，主阵地上的187团、189团伤亡更是惨重。日军攻破黄土岭189团阵地时，该地守军几乎全部壮烈殉国。

战事进展至此，死守下去已无意义，何况守军还要担负策应衢州会战的任务。在完成迟滞消耗日军的任务后，守军就按照战区司令部的命令，退至金兰铁路西南的山区进行整补。

几乎与此同时，金华的战事也基本结束。从25日以来，金华守军也同样给进攻的日军第70师团以重创。

进攻金华的日军指挥官为61旅团旅团长野副昌德，此人正是两年前在东北导致我抗联将领杨靖宇殉国的罪魁祸首。他靠着剿杀抗联的功绩，由日军的杂牌部队指挥官升任野战军旅团长。

不过，日军的这种安排似乎是用非所长。野副昌德善于对付游击部队，但对阵地战却是个门外汉。

中国军队的阵地以金华山为核心，工事构造之坚固，丝毫不亚于兰溪。野副昌德杀到金华山下，甚至没有进行火力侦察，就以4个独立步兵大队向中国军队阵地发起了猛攻。

自然，野副旅团和第15师团在兰溪的遭遇一样，一面吃尽了交叉火力的苦头，一面在地雷阵中艰难跋涉。经过4天激战，付出了几千人的伤亡代价，日军第70师团才将金华攻下。

此时日军兵锋所指，即是浙西重镇衢州。而重庆的蒋介石，见日军兵力强大，而且13军、11军从东、西两面进行夹击，就突然变了卦，又放弃了衢州决战的意图。朝令夕改，这个决定给浙赣会战带来了一定的消极影响。

◎ 指挥混乱，浙赣会战的大败笔

1942年上半年，蒋介石是在和史迪威的扯皮中度过的。

随着缅甸和滇西的沦陷，他既为10万国军精华在缅甸的失败而痛心不已，又为日军可能从云南威胁重庆而寝食难安。他明白，美国人口惠而实不至，一切从重欧轻亚的立场出发，根本不可能给中国以实际需求的援助。如今，牺牲了数万国军精锐，换来的仍旧是外援断绝，四面受困。危急时刻，蒋介石得自己替自己打算了。

中国抗战还得靠自己。最初，蒋介石也曾想在衢州再次上演长沙会战的辉煌，但滇缅战场的失败更令他焦虑。尤其当他听说日军第11军、第13军东、西两线的兵力超过20万人时，衢州决战的雄心顿时消失得无影无踪。

其实，蒋介石之所以放弃与日军决战，除了保存实力的考虑外，还有一层不能言的原因：第三战区军纪废弛，战斗力低下，根本无法与日寇决战。虽然早在几十天前，蒋介石已将第九战区的主力第74军与第26军调了过去，但第三战区司令长官顾祝同上将显然比不得薛岳，此人缺乏指挥大兵团进行野战的能力。

作为蒋介石中央军"八大金刚"的核心人物之一，顾祝同一向以治兵无方、指挥无能著称，不过，他却善于笼络部下，有一套控制部队的办法。

在第2师师长任上，他平时不要求军纪，不禁官兵嫖赌，只要部下能冲锋陷阵就行。在具体的手段上，他每月都会以开会为名，召集营以上军官，在师部大吃大喝一顿。对团以上军官，每月都有额外的补助，具体金额不等。对营一级的军官，虽没有明文补助，但允许每人每月透支100元以下。而连长们每月吃几个空饷，则更是不公开的秘密。

军官如有触犯军法，顾祝同总是告诉军法处从轻处理。被撤职的军官，离开一段时间后，回来照样予以任用。某连长李志超统驭无方，一个晚上竟跑了两个排的兵员，营长把他抓起来，亲自押着去见顾祝同。顾责问李志超，当时到哪里去了，李说赌钱去了。接下来顾祝同也不生气，只是问李干了多长时间连长，平时打仗怎样。旅长黄杰当时也在座，便打起了圆场："李连长干了3年多连长了，打仗很内行。"顾祝同二话不说，当即命李回去，并对他说："到军械处去领两排人的枪，自己把兵补充起来，赶快训练好。"当即把这个营长惊得目瞪口呆。

不过，顾祝同之所以如此纵容部下，除了权谋之术外，也算宅心仁厚。他对违纪官兵可以睁一只眼闭一只眼，对阵亡、伤残、退伍人员也同样厚道。

对于那些阵亡和受伤的军官，顾祝同总是超发许多安家抚恤金。而那些退伍的老兵，或被安置于部队所办的农场，或借给资本经营小生意。他还办有军人子弟学校，吸纳退伍军官的子女入学。并且，退伍的官兵前去"打秋风"，他也总是让人满意而归。

就这样，他以废弛军纪为代价，获得所部官兵的一致拥戴。

抗战爆发后，蒋介石看到他这方面的长处，再加上他事事唯蒋介石马首是瞻，在"西安事变"时又曾拒绝何应钦的笼络，在关键时刻站在了蒋介石一边，因而经过综合权衡，蒋介石就把第三战区司令长官的重任交给了顾祝同。

抗战的前期，第三战区的地位并没有第九、第五、第六战区的地位重要，蒋介石也是量才使用，顾祝同不善于行军打仗，就把大后方的游击任务交给了他。

第三战区的辖区十分广阔，它包括浙江、江苏全境，福建一部及皖南、赣东等地区，主要对手为日军的治安军第13军。第三战区所部成分复杂，既有中央军的王敬久、上官云相部，也有川军唐式遵、湘军刘建绪、地方武装韩德勤、东北军刘多荃（后为王铁汉）部，并且第三战区参谋长黄百韬、政治部主任邓文仪也算嫡系，深得蒋介石的信赖。而浙江省主席黄绍竑、江西省主席曹浩森、福建省主席陈仪也各有自己的山头。这其中，王敬久、韩德勤均为顾祝同的同乡，上官云相为顾祝同保定军校的同学，其他人则很少与之打交道。

处于如此复杂的关系中间，换了别人或许早已焦头烂额，但顾祝同却左右逢源、游刃有余。

当然，他的法宝不外乎他早年的那套。这回，由他亲自带头，第三战区的大小官长竞相比赛，做起了走私的勾当。各个集团军总司令部都设有前进司令部，名为指挥作战，实则进行走私。而顾祝同本人，往往通过战区军需处，在沦陷区购进物资，利用军统的别动队，进行武装护送。

对此，重庆军委会多有指责，但顾祝同辩称不如此不足以稳定军心。蒋介石深知，第三战区的那些杂牌军如果不加以好好笼络，就很可能倒向日本人去做汉奸，华北的石友三、庞炳勋、孙良诚、孙殿英不就是很好的例子吗？

因此，只要能控制住部队不投敌，蒋介石也就睁一只眼闭一只眼，任由他们自行其是。

其实，顾祝同之所以地位稳固，能和以战功名扬天下的薛岳较一日长短，关键是他没有野心，不搞个人的小圈子。在这一点上，汤恩伯、陈诚、胡宗南也得甘拜下风。

顾祝同善于揣摩蒋介石的心理，处处模仿蒋介石的做派，连钱大钧都称他有道学，"令人敬佩"。他对蒋介石绝对服从，安排任务从不讨价还价，连何应钦都说："顾墨三（顾祝同字）百依百顺。"

他深知蒋介石最忌恨下面人搞小组织，所以他一生既不抓军队，也不成立组织。他常常训示部下说："我们是军人，不要参加复兴社，不要把自己搞复杂了，只要一心一意学打仗就行。"

政训主任邓文仪是复兴社的核心人物，这话当然是说给邓文仪听的。"西安事变"时，由于贺衷寒、邓文仪这班人曾支持过何应钦，所以蒋介石一被释放，这班人就被迅速打入冷宫。但邓文仪在第三战区并不甘寂寞，他见陈诚组成干城社，便利用顾祝同对陈诚的忌恨心理，鼓动顾祝同也组织一个团体与陈诚相对抗。话刚出口，顾祝同就一口回绝："陈诚搞小组织我很不同意，何部长也不同意，但是委员长支持。不过，我们自己不能搞，搞了委员长一定不答应的。我一生的态度是委员长要我干一天就干一天，不要我干就不干。你们千万不要有这样糊涂的想法，你们如果这样搞，就是害我而不是爱我了。"邓文仪见他不为所动，便只好作罢。

远在重庆的蒋介石，正是考虑到了顾祝同以及第三战区的实际情况，才痛下决心，放弃决战，让开正面，退避两厢，等待日军退却时再进行追击作战。

6月3日深夜，日军第13军的15个联队逼近衢州之际，最高统帅部经过综合判断,命令第三战区终止衢州决战的既定计划,所部退居衢州外围,采取机动打击日军的战法。

顾祝同得到命令后,当即令第86军所属第16、第67师固守衢州,掩护第三战区主力向后方转进。

大军朝令夕改,不可避免地造成了指挥上的混乱。

本来,在5月22日前后,第三战区副司令长官上官云相奉命自衢州东北的淳安、寿昌一带驰援衢州,准备接替第10集团军总司令王敬久,指挥衢州会战。上官云相和顾祝同是保定军校的同期同学,去年年初,曾率部围歼了新四军军部,制造了"皖南事变"这一惨案。为了给老同学提供扬名后世的机会,顾祝同答应把衢州决战的指挥权交给上官云相,上官知道这是顾祝同的一番美意,自然满心欢喜。

不料,指挥所刚刚布置就绪,顾祝同的电话就打了过来:"照原定作战计划,衢州会战仍由王敬久担任指挥,如仍不能阻止日军西窜,司令长官部将移驻福建建阳、崇安一线。那时,所有浙赣线两端作战指挥将统由纪青(上官云相的字)兄接替担任。"

扔下电话,上官云相显得十分恼火。他没料到顾祝同竟出尔反尔,把他当作小儿一样戏弄。上官云相在中国军界资历甚深,早年曾是孙传芳手下的一员干将,但自从加入国民革命军后,一直不受重用,大战恶战几乎都与他无缘。

但他自认指挥能力很强,本想在衢州会战中一显身手,也减轻些"皖南事变"带给他的压力。接到指挥衢州会战的命令后,也确实高兴了一阵子,不料现在却要等到衢州会战失败之后,所遗浙赣线两端的烂摊子,由他来收拾。上官云相自然是满腔愤懑,却又无可奈何,只好领命退去。

然而,没过几天,随着衢州会战计划的取消,连王敬久的指挥权都不存在了。王敬久能征惯战,也是黄埔系中的一员悍将。接到撤退的命令,王敬久也无奈,只好率部撤往福建。

此时,暴雨突降,浙西一带平地几尺水,山洪时有暴发,公路、桥梁不是被破坏便是被冲垮。第三战区各部艰难跋涉,陆续退到相对安全的地带。而匆匆赶回徽州总部的上官云相就更不顺了。他先是碰到桥断路堵,只能改变路线,可之后的道路又被26军破坏。在路过一处桥梁时,正值山洪暴发,上官乘坐的小汽车车内进水,车身进入水中几乎熄火,汽车随时都有翻入水中被山洪冲走的危险。在此万分危急的状态中,汽车勉强涉水冲过桥面,上官这才躲过一劫。

事实上,不光是撤退中的中国军队,就连进攻的日军也饱受暴雨之苦。

5月18日,日军第13军正向金华、兰溪挺进时,参谋本部新上任的参谋次长田边盛武(此人曾任攻略南京的第10军参谋长,为"南京大屠杀"的主犯之一,战后作为乙级战犯在印度尼西亚爪哇岛伏法)来到第13军前线指挥所,亲自传达了新的作战指示:

"(一)此次作战结束后,金华以东地区将永久确保,即将通过总司令部下达指示。(二)此次作战中,大本营最为期待的物资是萤石和铁路器材。"

萤石能在暗处发光,传说中的夜明珠就是萤石材质的,这种矿物在武义、金华一带储量极为丰富,并且还是举世罕见的优质矿。日本人要夺取萤石矿,当然不是为了得到那些所谓的夜明珠,而因为萤石是炼铝、钢铁工业极为重要的催化剂。

日军为了保持持续战力,保证重工业的生产能力和掠夺战略物资竟然也成了前线指挥官要考虑的问题。

为了更加便利地夺取中国浙赣线上的铁路器材,关东军还受命增援13军大量的铁道部队。这些部队包括第一铁道监部、铁道第2联队的两个大队以及联队材料厂之一部、铁道第4联队的一个大队以及联队材料厂之一部、第二铁道材料厂、独立汽车第64大队,以上部队统由高崎少将指挥。令人惊讶的是,该部队竟含有大量的铁路员工。

在一次大规模的会战中,日军竟派出如此众多的铁路部队以及铁路职工,这在中国的历次会战中都是罕见的。毫无疑问,太平洋战争开战半年来,日军的战争能力已到了几近崩溃的边缘。日本人挑起和美国人的这场战争,怎么看都像是一个小商贩和超级富豪之间的斗富。本钱不多,就只能靠四处掠夺物资,以便在面子上将这场战争维持下去。

当然,泽田茂是不会顾及这些的。他是军人,战争的胜负决定着他的兴衰荣辱,他只想争胜。接到命令后,他认真反思了日军长沙会战失败的教训,决定改变战术,采取稳扎稳打的战法,将部队区分为一、二两线兵团,交替前进,相互掩护。在进攻金华、兰溪的同时,以第二线兵团越过汤溪,直趋衢州。

而连日来的暴雨,却将日军的进攻势头阻挡在了衢州城外。

日军步兵第60联队在渡衢州城外的乌溪江时,联队长仓桥大佐差点被大水冲走。当时,其第3大队已有一部渡过江面,仓桥大佐跃马入江,随第2中队进入江中。该中队日军排成4列侧面纵队,左右4人手挽着手,顶着水势徐徐前进。但还未到江心,突然泄下的水流将日军的队伍冲垮。仓桥大佐骑在马上,水深直达马腹,激流之中,马身摇摇晃晃,眼看就要倒在水中。仓桥极力控制,旁边的士兵一起用力扶住战马,仓桥才勉强到达对岸。上岸时,仓桥大佐仍是惊魂未定。

此时,聚集在衢州城外的日军已达数万,衢州城危在旦夕。

历史上,衢州城一直是浙、赣、皖、闽4省的交通要冲,战略地位极其重要,因而直到抗战时期,衢州城还保留着完整坚厚的城墙。

1942年年初,第三战区预料到随着衢州机场的完工,衢州必定会成为日军进攻的目标。为确保衢州的安全,第三战区就把战斗力较强的第86军调了过来,担任衢州的城防。

担任衢州城防的虽然只有第86军的第16、第67师,但官兵们士气旺盛,准备在衢州城下与日军决一死战。

此刻,他们并不知道,最高统帅部和战区已经改变了作战计划,衢州城不久将成为一座孤城。

5月30日,日军第13军侦知第三战区军队在衢州外围集结,判断第三战区"企图进行顽强抵抗",这正是泽田茂所期望的。他决定集中兵力,全力围歼衢州守军。

6月1日,日军各部队均已到达规定的进攻出发位置,第13军战斗指挥所也由金华推进至龙游。6月2日,第13军令小芜江旅团派出1个支队进至灵山镇附近,对南方警戒,掩护军的左翼侧;令第70师团以一部兵力担任龙游警备,并确保至金华的后方交通线。与此同时,其他第一线各部队均派出一部兵力驱逐守军的警戒部队及攻击守军的前进阵地,以扫清外围。至当日晚,日军相继进至守军前沿阵地前。

一切顺利!第13军司令部里,泽田茂中将踌躇满志,他的4个半师团已完成了对衢州的包围。

6月3日拂晓,日军第32师团、第116师团在衢江以北,河野旅团、第15师团、第22师团在衢江以南对衢州发起全线攻击。

衢州古城瞬时间陷入炮火硝烟中。当时,中国守军第86军的兵力部署为:

第67师附第16师的第64团主力及1个独立炮兵团、1个高射炮连，防守衢州城东南樟树潭、西伯陇、飞机场、衢州城既设阵地，担当固守衢州的主要任务；第16师（欠第64步兵团）附1个野战炮兵营，防守衢州城西北和信安江西岸以杜泽为核心的各个既设据点，阻止日军沿信安江向衢州城左侧背迂回；第16师第64团第2营防守衢州城核心阵地；第86军军部及直属队位于衢州城内。

这是一场兵力、火力对比悬殊的战斗，胜负悬念不大。当日下午，由于日军兵力强大，攻势迅猛，衢江以北守军第16师茂坞、孔家山等处阵地尽被日军第32师团攻占，守军大部溃退或伤亡。日军第32师团一部进抵距衢州城北门仅2公里、衢江北岸龚家埠一带；其主力继续进攻石梁市附近阵地。

我16师师长曹振铎、副师长顾宏扬、参谋长朱恺仁仅带少量随从人员，于黄昏后渡过信安江，逃入衢州城内，请求副军长兼67师师长陈颐鼎收容。

危急时刻，第86军军长莫与硕打来电话，告知陈颐鼎："第16师各个阵地已被敌突破，我去船埠方面收容他们。"军长莫与硕一走，军部直属部队也跟着出城而去。

大战关头，军长弃城而去，影响实在恶劣。一时间，86军官兵都感到衢州即将弃守。部队人心惶惶，气氛紧张，城内的炮兵部队挽上车马准备出城，各种机动车辆也争相挤入城门，夺路而逃。

而擅自脱离战场的莫与硕也未曾前去收容残兵，只是带着几个部下逃到江山去了，衢州的防守战斗只好由副军长陈颐鼎接替指挥。

战后，莫与硕和其参谋长胡炎被判有期徒刑5年，曹振铎也以作战不力而被撤职。但这并不足以弥补他们给86军守城官兵造成的伤害。

城内，副军长陈颐鼎重新布防，稳定军心。此时，衢州惨烈的城防战也正式展开。日军第22师团主力在衢州外围向我樟树潭、西伯陇（亦称"徐八垅"）阵地发起猛烈进攻。进攻开始前，日军按照老套路先进行一番立体轰炸。稍后，则以大批步兵进行波浪式冲锋。一天之内，西伯陇阵地得而复失达3次之多。

日军见进攻受挫，便改变战术。以一部兵力继续进攻西伯陇等处阵地，同时其主力由石室街、上叶渡过乌溪江，迂回到衢州以南，与双江口之敌会合，对衢州形成四面包围态势。尔后逐步缩小包围圈，企图围歼城内的86军。

连日来，86军官兵虽身陷重围，仍斗志不减。激战中，第67师的团长石补天、副团长汪忠民、营长戴锐、徐隆铁、阎思柱、朱正秋等先后战死殉国。

战至正午，日军再次发起全面进攻，战斗进入白热化状态。日军出动大批飞机，对我军进行不间歇轰炸，第86军的阵地、野战工事多被日机炸毁。就连军部掌握的3台无线电收发报机也被悉数炸毁，致使第86军完全失去了对外联系。

下午2时许，第86军的防线开始松动，两股日军各100余人在空、炮火力的掩护下，自衢州南门突入城内。其中一股冲到第16师64团的阵地，经过团长谢士炎组织官兵几次反击，才将敌人打了出去。另一股冲到代军长陈颐鼎的指挥所附近，经第67师特务连与敌拼死肉搏，才将日军赶出城外。战斗中，连长高远举带头反击，全身多处负伤，不幸阵亡。

6月3日的战斗，是整个衢州保卫战中最激烈的一天。第86军官兵斗志昂扬，冒着暴雨，在积水没膝的战壕里，奋勇抗击日军。一天之内，日军攻进城内又被打出去竟达三次之多。

城池虽然保住了，但第86军也付出了非常惨重的代价。第86军在5昼夜之内，已伤亡官兵2200多人。

当然，日军也付出了不小的代价。在衢州南门主阵地不到1000米的战场上，日军遗尸累累，血流成河。

以后几天，日军的攻势仍是毫无进展。

一周以来，日军第13军接连受挫于衢州城下，南、北两翼又受到中国军队精锐第26、第74军的夹击，后方联络线也频频告急。综合战况，泽田茂心中开始不安，他在日记中不无忧虑地写道："事件一旦拖长，就有可能导致敌人反抗，我军将重蹈长沙作战之覆辙。"

于是，他在6月7日上午9时，招来他的参谋长，命他在当天让炮兵渡江，并同爆破队协同，不惜采取焦土战术，对衢州城施以最猛烈的攻击，无论如何也要在7日将衢州城拿下。

但泽田茂做梦也未想到，此时的衢州城几乎已是一座空城。

原来早在6月4日，第三战区已正式下达停止衢州决战的命令。

老实说，此时这个命令的下达实在是糟糕透顶。

第八章 面子的代价

重庆的最高统帅部于6月1日凌晨下达终止衢州会战的命令，而第三战区长官部直到3天后的6月4日才传达给各军、师。到了这时，深陷重围的第86军不仅难以脱身，并且由于电台被炸毁，连接受命令的机会都没有。

而此时衢州城外的各军接到战区指示后，交替掩护，逐渐与日军脱离接触，向指定的位置转移。衢州城已是一座孤岛，第86军将士命悬一线。

看来，顾祝同缺的不单是指挥作战的能力，而且行动力也差得惊人。国军用人之糟，于此可见一斑。

但命令总得想办法传达下去。第10集团军总司令王敬久不愿看到第86军这支劲旅全军覆没，于是他出钱请当地的一个青帮头子出面，找到一个熟悉当地情况的船主，自信安江上游顺流而下，乘夜摸到了衢州南门，见到了第16师64团团长谢士炎。

当时，第86军代理军长陈颐鼎正在召集高级军官开会，商议下一步的计划。听到谢团长报告，当即命64团将此人护送到军部。

通过自我介绍，陈颐鼎得知此人姓齐名大年，26岁，从事船运行业，经常往来于信安江、新安江、富春江各码头，对当地的水道十分熟悉，算得一个"浪里白条"式的人物，今晚他就是由后溪街游来衢州送信。

说着，齐大年从裤袋里取出一张用蜡纸写的纸条。由于被河水浸泡过，上面的字迹已经模糊，但通过辨认，陈颐鼎认出上面写的是："又新，速设法前来，我在枫林街等候你。平。"

"又新"是陈颐鼎的字，而王敬久字又平，日常私人电函通常只署一个"平"字。

陈颐鼎明白，这是王敬久在通知他向外突围。

此时外面大雨滂沱，陈军长的心中也是动荡不安。

他想到，敌人已被拖住，正是围歼的大好时机，为何要向外突围？最高统帅部既已决策在前，要同日军在衢州地区决战，为何刚刚交战，就要撤走？

此刻，他并不知道外围国军已先后撤走。但他清楚，现在数万日军已将衢州城团团围住，就是突围，成功的希望也不大。更何况城中尚有数百名重伤员，如果丢下他们不管，他们的命运可想而知。

为此，陈颐鼎苦恼不已，他只好转求眼前的几个高级军官。各位师长、副师长、参谋长都认为，敌强我弱，既然让突围，就一定有突围的道理。再说，如不按指示办理,也将是抗命之举。

陈颐鼎见大家都倾向于突围,便默默地点头同意了。

6月5日午夜1时,他命第64团第2营担任掩护,不得已放弃了重伤员及一切重武器、骡马车辆等,从北门外沿着狭窄的泥路,利用夜暗雨天突围西撤。

撤退人马分两路,每路都组织懂日语的几人走在队伍前面,以备不时之需。陈颐鼎的这一路走到乌溪江南安时,一出飞机场就遭到日军岗哨盘问。第16师副师长顾宏扬用日语说明他们是皇协军,奉命由胡村调去上叶。当时大雨如注,天黑如漆,中国军队官兵都身着雨衣雨帽,日军分辨不清,信以为真,放他们通过。到凌晨4时许,走了30多华里路,他们顺利到达第74军第57师的前沿阵地,跳出了日军的包围圈。

接下来的两天,日军始终以为中国军队的主力尚在城中,再加上暴雨山洪,日军未敢轻举妄动。

同时,在第64团第2营官兵英勇顽强的抗击下,已经占领了城门及城墙的日军始终未能进入城内。

激战至7日拂晓,第2营营长宋汉武殉国,第64团团长谢士炎率领第2营残部100余人从东门突围,绕道向清明镇转进。

上午10时,日军进占衢州。

上官云相得信后,立即按照先前顾祝同的电话指示,匆匆由皖南赶到上饶,接替浙赣线两端的指挥任务,全力收拾残局。

然而,兵败如山倒。中国军队各部队或退到闽北,或退到浙赣山区,上官云相几乎成了光杆司令。没几天,眼见得第三战区长官部的所在地上饶也即将不保。

其实上官云相还是挺拼的。他一到上饶附近的铅山,就首先命令浙赣铁路局长张经吾炸毁仅存的一切铁路设备,同时命第100军军长刘广济以两个师的兵力固守鹰潭,再命26军军长丁治磐以三个师的兵力与进占上饶的日军展开对峙,命25军军长张文清率部由衢州一带转进至铅山,担任集团军的总预备队。

刚刚部署完毕,不待上官云相喘口气,不争气的下属就给了他一个下马威。6月16日,第100军不战而走,南昌日军第34师团轻取鹰潭。至此,日军第11军、第13军从东、西两面遥相呼应,铅山、横峰危在旦夕。

消息传到铅山,上官云相极为震怒。刘广济曾是他32集团军的参谋长,深得他的信赖,在他的保举下,刘广济先任26师师长,再升任100军军长。然而,他万万没有想到,刘广济竟如此不长脸面,不顾军纪国法、个人荣辱,擅自弃城逃跑。于是,他不顾情面,立即电请顾祝同将刘广济撤职查办,所遗军长职务由副军长韩文英代理。不久,刘广济被押送至福建建阳的第三战区长官部,与第86军军长莫与硕一道转押重庆以军法处置。

日军侵占鹰潭后,第11军、第13军分别由鹰潭、上饶东、西两端同时进犯,企图一鼓作气打通浙赣铁路全线。

此时,第32集团军在江西只保有横峰、弋阳、资溪与铅山这一小块地区,并且随时都有遭到日军攻击的可能。上官云相面对这样的残局,想到自己既劳而无功,又要分担过失,心中十分不满。再加上他的母亲留在皖南,衢州失守后皖南遭到日军包围,他派人送母亲到上海避居,不幸在途中病发而亡。由于这种种原因,上官云相牢骚满腹,一腔悲愤,精神低落到了极点。

当时第16军根据蒋介石关于非经中央任命,不准擅自假借抗日名义成立武装组织的命令,将驻地某村的一个"抗日游击队司令部",从司令以下43人全部逮捕,押解到32集团军总部。这时正好赶上上官云相有气没处撒,看到该军送来的呈文,就怒气冲冲地在上面批示道:"当今乱世,该杀不杀的贪官盈朝盈廷,该杀不杀的乱民满坑满谷,长此下去,何堪设想。全案所有人犯,不分主从,一律枪决。"真正是"为将一怒杀百里",亏得部下及时相劝,这个命令才没有执行。

6月底,日军在受挫后,再次由鹰潭、上饶东、西两端同时进犯,妄图最终打通浙赣线。到了此时,上官云相再也无心抵抗。他在口头上仍表示要固守铅山,粉碎日军从东、西两线打通浙赣线会师的企图,但同时又派出参谋李欣斋到铅山以南的紫溪勘察地形,做了随时后撤的准备。

7月1日,中国军队阻击失利,赣东日军岩永支队与浙西日军谷津支队会师,实现了打通浙赣线的企图。至此,日军基本完成其作战意图,开始准备撤兵。

从5月15日开战到7月初,短短一个半月的时间,第三战区就丧师失地达500余公里,这在抗战史上是极不光彩的。究其原因,除了最高统帅部消极避战、指挥混乱,以及第三战区自身的问题外,第九战区司令长官薛岳不予配合也是一个重要原因。

早在5月中旬,日军第11军为策应第13军,派出第3、第34两个师团及三个支队,从南昌向西攻击前进,配合日军第13军的浙赣会战。

军事委员会得知后立刻电令第九战区将第79军及第4军从湖南调到赣东地区,划归第三战区指挥。顾祝同曾考虑将这两个军与第100军一并交付一位集团军总司令统一指挥参加赣江以东地区的战斗。但薛岳按兵不动,拒不执行,以致以抚河为界,第九战区和第三战区仍各自为战,坐待战机丧失。

直至5月31日战局吃紧,军事委员会直接电令第79军驰赴临川,该军才开始东进。但仓促应战,在南城一带遭到日军24个大队的围歼。激战中,第79军第194师师长郭伯礼丢下部队只身逃跑,部队指挥陷入混乱。6月7日南城陷敌。陷落时间几乎与衢州同时。

此役第194师伤亡极重,几乎受到毁灭性打击。其582团突出重围后,只剩下官兵200多人,该团阵亡者竟达1500多人。

当第79军一再败退、南城也为日军攻占后,第4军才于6月13日调至赣江东岸投入战斗。当时命令是让第4军与第58军共同进攻临川,但实际上只有第4军进行了攻击作战,第58军仅以一部兵力佯动,主力仍防守赣江之线,防止日军西渡赣江。结果第4军又遭日军包围,经苦战方得以突围后撤。日军击溃第79军和第4军后,7月初再集中兵力围攻第58军,该军也经苦战才脱离战场。

各自为战,指挥混乱,以致3个军被日军各个击破,实为浙赣会战一大败笔。假如在开战之时,薛岳能够不计个人得失,全力以赴支持第三战区的作战,使中国军队能够形成统一的指挥,三个军的兵力集中使用,则浙赣会战的局面将远不是后来那个惨状。

通观整个抗战,像浙赣会战这样由于指挥混乱、人心不齐而导致重大失利,并不多见。国民党正面战场抗战,好一仗坏一仗,真有些像云雾里的过山车,让人惊魂不定、神鬼难测,没人能猜到结局。

◎ 失去了最后的机会

整个浙赣会战,日军的作战意图也是混乱而不明确。随着畑俊六、泽田茂的随意变更计划,作战目标从最初东京要求的破坏机场,很快转变到削弱第三战区中国军队战力,之后又转变为掠夺战略物资,甚至包括庞杂、笨重的铁路设备。这样一来,日军不但没能捕捉到中国军队主力,而且大大延宕了部队回撤的时间。战略上日军又失了一着。

中国就像一个吸食日本国力的巨大无边的泥潭。日本国内但凡有些战略远见的人都知道,日本不可能在背负着中国战场的情况下,还能打赢同美国的战争。此前虽然每届内阁一上来都想进行中日和谈、解决让日本体面撤出中国的问题,但无一例外地以失败告终。既然和不了,那就只剩下"打"这一条路了。为此,大本营反复研究,企图进攻西安和重庆,一举结束中日战争,日本军部曾受命进行了长达数月的研究,计划发动一场代号为"五号作战"的大规模会战。

1942年年初,当时日军的总兵力为218万人。为实施"五号作战"计划,大本营计划将兵力增至227万人。此外,还有航空兵10万人,船舶兵4万人,总计241万人。

日本军部考虑到作战目标的宏大,也可能是中国大陆的最后一战,便计划向中国大陆增兵36万人,使中国派遣军的总兵力由目前的61万增至97万。其中,从日本本土抽调12万人,从东南亚抽调6万人,从中国东北关东军和朝鲜军抽调18万人。

同时,日本军部对中国派遣军进行了重新编组。计划以北方面军为基干,编组成立第五方面军,司令官为北方面军的统帅冈村宁次。第五方面军下辖第1、第7、第28共3个军,包括第9、第16、第20、第29等4个甲种师团在内的10个师团,2个混成旅团。第五方面军的第一期作战目标为西安、宝鸡,必要时还包括洛阳、延安,第一期目标达成之后,即由宝鸡、汉中攻入四川。

另外,在重庆正面,日军还部署了第11军的5个师团,意图在第五方面军发起攻势的同时,由常德、宜昌溯江进攻重庆。

同时,为了加强进攻部队的攻击力量,日军大本营还配属给进攻部队第3飞行师团,3个坦克联队、2个独立山炮联队、2个野战重炮联队、2个独立野战重炮联队、

10个工兵联队、2个工兵司令部,这些特种部队被大致平均分配给第五方面军和第11军。

此次关于"五号作战"的战备,日军真是下了血本,投入的总兵力达到史无前例的40多万人。要知道,淞沪会战日军不过投入了28万人,并且还是逐次增兵的结果。而武汉会战达到历次会战的最大规模,日军投入的总兵力也不过是30万人。相比之下,它们的规模远远不能和"五号作战"相提并论。

可以看出日军对解决中日战争的焦虑心态。中日战争一拖再拖,日军显然已耗不起了,希望借此一战定出胜负。

为此,日本军部在人事安排上也作出重大调整。在浙赣会战的后期,他们把南方面军总参谋长冢田攻中将调到武汉,接替阿南惟几就任第11军司令官。同时,准备将北方面军司令官冈村宁次大将调离负责治安战的岗位,就任负责大规模机动作战的第五方面军司令官。

冢田攻曾师从德国大军事家鲁登道夫上将,在南方面军总参谋长任上,辅佐寺内寿一取得辉煌战果,是日军内部有名的战术专家。而冈村宁次更不必多说,此人在中国转战南北,既在大规模机动作战中表现优异,又在华北成功地限制了中国军队的游击战,是日军中罕见的将才。

日本军部做出这样的人事安排,显然对"五号作战"寄予了极大希望。

然而,计划赶不上变化快。浙赣会战和中途岛海战的爆发却使这个雄心勃勃的计划彻底成为泡影。

本来,浙赣会战并不应该拖这么久。日军参谋本部的意思只是为了对天皇和国内舆论有个交代,进行一下报复性攻击,摧毁浙江的机场设施,批准使用的兵力也被限制在45个大队。

但现场的指挥官畑俊六、泽田茂却不理会军部的这一套,他们为了摧毁第三战区的战力,擅自将参谋本部批准的45个大队的兵力扩大到87个大队,总兵力超过20万人,几乎扩大了一倍。

最初,日军进展十分顺利,短短20多天就攻占了金华、衢州等战略要地,而且不久就以2个混成旅团的兵力攻占丽水和温州。至此,东京要求的任务目标已经完成。

按理说,日军的进展如此顺利,并且还顺利地完成了掠夺资源和物资的附加任务，自然应当撤回原住地，全力准备"五号作战"。

但令人吃惊的是，直到8月29日，日军第13军的主力才撤到金华一带，并且一直拖到一个月后，第13军才调整好换防任务，大致恢复战前态势。

如此一来，浙赣会战就拖了4个月之久。而就是在这4个月之内，局势发生了重大变化，日军所有的战略优势丢得一干二净。

而之所以拖了4个月之久，原因就在于将领们忙于扩大战果，下层官兵们忙于烧杀掳掠，他们借口要彻底破坏机场，掠夺更多的战略物资，恣意地享受着他们的战果，早把他们的长远计划抛在了九霄云外。

自6月7日攻占衢州以来，第13军为了对衢州机场进行所谓的彻底破坏，直到8月25日才集结所部，撤出衢州。仅仅一座机场，对之进行破坏竟用了80天的时间，这实在是个笑话。

当然，在那个年代，衢州机场也确实是一流的，为了机场的建设，中国军民付出了重大的牺牲。

太平洋战争爆发后，为支持美国空军的作战，第三战区所辖的浙江省由于距日本本土最近，因而就成了建设空军基地的首选地带。

当时，下达给衢州机场的扩建标准，要求能够容纳50架美军重型轰炸机起降之用。在一次会议上，第三战区司令长官顾祝同规定，机场扩建要在6个月以内完成，否则以贻误军机论处。

抗战几年来，各省无不全力支援抗战，早已民疲财尽。作为浙江省主席的黄绍竑深知任务的艰难，却不得不含泪向浙省各专员、县长讲道："我们负地方责任，固然有我们的苦难，但军队方面的困难，比我们还要厉害。长官的命令要怎么办？就得绝对服从去做，流血牺牲，就是我们最后的责任。"激于民族大义，各级官员纷纷立下军令状，表示要拼死以赴大命。

第三战区下达的征集任务十分巨大。经过计算，大概需要直径20厘米的原木360万株，毛竹90万根，其他石料、钢材无算。这些材料基本上都是以低价征集，并且百姓还要负责运输。

时值隆冬，大雪封山，各县都动用了全县丁壮，开山伐木，随伐随运。一段时期内，通往衢州的路上，每天都有成千上万的人流，扛着木头，踏着坚冰，向衢州涌来。

有的县不通水路，远离衢州达200公里，也照样肩扛人抬，将木头、毛竹一根根运往衢州。

有的县长、县党部书记也在大雪纷飞的泥泞道路上与民众一道，背起木头，承担重负，寿昌县县长林希岳因此跌倒受伤，久治不愈。而沿途民众受伤、淹死的，时有发生。中华民族的坚韧、耐劳，不向困难低头的倔强，在这些普通民众的身上，淋漓尽致地展现出来。

比起机场的修建来，征集材料就算是不错的差事了。

在衢州机场，每天都有2万至4万青壮年紧张地劳作。他们自备干粮，自带炊具，抬石头，平壕堑，扩场基，修跑道，日夜赶工。苦累不说，每天为赶工而得不到足够的休息，还要经常遭受日机的轰炸，几乎每天都有人被炸死炸伤。一次，日机将炸弹投入一条壕沟之内，躲在里面的50多名民工当场就被炸死40多人。

然而，付出了如此惨重的代价，他们的劳动并没能收到成效。局势一天天变坏，机场尚未修好，日军就大举来犯，第三战区不得不变更任务，将建机场改为将机场彻底破坏。

此刻实在是人力不足，官方只得临时征用大批妇女，分段掘壕，拆毁建筑，并由工兵进行爆破及埋设地雷。

这种劳民伤财的事在抗战期间不知发生了多少次，令人不胜唏嘘。中华民族为抗战大计，付出的牺牲又岂止在战场上。

事实上，在日军第13军司令官泽田茂的心里，破坏机场只是战役行动的一个结果，他更看重打通浙赣线后，捕捉到中国军队的主力，围而歼之。

从金华、兰溪到衢州、上饶，一路上泽田茂打得并不过瘾。他的13军所遇到的都是中国的二三流部队，真正与中国军队的精锐74军进行交锋的机会一直没有出现。

对华中日军来说，中国军队的第74军向来是他们唯一看得起的对手。

从武汉会战开始，万家岭大捷、三次长沙会战、上高会战，日军精锐的野战攻击兵团第11军都曾败于74军之手。要知道，第11军集中了日本陆军的精华，是侵华日军中唯一的一支野战攻击军。第11军的历任司令官,从首任的冈村宁次到第三次长沙会战时的阿南惟几都非泛泛之辈,但无一例外都吃过74军的大亏。

泽田茂十分自负,别看他瞎了一只眼睛,另一只眼睛也是半盲,但眼见74军就在眼前晃荡,自然就产生了重创第74军以扬名天下的念头。

人真是一种奇怪的动物,当权力和财富还不足以满足时,便想到了留名后世。当然,小人物获取这种机会的可能性非常之小,而条件具备的人就野心大发,跃跃欲试了。

可惜,历史并未给泽田茂这样的机会。他在衢州一带兜了80来天,74军却若即若离,时远时近,无法捉摸,他衷心期盼的决战机会终究没有到来。

但这80天,却给他的部下提供了足够的时间和机会去烧杀掳掠。

当时暴雨频发,日军补给困难,就在衢州城外到处掳掠物资,米盐牛畜、日常用品被其横扫一空。搜刮稍有不如意,就焚毁全村,到处杀人。城郊各处,大火连续,经月不熄,从参天树木到家什资财,炮轰斧斫,无一幸免。当时,衢州人编有日军过后"十无"之谣,谓"市无人,田无谷,山无木,村无屋,食无粮,着无衣,病无药,死无棺,家无丁男,室无贞妇"。日军的残暴和军纪的废弛由此可见一斑。

日军占领期间,仅衢县一地,就死亡军民3万多人,被掳失踪3万多人,房屋被焚毁10余万间,被杀耕牛17000余头,被屠生猪11.9万余只,被劫粮食97000余石,其他损失也不可胜数。日军打劫过后的这些地区,几乎快要成为"无人区"。周围江山、龙游、常山、开化等县也大致如此。

可以想象得到,这3个月内,攻占浙西的十几万日军除了几次规模不大的战斗外,大概就只干了杀人、放火、抢劫、吃喝这几件事。

要知道,造成如此毁灭性的破坏,绝非一朝一夕所能完成,日军的凶残暴戾与贪得无厌再次暴露无遗。

这次会战不仅仅是日军下层官兵的公开烧杀掳掠,更是一场日军有组织的大规模抢劫。

几个月之中,日军从浙江掠走的物资,不说武器装备,仅上缴的一般物资就有火车机车23辆,车厢185节,汽车129辆,民船1282艘,铜、铁、铝材1025吨,萤石5148吨，钼矿石196吨，石油15590桶，桐油94000桶，粮食7675吨，木材4000立方米……同时，还将玉山以西浙赣铁路的铁轨、道木连同道钉全部拆运至其后方。仅就劫掠物资这一项来说，日军就可谓满载而归。

然而，多行不义必自毙！他们的疯狂却令他们失去了"五号作战"计划的时机，噩运开始降临到他们的头上。

几乎与衢州战斗同时的1942年6月4日，日本海军联合舰队远征中途岛，妄图围歼美军太平洋舰队的主力，从而解除美军舰载机对日本本土的威胁。中途岛海战也同浙赣会战一样，是气量褊狭的日本人不堪杜立特中队的轰炸而实施的报复性攻击。

可惜，这次不同于珍珠港，上天或许会给卑劣者以侥幸成功的机会，但绝不会有第二次。日本人在此遭到了致命一击。

从6月4日拂晓时分开始，到6月7日13时，短短3天多的时间里，日本海军联合舰队就损失了4艘大型航空母舰、1艘巡洋舰、330架飞机，还有几百名经验丰富的飞行员和3700名舰员，日军惨败。而美军仅仅损失了一艘航空母舰、1艘驱逐舰和147架飞机，阵亡官兵307人。

从此，日本海军限于薄弱的国防工业能力，再也没有获得翻身的机会，就此一蹶不振，开始将太平战场的主动权交到美军手中。

但日本人并不甘心失败，他们的赌徒心理注定了他们的悲剧色彩。军国主义者以他们特有的狂妄自大，认定美军还无力发动战略反攻，对美军的战略反攻缺乏必要的思想准备。

正是基于这种想法，日军才力图抢在美军反攻之前尽量扩大战线，一举越过数百海里，在瓜达尔卡纳尔岛修建机场。

瓜达尔卡纳尔岛距离日本本土3000海里，无论是从舰艇部队和航空部队的作战能力，还是从后勤运输所需的船舶，都是日军力不从心的。更何况此时美军已逐渐掌握制海权，日军很难保障物资海运瓜岛。

美军看到了日军的弱点，在中途岛海战结束两个月之后，便发动了对瓜达尔卡纳尔岛的攻击。

第八章 面子的代价

这是一场极其惨烈的海岛攻防战。从1942年8月7日至1943年2月9日，在长达6个月的时间里，美、日两军在瓜达尔卡纳尔岛群岛及其附近海域，一共进行了3次惨烈的陆上战役，30余次大小海战，其中较大规模的海战就有6次。此役，美军共阵亡约5000人，伤6700人，损失军舰24艘，运输船3艘，飞机约250架。日军共有约5万人丧生，损失军舰24艘，运输船16艘，飞机892架。

此战以美军的彻底胜利告终，此战也成了太平洋战争的分水岭。

在太平洋战争中，瓜达尔卡纳尔岛战役是盟军对日军一次非常成功的联合兵种作战。此前，日本人在太平洋已经达到了其征战的高峰，而瓜岛战役则结束了他们的巅峰时刻。由此开始，盟国正式从防御作战过渡至战略性进攻。

此战刚结束，日本海军联合舰队司令山本五十六大将就在日记中哀叹："我们最初的作战是何其辉煌！自中途岛以来我们的作战是多么糟糕！"

这句哀叹发出两个月后的1943年4月18日，在前往前线视察的途中，山本五十六的座机就被埋伏已久的美军飞机击落，山本大将也命丧太平洋。

山本五十六的战死，犹如流星殒落，日本海军的"辉煌"也就此终结。

1942年下半年至1943年上半年，日军大本营一片凄风苦雨。就这样，侵华日军的"五号作战"计划就只得被无限期推迟了。

本来，由于浙赣会战迟迟不能结束，日军已经暂缓了对"五号作战"的准备和实施。

而1942年年底，正当日军中国派遣军积极准备来年春天实施"五号作战"时，12月18日，在由南京飞往汉口的途中，日军第11军司令官冢田攻的座机被中国军队第48军138师412团3营9连的高炮直接命中，冢田攻当即丧命。

在这一连串的打击下，日军大本营终于取消了"五号作战"计划，日军丧失了从中国战场抽身的最后机会，中国军民也幸免于一场大劫难。

一切胜败皆有因果关系。假如日军不发动浙赣会战，或者在攻占衢州后迅速撤回原驻地，那么侵华日军的"五号作战"计划也许会提前进行。果真如此，也许就不会有瓜达尔卡纳尔岛之战。

这就是日本侵略者。战术精良，战略稀烂。他们可以在无数次战斗中取胜，但有些胜仗却使他们失去战场优势。浙赣会战后，日军还是在金华等地留驻部分兵力，并未完全撤回。这样，华中日军的兵力又被进一步分散了。

在中国，日本人就这样越陷越深，无力自拔。

"五号作战"计划，成了日本人结束中国战事的水中月、镜中花。

中国抗战，此刻可以说已走出了最黑暗的时刻，虽然胜利还远未到来。